21世纪经济管理新形态教材·国际经济与贸易系列

国际投资与跨国公司

王增涛 ◎ 主　编
闫奕荣　杨　凌　李　石 ◎ 副主编

清华大学出版社
北京

内 容 简 介

本书在数字化背景下，关注跨国公司在全球发展过程中面临的战略决策、职能管理与服务运营等核心问题。通过对跨国公司在战略管理、职能管理与服务运营等内容进行全面阐述与介绍，构建了系统性的国际投资与跨国公司知识体系，为国际投资与跨国公司的教学、研究与实践提供了数字化环境下制造业与服务业跨国公司融合发展的全新视角和内容。

本书的特点如下：①价值引领，理论奠基。以马克思主义理论为指导，突出中国企业跨国经营的伟大实践，全面介绍跨国经营理论与制度环境。②数字凸显，服务融入。强调数字跨国公司经营，首次系统性地融入了服务业跨国公司的相关内容。③校企协同，实践导向。校企联合，协同创新，增强教材的应用性。

本书适合高等院校经济类、管理类相关专业的本科生及研究生使用，也适合跨国公司经营管理人员与业务人员学习参考。

本书封面贴有清华大学出版社防伪标签，无标签者不得销售。
版权所有，侵权必究。举报：010-62782989，beiqinquan@tup.tsinghua.edu.cn

图书在版编目（CIP）数据

国际投资与跨国公司/王增涛主编. —北京：清华大学出版社，2024.2
21世纪经济管理新形态教材. 国际经济与贸易系列
ISBN 978-7-302-65341-7

Ⅰ.①国… Ⅱ.①王… Ⅲ.①国际投资-高等学校-教材②跨国公司-企业管理-高等学校-教材 Ⅳ.①F831.6 ②F276.7

中国国家版本馆CIP数据核字(2024)第038918号

责任编辑：付潭娇
封面设计：汉风唐韵
责任校对：宋玉莲
责任印制：宋　林

出版发行：清华大学出版社
网　　址：https://www.tup.com.cn, https://www.wqxuetang.com
地　　址：北京清华大学学研大厦A座　　邮　编：100084
社 总 机：010-83470000　　邮　购：010-62786544
投稿与读者服务：010-62776969, c-service@tup.tsinghua.edu.cn
质 量 反 馈：010-62772015, zhiliang@tup.tsinghua.edu.cn
课 件 下 载：https://www.tup.com.cn, 010-83470332

印 装 者：北京嘉实印刷有限公司
经　　销：全国新华书店
开　　本：185mm×260mm　　印　张：19.5　　字　数：459千字
版　　次：2024年3月第1版　　印　次：2024年3月第1次印刷
定　　价：59.00元

产品编号：099249-01

总 序

习近平总书记在2018年全国教育工作会议上的重要讲话，对新时期教育工作作出重大部署，深刻回答了我国当前教育改革发展的重大理论与现实问题，形成了系统科学的新时代中国特色社会主义教育理论体系，为加快推进教育现代化、建设教育强国提供了强大思想武器和行动指南。为了贯彻习近平总书记重要讲话精神，全面落实立德树人根本任务，西安交通大学经济与金融学院联合清华大学出版社推出高水平经济学系列教材。本系列教材不仅是编著者多年来对教学实践及学科前沿知识的总结和凝练，也融合了学院教师在教育教学改革中的最新成果。

西安交通大学经济与金融学院一贯重视本科教育教学，始终将为党育人、为国育才摆在各项工作的首位。学院教师在"西迁精神"的感召和鼓舞下，坚守立德树人初心，全面推行课程思政，全力培养德智体美劳全面发展的社会主义建设者和接班人；深刻理解和把握"坚持扎根中国大地办教育"的自觉自信，立足时代、面向未来，把服务新时代中国特色社会主义的伟大实践作为办学宗旨，力争为发展中国特色、世界一流的经济学教育贡献力量；积极应对新技术革命带来的新业态、新模式为经济学教育带来的挑战，主动适应新文科经济学专业人才培养的跨学科知识要求，充分发挥西安交通大学理工学科优势，探索如何实现经济学科与理工学科交叉、融合，努力将新一轮技术革命背景下经济金融学科的新发展和前沿理论纳入教材；深刻理解和把握教育改革创新的鲜明导向，注重数字技术与传统教育融合发展，推动经济学数字化教育资源建设。本系列教材有以下特点。

一是将思政元素引入教材的每个章节，实现思政内容与专业知识的有机融合，达到"润物细无声"的思政育人效果。二是将我国改革开放的伟大实践成果写入教材，在提升教材时代性和实践性的同时，培育大学生的家国情怀及投身中国式现代化建设的使命感和荣誉感，增强四个自信。三是对数字经济、金融科技等经济金融领域中的新业态、新技术、新现象加以总结提炼成教材，推动了不同学科之间的交叉融合，丰富和拓展经济金融学科体系，培养学生跨领域知识融通能力和实践能力。四是将数字技术引入教材建设，练习题、阅读材料等均以二维码形式显示，方便读者随时查阅。与此同时，加强了课件、教学案例、课程思政案例、数据库等课程配套资源建设，实现了教学资源共享，扩展了教材的内容承载量。

教材建设是落实立德树人根本任务、转变教育教学理念、重构学科知识结构的基础和前提，我们希望通过本系列教材的出版能为新时代中国经济学高等教育的高质量发展贡献绵薄之力。同时，感谢清华大学出版社编辑在教材出版中给予的大力支持，他们严谨的工作态度、扎实细致的工作作风为本系列教材的顺利出版提供了有力保障。

2023年8月

前 言

国际投资是当今世界经济发展中最活跃、最引人注目的因素,并日益演化成世界经济发展的主导因素之一。据联合国贸发会议《世界投资报告》数据,1984—1998年的15年间,国际直接投资年均增长13.53%,远高于同期全球GDP和国际贸易的年均增长速度(分别为3.37%、6.34%)。1998年之后,受金融危机、卫生危机、气候变化、逆全球化以及区域战争等多重因素冲击,全球国际直接投资年均增速虽然下降,但与国际直接投资相伴的,受跨国公司控制的国际生产扩张仍在持续、国际知识流动仍在增长、跨国公司海外子公司的收入稳中有升,因而,国际直接投资与跨国公司仍是全球各国政界、商界和学界关注的重要对象。

自20世纪70年代以来,服务业跨国公司呈现出迅速发展的趋势。究其原因,制造业跨国公司出于扩展国际市场、实现生产经营与服务一体化,以及分享服务业迅速发展利益,在服务领域进行了大量的国际直接投资;服务业跨国公司则逐渐摆脱了为制造企业全球扩张提供支持的单一目标,积极自主地进行国际直接投资。目前,服务业跨国公司已经成为跨国公司领域中越来越重要的力量:作为全球最大的零售服务商,沃尔玛以6113亿美元的收入位居2023年世界500强榜首,该公司已连续10年荣膺全球最大公司;银行和保险则是500强上榜企业数量最多的两个行业,2023年世界500强的上榜银行和保险企业各有42家。

数字化的快速发展是近年来国际投资与跨国公司发展面临的新环境。数字化的迅速发展影响着人际交往、工作、购物和获得服务的方式,影响着创造和交换价值的方式。数字化企业通过数据收集、分析及处理,形成数字智能。其中,苹果、微软、亚马逊、谷歌、脸书、腾讯和阿里巴巴已经成为全球性的数字企业。这些企业正越来越多地投资于全球数据价值链的各个环节:通过面向用户的平台服务进行数据收集,通过海底电缆和卫星进行数据传输,通过智能设备进行数据存储,通过人工智能等方式进行数据分析、数据处理和使用,从而在全球范围内拥有强大的金融、市场和技术力量。随着数字化进程的加快,这些公司的规模、利润、市场价值和主导地位亦得到了加强。重要的是,数字跨国公司与制造业跨国公司具有明显的差异:用更少的海外资产和员工进入外国市场、对东道国实物投资和就业影响较小、持有更多的流动资产、采取避税的公司结构、总部只设在美国等少数几个国家等。

非常遗憾的是,国内外介绍和研究服务业跨国公司和数字跨国公司的教材还非常少见。为此,我们在借鉴已有教材优点、全面反映国际投资和跨国公司最新进展的基础上,以数字,尤其是服务业跨国公司为重要内容,邀请了业界具有丰富实践经验的企业高层管理者加入编写团队(包括隆基氢能王英歌副总经理、天安保险陕西分公司邬瑾总经理、中信保陕西分公司郑东处长、陕西建行国际业务部李海军经理、陕财投赵建房副总经理），实施校企联合，协同创新。因此，本教材既具有较强的理论性，又突出了实用性；既适合本科生使用，又满足了专业学位硕士研究生理论和实践结合学习的需要。

本书得到西安交通大学经济与金融学院高水平系列教材、西安交通大学研究生"十四五"规划精品系列教材项目以及国家自然科学基金项目（71774129）资助。在项目立项和完成过程中，我们得到了经金学院和学校研究生院领导和老师的大力支持。全书包括14章内容，具体写作分工是：第1、7章由西安交通大学王增涛编写，第2、4章由山东大学李石编写，第3、5章由西安交通大学闫奕荣编写，第6章由西安交通大学闫奕荣、隆基氢能王英歌和陕财投赵建房编写，第8章由西安交通大学郭文钰编写，第9、10、11章由西安交通大学杨凌编写，第12章由西安石油大学袁雪霈编写，第13章由南京晓庄学院蒋敏和陕西建行李海军编写，第14章由天安保险邬瑾和中信保郑东编写。全书由王增涛拟定写作大纲并负责统稿。

在教材编写过程中，我们还得到长期从事国际商务研究和教学的西安交通大学樊秀峰教授、王桂林副教授，长期从事保险和银行管理教学的西安交通大学闵绥艳副教授、程婵娟副教授以及鸿泰康（香港）有限公司张云飞总经理的大力支持和帮助；李博雯、文钦、夏俊馨、王澳东、周红岩、潘雨霏、陈嘉盈、赵明明、赵新利、周佳宁、郭好雨、柳新文等同学参与了资料收集和部分内容编写；同时，本教材的最终顺利出版离不开清华大学出版社领导和编辑的大力支持，付潭娇编辑对教材的文字、图表编排进行了认真细致的修改与校对。在此，我们代表编写团队对给予帮助的各位领导、老师和同学表示衷心的感谢！由于主客观条件限制，本书仍有待完善之处，恳请广大读者提出宝贵意见！

王增涛
2023年8月

目 录

第 1 章 绪论 ... 1
1.1 国际投资概念与类型 ... 2
1.2 跨国公司概念与类型 ... 4
1.3 国际直接投资与跨国公司 ... 11
复习思考题 ... 14
参考文献 ... 14
即测即练 ... 15

第 2 章 国际直接投资动机与政治风险 ... 16
2.1 国际直接投资的发展历程 ... 17
2.2 国际直接投资的发展现状 ... 21
2.3 国际直接投资动机与决定因素 ... 23
2.4 国际直接投资政治风险与防范 ... 30
复习思考题 ... 33
参考文献 ... 33
即测即练 ... 33

第 3 章 跨国公司组织与法律形式 ... 34
3.1 跨国公司形成与发展 ... 34
3.2 跨国公司经营特征 ... 41
3.3 跨国公司组织形式 ... 45
3.4 跨国公司法律形式 ... 50
复习思考题 ... 53
参考文献 ... 53
即测即练 ... 53

第 4 章 国际直接投资制度环境 ... 54
4.1 国家投资规则 ... 55

4.2　国际投资规则 ·· 60
　　4.3　国际税务规则 ·· 67
　　复习思考题 ··· 74
　　参考文献 ·· 74
　　即测即练 ·· 74

第 5 章　国际直接投资与跨国公司理论 ·· 75
　　5.1　国际直接投资（发达国家跨国公司）理论 ··· 76
　　5.2　发展中国家跨国公司理论 ··· 93
　　5.3　企业国际化理论 ·· 98
　　5.4　天生全球化理论 ··· 101
　　复习思考题 ··· 104
　　参考文献 ·· 104
　　即测即练 ·· 104

第 6 章　跨国公司战略 ·· 105
　　6.1　企业战略目标 ·· 106
　　6.2　跨国公司竞争优势 ··· 108
　　6.3　跨国公司战略两难问题 ··· 117
　　6.4　跨国公司战略选择 ··· 122
　　复习思考题 ··· 126
　　参考文献 ·· 126
　　即测即练 ·· 127

第 7 章　跨国公司进入战略 ··· 128
　　7.1　跨国公司进入区位选择 ··· 128
　　7.2　跨国公司进入方式选择 ··· 131
　　7.3　跨国公司进入时机选择 ··· 144
　　复习思考题 ··· 146
　　参考文献 ·· 146
　　即测即练 ·· 146

第 8 章　跨国公司知识管理战略 ··· 147
　　8.1　知识与知识管理 ··· 147
　　8.2　跨国公司知识管理 ··· 152

8.3 跨国公司知识管理战略类型·····155
复习思考题·····163
参考文献·····163
即测即练·····165

第9章 跨国公司财务管理·····166

9.1 特征与目标·····167
9.2 融资管理·····170
9.3 存量管理·····173
9.4 流量管理·····177
9.5 外汇风险管理·····187
复习思考题·····198
参考文献·····199
即测即练·····199

第10章 跨国公司人力资源管理·····200

10.1 概念与特征·····201
10.2 跨国公司员工配置·····203
10.3 跨国公司外派管理·····206
复习思考题·····219
参考文献·····219
即测即练·····219

第11章 跨国公司生产与贸易管理·····220

11.1 跨国公司生产管理·····220
11.2 跨国公司营销管理·····230
11.3 跨国公司内部贸易管理·····238
复习思考题·····244
参考文献·····244
即测即练·····244

第12章 跨国酒店运营·····245

12.1 酒店国际化的动因与历程·····246
12.2 酒店国际化方式·····250
12.3 跨国酒店等级划分与标准·····257

12.4 跨国酒店业务 ... 259
12.5 跨国酒店战略趋势 ... 262
复习思考题 ... 264
参考文献 ... 264
即测即练 ... 265

第 13 章 跨国银行运营 ... 266

13.1 跨国银行进入方式与组织形式 ... 266
13.2 跨国银行业务Ⅰ——跨国零售与跨国支付 ... 272
13.3 跨国银行业务Ⅱ——跨国融资与跨国贸易 ... 277
复习思考题 ... 282
参考文献 ... 282
即测即练 ... 283

第 14 章 跨国保险公司运营 ... 284

14.1 保险概念与类型 ... 285
14.2 保险公司国际化的动因与途径 ... 287
14.3 跨国保险公司界定 ... 292
14.4 跨国保险公司经营 ... 294
14.5 世界保险业发展趋势 ... 298
复习思考题 ... 300
参考文献 ... 300
即测即练 ... 300

第 1 章

绪　　论

【学习目标】

1. 了解国际直接投资与国际间接投资的区别；
2. 掌握跨国公司概念；
3. 明晰跨国公司类型；
4. 知悉国际直接投资与跨国公司的关系。

世界 500 强榜单中的中国企业

2022 年 8 月 3 日，2022 年度《财富》世界 500 强排行榜发布。中国大陆（含香港）公司数量达到 136 家。加上中国台湾地区企业，中国共有 145 家公司上榜，比上一年增加 2 家，上榜数量连续第三年位居各国之首。中国大陆（含香港）企业的平均营业收入达到 809.8 亿美元，与去年数字相比大幅提升；此外，平均总资产 3580 亿美元，平均净资产 431.8 亿美元，均超过世界 500 强的平均水平。这是一个按照营业收入排名的榜单。由此，另外一些数据更值得我们重视。

扩展阅读 1.1　1996—2022 世界 500 强排行榜

自 1995 年《财富》杂志第一次发布世界 500 强排行榜以来，榜单中前十名企业不断变化，从工业、能源企业占绝对主导到消费、科技企业崛起，全球最大零售商沃尔玛于 2002 年首次成为全球最大企业，目前已经连续九年位居第一，全球增长动能也从大规模的投资建设切换为存量经济下的服务与运营。从行业发展趋势来看，互联网科技行业快速崛起，网络通信设备、软件信息服务、半导体电子元件，以及基于互联网技术的新能源汽车、娱乐领域，迎来高速发展。亚马逊、苹果高居第二、第七名；特斯拉从去年的 392 名升至 242 名。传统能源行业逐渐衰落。在 2012 年榜单的前十中，能源行业占据 7 席，2022 年则仅占 4 席，分别是国家电网、中石油、中石化、沙特阿美。中国上榜企业则集中在金融（上榜的中国银行共有 10 家，其利润占全部上榜中国大陆企业利润总额的 41.7%）、基建、能源等传统产业，产业结构优化空间比较大。

中国上榜企业利润及其增速远低于美国和世界平均水平。中国 145 家上榜公司平均利润约 41 亿美元，与自身相比有所提升，但世界 500 强平均利润同期已上升至 62 亿美元。

以国家作为比较对象，德国企业平均利润44亿美元，英国企业69.6亿美元，加拿大企业47.5亿美元，法国企业48.5亿美元，巴西企业84.8亿美元。美国124家上榜企业平均利润则是100.5亿美元。根据以上数据计算，中国大陆上榜企业平均销售收益率为5.1%，总资产收益率为1.15%，净资产收益率则为9.5%，三个指标都落后于《财富》世界500强平均水平，也落后于美国上榜公司的11%、3.21%和21.9%。

（资料来源：http://www.eeo.com.cn/2022/0804/546827.shtml）

1.1　国际投资概念与类型

1.1.1　国际投资的概念

国际投资（International Investment）是指各类投资主体，包括跨国公司、跨国金融机构、官方与半官方机构和居民个人等，将其拥有的货币资本或产业资本经跨国界流动与配置形成实物资产、无形资产或金融资产，并通过跨国运营以实现价值增值的行为过程。

国际投资不能简单地被视为国内投资在跨国层面上的自然延伸，国际投资除具有一般国内投资的营利性和风险性等基本特征外，还有其独特的内涵。

1. 投资主体多元化

国际投资主体多元化既表现在微观层面的投资主体多元化，又表现在宏观层面的投资国家和地区的多元化。长期以来，世界主要投资国一直为西方发达国家。1997年，美、日和西欧"三极"的对外投资占全球对外直接投资存量的78.7%。2000年以来，西方发达国家直接投资所占比例虽在减小，但北美和欧盟的投资占到2021年全球对外直接投资流量的52.2%，仍然是国际直接投资的主要来源地。中国、印度和巴西等新兴市场国家与发展中国家对外投资迅速发展，尤其是中国2015年首次实现了资本净输出，2020年中国是全球第二大外国直接投资流入国，同时也是全球第一大外国直接投资流出国，从而使国际投资主体在国家与地区层面也呈现出多元化趋势。

国际投资主体可分为四类。①跨国公司，是国际直接投资的主体。其在世界经济运行中的作用举足轻重，一些大型跨国公司如沃尔玛、微软、国际商用机器公司（IBM）的生产总值相当于世界一些小国的GDP。因而，对跨国公司的研究也逐渐成为国际投资研究的重点。②国际金融机构，是参与国际证券投资和金融服务业直接投资的主体，具体包括全球性金融机构和区域性金融机构。全球性金融机构主要有国际货币基金组织、世界银行、国际金融公司、国际开发协会、多边投资担保机构、国际清算银行等；区域性金融机构主要有亚洲开发银行、泛美开发银行、非洲开发银行等。③官方与半官方机构，是某些带有国际援助色彩的、基础性、公益性国际投资的承担者。官方机构一般指国家政府，如对东道国政府发放贷款、出口信贷、投资基础设施建设等，这种国际投资一般建立在友好的外交关系基础之上，往往有其他附加条件；半官方机构主要指超国家的国际性组织。④个人投资者，主要是指从事国际证券投资为主的群体。

2. 投资客体多样化

投资客体是投资主体加以经营操作以实现投资目标的对象。国际投资客体主要包括金融资产、实物资产和无形资产。金融资产主要包括国际债券、国际股票和金融衍生工具等；实物资产包括土地、厂房、机器设备、零部件和原材料等，又称为有形资产；无形资产包括管理技术、生产诀窍、商标、专利、商业信息、销售渠道等可以带来经济收益的优势因素。国际投资主体可能采用一种投资客体形式，也可能同时采用多种投资客体形式，从而使国际投资客体形式呈现多样化与复杂化趋势。

3. 资产运营跨国化

运营跨国化是国际投资区别于国际贸易和国际信贷等其他国际经济方式的重要特征。国际贸易主要是商品在国家与地区间的流通与交换，交换的目的在于实现商品的使用价值；国际信贷主要是货币的贷放与回收，信贷的目的在于实现货币的增值。而国际投资蕴含资产的跨国运营过程，既具有获利性特征，又具有经营性特征。国际投资的跨国运营因为要面临复杂的、动荡的国际环境，因而面临着更大的风险与机遇。

1.1.2 国际投资的类型

国际投资既可以按投资期限的长短，分为短期投资和长期投资；也可以按投资主体不同，分为官方投资和民间投资。但较有意义的划分依据是根据投资主体是否拥有对海外企业的实际经营管理权，将国际投资分为国际直接投资与国际间接投资。

1. 国际直接投资

国际直接投资又称为外国直接投资、对外直接投资（Foreign Direct Investment，FDI）。国际直接投资有多种不同的定义，各国和地区在具体操作时也有所不同。国际货币基金组织（IMF）在编制各国对外收支平衡表统计资料时，对国际直接投资的注解是："一国企业中的投资有效地被另一国的居民（企业）所控制。"在国际货币基金组织编印的《对外收支手册》中，其定义也大致相同："对外直接投资是在投资人以外的国家（经济）所经营的企业中拥有持续利益的一种投资，其目的在于对该企业的经营管理具有有效的发言权。"

究竟要在一家外国企业中占有多大比重的所有权（股权）才算 FDI，或才能实现控制？国际货币基金组织在《国际收支手册》中认为，拥有被投资企业25%以上的投票权就可以认为在国外投资企业拥有控制权；而美国商务部规定，美国公司对国外投资如拥有某公司10%以上的投票权就可划为直接投资。但是由于不同国家不同企业的组织形式和股权结构不同，取得有效控制权所需的股权比例也不相同。一般国际惯例认为，超过企业资本10%的外国投资就可认为是国际直接投资。可见，各国虽有具体规定，实际上主要是为了统计和税收工作的方便，与现实情况常有出入。实践中，即使掌握了大多数股权，甚至90%以上的股权，也并不能保证控制权。如美国阿瑟·麦基公司收购了意大利石油工业技术公司94%的股票，该公司850名职工举行罢工，要求意大利与美方共同控制，否则将集体加入该公司的法国竞争对手，从而使该公司难以正常运作。

2. 国际间接投资

国际间接投资，又称为外国间接投资，或外国证券投资。根据国际货币基金组织对国际间接投资的定义：这种投资是"为了获得投资收入或资本收益"。实际上，将国际间接投资视为外国证券投资是一种狭义的定义，从广义上说，除国际直接投资以外的各种国际资本流动形式均可纳入国际间接投资的范畴。

1.1.3　国际直接投资与国际间接投资的区别

1. 控制程度不同

国际直接投资是对投资的海外企业具有有效的发言权，对海外企业的管理能够施加显著影响，投资者对投资资金的动用有控制权；而国际间接投资一般通过国际证券市场进行，投资者难以对企业经营管理进行有效控制。

2. 流动形式不同

从资本流动形式来看，国际直接投资一般比国际间接投资更复杂。国际间接投资一般体现为货币资本的流动或转移，而国际直接投资除货币资本外，还包括管理技能、企业家声誉、技术等其他资本形式的流动或转移。

3. 投资风险不同

国际直接投资直接参与企业的具体生产经营活动，且投资周期长，其收益也与企业经营状况密切相关。国际间接投资一般周期短，通过收取利息或股息获利，收益一般固定，投资风险要小于国际直接投资。

4. 所有权属性不同

国际直接投资不涉及资产的所有权变更，即这种投资是在企业内部进行的跨越国界的投资；而国际间接投资则是在市场进行的跨越国界的投资，资产的所有权在市场交易的同时在买方和卖方之间易手。

1.2　跨国公司概念与类型

1.2.1　跨国公司的概念

1. 跨国公司名称的来历

作为第二次世界大战后迅速发展起来的一种企业组织形式，跨国公司的名称很多。国际组织、公私机构和专家学者仅在名称问题上就发表了连篇累牍的文章和报告，各执一词，聚讼不已。但迄今为止，仍是见仁见智，众说纷纭，并无权威性的统一名称。既有文献中，出现频率较高的名称有跨国公司（Transnational Corporation，TNC）、多国公司（Multinational Corporation，MNC）、多国企业（Multinational Enterprise，MNE）和跨国企业（Transnational Enterprise，TNE）等。

1974年联合国经济及社会理事会组成一个专家小组,对跨国公司的性质和活动及对当代世界经济发展的影响进行了评估。在此基础上,联合国一致同意建立一个政府间的跨国公司委员会和跨国公司中心(United Nations Commission Transnational Corporations,UNCTC)。此后,跨国公司成为联合国文件的统一名称并逐渐普遍起来。由于跨国公司一词习用已久,流传也广,按照约定俗成的原则,本书仍加以沿用,但它在本书中是一个泛称,包括各种法律形式的跨国企业。

2. 定义标准

既有跨国公司文献中,不仅关于这类企业具有不同的名称,而且即使是同一名称在界定过程中也采用了不同的标准。比较常用的标准如下。

1)结构标准

结构标准采用"地区分布""所有权""国籍"和"企业形式"等作为划分跨国经营的标准与尺度。

(1)地区分布。强调企业必须在两个以上的国家或地区从事活动;有的界定在地区分布基础上,还强调需要在两个以上的国家拥有制造或服务设施。

(2)所有权。有的界定强调跨国公司应当由众多国家的国民拥有所有权,有的界定则强调产权性质,如经济合作与发展组织(OECD)认为,跨国公司"通常包括所有权属于私人的、国有的、公私合营的公司或其他的实体"。

(3)国籍。有的界定强调跨国公司的高级经理人员需来自一国以上的国民;有的界定则强调企业的国籍,即企业具有多国籍或无国籍性。

扩展阅读 1.2 跨国公司国籍挑战

(4)企业形式。有的界定强调企业的组织形式,以全球性地区和全球性产品结构为主要的组织形式;有的界定则强调企业的法律形式,既可以是有限责任公司,也可以是无限责任公司。

2)营业标准

营业标准是指公司的国外业务活动占整个公司业务活动的比重。在具体判断中,可以从资产额、销售额、产值(产品和劳务)、利润额和雇员人数等不同层面来展开。

营业标准除国外业务活动在公司业务活动的比值指标外,还有经营规模标准。传统认为,营业额超过1亿美元的跨国经营的公司才能称为跨国公司。弗农(Raymond Vernon)教授认为:"销售额低于1亿美元的这类公司不值得引起注意。"联合国贸易和发展会议认为,营业额在10亿美元以上的公司才能成为跨国公司,即"10亿美元俱乐部"(Billion Dollar Club)。

3)行为标准

按照帕尔默特(Howard·Perlmutter)教授的观点,公司要成为跨国公司,必须按照全球目标,公平处置世界各地所出现的机遇与挑战。而公司经营活动由一国走向多国,直至定位于全球化目标,一般需要经历以下三个阶段。

(1)"民族中心"阶段(Ethnocentric Stage)。公司业务活动以母国为中心进行决策,优先考虑母国企业的利益,按母国的处事方法开展经营。

（2）"多元中心"阶段（Polycentric Stage）。公司所有决策，既要考虑母国的利益，也要兼顾众多国外子公司的要求，其好处是充分利用当地资源和环境优势。

（3）"全球中心"阶段（Geocentric Stage）。公司所有决策，出自"全球思维"（Global Thinking）、"全球心态"（A Global Habit of Mind），以全球利益为目标，母国企业和国外企业相互配合、相互依存、合作经营。公司只有进入"全球中心"，才称得上真正的跨国公司。

3. 两个常用的定义

1）哈佛大学的定义

1968年在弗农（Raymond Vernon）教授的指导下，哈佛大学商学院展开了"跨国公司与国家"专题研究。在这项研究中，只有符合下列标准的公司才能被选为跨国公司：①1964年或1965年被《幸福》杂志列入美国500家最大工业公司；②到1963年底在海外6个以上国家有生产制造子公司，而且母公司拥有这些子公司25%以上的股权。可以看到，弗农教授的样本有特定范围，主要指发达国家的大型跨国公司，这些公司主要是年销售额在一亿美元以上的美国跨国公司和年销售额高于四亿美元以上的欧洲和日本跨国公司，而且要求子公司最低限度扩展到6个国家。基于对研究样本的分析，弗农教授领导的研究小组对跨国公司的定义如下。

跨国公司是指控制着一大群在不同国家的公司的总公司。拥有一大群公司的这类公司能使用一个共同的人才和财力资源，而且似乎是根据一个共同的战略行事。规模也是重要的，每一个群体，其销售总额低于一亿美元是很少值得注意的。同时，与这种群体在国外活动的性质也有关系。单纯的出口商，即使是那些在国外设有很好的附属销售机构的出口商，也不易引起人们的注意。至于那些单纯转让技术专利权的企业，也同样很少被人注意。最后，这些企业一般都有相当范围的地区分布，一个在本国基地以外只在一两个国家拥有股权（子公司）的企业，往往也不被列入跨国公司的行列。

该定义被称为狭义的跨国公司定义。

2）联合国的定义

1973年，联合国秘书处申明："……根据经济及社会理事会决议所使用的词汇，'多国'在这里是广义的，适用于凡是在两个或更多的国家拥有和控制工厂、矿山、销售机构及其他资产的所有企业。"联合国的定义见于《跨国公司行为守则草案》。"守则"起草始于1977年，其间数易其稿，最后一稿的文本是1986年印行的。其定义充分吸收了其他国际机构，如经合组织、欧共体等有关文件中的说法，并以此为基础作了综合、补充和完善，形成以下定义：

"本守则中使用的跨国公司一词系指由在两个或更多国家的实体所组成的公营、私营或混合所有制企业，不论此等实体的法律形式和活动领域如何；该企业在一个决策体系下运营，通过一个或一个以上的决策中心得以具有吻合的政策和共同的战略；该企业中各个实体通过所有权或其他方式结合在一起，从而使其中一个或更多的实体得以对其他实体的活动施行有效的影响，特别是与别的实体分享知识、资源和责任。"

据联合国有关组织的解释，它们之所以采用上述广义定义，大体有三方面理由。第一，这个定义把所有行业的各种规模和不同的海外经营比重的企业都囊括无余，可避免发生任何遗漏。第二，它可以直接利用现成数据，即可利用多数国家政府公布的对外直接投资的资料。因为按跨国公司广义的定义，一个国家的这些公司的对外直接投资金额与该国的对外直接投资总额十分近似。如按跨国公司的严格定义，则由于各国各派千差万别，资料很难使用、比较或重新分类。第三，从发展中国家东道国看来，任何在境内的外国公司都是外资企业，它们并不关心这些外资企业在国外拥有多少子公司。同时，这个定义与严格的定义并不是互不相容的。按广义定义收集到的资料，虽然不能直接适用于严格的定义，但这些数据可以按一定项目和要求（如按国外子公司数目多少、企业销售额的大小等）进行重新分类，因而仍可对一些大型跨国公司作出分析。

这个定义被称为广义的跨国公司定义。

1.2.2 跨国公司的类型

按照不同的分类标准，可将跨国公司分为不同的类型。

1. 基于决策中心标准的分类

（1）以民族为中心的跨国公司。跨国公司的重大决策都是以母国权益为中心考虑选择。以民族为中心，实际上就是以母国权益为中心，即在维护和增进母国权益的前提下，考虑母公司的权益和发展。

（2）以多元化为中心的跨国公司。跨国公司以遍及各国的众多子公司的权益为中心进行决策，以求在当地最有效地利用资源，取得较好的经营成果，争取市场发展的有利机会。

（3）以全球为中心的跨国公司。跨国公司以全球战略目标和全球利益进行决策。出于跨国公司全球权益的需要，在决策时就可以选取放弃母公司或少数子公司利益的策略方案。

2. 基于经营内容标准的分类

（1）资源型跨国公司。为早期跨国公司的主要类型。在世界范围内开发和利用资源，目的是获取母国急需的短缺资源，例如种植业中的烟叶、咖啡等原料，采掘业中的矿石、燃料等。

（2）制造型跨国公司。制造型跨国公司在第二次世界大战后得到迅速发展，并成为第二次世界大战后跨国公司的主要类型。这类跨国公司主要从事最终产品和中间产品的制造，包括钢材、有色金属、化工产品、机电产品、电子产品、轻纺产品、耐用消费品等。

（3）服务型跨国公司。20世纪70年代以后，服务型跨国公司呈现了迅速发展的趋势。究其原因一方面，制造业跨国公司为了扩展国际市场，实现生产经营与服务的一体化，或者为了分享服务业迅速发展的利益，在服务领域进行了大量的对外直接投资，使得一大批服务企业应运而生；另一方面，服务型跨国公司逐渐摆脱了为制造企业全球扩张提供支持的单一目标，积极自主地进行对外直接投资。目前，服务型跨国公司的发展日益呈现出经营国际化、业务多样化、投资自主化等特征，已经成为世界经济中的活跃力量。服务型跨国公司是从事非物质产品生产，而在贸易、金融、运输、通信、旅游、房地产、保险、广告、管理、咨询、信息等行业和领域内从事经营活动，提供各种服务的跨国公司。

3. 基于经营结构标准的分类

（1）横向型跨国公司。此类公司主要从事单一产品的生产和经营，母子公司很少有专业化分工，但公司内部转移生产技术、销售技能、商标专利等无形资产的数额较大。如雀巢、可口可乐大部分分支机构和母公司从事相同的产品生产。其特点与优势主要是：①地理分布多样化，即在不同的国家和地区设立子公司和其他附属机构，就地制造产品供应目标市场；②内部转让系统，即生产和经营同类产品的公司相互转让生产要素进而形成的系统。地理分布多样化有利于克服贸易保护主义壁垒，维持原有市场并开拓新的市场；而通过内部转让系统可以充分发挥自身优势，避开公开市场交易的缺陷。产品单一或经济实力一般的企业多采用这种方式。

（2）垂直型跨国公司。此类公司按经营内容差异可分为两类：①母子公司生产和经营不同行业却相互关联的产品。它们是跨行业的跨国公司，如美国的美孚石油公司，在全球范围内从事石油和天然气的勘探、开采，以管道、油槽和车船运输石油和天然气，经营大型炼油厂，从原油中精炼出最终产品，批发和零售几百种石油衍生产品；②母子公司生产和经营同一行业、不同加工程度和工艺阶段的产品。一般大型跨国汽车公司都属于此类，它们在全球拥有众多的分支机构，公司内部实行专业化分工，分别从事铸造、发动机、齿轮、减速器、机械加工、组装和销售各工序的业务。垂直型跨国公司在公司内部转移产品，其内部一体化程度高，内部化优势明显。组建此类公司需要较强的管理水平，往往是大型跨国公司的理想选择。

（3）混合型跨国公司。母子公司生产不同的产品，经营不同的业务，而且相互之间可能互不衔接，没有必然联系。日本的三菱重工就是如此，该公司原是一家造船公司，通过20世纪60年代的企业兼并转变为一家混合型跨国公司，其生产经营横跨许多部门和行业，业务范围包括船舶、钢铁构件、原动机、原子能、机械、航空宇宙、专用机械、空调、工厂建设、印刷机械、加工机械的11个大分类和上百个小分类，还有专门的售后服务公司和设备维护公司。中国的海尔集团在立足制造业基础上也进军制药、餐饮、保险等不同类型和性质的行业，朝着混合型跨国公司发展。该类型的跨国公司通过把没有联系的各种产品及其相关行业组合在一起，可以起到"东方不亮西方亮"或"不把全部鸡蛋放在一个篮子里"的效果，从而降低公司总体所面临的风险；有利于加强生产和资本的集中，扩大公司规模，实现规模经济；多样化方便了公司跨行业的兼并和发展，使公司面临更多的扩张机会。该类公司一般是产品多、跨行业和规模较大的大型跨国公司。

4. 基于数字强度标准的分类

数字化一个是将组织的产品、服务和流程转化为互联网兼容的数据包的过程，这些数据包及与其相关的信息可以比特和字节的形式被创建、存储和传输，用于市场营销、销售和分销。一般认为，数字化可能导致FDI的减小，因为它使跨国公司能够在没有实体存在的情况下进行全球经营和参与外国市场。由于数字化对国际投资和生产的影响不断扩大，因此，基于数字强度的跨国公司分类开始出现。依靠信息通信技术公司提供的基础设施，数字跨国公司才能得以运营，

扩展阅读 1.3 投资与数字经济

由此，基于数字强度，跨国公司可以划分为数字（Digital）跨国公司、信息通信（ICT）跨国公司及传统（Traditional）跨国公司。

（1）数字跨国公司。互联网在其运营和交付模式中发挥核心作用是数字跨国公司的特点。数字跨国公司包括完全在数字环境中运营的纯数字参与者（互联网平台和数字解决方案提供商），以及将突出的数字维度与实体维度结合起来的混合参与者（电子商务和数字内容）。具体来说，数字跨国公司包括四种类型：①互联网平台：生于数字化，通过互联网进行运营和交付的数字化企业，如搜索引擎、社交网络等平台和共享经济公司（叫车公司中，美国的Uber、中国的滴滴全球；共享住宿平台，如美国Airbnb）。②数字解决方案：其他基于互联网的参与者和数字促成者。除电子支付解决方案外，这一类别还包括软件即服务（SaaS）和金融科技提供商。金融科技拥有经纪、银行和金融等更广泛的服务。③电子商务：可进行商业交易的网上平台。这一类别包括电子零售商和新的配送群体（主要是食品配送和移动应用程序）。④数字内容：数字格式的产品和服务的生产者和分销商，包括媒体、游戏以及数据和分析。数字内容既可以通过互联网传送，也可以通过其他渠道（如有线电视）传送。

数字跨国公司可以使更少的海外资产和海外员工进入外国市场。它们对东道国的经济影响在实物投资和创造就业方面不那么直接可见，往往持有更多的流动资产，有更多机会利用避税的公司结构；大多数数字跨国公司的总部只设在少数几个国家，尤其是美国。

（2）信息通信（ICT）跨国公司。ICT跨国公司提供了使个人和企业能够访问互联网的基础设施。该类跨国公司包括销售硬件和软件的IT公司（即Tech MNC），以及电信公司（Telecom MNC）两类企业，其中，前者主要是设备和组件（硬件）制造商、软件开发商和IT服务提供商；后者主要是电信基础设施和互联互通提供商。

（3）传统跨国公司，即其他（非数字和信息通信）行业的跨国公司。这些跨国公司可能接触到数字技术和服务，但它们都是用户，而不是数字技术和服务的提供者或推动者。

信息通信跨国公司提供基础设施，数字跨国公司则以基础设施为平台，进行基于互联网或与互联网密切相关的运营行为，促进了全球经济的数字化，所以，贸发会议通过将跨国公司分为数字和信息通信两类绘制了数字经济架构图（图1-1）。

三类跨国公司在销售增长方面存在较大的区别（表1-1）。

表1-1 基于数字强度的跨国公司销售增长率比较

	2016—2021年销售增长比率（%）
传统跨国公司（top100）	36
信息通讯跨国公司（top100）	73
数字跨国公司（top100）	159

数据来源：UNCTAD FDI/MNE database（http://unctad.org/fdistatistics）

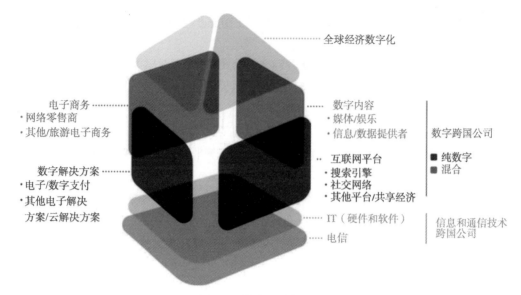

图 1-1　数字经济架构图
（资料来源：世界投资报告 2017）

1.2.3　服务型与制造型跨国公司比较

服务型跨国公司与制造型跨国公司在国际化发展过程中都面临着环境改变和竞争格局变化的挑战，然而在国际化过程中，基于先天形成的供需特性不同，服务型与制造型跨国公司仍有许多差异。

1. 技术差异

虽然服务型与制造型跨国公司在生产中都需要技术，但制造型跨国公司在全球化过程中追求更多技术的标准性和通用性，由此，企业才能利用该技术在全球范围内大批量生产，获得大量顾客的购买力，继而创造规模经济。即使定制生产，也只是某些小方面非实质性的改动。

而服务型跨国公司则需要针对国家和地区的不同，为特殊的服务对象定制出与客户具体情况高度吻合的技术产品或服务，一旦获得顾客满意，就能维系长久的服务关系，从而增加利润。这也是客户一般会与比较满意的服务商建立长期合作与联系的原因。

2. 知识差异

在制造型跨国公司全球学习、知识管理过程中，知识的积累与连续发展是非常重要的。产品的更新换代、推陈出新均依赖于知识的连续性。一旦某种技术被彻底淘汰，将成为企业的重大转折点，而且重新发展新技术的代价十分高昂。然而，服务型跨国公司在国际发展中为赢得竞争，往往更加注重知识的跳跃性发展和令人耳目一新的全新服务模式。个性化、时尚潮流主导着服务业的发展步伐，偶尔唤起复古的口号也是时尚的象征。因此，创造全新的服务是服务型跨国公司发展的首要目标。服务业更多地追求知识的间断性、跳跃性，在知识的不断创新中寻找机会，树立企业标新立异的特性来吸引顾客。这与服务产品的一次消费性、异质性相关，这也是服务型跨国公司更多采取差异化而不是低成本战略的原因。

3. 竞争差异

服务与制造型跨国公司国际化发展中都关注竞争，但制造型跨国公司在与其他制造企业竞争时，主要关注产品是否具有竞争力，无论商家还是顾客更多关注的还是质量、性能等产品结果，至于售后服务只不过是企业对于产品质量、性能的一种担保承诺而已。只要产品在顾客眼里物美价廉，购买过程稍有不满也可以忍受。但是，服务型跨国公司要获得国际竞争优势，就不能仅关注所提供的最终产品的优劣，而应更多关注服务过程本身。由于服务的不可分割性，更多地表现在商家与顾客之间的互动过程，顾客享受服务也就是享受服务的过程，因此，在整个服务过程中，顾客稍不适意就有可能离开，另行选择供应商或下次不再光顾。因此，服务过程对于服务型跨国公司至关重要。

4. 经验差异

无论是生产还是服务都需要运用经验。制造型跨国公司重视经验的发挥，全球学习曲线或称经验曲线的向下倾斜，给全球制造型跨国公司生产带来了益处。而服务型跨国公司则更重视全球经验的积累，更多积累的经验将成为企业的巨大财富，无论是失败的还是成功的经验都弥足珍贵。这在咨询、培训、医疗等行业中体现得尤为明显。服务型跨国公司对于经验积累主要表现在品牌形象及企业声誉的建立，虽然制造型国际品牌和声誉也能带来巨大效应，但良好的服务品牌和声誉能够比制造业更多地利用全球一致性来获得利润。因为强大的服务品牌和声誉给顾客的消费活动提供认知和保证，从而减少顾客在选择过程中对服务产品的无形特性产生的不确定感觉，使该服务品牌从其他服务品牌中脱颖而出。

5. 业绩差异

在国际化发展中，服务与制造型跨国公司都关注业绩。制造型跨国公司关注的是精确的、数量化的方面，如利润、产值等财务结果，而服务型跨国公司关注的是模糊的、难以定量化的方面，如客户满意度、公司声誉等非财务指标，当然，这些非财务指标与公司财务业绩联系非常紧密。

1.3　国际直接投资与跨国公司

虽然并不是所有的国际直接投资都是由跨国公司进行的，但当今世界，国际直接投资增长与跨国公司国际直接投资的行为密切相关。国际直接投资不仅是跨国公司产生与发展的前提，跨国公司还是国际直接投资的主要组织和推动者，而且国际直接投资还是跨国公司对外扩张的主要手段。

1. 国际直接投资是跨国公司产生的前提

国际投资活动的产生与发展为跨国公司的出现创造了前提条件。这从国际投资活动的历史沿革过程可以看到。第一次工业革命后，机器大工业得以建立，新兴资产阶级极力推动商品资本在世界范围内的运动,形成了以国际贸易为主的国际经济联系。随着科学技术的不断进步,尤其是第二次和第三次科技革命后,新的工业部门不断涌现,人类生产活动的规模、广度及深度都达到了新的水平,生产领域内的生产要素供求乃至生产过程都开始突破国家界限,走向国际化。起初是以国际间接投资形式(股票、债券投资)为主的货币资本要素的国际化,而后是以国际直接投资为主的国际化,尤其是国际直接投资实现了产业资本运营国际化。国际直接投资是在企业内部进行的跨越国界的投资,一般流入生产或服务部门,是管理技能、企业家声誉、生产技术等一揽子生产要素的流动或转移,其目的就是要对海外企业具有控制权,其结果就是企业建立了全球生产体系,企业因而成为跨国公司。可见,国际直接投资是国际生产的基础和重要实现形式,对跨国公司的形成和发展具有重要意义。没有国际直接投资就不可能有大规模的一体化国际经营,也不会有跨国公司的产生。国内公司对外直接投资的直接后果将实现资本与其他生产要素(这种转移不同于进出口,仅仅是最终产品的流动)在公司内部的跨国界转移,并通过组织上的设计和安排形成跨国公司。

2. 跨国公司是国际直接投资的主要组织者和推动者

从总量规模来看,国际直接投资总规模的迅速扩大是与跨国公司的迅猛发展相一致的。1960—1985年,西方国家国际直接投资累计余额从580亿美元增加到5 600亿美元左右,25年间增长近10倍,年平均增长率高达9.5%,超过了主要西方国家的重要经济活动指标(国内生产总值、工业生产、对外贸易)的增长速度。1990年,全球OFDI存量达2.3万亿美元,2021年则达到41万亿美元,年均增幅达9.73%。

几乎与此同时,西方国家跨国公司及其海外分支机构也由20世纪60年代末的7 267家和27 300个增加到80年代初的20 000家和120 000个;2000年,全球跨国公司母子公司数量则已超过60 000家和800 000个;2007年,数量增加到79 000家和超过790 000个;2008年,全世界有近8.2万家跨国公司,其国外分支机构达81万家。近年来,贸发会议仅统计跨国公司100强数据,2019年,在非金融跨国公司100强中,美国19家、英国13家、德国11家、日本9家、法国15家、中国9家①,而100强跨国公司的研究投资占到全球研发投资的三分之一以上。可见,跨国公司成为国际经济活动的主要参与者。

扩展阅读 1.4 2022 跨国公司 TOP100

从地区流向来看,国际直接投资的流向与跨国公司去向基本相同。第二次世界大战前70%的国际直接投资流向发展中国家,30%流向发达国家。20世纪70年代后,投资流向倒转过来,75%以上的国际直接投资流向发达国家,而流向发展中国家的国际直接投资还不足25%。20世纪90年代后,流向发展中国家的直接投资开始不断增多并稳定在40%左右。2021年,发展中国家占投资流量的53%,而发达国家占直接投资流量的47%。

从部门结构来看,国际直接投资在部门之间构成与跨国公司经营重心变化密切相关。

---

① World Investment Report—2020.UNCTAD.URL:https://unctad.org/webflyer/world-investmentreport-2020 Accessed: 15.05.2021.

20世纪70年代后期，科学技术进步降低了原材料消耗，使跨国公司的经营重心从种植业和采掘业转为制造业，继而转向银行业、保险业等服务产业；21世纪以来，这种趋势表现得尤为明显。贸发会议的2003—2021年按部门/行业公布的绿地FDI项目价值显示，农业（采掘业）、制造业和服务业在全球并购价值的占比中，2003年分别为24.5%、49%和26.5%；2010年分别为7.4%、53.2%和39.3%；2021年则分别为2%、45%和53%，由此可见一斑。

3. 国际直接投资是跨国公司向海外扩张的主要手段

跨国公司是在两个以上的国家和地区从事生产经营活动的经济组织。组织国际化生产经营的手段很多，但跨国公司是以国际直接投资为主要手段，将其生产经营的各个阶段部分或全部地移向海外的。因此，国际直接投资是跨国公司实施全球战略的重要手段。20世纪80年代以来，跨国公司主导的国际直接投资占全球直接投资总额的比例逐年上升；20世纪90年代后期，跨国公司直接投资占国际直接投资总额甚至高达90%。投资格局呈现出一个核心（以美国、欧洲、日本为中心的大三角结构）、多个辐射区域（这三个中心辐射到外围的发展中经济体和转型经济体的投资，两者呈现互补性投资关系）和多个折射区域（发展中经济体和转型经济体相互间的投资）并存的格局。跨国公司的国际直接投资可划分为以下6种类型。

资源导向型投资。几乎没有任何一个国家拥有足够大量和品种齐全的自然资源。面对国内不断增长的原材料需求和世界性的能源危机，跨国公司就必须到资源丰足的国家进行直接投资，建立原材料基地和供应网点，以解决资源短缺的问题，确保其生产经营的正常进行。目前，资源导向型投资在跨国公司国际直接投资中依然占有重要位置。特别是对原材料和能源消耗型跨国公司来说，这种类型的投资更是不可缺少的。

出口导向型投资。这类投资旨在维护和拓展出口市场。国内市场是有限的，特别是随着生产的发展和竞争的加剧，国内需求很快就会疲软，并趋于饱和。因此，出口市场份额的大小对于跨国公司的生存与发展就具有重要的意义。在贸易保护主义盛行的年代，当正常的贸易手段无法绕过关税和非关税壁垒时，国际直接投资便成为"撬开"对方市场大门的绝招。例如，我国香港一些纺织品公司为了应对美国、欧洲共同体的纺织品配额限制，曾到尚无贸易限制或"配额过剩"的第三国投资建厂，先后辗转于新加坡、马来西亚、泰国等地，并在那里组织生产和出口，以维护原有的市场份额。日本公司在西欧投资建造许多从事总装的"螺丝、起子"工厂，然后将限制不太严的半成品送往西欧装配为成品，就地供应市场，以此避开了关税壁垒。国际直接投资还可以被看成是另一种出口形式。它不是出口最终产品，而是出口机器、设备等资本品，零部件和原材料等中间产品，以及专利、技术诀窍等知识产品。

降低成本型投资。成本在产品生命周期成熟阶段是竞争的关键性因素。谋求低廉劳动力成本是促成这种投资的主要原因。由于劳动力成本迅速上升，发达国家和一些新兴工业国家的跨国公司在国际竞争中已难以稳操胜券。为保持产品的竞争能力，它们通过国际直接投资，把费工费时的生产工序和劳动密集型产品的生产转移到劳动力资源充裕和便宜的国家和地区。此外，在原料产地附近投资建厂所节约的运输费用，以及东道国政府为吸引外资所给予的融资优惠、低地租和低税率等，都有助于公司减少成本开支，获取比较成本利益。日本、韩国等在东南亚国家直接投资，建立元件厂和装配厂，就是为了利用当地的廉价劳动力和其他优越条件，以在国际竞争中处于有利地位。

科研开发型投资。先进技术是跨国公司在国际市场上克敌制胜的法宝。通过向技术先进的国家投资，在那里建立高技术子公司或控制当地的高技术公司，将其作为科研开发和引进新技术、新工艺及新产品设计的前沿阵地，公司就能够打破竞争对手的技术垄断和封锁，获得一般的贸易或技术转让许可协议，以及其他方式得不到的高级技术。例如，日本为了跟踪和寻觅最新电子工业技术，就在美国"硅谷"附近投入大量资本，建立自己的子公司或收购当地的小公司。一些新兴工业国和发展中国家也采用直接投资的方式，接近外国竞争对手，学习他们的长处，增强自己的竞争能力。韩国某大公司的总裁就说过："当计算机和半导体新技术出现时，要将这些技术直接引进国内是困难的。如果在美国设有工厂，我们就能容易地学到这些技术。"

克服风险型投资。市场经济充满着竞争和风险。市场缺陷所造成的不确定性和政治局势的动荡等原因，都可能把跨国公司推向困难境地。为分散经营风险，公司到国外投资，在全球范围建立起由子公司和分支机构组成的一体化经营体系，这样公司就可以比较有效地化解外部市场缺陷所造成的障碍，避免政局不稳带来的损失。例如，美国、欧洲和日本的大型跨国公司就已经建立起自己全球性的一体化经营体系，在减少交易（转让）成本、维持现有市场或抢先占领市场、合理分布成本和收益地点、逃避税收和汇率风险，以及保护公司财产安全等方面，表现出极大的灵活性。

发挥潜在优势型投资。在许多国家特别是发达国家，一些大公司在国内市场取得了垄断地位。经过多年的积累与集中，它们拥有的资金、技术、设备和管理等资源因超过了国内生产经营的需要而可能被闲置起来。为充分发挥公司的潜在优势，使闲置资源获得增值机会，国际直接投资就是一个有效途径。例如，享有盛誉的国际商业机器公司（IBM）在国内市场上取得垄断地位后，就通过直接投资向海外扩张，在国际化生产经营中，国际商业机器公司在资金、技术、设备、管理等方面的资源优势得到充分发挥，创造了大量利润。截至2021年底，IBM超过70%的年收入来自软件和咨询业务，在世界500强排名168位，研究人员获得了6次诺贝尔奖，6次图灵奖，超过15万项专利，在世界175个国家和地区运营。

复习思考题

1. 国际投资有哪些类型？何谓国际直接投资？
2. 跨国公司的界定标准？哈佛大学的定义包括哪几个要素？
3. 跨国公司有哪些类型？数字跨国公司与信息通信跨国公司的关系是什么？
4. 国际直接投资与跨国公司的关系如何？

参 考 文 献

[1] 赵春明. 跨国公司与国际直接投资[M]. 北京：机械工业出版社，2020.

[2] Banalieva1, E. R., Dhanaraj, C. Internalization theory for the digital economy[J]. *Journal of International Business Studies*, 2019, 50(8): 1372–1387.

[3] 郑琴琴. 服务业跨国公司的国际化扩张研究[M]. 上海：复旦大学出版社，2008.

即测即练

自学自测　扫描此码

第 2 章

国际直接投资动机与政治风险

【学习目标】

1. 了解国际直接投资的发展历程；
2. 掌握国际直接投资的动机及其决定因素；
3. 熟悉国际直接投资的政治风险识别、评估与防范。

印度冻结 vivo 资金近 4 亿元资产

随着国内智能手机行业的蓬勃发展，许多我们熟悉的国产手机品牌纷纷走出国门，赢得了更多海外消费者的认可，并且在全球市场上取得了不俗的成绩，其中比较具有代表性的手机品牌就是 vivo。vivo 是一家全球性的移动互联网智能终端公司，致力于为消费者打造拥有极致拍照、畅快游戏、Hi-Fi 音乐的智能手机产品。该品牌由广东步步高电子工业有限公司于 2009 年注册成立，迄今已经在全球 100 多个国家完成注册。

vivo 始终遵循着"More Local, More Global"的全球化战略，能充分考虑消费者需求的品牌，其产品自然更容易获得认可，全球化发展过程也会更顺利。从 2014 年开启国际化征程以来，vivo 已经在全球 100 多个国家成功注册，在印度、马来西亚、印度尼西亚、泰国、缅甸、越南、菲律宾等国家上市并取得可观的销量。vivo 在 2020 年宣布进入波兰、德国、法国、西班牙、意大利和英国 6 个欧洲市场，并且计划在 2021 年上半年进军塞尔维亚和奥地利，将欧洲市场拓展到 12 个以上。

然而，vivo 在印度的发展并没有那么顺利。2014 年 12 月，vivo 召开 X5Max 发布会，正式宣布进入印度市场。在此之后，vivo 多次召开国际发布会，不仅将多款国内新品带到国际市场，获得了销量和口碑的双丰收；还在印度建立了首个海外工厂，推出了一系列本土化产品。然而，在 2022 年 7 月，印度政府突然以涉嫌违反《防止洗钱法案》为由，冻结了 vivo 印度公司 119 个相关银行账号，总额达到 46.5 亿卢布（约合人民币 3.93 亿元），其中包括 vivo 印度 6.6 亿卢比的定期存款、2 公斤金条及约 730 万卢比现金。印度方面声称，vivo 印度公司涉嫌非法转移大量资金，vivo 印度销售额共计 12.5 万亿卢比（约合 1.06 万亿人民币），其中 6.2 万亿卢比被 vivo 从印度汇到中国，公开披露的汇款目的是 vivo 印度有巨额亏损，以避免在印度缴税。

据悉，vivo 并非第一家受到印度调查的中国企业。2021 年 12 月，印度就对包括小米、

OPPO、一加等在内的中国手机制造商进行突击搜查。2022年2月,印度还以"安全威胁"为由对54款App下达禁令,对华为在印多个办公场所进行搜查;4月,还指控小米违反印度外汇管理法,冻结后者555.1亿卢比(约合人民币46.9亿元)资金。

(资料来源:https://baijiahao.baidu.com/s?id=1738221439958527233&wfr=spider&for=pc 和 https://www.ccpit.org/india/a/20230830/20230830wiwx.html)

2.1 国际直接投资的发展历程

国际直接投资的发展历程大致可以分为三个时间阶段,分别是第二次世界大战之前,第二次世界大战到20世纪90年代及其之后的发展阶段。每个阶段的主要资本输出国并不完全一致,在不同的发展阶段过程中表现出来的整体特征也不尽相同。特别是2019年开始的新冠疫情对国际直接投资产生了较大的冲击。

扩展阅读2.1 2022世界投资趋势与前景

2.1.1 国际直接投资的演进

英国、荷兰、法国和西班牙等殖民宗主国在第一次世界大战之前,通过原始资本积累获取了大量财富,从而形成了对外直接投资的物质基础,成为早期国际资本输出的主要国家。这些国际资本输出的目的地国家主要是北美的美国和加拿大,以及东亚的印度、中国、日本等。

在第一次世界大战与第二次世界大战期间,全球资本市场濒临崩溃,欧洲各国对外直接投资规模大幅下降,国际投资的区域格局发生了重大转变。其中,遭受巨大战争创伤的老牌欧洲列强的经济地位被削弱,英国和荷兰等国家的对外投资能力与规模大幅下降。相反,美国的国际直接投资在这一期间得到了快速发展,美国在国际直接投资中的地位也随之不断上升。

20世纪50—70年代,英国与法国的国际投资规模在第二次世界大战期间被极大地削弱,德国和日本也同样受到战争的创伤导致国际投资规模迅速下降。而美国在二战期间积累了相对较为丰富的资本,发展成为世界第一的国际投资国家。此后,伴随着美国对欧洲和日本的战后援建,欧洲经济开始快速复苏,日本经济更是迅速崛起。但是日本企业的投资主要集中在亚洲国家,特别是这些国家的棉纺织业。在此期间,有很大一部分的中国棉纺织工厂都是日本企业投资兴建的。进入20世纪70年代,国际投资的区域格局呈现出明显的多极化特征。美国的国际投资占比相对有所下降,欧洲和日本的国际投资占比大幅上升,全球国际投资的格局初步形成了以美国、欧洲和日本构成的三极主导格局。

20世纪80年代,作为世界经济备受关注的"东亚经济增长奇迹"主要国家和地区,特别是新加坡、韩国、中国香港等新兴市场国家(地区)开始逐渐参与国际投资,推动了全球国际投资的新一轮增长趋势。这些新兴市场国家(地区)在国际投资领域的表现也开始引起了各国政府的广泛关注。值得一提的是,在吸引外资方面,新兴市场国家(地区)凭借着稳定的经济增长、庞大的国内市场、低廉的劳动力市场及逐步开放的市场进入制度等优势,迅速发展成为最具吸引力的国际投资东道国。

2000年以后,全球性经济与金融危机愈加频繁,挑战了三极主导格局下的国际投资市场，国际投资的区域格局向着更加多元化的趋势发展。多轮经济危机所引发的全球经济不确定性不断增加，以及美联储和全球金融市场的持续动荡，发达国家明显地放缓了国际投资的节奏，美国和英国等传统国际投资强国的投资规模也出现了明显的下滑。此外，发达国家跨国公司也开始调整产业链条，收缩对外投资，其在全球国际直接投资流出的份额明显下降。但是，中国、印度和巴西等新兴市场国家与发展中国家在全球性的经济与金融危机过程中依然维持了国际投资的快速增长，特别是中国和印度。其中，中国在 2015 年首次实现了资本净输出，又在 2020 年投资流量超过美国达到了对外投资的新高度。因此，随着新兴市场国家与发展中国家的国际投资规模的不断扩大，这些国家在国际投资市场中的影响力也不断加深，多元化的国际投资格局已经形成。未来，新兴市场国家与发展中国家将会在国际经济发展中发挥更大作用。

2019 年的新冠疫情危机对国际直接投资产生了前所未有的影响。2020 年全球的国际直接投资流量从 2019 年的 1.5 万亿美元下降至 1 万亿美元，降幅高达 35%。为了应对危机的影响与连锁性的冲击，各国都纷纷放慢了国际投资的脚步，特别是发达国家的国际投资降幅达到了 57%。在疫情危机冲击下，不同区域的国际直接投资也表现出了较大的差异。拉丁美洲和加勒比地区的吸引投资规模下降了约 46%，非洲的降幅约为 17%。欧洲吸引国际投资的规模更是下降了约 80%，北美地区也下降了约 40%。然而，流向亚洲的国际直接投资增长了 4%，使该区域在 2020 年占到全球国际直接投资的一半。这也说明发展中经济体比发达经济体更好地经受住了这场风暴，将为疫情危机后的国际投资复苏提供强有力的推动作用。

2.1.2　美国、欧洲和日本的国际投资特征

1. 美国的国际投资特征

美国是世界上主要的资本输出国，即对外投资国。尽管近年来美国在国际投资的流量上呈现出逐渐下降的趋势，但基本上一直占据世界最大对外投资国的位置。从投资的目的地国家来看，美国对外直接投资的 60% 以上是流向发达国家的（其中，欧洲超过 50%）。另外，美国的跨国公司也越来越多地倾向于投资到更多的发展中国家。其中，拉美和加勒比海地区是美国国际直接投资的重点地区，美国对外直接投资中的 20% 左右流向了该地区。值得一提的是东亚和东南亚对美国跨国公司的吸引力也在逐步增强，美国有 10% 以上的对外直接投资都流向该地区。特别是在 2019 年新冠疫情暴发以来，美国对发展中国家投资增长的趋势更为明显，这反映了美国跨国公司为降低经济不确定性，在引领全球化背景下而作出的战略选择。从产业分布构成来看，美国跨国公司的投资分布已经逐渐从制造业向服务业转变，金融业和保险业已经取代了制造业，长期占据美国对外投资的首位。

同时，美国也是世界上最有吸引力的国际投资东道国。美国对国际投资的强大吸引力源于美国本土极具竞争力的区位优势，这种区位优势不仅体现在美国拥有一个巨大的市场，更为重要的是美国拥有很多全球性的竞争力因素，例如富有弹性的劳动力市场、熟练技能的劳动力与卓越的创新能力、发达的服务业和全球领先的管理技能等。从国际投资的模式选择上看，多数跨国公司倾向于选择以股权资本投资为主的投资模式。其主要原因有二：一是在近年来的跨国并购浪潮中，越来越多的外国公司倾向于收购美国公司的股权资本；二是外国投资者大多看好美国经济的发展前景，加大了在美子公司的股权投资以增强

其控制力。从产业分布构成来看，制造业是美国吸引国际投资较多的产业，但是其在整体投资中的占比在逐年下降，金融和保险两大产业正在逐步取代制造业。

2. 欧洲的国际投资特征

欧洲一直都是国际投资领域的重要区域，从早期国际投资的主要国家英国、法国和荷兰等欧洲国家，到美国、欧洲和日本形成的三极格局，再到现在的遍布全球的欧洲跨国公司。当然，目前欧洲各国中，英国、法国、卢森堡是国际投资的中坚力量。值得注意的是，2000年以后，欧盟在吸引投资和对外投资方面的规模都不容忽视，它在整个欧洲的国际投资中也占据着主导地位。据统计，欧洲地区有90%以上的国际投资流量都来自欧盟成员国，其中英国、法国、比利时、卢森堡、荷兰等国的吸引投资能力位于前列，而英国、德国和法国等国在对外投资方面则居于领先地位。总体来看，英国和法国是欧盟乃至西欧地区中最大的两个投资东道国和母国。在非欧盟成员国中，瑞士是最大的母国和东道国，其次是挪威。

欧洲的区域经济一体化是推动欧洲国际投资发展的重要驱动力。欧盟一体化政策的深入实施，特别是在1999年1月1日欧元区内开始普遍使用的统一货币，进一步降低了欧盟成员国之间的贸易和投资壁垒，极大地促进了欧盟内部成员国之间的国际投资。到目前为止，欧盟已经是公认的全球经济一体化程度最高的代表性区域。

此外，欧洲也是一直保持着对发展中国家较高的投资占比。传统上，欧盟跨国公司对发展中国家的投资热情要明显低于美国和日本的跨国公司。2000年以前，欧洲对外投资存量的60%以上都集中在主要发达国家（依次是美国、瑞士、澳大利、加拿大和日本）。但是，这种局面随后就发生了转变，新兴发展中国家丰富的自然资源和巨大的市场发展潜力，以及美、日等跨国公司在发展中国家取得的成功，迫使欧洲跨国公司无法再作壁上观，欧洲跨国公司随即开始加大对发展中国家的投资力度。

3. 日本的国际投资特征

相较于吸引投资，日本在国际投资市场的表现主要体现在对外投资。目前，无论是对外投资的流量还是存量，日本都是位居世界前五位的国家。值得一提的是，日本在很长一段时间内的对外投资流量都是仅次于美国，长期处于世界第二的位置。当然，为适应经济全球化的激烈竞争，日本对外投资也发生了很大的变化，体现在投资的地理分布上更为明显。欧美发达国家是日本对外投资的重点区位，日本在欧美发达国家的对外直接投资流量和存量的占比基本都维持在60%左右，但该占比有不断下降的趋势。近年来，日本对拉美国家的投资增长较快，其中巴西和墨西哥表现最为突出。日本对非洲和中东欧的投资始终处于很低的水平。

在对发展中国家的投资中，亚洲发展中国家是日本对外投资的传统区位，日本跨国公司已在亚洲建立了较为成熟的区域一体化生产网络和以此为基础的全球一体化生产网络，日本跨国公司企业内交易占其出口的比重在亚洲地区就占到了50%左右（日本在亚洲的投资模式在理论上被称为"雁形模式"）。从国际投资的行业分布上看，近年来，日本对基础设施建设、传统制造业等行业的投资基本维持在稳定的区间内，对纺织、钢铁等劳动密集型产业的投资出现了明显的下降趋势，而对电力和电力设备制造行业的投资则呈现显著的增长趋势。此外，日本政府在安倍晋三首相的第二任期提出"观光立国"的政策后，对服务业等旅游观光产业的投资出现了显著的增长。

2.1.3 中国对外直接投资的发展历程

中国对外直接投资起步于改革开放初期，经过40多年来的探索和发展，中国已成为全球重要的对外投资大国，成为主动参与经济全球化的重要力量。根据商务部发布的数据，2020年中国对外直接投资为1537.1亿美元，流量规模首次位居世界第一位。2020年，中国对外直接投资的存量为2.58万亿美元，仅次于美国的8.13万亿美元和荷兰的3.8万亿美元。2019年也是中国对外直接投资标志性的年份。2019年中国的对外直接投资流量首次超过中国吸引外资的流量，实现了资本的净输出。回顾中国对外直接投资的发展历程，主要经历了探索起步、迅速扩张、稳步调整和爆发增长四个阶段。

扩展阅读 2.2 中国对外投资合作发展报告 2022

（1）探索起步阶段（1979—1986年）。改革开放初期，一些长期从事进出口业务的专业外贸公司和具有对外经济合作经验的企业率先走出国门到海外投资。这些公司凭借其涉外经验、进出口渠道稳定等优势，在国外开设海外代表处或海外贸易公司。1979年，北京市友谊商业服务公司同日本东京丸一商社株式会社合资在东京开办了"京和股份有限公司"，建立起中国对外开放以来的第一家国外合资企业，拉开了20世纪80年代中国企业跨国投资的序幕。到1985年，经批准的非贸易性海外投资企业约180个，总投资额为2.96亿美元，其中中方投资总额为1.8亿美元，这些投资分布在47个国家和地区。

（2）迅速扩张阶段（1987—1992年）。按照国务院指示，原对外经济贸易部于1985年制定了中国企业在国外开办非贸易企业的相关审批管理办法。办法规定，凡是有资金来源、业务专长和合作对象的经济实体，均可申请到国外开设合资经营企业。此后，一些有实力的大型生产企业和综合型非贸易企业开始加入跨国投资行列。在这一阶段，首都钢铁总公司、中国国际信托投资公司、深圳赛格公司等均开始发展对外直接投资，出现了投资主体多元化的发展态势。1987—1990年，得到批准的非贸易性境外独资、合资企业共计569家，其中，中方对外直接投资额为8.07亿美元，平均每年新增直接投资2.02亿美元。这一阶段的特点是总体投资规模有所增长，但企业平均投资规模仍然较小；投资主体则由国有外经贸企业逐步扩展到国有大型工业企业和综合性金融企业；投资地区扩散至93个国家和地区，海外投资的行业分布由商务服务业向资源开发、生产加工装配、交通运输等行业扩展。

（3）稳步调整阶段（1993—1998年）。从1992年起，国务院逐渐放开了生产企业对外投资的限制，生产企业对外投资的企业数量和项目数量都开始不断增加。从1993年开始，国内经济进入结构调整、抑制经济过热时期。鉴于当时一部分海外投资企业效益不佳，持续亏损，另有一些企业以开展跨国经营为由，违规向海外抽逃资金，因此，中国对海外投资企业进行清理整顿，对境外企业进行重新登记，并且开始实行严格的审批登记制度。此后，中国的对外直接投资出现增长趋缓的势头。1993—1998年中国仅新增海外投资12.78亿美元，批准设立海外企业约1 500家。截至1999年底，经批准或备案的非金融类海外企业达到5 796家，分布在全球的160多个国家或地区，协议投资金额104亿美元，其中中方投资额为 69.5 亿美元。

（4）爆发增长阶段（1999 年至今）。随着中国政府提出"走出去"战略及 2001 年中国加入世界贸易组织后，中国的对外直接投资有了突破性进展，步入发展的"爆发"式增长阶段。1999—2005 年，企业投资规模年均增长率超过 60%；企业的平均单个项目投资规模在 2003 年跃升至 400 万美元，接近发展中国家水平，2004 年跃升至 600 万美元，达到发达国家水平。《中国对外直接投资统计公报》显示，2005 年投资净额为 122.6 亿美元，对外直接投资流量首次超过 100 亿美元；2008 年投资净额为 559.1 亿美元，对外直接投资流量超过 500 亿美元；2013 年投资净额为 1 078.4 亿美元，对外直接投资流量超过 1 000 亿美元；2016 年投资净额达到峰值，为 1 961.5 亿美元，对外直接投资流量近 2 000 亿美元。2019 年中国对外直接投资 1 369.1 亿美元。2020 年中国对外直接投资 1 537.1 亿美元，流量规模首次位居全球第一。

2013 年习近平总书记高瞻远瞩提出了"一带一路"合作倡议，为中国的对外直接投资注入了新的动力。此后，中国对"一带一路"沿线国家的国际直接投资稳步增长。截至 2020 年年末，中国境内投资者在"一带一路"沿线国家设立境外企业超过 1.1 万家。2020 年对这一区域的直接投资为 225.4 亿美元，同比增长 20.6%，占到同期流量的 14.7%。从投资存量上看，2020 年末对"一带一路"沿线国家的投资存量达到 2007.9 亿美元，占存量总额的 7.8%。2013 年至 2020 年，中国对"一带一路"沿线国家累计直接投资为 1398.5 亿美元。

2.2 国际直接投资的发展现状

2.2.1 亚洲新兴市场国家（地区）的崛起趋势明显

美国次贷危机以来，欧洲的国际投资占比大幅下降，北美的占比相对稳定，相对而言东亚和东南亚的占比快速上升（图 2-1）。2008—2020 年，欧洲、北美、亚洲的流出量占比平均值分别为 40%、22% 和 31%。基于欧洲和北美大多数为发达国家，而亚洲多为发展中国家或是新兴经济体国家（地区），可见，发展中国家在国际投资的比重在上升。2020 年，全球国际直接投资占比中，欧洲占比为 10%、北美占比为 19%、亚洲占比为 46%、其他区域占比为 25%。

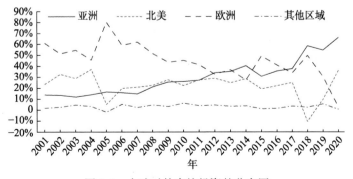

图 2-1　全球对外直接投资的分布图
数据来源：UNCTAD

不难看出，国际投资的重心正从欧美等传统投资区位转向亚洲的发展中国家与新兴经济体国家（地区），亚洲在全球国际直接投资中的投资占比持续表现出稳中有升的上升趋势。新冠疫情危机可能甚至会加快这种趋势，中国和印度等亚洲经济体的疫情防控和经济复苏程度整体好于欧美经济体。美国投资银行高盛的预测显示，2035年全球前十大经济体将包括4个亚洲经济体（中国、印度、日本、印度尼西亚）和4个欧美经济体（美国、德国、英国、俄罗斯）。"一带一路"合作倡议的推出，以及《区域全面经济伙伴关系协定》（RCEP）等区域经济合作伙伴关系的建立，将进一步推动亚洲国际直接投资的发展。"一带一路"涵盖了65个亚洲和欧洲国家，经济总量约占全球的三分之一，沿线国家之间的国际直接投资获得显著增长。2013—2020年，中国对"一带一路"沿线国家和地区累计直接投资1 398.5亿美元，年均增长8.6%，比同期中国对外直接投资年均增长率高出3.4个百分点。此外，RCEP覆盖了15个东亚、东南亚和大洋洲国家，区域内的投资自由化和便利化程度将不断提高，必将助推亚洲区域的国际直接投资进一步上升。

2.2.2　全球投资正在寻求数量趋稳后的质量突破

从国际投资的发展历史看，全球的国际直接投资已经慢慢趋向一个数量上的稳定期。进入2000年以后，国际投资虽然经受了因美国次贷危机引起的全球性经济危机，以及2019年新冠疫情引起的全球性产业链的停摆等错综复杂的国际性危机，国际投资整体呈现出阶段性的波动，但是从长期的趋势看国际投资的总量一直是维持在一个相对稳定的区间内。

图2-2是2000年以后国际投资的一个趋势图。如图2-2所示，在经历了2002年的低点之后，全球的国际投资一直维持着较高的增长速度，投资流量从2002年的4 965.8亿美元增长至2007年的21 908.43亿美元，展现出全球性的国际直接投资的快速增长趋势。2008年在美国次贷危机的影响下投资总量大幅下降，但在2009年到达了最低点之后，在2010年迅速回归到长期的增长通道。此后，在2016年特朗普执政时期提倡的反全球化浪潮和2019年新冠疫情引起的全球产业链停摆危机中，全球投资总量再次一度下滑，但都很快又回归到了长期的增长区间。从图2-2中可以看出，进入21世纪后，全球直接投资虽然在短期内经历了几次波动，但是长期而言还是呈现出稳中上升的趋势。这也说明国际直接投资已经进入一个投资数量的稳定期，跨国公司对海外投资的需求日趋稳定。未来，国际直接

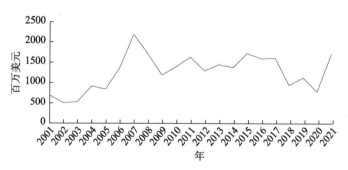

图2-2　21世纪国际直接投资的趋势图

数据来源：UNCTAD

投资的下一阶段将面临跨国公司在投资质量上的调整，跨国公司将不再一味追求投资数量的增长，转而关注投资质量的提升，以维持企业的国际竞争力。

2.2.3 收益再投资屡创历史新高

收益再投资逐渐成为中国企业国际投资的主要资金来源，收益再投资的金额屡创历史新高。据《2022 世界投资报告》的最新统计数据显示，2021 年全球跨国公司的利润水平呈现出历史性的增长，较高的留存收益也带动了全球国际直接投资的快速增长。从中国对外直接投资的流量构成占比看，2021 年中国跨国公司的经营状况良好，超 70%的企业实现了盈利或持平，当年收益再投资达到 993 亿美元，创历史纪录，占同期中国对外投资流量占比的 55.5%。

然而，股权投资的占比相对有所放缓，2021 年新增股权投资 531.5 亿美元，较上年度减少 15.7%，在投资流量中的占比为 29.7%。债务工具投资为 263.7 亿美元，较上一年度增长 38.5%，在投资流量中的占比为 14.8%（表 2-1）。

表 2-1 中国对外直接投资的资源来源占比

年份	流量金额（亿美元）	新增股权（%）	当期收益再投资（%）	债务工具投资（%）
2006	211.6	24.4	31.4	44.2
2007	265.1	32.8	36.9	30.3
2008	559.1	50.7	17.7	31.6
2009	565.3	30.5	28.5	41
2010	688.1	30	34.9	35.1
2011	746.5	42	32.8	25.2
2012	878	35.5	25.6	38.9
2013	1078.4	28.5	35.5	36
2014	1231.2	45.3	36.1	18.6
2015	1456.7	66.4	26	7.6
2016	1961.5	58.2	15.6	26.2
2017	1582.9	42.9	44	13.1
2018	1430.4	49.2	29.7	21.1
2019	1369.2	35.3	44.3	20.4
2020	1537.1	41	46.6	12.4
2021	1788.2	29.7	55.5	14.8

数据来源：中国对外直接投资统计公报

2.3 国际直接投资动机与决定因素

跨国公司是国际直接投资的主体，通过国际直接投资跨国公司可以实现国际化的生产与经营。但是，根据投资的不同时期、不同规模、不同行业，跨国公司进行对外直接投资的动机也各不相同。本节将具体介绍与国际直接投资的投资动机，以及影响跨国公司判断是否进行国际直接投资的决定因素。

2.3.1 国际直接投资的动机

根据英国学者邓宁（John Harry Dunning）的国际生产折中理论，国际直接投资动机大致可以分为四种类型，分别是市场追求型、资源追求型、效率追求型和战略追求型。

1. 市场追求型

市场追求型对外直接投资是指跨国公司为拓展东道国市场，进一步扩大东道国市场份额而进行的对外直接投资。概括来讲，市场追求型对外直接投资的投资动机有以下三种。

第一种动机是通过直接投资绕过东道国市场的关税壁垒和非关税壁垒。当东道国存在关税壁垒和非关税壁垒时，跨国公司为继续占有东道国商品和服务市场，会选择在东道国直接投资，此时的直接投资往往替代出口贸易。当存在区域性关税同盟时，跨国公司也会进入条件更为适宜的第三国，以绕过关税壁垒，实现经由第三国投资生产从而最终进入目标国市场的目的。

第二种动机是通过直接投资实现对上下游企业的追随效应。跨国公司的生产经营活动往往是处于生产价值链中的某个环节，需要其他环节的上下游企业相互配合才能完成企业整体的生产与经营。当某个企业的上下游企业都在某东道国建立生产基地时，该企业会出于贴近上游原料或中间产品供给商，以及更好地为下游企业提供中间产品或更好地为服务考虑而追随其上下游企业进入该东道国。

第三种动机是为了更好地满足东道国消费者的消费偏好。每个国家消费者的消费偏好都存在差异，甚至差异之大难以想象。跨国公司为更好地满足各东道国消费者的消费习惯、口味及更好地适应东道国当地风俗，不至于在竞争中失败，会选择在东道国直接投资建厂进行生产经营。这类跨国公司往往在产品设计、包装和广告策划等方面都会非常注重东道国市场需求。

2. 资源追求型

资源追求型对外直接投资是指跨国公司为避免因为行业竞争因素导致上游产业被竞争者控制，追求自然要素资源的获取而进行的投资。资源追求型对外直接投资是跨国公司对外直接投资的最早形态，也是20世纪二三十年代以来占主导地位的对外直接投资形式。资源包括很多种类：自然物质资源、资产资源、人力资源、智力资源、资金资源及信息资源，但概括起来，跨国公司在境外更期望获得的资源主要包括自然资源、人力资源、技术和管理技能等。资源追求型对外直接投资在国际直接投资发展过程中，一直都是跨国公司的主要投资动机之一，其原因有以下两个。

第一个原因是稀缺资源的稳定供给。一些来自发达国家或资源匮乏发展中国家的跨国公司，为保证国内生产所需的矿石、能源、农产品和其他原材料的充分供给，选择在相应自然资源丰富的国家投资建厂。例如，汽车轮胎生产企业往往选择巴西等橡胶生产国进行投资兴建橡胶种植园，石油公司则在中东地区投资勘探和开发油田。另外，跨国公司还会为了充分利用东道国当地的资源而进行对外直接投资，这些资源包括旅游、汽车出租、建筑、医疗和教育服务等。

第二个原因是控制生产成本。一些跨国公司为获取比母国市场和国际市场成本更低但质量更高的各类资源而进行对外直接投资，如一些人力资本占总成本比重明显较高的专业服务业领域和产品、工艺技术创新开发领域，选择在一些发展中国家直接投资建立软件公司、设计公司等，以削减产品和服务成本。

3. 效率追求型

效率追求型对外直接投资是跨国公司为提高效率而进行的对外直接投资。其目的是在已有资源的基础上，对已经实施的对外直接投资进行区域性或全球性的战略、效率投资调整，或使其全球性的生产经营网络更加合理。效率的提高取决于产品的专业化跨国生产、各类资源的合理配置及生产经营区位在全球范围内的优化。通常情况下，只有具有丰富国际经验的大型跨国公司才能从事这类对外投资。效率追求型对外直接投资能够取得成功的前提有以下两个。

第一个前提是存在产品的全球性市场。产品无须根据各国消费者的口味、偏好或其他要求进行适应性调整，就能被广泛接受。具有类似经济结构、收入水平和文化背景国家的市场需求通常有趋同现象。这是形成产品全球性市场的基础。

第二个前提是有效利用不同国家生产条件的差异。在全球范围内，需求存在趋同现象，这为跨国公司追求效率提供了前提条件。跨国公司就可以在世界范围内建立少数专业化程度很高的生产基地，大规模生产产品，销往各国市场。如跨国公司在经济发达国家建立资本、技术或信息密集型子公司，而在发展中国家建立劳动密集型子公司，这样可以充分利用各国的不同生产条件提高效率。

4. 战略追求型

战略追求型对外直接投资是指跨国公司在国外生产和销售拥有一定基础之后，公司高层管理人员逐渐认识到国际经营产生的某些重要优势，及时调整公司战略目标。实现全球性战略目标是跨国公司对外直接投资的主要动机。此时，跨国公司需要把世界经济作为一个整体来制定系统周密的跨国经营战略。在进行对外直接投资时，跨国公司考虑的不是如何利用某个国家的成本优势或如何进入某个国家市场，而是如何在全球范围内合理配置资源，增强公司在国际市场的整体竞争力。其原因有以下三个。

第一个原因是出于对技术、经济和社会发展的需要。20世纪80年代中期以来，随着技术、经济和社会的发展，一些行业逐步发展成为国际性行业或全球性行业。其中最为典型的行业是集成电路和印刷电路板等电子产品生产行业、计算机生产行业、汽车制造业等。在这些行业经营中，企业想要形成竞争优势，就必须达到较大的生产规模。因此，为了生存和发展，企业必须依据国际市场需求组织生产。

第二个原因是技术进步加速的必然结果。技术进步速度加快导致研究与开发费用提高、产品生命周期缩短，这是促使一些产业国际化发展的重要因素。企业必须在新技术和新产品开发出来之前，尽可能多地销售现有产品，并将研发费用分摊。这需要企业以全球市场作为生产经营的目标市场。

第三个原因是东道国市场之间交叉补贴的推动。通过各东道国市场之间的交叉补贴加强在国际市场上的竞争优势，是跨国公司进行对外直接投资期望达到的另一战略目标。例如，一些外国大型跨国公司在进入中国市场后，头几年并不把盈利作为目标，而是致力于长期竞争优势的建立和市场开发。这一时期在中国市场的亏损由其他国家子公司的盈利来补贴。与东道国的当地企业相比，由交叉补贴所形成的资本优势能够帮助跨国公司更有效地长期占领当地市场。

2.3.2　国际直接投资的决定因素

对外直接投资是一项十分复杂的投资决策，跨国公司为追求最佳效益的获得，通常会在综合判断东道国投资环境的基础上，决定是否进行对外直接投资。国际直接投资的决定因素是一个相对宽泛的概念，一般情况下指的是在投资过程中影响国际资本运行的东道国的综合因素。它们错综复杂，但是总体来讲，大致可以分为自然因素、经济因素、法律因素、政治因素和社会与文化因素。

1. 经济因素

经济因素是对外直接投资活动最重要的影响因素。它主要包括经济发展水平、基础设施、经济政策和贸易及国际收支状况。

经济发展水平是体现一个国家整体经济状况的重要指标，也是影响投资者选择投资地点和投资产业的主要因素，它主要包括经济发达程度、人均收入和消费水平、人民的生活质量等。美国经济学家罗斯托（Walt Whitman Rostow）将世界各国分为传统社会、起飞前期、起飞、趋向成熟和高度消费五个发展阶段。前三个阶段属于发展中国家，后两个阶段属于发达国家。经济的发达程度决定着一个国家的经济结构。在经济较为发达的国家，其生产的产品多为资本密集型和技术密集型；发展中国家的产品则更多地为劳动密集型。投资者一般会选择将资本密集型和技术密集型产品放在经济较发达的国家生产，而将生产劳动密集型产品放在发展中国家生产。

基础设施是任何投资活动都必不可少的物质技术条件，属于硬环境。基础设施可分为两类：工业基础设施和生活服务设施。工业基础设施主要包括五个方面：能源供应设施，包括油气管道、供热和供电设施等动力燃料供应设施、供水和排水设施；交通设施，主要包括铁路、公路、水路、航空、管道等公共交通设施；邮电通信设施，包括电话、电报、传真等邮政设施和电信设施；各种救灾和防灾设施。生活服务设施主要包括两个方面：环境设施，包括环境美化和保护设施；服务设施，主要包括住宅、商店、旅馆、医院、学校、银行和其他一些服务性机构等。对于投资者来说，工业基础设施远比生活服务设施更重要，因为工业基础设施是投资者维持正常生产和经营、获取超额利润最基本的物质条件。所以，基础设施状况也就成了投资者选择投资国和投资区域最重要的考虑因素之一。

经济政策主要是指东道国政府为实现其社会经济发展目标而采用的一系列政策，体现了东道国政府对待外资的态度和管理方法。各国对待外国投资者的政策会受其经济发展水平的影响，而经济政策又会直接影响对外直接投资的可能性、收益性和持续性等。发达国家由于经济发达，资金需求量相对稳定，而且多集中在高科技领域，所以发达国家对外资的态度一般采用不鼓励和不拒绝的国民待遇原则。而处于经济起飞中的发展中国家，它们在迫切的发展中遇到了资金和技术不足的难题，亟待通过引进外资来解决经济发展中的瓶颈问题，这些发展中国家往往给外国投资者超国民待遇，以推动本国的工业化进程。它们甚至通过设立某些开发区、关税优惠区和经济特区使外商在这里投资享有优于其他地区的政策。我国的经济特区深圳、珠海、厦门、汕头、海南、喀什、霍尔果斯就是在这种背景下出现的。

贸易状况主要是指国家的进出口总额、进出口产品结构、进出口产品的地区分布及对外贸易依存度等。通过对一国贸易状况的了解，外商可以了解其在全球经济中的地位，而东道国则更愿意接受进口替代性投资和能扩大其出口、优化其出口产品结构的投资。

2. 政治因素

政治因素直接与政府、政权等紧密联系在一起，且直接关系到对外直接投资本身的安全性，因而，政治因素是对外投资中最敏感的影响因素。在对外投资活动中，投资者所面临的政治因素包括政治制度、政权的稳定性、政府的工作效率、国际关系等方面。

政治制度涉及国家的管理形式、政权组织形式、政党体系、选举制度等，它是影响对外投资政治因素中的主要因素。一国的政治制度一定会与其社会经济基础相适应，因而政治制度一般决定了投资目标国的法律制度和经济体制。

政治的稳定性表现为政权的稳定性和政策的连续性。政权的稳定性往往会间接影响到其他投资因素的稳定性，国际投资者判断目标投资国政权的稳定性通常考察以下几个方面：国家领导人更迭的频率、反对势力的状况、种族冲突。一般认为政权的稳定性不受任何内部与外部问题的困扰和动摇，政府具有应对一切冲突的应变能力。

政策的连续性，是指一国政权发生换届时，该国的政策不会发生太大的变化，仍然保持一定的连续性。政策的连续性不仅需要本届政府的政策要有稳定性和连续性，而且需要它不受政府正常选举的影响，也不会因为政府的正常更迭而改变。

投资目标国政府部门的工作效率直接影响到外国投资者在该国和该地区的生产经营活动。有些国家行政工作拖沓，程序烦琐，职能混乱，管理人员职权划分不清，腐败严重。这些不仅会降低各地政府部门的工作效率和滋生腐败行为，还会给投资者的生产经营活动造成不便，产生额外的成本负担。

在当今世界，国与国之间的联系日益紧密，任何一个国家都是整个国际经济关系的一个组成部分，因此，一国或地区的经济环境不仅受本国或地区内部因素的影响，也必然受到其他国家政治、经济状况的影响。一国的国际关系主要包括两个方面：一国与周边国家的关系。如果一个国家与周边国家关系紧张，就会增加该国与周边国家发生冲突的可能性。投资者还应考虑该国在世界政治生活中的地位。一个国家的政治地位越高，其影响力越大，投资的政治风险也就越小。此外，投资者还可以利用投资目标国的政治、经济地位来挤占更多的市场份额。因此，保持良好的国际关系是提升其投资环境评级的重要因素。

3. 法律因素

法律因素不仅关系投资者的权益和安全，也反映了东道国对外国投资者的态度。东道国对外资所采取的鼓励、保护或限制的政策措施，都需要以一定的法律形式表现出来，因此，法律因素是投资环境的"晴雨表"和"风向标"，包括法律的完备性、公正性、稳定性及公民的法律意识等因素。

法律的完备性主要是看投资目标国有关经济方面的各种法律和法规是否完备和健全。涉及投资的法律主要包括公司法、外商投资法、劳工权利保护法、知识产权保护法、税法等。假如有关外商投资方面的法律体系健全而完备，就会使外国投资者觉得有法可依，产生安全感，因此也就会成为吸引外国投资者前来投资的有利因素；反之，投资者很难选择在一个没有法律保障的国家和地区从事投资活动。

法律的公正性是指法律执行时能公正地、无歧视地以同一标准对待每一个国内外诉讼主体。在健全的法律之外，目标投资国执法的公正性是投资者从事国际投资决策时必须考虑的，因为投资者在东道国投资的过程中难免与东道国的自然人、法人或政府产生纠纷，在出现纠纷时需要提起仲裁与法律诉讼。投资者一定会选择在一个能够被公正对待的国家里从事投资活动，以使投资者的投资利益得到保障。因此，外国投资者在作出投资决策之前，首先要分析东道国外贸法中有关投资争议的条款，并考察东道国已经仲裁过的有关投资争议的案例，以判断其仲裁的公正性。

法律的稳定性是指已经颁布的法律在一定时期内的稳定性和持续性。法律的稳定性非常重要，尽管当客观情况发生较大变化时，各国的法律可以进行相应的调整，但这种调整必须是理智的和适度的，不能过度损害外国投资者的投资利益。对外直接投资者在东道国从事的直接投资活动投资期限都相对较长，其投资收益要在投资之后的很长一段时间内才能逐步实现，少则一两年，多则十几年乃至更长的时间。如果一个国家的法律体系能保持稳定，则有利于增强外国投资者的安全感和投资信心，制订长远投资计划；否则，外国投资者必然会望而却步。东道国法律的稳定程度一般与其政治因素的优劣呈正相关关系。

即使在法律健全的国家，仍有部分公民法律意识淡薄，甚至根本没有法律意识，知法犯法，无视法律和法规的存在。在大多数公民法律意识淡薄的国家或地区投资，投资者会有难以想象的风险。

4. 自然因素

自然因素是指在对外直接投资中，与跨国企业生产和经营有直接关系的东道国的地理位置、地形、气候、自然资源、国土面积与人口等。

地理位置是指某一国家或地区与外在客观事物在方位上和距离上的空间关系，是投资环境中一个十分重要的因素，包括自然地理位置、经济地理位置、政治地理位置和文化地理位置等。其具体内涵包括与投资国的距离、与重要国际运输线的距离、与资源产地的距离、与产品销售市场的距离。如新加坡就是由于位于交通极其便利的马六甲海峡，从而吸引了大量的对外直接投资。

地形是自然长期演化的结果。多平原的国家和地区最容易受到投资者的青睐，而对于一个多山、多丘陵、多沙漠的国家来说，道路交通一般不会十分发达，即使有发达的公路，但山路运输路途远、风险高、耗油量高，因而地形复杂的国家和地区往往会使投资者望而却步。

气候主要包括气温、日照、降雨量、风暴及台风等。气候的差异和变化不仅关系到企业的生产、运输，还会影响到消费市场的潜力。很多产品的生产会受到气候的限制，尤其很多怕潮和怕干燥的产品的生产会受到空气湿度的影响。例如，钢琴不适合在过潮或过干的国家和地区生产，因为会使在这些地区生产的产品在销售到其他气候不同的地区时产生变形，从而影响钢琴的质量。很多地区尽管拥有丰富的资源，但由于气候过于恶劣，也只能吸引到很少的投资，如西伯利亚和加拿大北部。

自然资源指天然存在的、对人类生存和发展起着重要作用的各种资源，包括矿产资源、水资源、各种原材料等。对于那些高度依赖天然资源的产品生产者而言，在选择投资国或地区时会倾向于选择其所需自然资源的产地。而拥有某类资源的生产国或地区也往往会成为依赖该类资源产品的投资者的首选。如世界上的大石油公司在中东一带均有投资，东南亚也凭借其天然橡胶和热带作物的资源优势吸引了不少投资者。当然，自然资源的质量和开采成本也是投资者需要考虑的因素。

一般来说，市场导向性的投资者会倾向于在面积大和人口多的地区进行投资，因为这样就将其大部分产品在东道国销售，能够避免在面积小、人口少的国家生产时将大部分产品转运到其他国家销售而产生的关税成本。人口不仅决定着一国的市场水平和市场需求，而且也是企业雇员的主要来源。因而，面积大而且人口多的国家是市场导向性投资者的首选目标。

国际收支状况是一国与其他各国的经济交易状况，主要包括经常项目、资本项目、金融项目、净误差与遗漏，可以反映一国的经济往来状况及国际清偿能力。投资者可以通过一国的国际收支状况判断该国潜在的投资条件，从而作出正确的决策。

5. 社会与文化因素

受不同的文化、社会背景及教育水平的影响，世界各国和地区的消费者在生活方式、消费倾向、购买态度等方面表现不同，而不同地区的企业在生产、研究、发展、组织、人力资源各项活动中也都存在差异。因此，对外直接投资必然受社会文化因素的潜在制约且受文化因素影响的敏感性较国内投资大。社会文化环境主要包括语言文字、文化、教育水平、宗教、社会习俗等因素，它们因国家和地区而异。

语言是人类交流思想和信息的基本手段，在进行国际投资时，投资者必须与东道国的各类机构和个人进行沟通，语言文字的不同必然会给交流带来困难，从而给投资者在东道国的经营带来很多不便，如签订各类合同、与当地政府和机构的交流、与东道国雇员的交流等。有时即使在同一国家也会遇上使用不同语言的机构和雇员，如加拿大除讲英语的地区，还有讲法语的魁北克，瑞士也有法语人群和德语人群。

不同发展环境和背景导致了不同国家的文化差异，文化差异又形成了不同的价值观念、消费习惯、生活准则和生活方式等，进而影响到国际投资活动。相同或相近的文化有利于经营管理，减少文化差异带来的冲突，因而一般来说，东道国与投资国之间文化差异越小，越有利于相互间的投资。文化已经成为投资者能否与东道国的机构和个人进行顺利交流与合作的关键因素。

教育水平关系一个国家的劳动力素质、技术先进程度和国家文明程度，对经济发展起着十分重要的作用。此外，教育水平也决定了人口的消费倾向、价值观、行为方式及对新产品的接受程度和接受过程的长短。一般来说，教育水平高的国家可以在较短的时间内接受新产品，并愿意超前消费，这对于投资者来说可以加快成本回收、提高投资收益，因此，投资者更倾向于将教育水平高的国家作为投资的目标国。

宗教是某些文化的精神基础，是历史的产物。世界上有基督教、伊斯兰教和佛教三大宗教，若把众多的影响较小的宗教和各种教派加起来，应该有上万种。在某些国家，宗教信仰对人们的生活态度、价值观、购买动机、消费偏好等有重大影响。投资者只有了解并尊重东道国的宗教信仰和风俗习惯，才能使得投资收益最大化。

社会习俗是一个国家在长期的历史发展中积淀下来的为社会公众广泛接受的风俗习惯，它对人们的行为有着重大的影响。例如，东方国家普遍重视储蓄，储蓄率较高，而西方国家则储蓄率较低。东方国家注重团队精神，而西方国家则注重追求个性。尊重东道国的社会风俗也是决定投资成败的一项因素。

上述国际投资的各种决定因素构成了一个系统性的投资决策体系，形成了跨国公司在判断国际投资时的外在约束条件。各因素虽然在作用上各有侧重，但它们之间不是互相独立的，更多时候是相互影响、相互渗透、共同发挥作用。

2.4 国际直接投资政治风险与防范

风险是指在社会活动中，由于在各种不可预料因素的作用下，行为主体的期望目标与实际状况发生差异，从而导致了行为主体所追求的利益遭受损失的可能性。因此，风险可以理解为一种不确定性，是一种损失或获益的机会。

2.4.1 政治风险的内容及评估

1. 政治风险的内容

政治风险是指在国际经济往来中，由于未能预期到的政治因素变化所诱发的国际投资活动的不确定性给投资者带来巨大经济损失的风险。政治风险的发生不仅局限于发展中国家可能实行的国有化、没收和征用，同样也有可能发生在经济发达国家。

政治风险包含许多方面，其成因也是多种多样的。对于从事国际投资活动的跨国公司而言，最常见的政治风险主要是东道国政府对外国投资企业实行国有化风险。国有化风险是指东道国对外国资本实行国有化，征用或者没收政策而给外国投资者造成的巨大经济损失。20世纪70年代中期以后，投资国政府与许多东道国政府签订了双边投资保护协定，并且对私人投资者对外直接投资提供了政治风险保险，国有化风险也逐渐随之下降。支配政府机构决策的力量不仅是政治原因，也可能是纯粹的经济原因，因此政治风险也包括资产的转移风险。转移风险是指跨国公司在国际投资活动往来中所获得的经济收益，由于受到东道国政府的外汇管制政策或者歧视性行为无法将所得收益汇出而给投资者造成的巨大经济损失。东道国政府有意或者无意的变更投资政策而给投资者造成的经济损失被称为政策变更风险。投资者的国际投资活动必须遵守东道国的政策法规，因此，东道国的土地、税收、产业规划等政策的变更都会对投资者产生巨大的冲击而导致经济损失。此外，战争、暴动、社会动乱、罢工、恐怖主义行为等也属于政治风险，其产生的原因涉及政治、经济、法律、宗教、种族等方面。

2. 政治风险的评估方法

政治风险的评估是投资者对东道国的各种政治状况进行调查、分析、预测、得出对东道国投资可能面临的政治风险的总体评价，从而为跨国公司开展国际投资活动提供决策依据。对政治风险的评估也是政治风险管理与预防的基础，最为常见的政治风险评估方法有以下几种。

1）实地考察法

实地考察法是跨国公司在进行国际投资决策时，派遣高级管理人员到可能的投资东道国进行实地调查，通过现场参观和与当地政府官员、企业家的接触，以了解该地区的投资环境和风险状况。但是，一方面实地调查的时间较短，另一方面当地官员也会因为急于吸引外资而隐藏一些可能无法兑现的承诺，调查者们获得的信息极有可能是不完整的或不真实的。一般情况下，实地调查人员也会广泛地向熟悉该地区情况的外交官、商人、记者等社会人士进行征询，以便对当地的情况形成更为全面和准确的判断，最大限度避免实地调查的上述缺陷。总体而言，实地调查多数情况下只能作为初步的参考意见，而无法对风险进行准确评估。

2）设置预先报警机制

德国是最早采用预先报警机制的国家，通过制定一系列的国家经济指标体系对投资东道国可能存在的风险状态进行观测，以期在国家风险出现之前预先警报，提醒投资者注意潜在的政治风险。预先报警机制中比较常见的指标包括东道国的流动比率、负债比率、负债出口比率、偿债比率等。

流动比率一般表示为东道国外汇储备相当于进口额的月数，一般认为相当于五个月进口额的外汇储备是相对充足的，低于一个月外汇储备则被认为是相对危险的。流动比率的量化方式表达如下：

$$流动比率 = \frac{外汇储备余额}{月平均进口的外汇支出额} \times 100\%$$

负债比率表示一个国家的经济规模和外债的关系。一般认为负债比率低于15%比较安全；一旦负债比率高于30%时则认为东道国可能有潜在的债务危机。负债比率的量化方式表达如下：

$$负债比率 = \frac{全部公私外债余额}{国民生产总值} \times 100\%$$

负债出口比率通常用以衡量东道国短期内偿还全部外债的能力，负债出口比率越高，则说明东道国越容易发生潜在的债务危机。一般情况下，负债出口比率的危险临界点在100%左右。负债出口比率的量化方式表达如下：

$$负债出口比率 = \frac{全部公私债务余额}{当年度的出口商品与劳务总额} \times 100\%$$

偿债比率一般表示为东道国偿还外债的能力，一般情况下偿债比率低于10%可认为东道国具有较强的偿还能力，一旦偿债比率高于25%时则认为东道国可能具有潜在的债务困难，可能存在债务到期无法偿还的概率。偿债比率的量化方式表达如下：

$$偿债比率 = \frac{外债当年还本付息额}{当年度出口商品与劳务总额} \times 100\%$$

3）国际咨询机构的国别评估报告

国别评估报告是投资者对特定对象国的政治、社会、经济状况进行综合性评估基础上所形成的评估文件。例如，全球知名的国际咨询机构摩根保证信托公司的国别评估报告等。

摩根的国别评估报告一般会包含以下几个内容，分别是政治评估、经济评估、对外金融评估和政局稳定性评估。政治评估主要是对东道国政府的经济运营能力和应变能力进行评估；经济评估主要是对东道国生产要素和发展模式进行评估；对外金融评估主要是对东道国国际金融的整体状况进行评估；政局稳定性评估主要是对东道国和全球政治状态进行评估。近年来，政局稳定性受到越来越多投资者的关心。例如，日本政府在1989年到1998年的10年间一共经历了9任首相的更迭，英国政府在2022年仅仅一年的时间里共经历了3任首相的更迭等。

2.4.2 政治风险的管理与防范

通常情况下，即便跨国公司对东道国的政治风险进行了全面而系统的评估与预测，也很难确保实际的政治经济运行不会产生意外状况，或者不会发生突发事件。因此，为了将不确定性所引发的政治风险降到最低，跨国公司在开展国际直接投资之前必须采取相应的管理与防范措施。

1. 投资前的管理与防范

投资前的管理与防范措施主要是指在投资之前，跨国公司可以采取回避、保险、特许协定和调整投资策略等方法，对政治风险进行防范。第一，回避风险是一种最容易的方式，当东道国的政局不稳、前景不明朗时，跨国公司会很自然地放弃原有的投资计划。第二，投保，跨国公司可以通过投保来规避风险，从而可以集中精力管理其经营业务，常见的保险项目有没收、充公和国有化保险，进出口政治保险，违约保险和战乱保险。第三，调整投资策略，该方法主要是通过控制原料的供给、限制技术转移和扩大当地的债务比例等方式来减少东道国对跨国公司海外子公司的干预，使其面临的政治风险最小化。

2. 投资后的管理与防范

投资之后的管理与防范措施是指一旦跨国公司决定在某国投资之后，它对该国政治风险的抵御能力就会降低，但仍然可采用一些积极的应对策略来有效控制投资后的政治风险。这些应对策略主要包括：一是有计划撤资；二是短期利润最大化；具体做法就是通过抬高价格、减少费用等方式尽可能地从项目中提取资金；三是改变征用的成本效益比率，假如东道国政府的征用行为目标是理性的，那么当征用后的效益大于征用所付出的成本时，东道国政府才会选择征用，因此，跨国公司可以通过建立研发基地、扩大生产规模等方式来加大征用成本，以防止被征用；四是发展当地的利益相关者，如通过与当地的企业合资，聘用当地的劳动力，使用当地的资金等方式与当地消费者、原材料供应者、当地雇员、当地银行、当地合伙人等产生利益关系，当政府在采用征用策略时，这些人有可能会因自身利益受损而反对，这样就减小了公司被征用的危险；五是进行适应性调整，把征用看成是不可避免的，一旦发生征用，就使用特许证和管理合同的方式从原投资中继续获利。

此外，跨国公司的国际直接投资也有可能会面临被征用的风险。征用是一种极端的政治风险，是指东道国依法占有跨国公司境外资产的行为。通常东道国政府在征用外资企业前会提前发出通告，跨国公司需要在这段时间内到东道国进行利益游说和说服工作，争取其放弃征用的决定。如无法说服，则可以采取理性谈判、给对方施加压力、寻求法律保护等方法。

复习思考题

1. 简述中国对外直接投资的发展历程。
2. 简述美国和日本的国际直接投资特征。
3. 举例说明对外直接投资的投资动机。
4. 阐述对外直接投资的决定因素。
5. 国际直接投资政治风险的评估方法及其管理与防范措施有哪些?

参 考 文 献

[1] 任永菊. 跨国公司与对外直接投资[M]. 北京：清华大学出版社，2021.
[2] 赵春明，等. 跨国公司与国际直接投资[M]. 北京：机械工业出版社，2020.
[3] 王允平，陈燕. 跨国公司财务管理[M]. 北京：首都经济贸易大学出版社，2020.

即测即练

自学自测　扫描此码

第 3 章

跨国公司组织与法律形式

【学习目标】

1. 了解跨国公司形成与发展的过程；
2. 熟悉跨国公司的经营特征；
3. 掌握跨国公司组织形式的种类与优缺点；
4. 掌握跨国公司法律形式的种类与优缺点。

联合利华的诞生

1929 年，英国利华兄弟（Lever Brothers）香皂公司与荷兰 Margrine Unie 人造奶油公司签订协议，组建 Unilever（联合利华）公司，总部设于英国伦敦和荷兰鹿特丹，分别负责洗剂用品及食品事业的经营。经过 80 多年的发展，目前，联合利华是全球最大的冰激凌、茶饮料、人造奶油、调味品、洗涤、洁肤和护发产品生产商之一，在六大洲拥有 264 个生产基地，在全球 75 个国家设有庞大事业网络，拥有 500 多家子公司，员工总数近 30 万人，14 个品类的 400 个品牌畅销全球 170 多个国家和地区，年营业额超过 400 亿美元，是全世界获利最佳的公司之一。2009 年，联合利华在研发领域投资近 8.91 亿欧元，分别在英国（2 家）、荷兰、美国、印度和中国设立全球六大研发中心。同时，联合利华勇于承担企业社会责任，积极投身全球公益事业，支持东道国当地社会经济发展。

3.1 跨国公司形成与发展

3.1.1 跨国公司的产生与发展历程

跨国公司是伴随着国际资本流动而产生的，是经济全球化和生产国际化的必然产物，是科技水平和生产力水平提升的结果。跨国公司的发展不是一蹴而就的，而是随着时代的发展逐渐演变与完善。

1. 第一次世界大战以前：跨国公司产生时期

自 18 世纪 60 年代起，第一次工业革命开启了机械代替手工劳动的时代大门，资本主义国家的工业生产能力大幅度提升，商品产量在本国内出现相对过剩的现象，进而促进了大量商品向海外出口。到19世纪末，第二次工业革命进一步提高了生产力水平，生产效率大幅度提升，资本主义生产关系也发生了变化，逐渐发展为垄断资本主义，本国市场因被垄断而变得十分狭小，资本迅速积累形成巨额过剩资本，此时发达国家开始向海外输出大量资本以获取海外市场，建立了跨国分支机构，其资本输出主要是以间接投资为主，直接投资仅占总投资的10%，这就是现代跨国公司的雏形。比较著名的案例如1867年，美国胜家缝纫机公司在欧洲苏格兰建立工厂，成为美国首家在海外设立工厂的公司，之后又在欧洲其他国家设立了多家分公司。1889年美国胜家缝纫机公司成功研制出世界上第一台电动缝纫机，技术上的遥遥领先为其占据国际市场提供了不可比拟的优势，1975年胜家公司又研制出了由电脑控制的多功能缝纫机，在这一时期基本垄断了欧洲的缝纫机市场。

早期跨国公司由弱到强的跨国经营活动具有两大特征：一是业务活动由所占领的殖民地向其他国家和地区扩张；二是由国际贸易向国际投资转变，跨国公司对外投资也呈现出两种类型：以获取自然资源和能源的纵向一体化投资和以扩大世界市场占有率为目标的横向一体化投资，在这两种投资类型中，主要以获取自然资源和能源为目标的纵向一体化投资为主。

扩展阅读 3.1　跨国公司先驱—拜尔化学公司

2. 两次世界大战之间：跨国公司艰难发展时期

在这一阶段，世界格局得到了暂时的平静，对外直接投资有所增长，但增长速度迟缓：对外投资仅增加70亿美元，年平均增长率为0.6%，这主要是由于这一阶段内各发达国家的经济不景气，国家管制严格。首先，战争的代价是巨大的，绝大多数国家的经济处于停滞甚至大幅度倒退，对外投资受到限制，跨国公司的规模和数量发展放缓；其次，1929—1933年发生了资本主义有史以来最为严重的经济危机，经济大萧条导致失业率骤增，各国采取严格的贸易保护政策，阻碍了对外投资增长；最后，在这一时期国际货币体系十分混乱，汇率经常性地大幅度波动，许多国家将货币贬值作为促进出口的手段，这对跨国公司的经营与管理造成巨大的干扰，阻碍了跨国公司的发展。

这一时期最显著的一个特点是美国跨国公司迅速发展，跨国公司及其子公司数量急速上升，对外直接投资快速增长。美国对外投资数额由第一次世界大战前的27亿美元增长到第二次世界大战前的73亿美元，占世界对外投资总额比重由18.5%攀升至28%，不仅在数量上实现了巨大的飞跃，在质量上也有所改善：1914年美国对外投资是以矿产业为首位的，1940年则转变为以制造业为首位，资金更多地流向新兴工业领域。造成这一鲜明特点的原因主要是美国垄断企业利用战争而规模扩大，同时国外强大的竞争对手受战争影响而实力锐减，美国实现了由债务国向债权国的转变，资本输出总量逐渐超越英国居世界首位。美国跨国公司凭借其雄厚的财力向其他资本主义国家所占据的市场渗透，在拉丁美洲的外国投资中，美国所占比例与英国旗鼓相当，在加拿大的国外资本中的占比高于英国。美国跨国公司还趁机进入德国市场，控制了德国的汽车、化工等行业。

3. 第二次世界大战后：跨国公司井喷式发展时期

第二次世界大战之后，随着科学技术水平迅速提升、生产分工逐步细化及世界进入和平与发展的时代，跨国公司得以迅猛发展，成为国际直接投资的主要载体。

（1）跨国公司在世界经济发展中发挥着更加重要的作用。进入20世纪90年代以后，跨国公司在国际生产、国际贸易和跨国资本流动等方面的作用越来越大。由于即时通信技术推动，世界经济加速走向市场化、一体化，跨国公司在全球范围内的影响越来越大，扮演着发达国家技术、资金与发展中国家劳动、资源的桥梁角色，成为一条不可或缺的纽带。根据《1998年世界投资报告》统计，跨国公司（不包括各种非股权联系的资产控股公司和战略联盟）对外直接投资存量超过3.5万亿美元，其各分支机构在世界市场上的销售额达到9.5万亿美元，跨国公司对外直接投资存量占全球国内生产总值的21%，其分支机构出口额占全球出口额的33%。

跨国公司的国际经营活动优化了生产要素在世界范围内的配置。跨国公司通过国际直接投资及其他组织方式将商品的生产过程分布在世界各个地区，有效地利用了各地区的资源优势，提高了世界经济的整体效率。随着研究与开发的地位日益显著，跨国公司还积极地在世界各地区建立研发中心，雇用当地技术人才，为商品生产服务，将生产与研发深度结合起来，进一步深化了生产要素在全球范围内的流动。

跨国公司的国际经营活动拓展了国际贸易领域，促进了国际贸易繁荣发展。跨国公司的国际业务活动不仅使货物贸易繁荣发展，而且通过劳务贸易、服务贸易等方式使得劳动力、技术、数据等经济资源跨国流动更加频繁，不同国家的市场及生产相互依存，在世界各地区形成一个整体。

（2）发展中国家和地区跨国公司不断崛起。发达国家仍然占据着国际直接投资的主体地位，但其在国际直接投资上的绝对优势地位逐渐减弱。自20世纪60年代起，发展中国家和地区对外直接投资已经形成一股新的浪潮，发展中国家和地区的跨国公司已经成为国际对外直接投资活动中的一股新兴力量。亚洲和拉丁美洲的一些发展中国家和地区如中国香港、中国台湾、韩国、新加坡、阿根廷、巴西、墨西哥等，先后在国外开办工厂，后来其他发展中国家也相继在海外设立企业。1978年，联合国跨国公司中心在其发布的《再论世界发展中的跨国公司》报告中把发展中国家和地区的跨国公司称为发达国家跨国公司的"新的竞争对手"。根据《财富》杂志发布的信息，1985年，除美国以外的世界500强跨国公司中有42家来自发展中国家和地区，公司数量最多的是韩国，如三星、大宇和双龙公司都处于榜单之中；如今，在世界500强榜单中来自中国（含香港、台湾）的企业就有145家，可以发现发展中国家和地区跨国公司的数量和规模已经实现了巨大飞跃。

尽管发展中国家和地区的对外投资额占世界对外投资总额的比重比较小，但是增长速度极快，据统计，1985年和1960年相比较，发展中国家对外直接投资总额增长了96%。由于发展中国家与发达国家的经济发展特点不同，因此同发达国家对外直接投资相比，发展中国家的对外直接投资有其自身的特点。第一，从投资地区来看，发展中国家跨国公司偏重于对发展中国家的直接投资，这主要是因为跨国公司在发展中国家相对比较容易获得所有权优势，尤其是发展中国家跨国公司所掌握的技术及较小的经营规模与发展中国家国情相匹配；第二，从投资行业来看，发展中国家跨国公司对制造业的投资额较高，这主要是因为发展中国家跨国公司普遍利用东道国的廉价劳动力等要素优势，或者是跨国公司企图绕过关税等贸易壁垒；第三，从投资形式来看，发展中国家跨国公司对外直接投资以合资企业为主，入股形式多种多样，常常以机器、专利技术等折股投资，认股额常常在50%以下。这是因为以合资的形式进行对外直接投资可以避免许多不必要的麻烦，并且可以充分利用当地企业的渠道资源，另外这也和发展中国家跨国公司资金不足等情况有关。

扩展阅读3.2 金砖四国的崛起

（3）全球对外直接投资快速增长。第二次世界大战之后，1945年全球对外投资总额达到200亿美元左右，1960年上升到约670亿美元，1980年增加至5357亿美元，1945—1980年增长了将近27倍，其速度之快不禁令人惊叹。在这一时期内，全球对外直接投资的增长速度远远超过全球国内生产总值的增长速度和全球贸易的增长速度，以1983—1990年为例，全球对外直接投资的增长速度是全球国内生产总值增长速度的4倍，是全球贸易增长速度的3倍。

第二次世界大战后，国际直接投资恢复增长主要有几个阶段：第一，20世纪60年代，美国在国际直接投资中处于支配地位。第二次世界大战使欧洲、日本等主要资本主义国家丧失了对外投资的能力，仅美国拥有对外直接投资的资金实力；第二，20世纪70年代到80年代，国际直接投资的发展呈现出多元化。在这一时期，欧洲经济迅速复苏、日本经济迅猛发展，美国对外直接投资占全球对外直接投资总量的比重大幅度下降，逐渐形成了联合国贸易与发展会议在《1991年世界投资报告》中所描述的三极主导格局；第三，20世纪90年代后，国际直接投资高速增长。20世纪90年代后，随着经济全球化、一体化进程不断推进，发展中国家跨国公司私营化、资本跨国流动限制条件放宽及跨国公司国际化经营盛行，全球对外直接投资快速增长，成为世界经济一大亮点。

第二次世界大战之后国际直接投资快速发展的主要原因有：第一，现代科技水平大幅提高，在交通、通信中得到灵活运用，相对缩短了国家间、区域间的地理距离，因此国际直接投资所涉及的成本有了很大程度的下降，降低了跨国公司总公司对于海外分支机构的管理费用；第二，在第二次世界大战期间，美国积累了海量的资金，研发出许多新的技术，使得美国跨国公司具备了大量对外投资的实力；第三，第二次世界大战后，美国政府实施的马歇尔计划及建立以美元为中心的布雷顿森林国际货币体系掀起了美国跨国公司收购、兼并的浪潮，并且欧洲与日本的战后重建需要大量的资金支持，为资金跨国流动提供了很好的外部环境。

（4）第三产业跨国公司繁荣发展。跨国公司最初发展时主要投资于油气、矿产开采等初级产业，以及铁路交通基础设施领域，第二次世界大战以后，跨国公司对外投资的方向逐渐转向制造业，特别是汽车工业、石油化工行业和机械工业等，对第三产业的投资相比之下较少，这主要是由于资金、技术给跨国公司带来的垄断优势，以及东道国对第三产业的严格保护。随着经济水平的提升，第三产业对于拉动经济增长的作用越来越大，发达国家开始重视通过国际投资来发展第三产业，金融、保险、运输、零售、电信、技术服务等领域也逐步放开管制。跨国公司的直接投资加速向服务业倾斜。20世纪80年代，发达国家的服务业跨国业务规模已经与其制造业跨国业务规模相当。1988年，美国跨国公司对外直接投资中，金融、保险业占比达到39%，制造业占比达41%，二者基本相当。1990年服务业所吸收的外商直接投资超越了第一、二产业所吸收的总和，在国际投资总额中占比过半。自2014年起，美国沃尔玛公司已连续八年位列世界500强企业第一位，在全球零售业中拥有绝对的优势，积累了海量资产。

另外，更多的制造业跨国公司把服务作为提高企业利润和品牌附加值的突破点。美国戴尔公司是这一方面的先行者，其优秀的服务质量在电脑行业引发了一场革命，诸多老品牌厂商如惠普、富士康、IBM等纷纷重新制定自身战略规划，急迫地想要实现从单纯的制造商向软件商和服务商转变。这一现象同样也在医药、家电等诸多行业内出现，例如制药公司逐渐聚焦医疗保健产品的研发、生产；日本索尼公司从家电设备制造商向娱乐服务商转型。

（5）跨国公司数量快速增长且规模扩大。据统计，1949年全球跨国公司母公司数量仅达到512家，1963年这一数字增加至4068家，到1978年，全世界跨国公司母公司数量实现破万家。美国180家跨国公司自1961年至1975年年平均海外新建子公司高达2265家，平均每家跨国公司年均新建海外子公司12.6家。进入20世纪80年代以后，跨国公司的扩张速度更加迅速，1983年全球跨国公司总数为1.1万家，共拥有海外子公司11.2万家，到1999年底，全球跨国公司的数量就达到了6.3万家，其附属公司达到69万家，发展势头十分迅猛。

同时，随着资本越来越集中，行业垄断壁垒越来越难以逾越，以及国际业务领域进一步扩展，跨国公司的规模越来越大。根据联合国统计资料，1971年销售额超越十亿美元的制造业跨国公司达到211家，到1976年，这一数字就达到了422家。进入2000年，跨国公司的业务活动已经拓展到全部经济领域，跨国公司的生产、贸易、投资、技术转让相应占全球的40%、60%、90%、80%，宏大的规模使其成为不可轻视的一股经济力量。

（6）跨国公司的进入方式多样化。较长的一段时间以来，跨国公司进入方式是以新建投资为主，例如在海外市场设立独资企业、合资企业等。进入20世纪70年代以后，全球市场掀起了一股跨国并购的浪潮，直到20世纪80年代末，这股浪潮的势头才渐渐减弱，这一浪潮使得跨国公司绿地投资比例下降，收购与兼并成为跨国公司进入海外市场的重要选项。在跨国并购活动中，国际投资银行发挥了不可忽视的作用，随着国际金融市场的不断完善与发展和金融工具的创新，"杠杆收购"策略成为许多跨国公司在并购时所重点考虑的方案，小公司收购知名公司的案例屡见不鲜。

在进入21世纪之前，全球曾经历过五次大的跨国并购浪潮：第一次发生于19世纪末20世纪初，在19世纪60年代发生的工业革命大幅度提高了生产力，同时对资本集中也产生了推动作用，这为跨国并购浪潮打下了基础；第二次发生于两次世界大战之间的短暂稳定时期，这一时期科学技术进一步的实际应用孕育了一系列新兴工业，这些新兴工业相比于传统行业需要更多的资本投入，于是就引发了这次跨国并购浪潮；第三次跨国并购浪潮发生于20世纪五六十年代，资本主义繁荣发展时期，经历过经济大萧条及战争的洗礼，跨国并购跌入了低谷，世界资本主义国家经济于20世纪50年代逐渐恢复与发展，此时跨国并购活动也愈加频繁；第四次跨国并购浪潮发生于20世纪70年代与80年代末之间，这一时期内世界主要资本主义国家的经济繁荣发展，跨国并购活动的形式也更加多样化；第五次跨国并购浪潮发生于20世纪90年代，进入这一时期意味着世界进入了信息化时代、知识经济时代和互联网时代，世界格局剧变，特别是美国实力大幅度提高，这都对跨国并购活动起到了重要推动作用。

跨国公司采用收购与兼并的方式进入海外市场的原因主要是以下几点：第一，跨国并购可以帮助企业以更加快的速度占领当地市场，例如，收购一家已经形成成熟分销体系的企业远比亲自在当地建立新的销售渠道节省时间；第二，跨国并购的真正目的往往是获得战略性资产，例如技术、专利、商标、当地销售网络等，这些资产的开发所需要的时间与费用往往是海量的，而且对于培养企业的竞争优势又是至关重要的，直接通过跨国并购的方式来获得这些资产或许是更好的选择；第三，与新建投资相比，跨国并购获得融资较为容易，例如将目标企业的资产与未来收益作为抵押，通过发行债券来获取收益；第四，政府政策支持很大程度上为跨国并购提供了有利条件。越来越多的国家把争夺世界市场作为经济快速腾飞的战略目标，因为它们意识到扩大跨国公司规模对于抢占国际市场、增强整个国家的经济实力十分重要，因此推出了扶持大型企业、放宽企业兼并条件的政策，为跨国公司规模的扩展提供强有力的支持。

3.1.2 跨国公司发展的新趋势

进入21世纪以来，特别是全球经济政治格局进入新时代，新冠疫情成为新常态，跨国公司面临着更加复杂的经营环境，新技术革命、新冠疫情、局部冲突对其以区位优势为基础的经营决策产生决定性影响，跨国公司发展道路迎来崭新挑战。

1. 更多的驱动型平台和价值链的轻资产化

数字化占据了基于互联网技术的前沿领域，推动了基于平台技术的发展，催生出电子商务、金融技术和区块链等驱动型平台。这些平台被广泛应用于各行各业，使市场交易更加简化和透明。数字化突出了无形资产在价值链中的重要性，加强了大型数字跨国公司在提供支持型基础设施方面的作用，并使跨国公司能以更"轻"的资产进入海外市场，从事跨国经营。

与非数字跨国公司不同，数字跨国公司拥有的有形外国资产较少。这表明虽然它们的销售收入中有很大一部分来自海外，但跨国实体经济投资明显减少。因此，对于那些拥有轻资产商业模式的跨国公司或其供应商来说，相较于与生产有关的投资，包括知识寻求型和金融驱动型等在内的其他形式的投资，可能会变得更加重要。数字技术在各个行业的应用正在迅速改变国际生产模式，基于数字平台的跨国公司将补充、取代或作为领头企业引领传统跨国公司走上数字化道路。

2. 新区位优势逐渐形成

传统上，运输成本、劳动力成本是跨国公司进行区位选择必须考虑的重要因素，但是近年来，随着应用技术的深度开发，我们发现当前供应链管理一体化程度加强，运输成本进一步降低，运输速度更快，人工智能与信息处理技术相结合大大减少人力劳动投入，进一步压缩人工成本。这些变化都降低了运输费用、人力成本对于区位选择的影响作用，而交通设施基础、法律制度、人力资本素质水平、技术基础、通信设施基础对于区位优势的影响作用越来越大，因此跨国公司开始更加倾向于数字网络技术应用发展较为繁荣的国家或地区，例如中美两国（图3-1）。

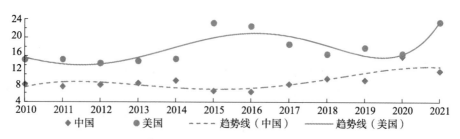

图3-1　中国与美国国际直接投资流入占全球比重

除了技术革新引起的变化之外，社会稳定也成为当下国际直接投资所追求的目标。根据《2022年世界投资报告》，新冠疫情的全球大流行让2020年全球国际直接投资流出量骤降35%，但是中国凭借出色的疫情防控措施，国际直接投资流入量未降反升了5.7%，占全球国际直接投资流出量的比重达到近十年的最高值。

3. 新建投资萎缩，跨国并购兴起

曾经跨国公司为保持对海外分支机构的控制，新建投资一度成为国际直接投资的主要方式，但是现在面临新技术开发成本、时间成本昂贵及新冠疫情全球大流行的复杂情况，新建投资无法满足跨国公司快速进入目标市场，以及短时间内形成竞争力的要求，而且增加了企业自主研发保持技术垄断优势的难度。2021年，得益于基础设施建设的刺激和宽松的融资条件，跨境交易和国际项目融资发展势头充足，而新建投资复苏迹象微弱，在发展中经济体表现更为明显。2021年发达经济体跨国并购6150亿美元，增长58%，新建投资4010亿美元，增长27%，虽然新建投资有所增长，但是相比于跨国并购增长幅度较低。2021年发展中经济体跨国并购增长31%，新建投资未有增长，与上年保持持平。

4. 绿色经济和循环经济的对外直接投资不断增加

绿色经济是以市场作为导向、以传统农业经济为基础、以经济与环境的和谐为目的而发展起来的全新的经济形式，是产业经济为适应人类环保与健康需要而产生并表现出来的一种发展状态。绿色经济以经济与环境的和谐为目标，将环保技术、清洁生产工艺等许多对环境有利的技术转化为生产力，并通过有益于环境或者与环境无对抗的经济行为，实现经济的可持续增长。

循环经济是在可持续发展的思想指导下，按照清洁生产的方式，对能源及其废弃物实行综合利用的生产活动过程。它要求把经济活动组成一个"资源——产品——再生资源"的反馈式流程，其特征是低开采、高利用、低排放。循环经济本质上是一种生态经济，它要求运用生态学规律来指导人类社会的经济活动。

扩展阅读 3.3　什么是ESG

环境、社会治理、社会影响、劳工标准在内的许多可持续发展问题，将会对跨国公司的行为和治理方式的选择产生深远影响。其中，由于气候变化对国际生产体系的实体影响变得越来越重要，环境问题成为推动国际生产格局发生更广泛、更深刻变革的关键因素。因而在全球可持续发展的推动下，绿色经济和循环经济展现出巨大的投资潜力和活力。从微观视角来看，跨国公司将努力推动其投资决策、生产流程和产品服务与可持续发展要求相结合。ESG 标准的统一和公司与国家层面企业问责机制的加强，将进一步对跨国公司及其全球供应网络施加压力。从宏观视角来看，各国政府将可持续发展目标纳入投资决策的主流，并调整投资促进和投资便利化战略。在各国政府强劲的政策支持下，有关绿色经济和循环经济的对外直接投资将大幅增长。

5. 全球价值链的重新调整

一直以来，全球价值链分工模式十分盛行，这一价值链的显著特点是产品的各零部件在不同国家生产，各国家共同贡献产品的增加值。全球价值链分工模式对于构建全球一体化发挥着重要的积极作用，在该模式下形成了以发达国家为中心、发展中国家为外围的经济发展模式，价值链由发达国家所主导，发展中国家负责加工与组装，技术、资金、知识由中心向外扩散。

从 2008 年所发生的金融危机到美国发起对中国的贸易战，再到 2020 年新冠疫情冲击下的全球产业链危机，全球化的道路变得艰难，出现了贸易萎缩、供应链收缩、外部投资骤减和产业链脱钩等问题。越来越多的国家和跨国公司意识到这一价值链模式所暗藏的风险。伴随着全球产业链危机，东亚供应链作为全球产业链中极为重要的一部分所面临的环境逐步恶化，东亚地区合作进入转折与调整阶段。另外，美国对中国的遏制行为给同属一个供应链的东亚各国家合作带来严重冲击，也使全球经济发展面临着不可预测的未来。跨国公司必须收缩全球价值链，合理降低对外部价值链的依赖。

3.2 跨国公司经营特征

跨国公司作为一种较为特殊的团体存在，经常性地跨国界、跨地区处理业务，存在着与国内企业诸多截然不同的特征，主要从以下几个方面来简单介绍跨国公司的经营特征。

3.2.1 经营多样化

（1）水平型多种经营。在水平型多种经营下，跨国公司在不同的国家和地区从事同种行业内的经营活动，生产同类产品，跨国公司的母公司与子公司所生产的产品基本相同，所用到的技术、原料也基本相同，母公司与子公司之间鲜有专业化分工，主要通过差异化、个性化创新来吸引消费者。产品一般来说相对简单，主要是为了降低生产和运输成本而选择在不同国家进行生产。

（2）垂直型多种经营。垂直型多种经营是指在整个企业的内部，母公司和子公司所制造的产品并不是完全同类的产品，或者经营着不同类型的业务。其产品生产过程的不同阶段多是在不同国家完成的，企业内部各公司之间存在着有机联系。按照业务内容来看，关于垂直型多种经营，跨国公司又可以分为两种。

第一种是行业内经营,即跨国公司生产与经营同一行业内不同工艺阶段或加工程度的产品,这在专业化分工程度较高的汽车行业和电子行业较为常见。例如雪铁龙汽车公司,将汽车各核心零部件的生产及销售交由国外各子公司和销售机构来完成,实现了内部一体化分工。

第二种是行业间经营,即跨国公司生产与经营不同行业,但相互关联的产品,在原材料、初级产品的生产与加工业中比较常见,比如自然资源勘探、开采、提炼等。美孚石油公司是一个比较具有代表性的例子,其在全球范围内从事石油和天然气的勘探、开采和加工,经营大型炼油厂,所经营的商品涵盖几百种石油化工衍生品,在世界各国销售。

(3)混合型多种经营。混合型多种经营下,跨国公司的内部生产及经营结构十分复杂,母公司与子公司、子公司与子公司之间无法简单地按照水平型或者垂直型划分,并且这类跨国公司所涉及的行业众多,有时会给企业的全球统一管理和控制带来不便,甚至还要协调内部子公司之间的利益竞争。

在这种模式下,跨国公司所设立的各分支机构生产与经营不相关联的产品,这是其在全球进行多样化经营的结果。例如三菱公司最初是一家造船公司,通过跨国并购在20世纪60年代成为一家混合型跨国公司,其产品不仅包含船舶,也包括汽车、飞机、机械等。跨国公司在全球多样化经营的一个重要原因是多点竞争,而不是盲目地拓展业务领域。

3.2.2 规模扩大化

跨国公司常常追逐更大的市场份额,以获得较强的规模经济优势。跨国公司往往是行业内占据垄断地位的大型企业,具有雄厚的资金实力,这是跨国公司能够进行国际生产活动的基础。许多大型跨国公司的年营收额相当于甚至超过发展中国家的国内生产总值(GDP),例如2021年沃尔玛营业收入5592亿美元,乌克兰2021年GDP为2001亿美元,可谓富可敌国。跨国公司往往囊括整个行业的上游和下游,在生产商品的同时还建立起完善的销售与售后服务体系。甚至跨国公司还会进入相关行业,实现多行业经营,打破行业间的隔阂,充分利用自身所具有的生产优势、技术优势、渠道优势等,大幅度提高了生产经营规模,从而获得规模经济优势。

现在,随着科技水平的提高,信息化平台的建立与完善对跨国公司的规模扩大化趋势起到了越来越积极的推动作用。跨国公司的竞争优势甚至是其生产的商品已不再局限于硬件,软件的重要性也越来越高,并且相比于硬件,在软件上往往更加容易构建技术壁垒,对于跨国公司形成绝对优势是至关重要的。

3.2.3 研发中心化

"科学技术是第一生产力",技术是企业立身与发展的根本。在技术革命中,跨国公司始终扮演着开拓者的重要角色。新技术的研发与应用能够提升产品的质量和性能水平,帮助企业实现业绩增长。跨国公司若要在国际分工中始终保持竞争优势,就必须在研究与开发新产品、新工艺等其他诸多创新中保持领先地位,因此新兴工业如电子、制药等行业几乎全部为跨国公司所掌控。

跨国公司若想要在众多公司中保持技术领先位置，就必须在技术研发方面投入巨额资金，并且制定详尽的技术发展战略。研发是新技术、新产品的摇篮，跨国公司应当把研发视为未来的产品，那么投资研发就相当于投资未来，投资市场竞争力。一般情况下，研发费用应占跨国公司总销售额的 5%～10%，技术越是先进，其所投入的研发费用就越高。

跨国公司在技术转移方面采用"生命周期"战略，主要是指通过对比不同地区的生产成本，选择最佳的生产地点，以确保高利润。跨国公司会将研发的技术专利首先应用于国内市场，达到对国内市场的垄断目的，通过出口的形式来满足国外市场的产品需求；其次，跨国公司会将技术逐渐应用到发达国家子公司的生产当中，提升当地市场份额；最后，跨国公司将技术专利转移到发展中国家以求最大限度地降低成本。通过这种技术转移战略，跨国公司可以使技术专利所带来的利益最大化，为公司的发展注入源源不断的动力。

3.2.4 战略全球化

跨国公司虽然在全球各地拥有众多分支机构，但在管理方面并不是完全分离的，例如技术研发、生产计划、价格制定和利润分配等重大事宜是由总公司决定的，各子公司执行决策。这些重大决策是在全球战略的指导下作出的，是以世界市场利润最大化为目标，从公司整体利益出发，而不是仅仅局限于某一地区市场的得失。这就要求跨国公司在作出决策后，通过对外直接投资来将价值链各环节放在更具区位优势的地点，利用专业分工和全球协作网络实现资源最优化配置。较为独特的组织形式和经营方式要求跨国公司实行高度集中统一的管理，要求国外子公司根据跨国公司母公司的全球战略来规划自身的经营计划。

跨国公司将目光置于全球，也为自身带来了竞争优势。首先，不同国家的要素禀赋存在差异，研发、生产、营销等经营活动使用不同程度的生产要素密集度，为跨国公司降低经营成本创造了空间。其次，不同国家的需求存在差异，这对促销和营销策略会产生直接影响，跨国公司通过结合东道国的需求特性可以有效提高产品的附加值，从而提升盈利水平。

3.2.5 贸易内部化

跨国公司在世界各地拥有众多的分支机构，已经形成一条完整的全球价值链和业务网络，总公司统一协调总公司与子公司、子公司与子公司的配合，实现内部一体化经营体系。跨国公司在转移价格、信息共享和技术转让等方面的优势明显突出，通过将外部交易转化为内部交易，规避了外部效率低下所带来的较高成本，确保跨国公司整体高效率运转。

跨国公司可以从内部贸易中获取超额利润，各国政府对于这种现象有着严格的管控，防止这种行为给东道国带来损失，例如税务部门对跨国企业转移定价有非常严格的监管措施，一旦发现逃税、漏税等行为将予以严厉的处罚。据路透社的报告显示，星巴克自 2009 年起连续三年在英国没有支付过企业税或所得税。这家全球最大的咖啡连锁店 13 年间在英国只支付了 860 万英镑的税款，而这期间，星巴克在英国的销售额达到了创纪录的 31 亿英镑。据谷歌的文件显示，2011 年其在英国销售额为 40 亿美元，尽管谷歌的毛利率达到 33%，但其在英国的分部 2011 年纳税金额仅为 340 万英镑。2012 年，谷歌将 61 亿英镑（约合 99.6 亿美元）收入转移至百慕大群岛的空壳公司，从而在全球避税超过 10 亿英镑（约合

16.3亿美元），同时在英国仅缴税600万英镑（约合979万美元）。2013年5月，据英国媒体报道，谷歌英国业务再次深陷逃税丑闻，一名前销售部主管向税务部门提交10多万份在谷歌工作期间的电邮记录，力证该公司大批广告业务实际是在英国洽谈，但正式交易时转移至爱尔兰避税。2011年，亚马逊在英国支付的所得税仅不到100万英镑；2012年，亚马逊在英国实现33亿英镑（约合52亿美元）销售额，却未上缴任何公司税。以上诸多案例表明，跨国公司内部贸易常常会成为其进行逃税、避税的一种惯用手段，而且所涉及的金额往往是比较高的，因此对于跨国公司内部贸易的依法监管问题应该得到更多的关注。

与国际贸易相比，跨国公司之间的内部贸易有以下几个特点：第一，跨国公司的内部贸易产品主要以最终产品、有待加工和组装的中间产品为主；第二，通常情况下，技术密集度较高的产业部门中跨国公司内部贸易相比于技术密集度较低的产业部门中跨国公司内部贸易更多。导致这一情况的主要原因是跨国公司在技术及管理上建立的竞争优势是以巨额研发费用为代价的，为了保持企业在技术和管理上所拥有的垄断优势，不浪费已经付出的高额研发费用，将交易尽可能内化为内部交易是最为明智的选择；第三，跨国公司的内部贸易所采取的价格并不以国际市场供求关系而定，而是采用转移价格的方式来定。

跨国公司的内部贸易虽然给跨国公司带来了诸多便利和利益，但是其在一定程度上打乱了传统的贸易格局，使得国际贸易关系更加复杂化。跨国公司庞大的规模和复杂的组织结构决定了其自身必须有一定的制度约束，但不能忘记的一点是跨国公司必须也要有自身的经营管理约束，不能在内部交易的转移定价上任意行事。

3.2.6 竞争非价格化

非价格竞争是指通过提高经营产品的品质和性能，提升产品技术水平，改善产品设计和包装，增加产品可选类型与规格，改进销售服务和售后服务水平，提供更加优惠的支付条件、层次更高的商标品牌，加强宣传和保证交货的方式，以提高产品竞争力、扩大产品销量。价格永远是产品对消费者具有较强诱惑力和影响力的方面。但是目前价格竞争往往会演变成一种恶性竞争，一味地盲目降价，对于消费者、企业，乃至整个经济来说都是得不偿失的。而相比之下非价格竞争要求更多的科技投入、更加新颖的产品、更高水平的质量、更加优质的服务等来满足消费者的需求。这样的竞争公平、公正、公开，有利于推进企业进步。另外，价格竞争只能实现对市场一时的占有，若要从根本上获得消费者的信任就不可以仅仅依赖于低价，而应积极地面对非价格竞争这一方式。

目前跨国公司实施非价格竞争手段的优点主要包括：第一，能够提高产品品质水平及技术含量。质量是产品的"灵魂"，是企业的"生命"，是品牌的"根基"，产品的销量和竞争力很大程度上取决于质量的高低；第二，有利于企业开发新产品，满足消费者的多样化需求。企业若缺乏创新精神，产品特性、设计长期处于同一水平，就必然毫无竞争力，只能被迫走向恶性价格竞争的道路；第三，能够提高企业经营的市场灵敏度。企业在市场中生存就必然要使生产经营方向适应消费者的需要，将企业注意力集中于提升除价格以外的要素上可以积累关键资源，在市场发生变化时主动出击，把握市场走向，获得强大的竞争力。

3.3 跨国公司组织形式

3.3.1 跨国公司组织形式的复杂性

企业组织结构具体来说是指为了实现组织的目标（对于企业来说，这一目标往往是利润最大化），在组织理论的指导之下，经过组织设计最终形成组织内部各个部门、各个层级之间稳定的排列方式，即组织内部的构成形式。企业的组织结构形式要随着自身的发展而改变，企业规模、国际业务比重等都会促进企业组织结构形式不断调整，这样才能够保证高效率的管理方式。

跨国公司的组织形式相比国内企业复杂多样，这主要是因为：第一，跨国公司的国际化水平比较高，跨国公司普遍不再采用以母国为研发中心、生产中心、销售中心的传统布局形式，而是根据各东道国在人才、科技实力、市场潜力及基础设施实力的比较优势，在全球范围内规划布局，开展研发、生产、销售等工作；第二，国内企业所面临与参与的供应链组成一般来自国内，而跨国公司所面临与参与的供应链成员来自不同国家和地区，语言、文化等各方面都存在着很大的差异。因此，与国内企业相比较，跨国公司需要根据自身的需求与特点来选择不同的组织形式。

跨国公司在选择适用于自身的组织结构时所面临最大的影响因素是全球化与当地化的平衡问题。全球化与当地化不是相互矛盾的，而是对立统一的，它们是跨国公司的双重属性。总体来说，全球化注重总体战略方向与发展定位，强调全球实行统一的价值原则、管理规则和技术标准；本土化注重当地市场特性与策略灵活性，强调当地需求特点，提倡符合当地的解决方案。全球化与当地化对于跨国公司来讲不是二选一，而是相互结合起来，这也是跨国公司的独特魅力之处。

3.3.2 跨国公司组织结构的具体形式

跨国公司一般会采取的组织形式包括国际业务部、全球性产品结构、全球性地区结构、全球性职能结构、全球性矩阵式结构和全球性混合结构。

1. 国际业务部

随着企业产品出口、技术转让及海外投资业务的发展，跨国公司需要设立专门从事管理国外业务的国际业务部。国际业务部这一组织形式常见于国际业务领域处于初步发展阶段的公司，它管理着商品出口、技术转让、对外投资等各种重要事项，一般国际业务部内设有与总部相同的职能机构。国际业务部组织结构如图3-2所示。

1）国际业务部的优点

（1）国际业务部能够在公司内部建立正规的沟通、反馈和管理渠道，使国际业务更加规范化，协助总公司有效地了解和加强对海外子公司的控制，提高了海外的管理水平和业务能力。

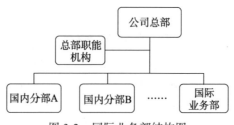

图 3-2　国际业务部结构图

（2）国际业务部独立管理国际业务活动更能够实现公司的业务与世界市场相接轨。

（3）国际业务部可以统筹规划国外子公司业务活动，使各子公司在市场营销、内部贸易、信息情报等方面相互协作，以保证实现企业总体利润最大化。

（4）国际业务部部内工作人员可以专注于国际市场动态，能够培养国际型经营管理人才。

2）国际业务部的缺点

（1）国际业务部割裂了国内业务与国外业务，对核心竞争力的转移产生一定阻碍作用，而且可能会造成内外销之争的局面，后者将会影响出口。

（2）国际业务部导致国外公司降为组织结构中第二层级，国外经理话语权降低。

（3）由于国际业务部面临的世界市场增长更加迅猛，因此只有一个部门管理不利于提升经营效率。

2. 全球产品结构

全球产品结构是以跨国公司的产品系列为基础的，在世界范围内建立产品分部负责各自产品系列的全球性开发、生产、销售等环节的组织形式。该结构适合产品多样化，国内组织结构以产品分部为基础的公司。全球产品结构如图 3-3 所示。

1）全球产品结构的优点

（1）全球产品结构可以使分部在总公司战略指导下各自经营业务活动，大幅度提升了公司对世界市场变化的反应速度，保证了分部对其所管辖商品的设计、制造和销售等掌握有效的控制权，确保产品能够具有较强的竞争力。

（2）全球产品分部有利于加强产品技术、生产、销售和信息的统一管理。

（3）全球产品分部是以产品系列为基础的，因此可以最大限度地缩小国内外业务活动差别，有利于保证国内外业务活动的一致性，在全球范围内有效利用资源。

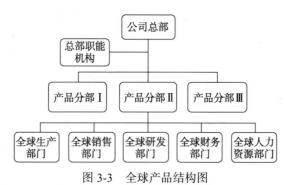

图 3-3　全球产品结构图

（4）全球产品结构以各分部为利润中心，充分调动了各分部的积极性，极大程度地提高了经营效益。

2）全球产品结构的缺点

（1）全球产品分部将国内外业务活动一体化，不利于产品当地化，不能有效利用当地人才资源，并且各分部间存在隔离，产品联系不紧密，在沟通协调时也会存在较为严重的障碍，极易造成资源浪费。

（2）各产品分部间相互独立不利于公司对长期投资、市场营销、利润分配、资源配置等全局性问题的集中统一决策。

（3）各产品分部设施重复，加大协调难度的同时还会导致人力和财力的严重浪费。

3. 全球地区结构

全球地区结构是以世界区域为基础，建立地区分部管理各自区域内的子公司的组织形式。它把整个世界市场分为若干个区域，各区域分部一般拥有经营领导权和具体战略决策权，战略方向和财务控制权则由公司总部掌握。全球地区结构适用于产品种类较少、标准化程度高并且地区分布较为广泛的跨国公司。全球地区结构如图3-4所示。

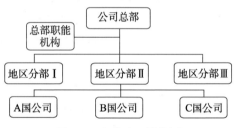

图3-4 全球地区结构图

1）全球地区结构的优点

（1）全球地区结构最为突出的优点是在一个固定地区市场内协调产品的研发、生产和营销活动，能够将产品特性与当地市场需求特性结合起来，采取灵活的营销组合策略，实现产品当地化、当地市场利润最大化。

（2）国外子公司由所在区域的地区分部管理，减少了总部与各子公司之间联系、沟通的困难，避免了管理、通信等协调成本。

2）全球地区结构的缺点

（1）全球地区结构会忽略公司的全球战略目标和总体利益，而且在这一结构缺乏横向联系，对资金融通和技术转移产生阻碍作用时，地区之间难以开展新技术和新产品的研究与开发，核心竞争力难以转移。

（2）全球地区结构容易造成地区割据，产生地区利益与总体利益之间的矛盾。

（3）长期内可能会滋生本位主义，最终导致区域机构重叠、管理人员众多、业务成本上升。

4. 全球职能结构

全球职能结构也是一种较为常见的跨国公司组织形式，在总部的领导下以职能为基础设立分部管理国内外业务活动，例如生产部门统一规划国内外工厂生产计划、销售部门协调全球促销工作等。全球职能结构对于产品单一或者产品系列较为简单、业务规模不过于庞大的跨国公司适用性较强。不过，如果公司内部部门相互依存度较高、对决策层权力集中倾向较高，如石油公司、矿业公司等，同样可以采取这一组织结构。全球职能结构如图3-5所示。

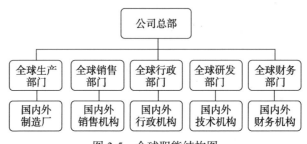

图3-5 全球职能结构图

1）全球职能结构的优点

（1）全球职能结构可以将跨国公司十分庞大的国内外机构按照管理职能和工作类型统一起来，提高了员工的专业素养水平。

（2）全球职能结构各职能部门相互依赖性较强，集权程度很高，以工作或职能为中心，专业化水平极高，能够按职能将业务活动分类管理，提升工作效率，避免机构重叠，减少资源浪费。

（3）全球职能结构各级职能人员责任明确，易于执行严格的规章制度，有利于实现全球利益最大化，有效避免多个利润中心的冲突。

2）全球职能结构的缺点

（1）在全球职能结构下，较高的集权程度对低层级部门的积极性和主动性产生了负面影响，不利于基层职能部门对市场变化迅速作出正确反应，对市场变化的反应缓慢可能导致很大的损失。

（2）以部门的形式来控制各职能活动不利于各部门之间的协调与联系。

（3）因为全球职能结构适用于业务规模相对较小的企业，所以当公司扩展经营产品种类时，组织结构难以满足多样化业务领域和区域协调合作的要求。

5. 全球矩阵结构

矩阵结构是指水平差异沿二维方向发展，即有关某一产品的经营决策权由产品分部和各个区域部门分享。全球矩阵结构适合产品多样化程度较高且各地区市场差异化都应该得到重视的国际企业，例如建筑工程、管理咨询公司。全球矩阵结构如图3-6所示。

1）全球矩阵结构的优点

（1）全球矩阵结构能在地区和产品上同时实现企业的特定目标，并且强化了责任的双重性。

（2）全球矩阵结构具有较高的效率和灵活性，能够实现在组织结构内部信息横向和纵向的快速交互，保证了各部门快速、准确地作出决策的能力，有利于应对复杂的国际市场环境，以及对竞争环境变化进行适宜的综合处置。

（3）全球矩阵结构可以根据企业自身的特点、特色而灵活调整，形成适合企业自身的独有的组织类型。目前全球矩阵结构已经为许多有名的跨国公司所灵活利用。

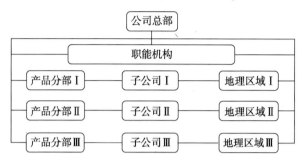

图 3-6　全球矩阵结构图

2）全球矩阵结构的缺点

（1）组织结构复杂，关系复杂。企业会因多重领导致低效率、决策速度慢、责任难以明确，容易造成绩效模糊。另外，管理者与被管理者之间的复杂关系将会大幅增加管理成本和运营费用。

（2）各层级关系、利益关系协调难度较大。地区管理者与项目管理者都具有控制业务活动的倾向，在矩阵结构之下双方常常会发生冲突，难以实现各层级之间利益关系的平衡状态，严重时将会损害企业的合作氛围。

6. 全球混合结构

在实际工作中，跨国公司的管理是极具复杂性的，既要考虑当地市场的特点，又要兼顾全球整体利益，跨国公司经常面临矛盾难以抉择，因此管理者倾向于将各种管理体系结合起来，充分发挥各体系的优点来解决跨国公司所面临的困境，这也就产生了混合结构。混合结构是指在兼顾不同职能部门、地理区域、产品类型的相互依存关系的基础上，把两种或两种以上的组织形式相结合设置分部的组织结构。全球混合结构如图3-7所示。

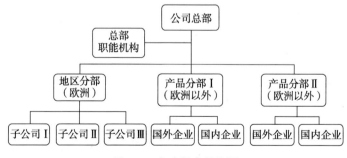

图 3-7　全球混合结构图

1）全球混合结构的优点

（1）跨国公司可以根据需要和业务重点来定制组织形式，灵活性较大，满足复杂环境下的经营要求，弥补单一结构在经营管理上的不足。

（2）可以正确处理集中决策和分散决策的关系，做到有的放矢。

2）全球混合结构的缺点

（1）组织结构具有较大的复杂性，容易产生双重领导的矛盾，对经营效率产生负面影响。

（2）全球混合结构下部门之间差异非常大，从而容易引起利益冲突。

7. 全球网络结构

伴随着全球化的进程，跨国公司管理组织方式逐渐出现了一种不受时间与空间限制的新的网络组织模式，这个网络内部含有公司总部和不同国家的子公司，根植于跨国公司的不同运营单位，以及与其产生作用关系的所有单元，如客户、供应商、监管者与竞争者等组成的外部网络。网络结构不具备基本形式，代表着跨国公司同时追求当地反应能力、全球规模经济、全球知识开发与传播等目标的一种解决方法。

网络组织结构与层级组织结构有三个主要区别。第一，在网络组织结构中，资源、管理能力和决策分散在整个组织之中；在层级组织结构中一般集中在高层。第二，在网络组织结构中，各国家的子公司之间存在着较强的横向资源流联系；不过在层级组织结构中一般会避免这种横向联系以求降低协调成本。第三，在网络组织结构之中可以在多个维度对业务活动进行协调；但是在层级组织结构中，这种情况一般是禁止的。

跨国公司网络组织结构会大幅度提高跨国公司的核心竞争力。第一，从公司的成长或者扩张能力来看，网络组织形式使得公司不仅能够从自身所拥有的专业知识积累中寻找到新的突破点，而且能够从其网络中的伙伴那里获得知识与信息，这对于企业的创新发展具有很大的价值。第二，网络组织形式使跨国公司在发展和运用团队方面变得更加容易，从而使得公司在产品与服务的创新速度方面更加迅速，同时这些创新也为整个网络提供了不断学习的机会。

3.4 跨国公司法律形式

跨国公司的法律形式指的是跨国公司的分支机构对外所采用的法律上的形式，涉及母公司与国外各类分支机构的法律和所有权关系、分支机构在国外的法律地位、财务税收的管理等方面。跨国公司法律形式包括母公司、子公司、分公司及联络办事处。

3.4.1 母公司

母公司又称总公司，是通过掌握其他公司股权或者与其他公司达成协议来实际掌握其他公司经营活动，使其成为自身附属公司的公司。母公司一般位于跨国公司的成长国，在此成立、发展、壮大，直到走入全球市场成为国际企业。一般情况下，跨国公司的母公司并不是纯控股公司，而是混合控股公司，即母公司除了掌控附属公司的股份外，也会从事实际业务经营，存在着自身的管理体系。

母公司在实际中掌握着子公司的经营管理权。各个国家的法律普遍指出母公司对子公司的控制权主要是指对子公司所有重大事务具有事实上的表决权,具体来说就是对子公司董事会成员选举的决策权。企业的实际权力核心是董事会,掌握了对董事会组成的决策权就等于控制了企业。母公司对子公司要承担有限责任,以其对子公司的出资额为限,对子公司的债务并不承担直接责任,因为母公司与子公司在法律形式上为各自独立的法人地位。因此母公司与子公司的关系本质上是股东与公司之间的关系,不过鉴于母子公司比较特殊的关系形式,许多国家都会作出特殊规定,更好地对母子公司活动进行管理与监督。

扩展阅读 3.4 海尔公司组织结构案例分析

母公司对其他公司的控制方式包括两种:第一种是持有其他公司一定数量的股权;第二种是与其他公司签订协议或者契约。我们常常看到的控股公司是指通过持有另一家公司的多数股权来达到实际控制该公司业务活动的母公司。控股公司又可以分为两类:一类是纯控股公司,另一类是混合控股公司。纯控股公司是指公司的目的仅仅是持有子公司的股份、控制子公司,本身并不会直接从事工商业务经营活动。混合控股公司是指公司本身会参与到工商业务经营活动之中,同时也会处理参股和控股业务。

母公司是通过掌控子公司一定比例股权来实现对子公司有效控制的。不过,各国对这一比例的具体规定是不一样的,例如法国规定这一控股比例必须达到半数以上;德国的有关法律明确要实际控制"多数表决权";而美国的规定给出了一个具体的值,即这一比例必须达到 10% 以上。

3.4.2 分公司

分公司归属于总公司的分支机构,不具备法人资格,在法律和经济上不具有独立性。分公司没有自己的名称与章程,只能使用总公司的名称和章程;分公司也没有自己的独立资产,其全部资产为总公司所拥有,总公司对分公司债务承担无限责任;分公司根据总公司发出的要求完成生产或销售任务。

1. 跨国公司采取分公司形式的好处

(1)设立手续十分简便,不需要经过特别严格的审查流程即可获得东道国的营业执照。

(2)在某些方面受东道国限制较少,在转移分公司财产时比较便利。

(3)可以享受税收优惠,分公司不具备独立的法人资格,与母公司属于一个法律实体,所以相比子公司而言缴纳的税收较少。例如,分公司在向国外汇出利润时,不必缴纳预提税。

(4)跨国公司采用分公司的形式能够达到更好的控制效果,通过对分公司的管理人员任用可以直接控制国外业务活动。

2. 跨国公司采取分公司形式的弊端

(1)对母国的弊端。国外分公司会导致母国的税收减少,因此母国对分公司的法律保护也比较少。

（2）对母公司的弊端。首先，分公司的设立不利于母公司的保密工作；在分公司注册登记时需要公布经营业务和财务状况，这不利于母公司的保密工作。其次，母公司要对分公司债务承担无限责任，在经营风险上有所增加。最后，分公司在停业撤出时只能直接出售其资产，不得转让其股份，也不得与其他公司合并。

（3）对分公司的弊端。分公司处于母公司的控制之下，在处理事务时没有足够的自主性。另外，分公司在东道国容易被当作外国公司区别对待，遭遇歧视。

3.4.3 子公司

子公司是指按照东道国法律登记注册,部分股权由其他公司所有并由其他公司实际控制的公司。子公司自身是一家完整的公司，拥有独立的法人资格，拥有自己独立的名称和章程，可以以自己的名义开展经济活动，包括公开发行股票、借贷等，但由自身承担债务责任。另外，由于子公司拥有独立的法人资格所以可以进行民事法律活动，包括起诉和应诉。

1. 跨国公司采取子公司形式的好处

（1）融资成本低，融资渠道广。子公司作为一种独立的法律主体的企业机构可以在当地银行贷款，也可以在当地证券市场上融资等。

（2）相比分公司而言，子公司在业务活动中拥有更大的自主权，因此有利于结合当地市场、资源特点作出创造性决策，进而实现东道国市场利润最大化。

（3）如果跨国公司在国际避税地设立避税型子公司，母公司就可以更好地开展国际避税活动。

（4）有利于收回投资。子公司从东道国停业撤出时可以转让其股份，出售其资产或者与其他公司合并。

2. 跨国公司采取子公司形式的弊端

（1）在东道国设立子公司手续烦琐，经营管理费用高。因为子公司在东道国是作为独立法人的地位存在的，所以设立流程和手续是比较烦琐的。另外，子公司必须具有完善的东道国法律所规定的行政机构，因此行政管理费用较高。

（2）经营难度有所增加。一方面，子公司要公开披露财务状况，这不利于公司保密工作，会增加公司面临的市场竞争压力；另一方面，采用合资方式建立的子公司会受到当地合资方牵制，如果双方战略目的难以达成一致，跨国公司的经营策略就无法得到有效实施。

（3）子公司在东道国所面临的税收较多，除了需要缴纳规定的税收外，在其利润作为红利、股息转出时还必须缴纳预提税。

3.4.4 联络办事处

联络办事处是在东道国从事提供情报、联络客户、展示产品等工作的非正式企业。联络办事处不具备法律实体性，无法在东道国正式开展业务，不能协商谈判、签署合同、投资生产等。与分公司相同的是，联络办事处同样不具备独立的法人资格，登记注册手续简单；不同的是联络办事处无法在东道国正式开展业务，不必向所在国政府缴纳所得税。

跨国公司的各分支机构各有其特点，将它们放在一起对比可以更加清晰明了，见表 3-1。

表 3-1 跨国公司分支机构对比

分支机构	法人地位	业务范围	母公司控制程度	财务体系
子公司	有	生产性	小	独立
分公司	无	生产性	中	不独立
联络办事处	无	非生产性	大	不独立

复习思考题

1. 跨国公司的形成与发展可以分为哪几个阶段？并简单阐述各个阶段的内容。
2. 跨国公司具有哪些经营特征？
3. 跨国公司的内部贸易有哪些特点？
4. 跨国公司的组织形式有哪些？并简单阐述一下每种组织形式的优缺点。
5. 跨国公司从法律形式来看可以分为哪些？各法律形式有何优缺点？

参 考 文 献

[1] 张宇. 新科技革命与新冠疫情冲击下的国际直接投资格局：原因、趋势与影响[J]. 国际贸易，2022, (06): 44-52.
[2] 顾春太. 跨国公司生产分离化趋势下国际投资政策发展趋向[J]. 中国外资，2021(9): 28-30.
[3] 王蔷. 跨国公司组织结构[M]. 上海：上海财经大学出版社，2010.
[4] 商务部研究院课题组. 新发展格局背景下，跨国公司的新作为、新空间和新机遇[J]. 国际经济合作，2021(4): 3-13.
[5] 杨培雷. 跨国公司经营与管理[M]. 上海：上海财经大学出版社，2015.
[6] 黄靖欣. 当代跨国公司的发展趋势及对中国企业国际化经营的启示[J]. 中国经贸导刊，2015(23): 10-11.
[7] 王罗汉. 跨国公司发展新趋势研究综述[J]. 区域经济评论，2017(4): 147-156.
[8] 林康，林在志. 跨国公司经营与管理[M]. 北京：对外经济贸易大学出版社，2021.
[9] 孔欣. 跨国公司经营与管理[M]. 北京：北京理工大学出版社，2020.

即测即练

自学自测 扫描此码

第 4 章

国际直接投资制度环境

【学习目标】

1. 了解国际投资的政策；
2. 熟悉国际投资规则；
3. 掌握国际税务规则。

美欧多国加强投资审查成为中企海外投资新挑战

我国海外投资现在面临全球各主要国家监管机构日益严格的审查和监管，特别是在涉及资源等敏感领域，新冠疫情的暴发和蔓延更是强化了这一进程。2020年以来，美国、澳大利亚、加拿大、欧盟、印度等多个国家，先后密集发布或启动制定外资监管新政，通过扩大审查范围、降低审查资金门槛（更低投资额度被纳入审查范围）、限制投资领域等多种方式，收紧外资监管。

以美国的最新审查和监管为例，美国政府近期扩大外国投资委员会管辖范围，目的在于收缩外资企业的进入门槛，加快构建本国关键矿产供应链。基于《外国投资风险审查现代化法案》的规定，美国财政部于2020年初扩大了外国投资委员会（CFIUS）的管辖范围，赋予其对外国投资中涉及关键技术行业、关键基础设施行业或敏感个人信息等领域的非控股交易进行审查的权力。同时美国财政部及证券交易委员会（SEC）向拜登总统建议加强对中资企业在美国投资项目的审计，对在美国上市但不符合美国法律审计要求的中国企业全部摘牌。

2019年美国国务院提出"能源资源治理倡议"，希望通过该倡议减轻稀土等关键矿产对中国的依赖，保障自身供应链安全，目前已有刚果（金）、澳大利亚、加拿大等10个国家加入该倡议。2020年美国国务院希望进一步扩大现有的战略性矿产倡议，希望欧盟、日本等亚洲发达国家及其他新兴经济体加入，以确保对电池、风能和太阳能产业至关重要的金属供应链。一旦这项倡议得到欧盟、日本等国家的支持，将会对未来中国企业的能源类海外投资造成巨大的冲击。

2020年9月，美国特朗普政府以"中国威胁"为借口颁布一项行政令，宣布美国关键性矿产对外国对手的过度依赖是一项国家紧急状况，要求调查稀土等关键矿产对中国等国家的依赖程度，通过简化加快新矿山审批程序和动用《国防生产法》等措施加快建立起国内关键性矿产供应链。面对日益严峻的国际投资制度环境，中国企业应该如何应对？

（资料来源：https://www.sohu.com/a/313687612_256721）

4.1 国家投资规则

4.1.1 东道国外国投资规则

东道国外国投资规则是指接受国际直接投资的东道国关于管理外国私人直接投资关系而制定的法律规范的总称。全球各国（地区）关于管理外资的立法体制并不相同，外资管理法规的名称也不尽相同。一般而言，按是否制定专门的对外投资管理的法律法规，可以将各国的立法体制和形式大致归纳为三类。第一类是没有专门制定关于外国投资的基本法律或专门法律，而是借助国内的相关法律法规管理外国投资活动，外国投资者与本国投资者享受同等待遇，美国等发达市场经济国家基本上采取的是这种做法。第二类是没有统一的外资法，而是制定一个或几个用于解释外国投资的法律法规，用以构成关于外国投资的基本法律体系，并辅以其他相关的法律，如目前我国的做法也基本属于这种类型。第三类是制定比较完善且统一的外国投资法规，作为管理外国投资的基本法律或投资法典，并辅以其他有关的可适用于外国投资的法律，如阿根廷等国家。虽然各国外资立法的法规与内容都不尽相同，但一般都会由以下几部分基本内容构成。

扩展阅读 4.1　国际投资政策演变与关键议题

1. 投资的领域与出资比例

外商投资的领域是指东道国政府允许外国投资者开展投资活动的行业部门的范围。东道国为了确保外国投资有利于本国经济的发展，必须对外国可以投资的领域加以限定，一方面是为了确保将国计民生或国家安全的重点行业和部门控制在本国政府和国民手中；另一方面，可以有效地将外资引导到本国迫切需要发展的行业和部门，使外国投资服务于本国经济发展的目标。所以，世界各国的法律都会对外商投资所涉及的领域加以限定，按照从严格到宽泛的限定幅度一般是将本国的所有行业和部门分为四类，即明确规定禁止、限制、允许和鼓励外国投资的部门。一般来讲，发展中国家对外商投资领域的限制相对比较严格，近年来发展中国家对外资进入的限制已经大幅度减少，正在经历一个逐步放宽的过程，特别是服务业的准入门槛正在降低。相反地，发达国家对外商投资的领域限制相对较为宽泛，一般只是对国防、军事、通信、传媒、能源等部门有不同程度的限制。

外商投资的期限在不同国家的要求也都不尽相同，在发达国家的投资法规中基本没有明确规定，而在发展中国家的法规中一般都作出了具体规定，以防止外国企业的短期行为或在本国内建立永久性公司。

外商投资的出资比例是外商投资管理法律的重要组成部分，不仅涉及外国投资者的参与程度，同时也涉及企业的经营管理权和投资者权益的分配。各国在外商投资出资比例的规定并不一样,有的明确规定了上限或下限(如上限不得高于49%,或下限不得低于10%等),也有的无限制。从理论上来讲,外国投资者与东道国投资者合办企业,彼此选择什么样的投资比例,应当由投资者考虑并通过谈判决定,比例的多少只涉及管理权的分配和经营利益的分享。但正是因为涉及了外商投资,在实际生活中政府常常加以干涉和限制。这种干涉与限制既是为了防止合营企业为外国资本所控制,也是为了引导和控制外国投资的方向。不同国家的同一行业及同一国家的不同行业又有不同的法律和政策规定。发达国家在股权问题上一般采取开放政策,只对特定行业有所限制。发展中国家对允许外商投资领域内的外国股权参与比例有的不规定(如允许设立独资企业),多数则给予一定限制,其限制的方式有以下几种:一是在其外资立法中明确规定,二是在国家的相关政策中予以规定,三是在政府审批外资项目时加以具体限制。通常对于国家鼓励发展而又缺乏技术的领域、面向出口的领域、能发挥本国劳动力禀赋优势的领域、政府确定优先开发的地区和偏远地区,发展中国家政府允许外国投资者占有较大股权比例甚至允许外商独资,以便通过利用外资促进本国经济更快、更均衡地发展。

2. 投资的审查与批准

对外商投资的审批是资本输入国管制外国投资的重要手段,通过对投资的审批能够有效地协调国际投资中的双边利益。从资本输入国来看,对外国投资的审查和批准,不仅关系到对外资的选择,还关系到引导和监督外国资本为本国经济发展的根本利益服务。对于外国投资者来说,只有事先取得资本输入国相关政府部门的审查和批准,其投资计划和项目经营才能取得合法地位,受到输入国的法律保护,并享受各种权利和优惠待遇。因此,在国际投资活动中,除美国等极少数国家对外资进入一般采取不审查的制度外,大多数国家包括日本等发达资本主义国家在内都设有专门针对外国投资进入的审查和批准制度。不同国家的审批制度的区别主要在于掌握的尺度有宽有严,审批的程序有繁有简。总体而言,发达国家的外资审批相对比较宽松,而发展中国家审批一般都比较严格。

对外商投资的审批标准大致可以分为积极标准和消极标准两种。积极标准是指审批机构鉴定外资积极作用的标准,如所产生的就业机会、对扩大出口和国际收支的影响、引进先进性技术、对当地市场的影响、对经济落后地区发展的贡献、对当地雇员的培训情况、对进口替代的贡献、对当地中间品和零部件的采购程度、对当地价格水平和产品质量的影响等。外国投资若满足一项或几项积极标准,就可获得批准。消极标准是指不予批准外国投资的条件,包括违反当地法律、有损东道国主权、不符合利用外资的产业导向政策、可能造成环境污染等。

3. 投资的利润和本金的汇出及股份转让

保证外资利润、本金及其他合法收益的自由汇出是国际投资领域所关心的重要问题,也是国际投资法律保护的重点内容之一。投资者因投资所获得的合法利润、其他合法收益及回收的本金,能够兑换成国际通用货币或者其本国货币汇回本国,关系到投资者的利益。如果不能自由汇出,投资者虽有收益,但其实际利益不能实现。

允许外商投资的利润及本金等的自由汇出是国际投资法规的基本构成内容。当然,接受投资的发展中国家(东道国)基于国家利益,特别是从解决外汇资金短缺和平衡国际收支的角度考虑，在承认自由汇出的原则下，对投资者利润和本金的汇出给予一定程度的限制也是合理合法的。总体来说，对外国投资者利润和本金等汇出的限制，在发展中国家要严于发达国家，发达国家的限制一般较为宽松。为了兼顾和保护外国投资者的利益，促进吸收外资，东道国必须在实行外汇管制的同时，对外国投资者取得的合法收益与本金的汇出提供保障。

多数国家在外籍职工工资汇出的限制上一般都是原则上允许在纳税后自由汇出，但也有一些国家附有某些条件，例如规定需经批准或限额汇出。在外资股份转让的限制上，多数国家的外资立法中作出了明文规定。规定中既保证外国投资者有权转让其股份，又附加一定条件，如规定合营企业他方有优先购买权，向其他购买者转让股份的条件不得优于向合营企业他方转让的条件等。一般来说，在发达国家外国投资者转让其股份受到的管制较少，而在发展中国家则有相对较严格的管制。

4. 投资的税收及税收优惠

税收问题是影响投资者收益的关键因素，同时它也是构成东道国投资环境的一个重要因素。税率的高低是一国外资政策的重要内容和引导外资投向的重要杠杆。各国对利用外资的税收问题均有较详细的规定，归纳起来主要有两个方面：一是企业所得税税率问题，二是税收优惠问题。总的来看，发展中国家与发达国家相比都有着税收从轻而优惠从重的特征。

较低的企业所得税税率将为企业带来较高的外国投资者利润率。就世界范围来看，不论是发达国家还是发展中国家，都欢迎和鼓励外资的进入，所以企业所得税税率近年来都呈现出不断下降的趋势。但与发达国家相比，发展中国家更加需要外商投资来带动本国的经济增长，因此，所得税税率的总体水平都会略低于发达国家的总体水平。

发达国家一般都是默认对外资实行国民待遇原则，除个别地区和个别行业外，对外商投资企业一般都实行与内资企业同等的税负。在发展中国家和地区，除了保护外国投资的安全和利益外，还对外来投资采取了各种税收优惠和鼓励政策，以引导外资投向，实现特定的经济和社会发展目标。制定税收优惠政策的依据通常包括地区政策、产业政策和技术政策等。发展中国家实行的优惠政策主要集中在以下几方面：一是对国家优先鼓励发展的行业和部门给予优惠；二是对国家支持发展的地区（一般为边远和落后地区）给予优惠；三是对国家划定的特定地区（实行特殊管理政策的各类经济特区）给予优惠；四是对出口型企业给予优惠；五是对利润再投资给予优惠；六是对提供就业机会多的企业给予优惠。

5. 投资企业的员工雇用

外商投资企业的员工雇用问题在不同国家也表现出不同的限制，有的国家通过外资立法加以解决，而有的国家则通过制定统一的劳动法予以规定。外国投资者在东道国雇用当地员工时所遇到的问题主要有三个：一是普通员工的雇用问题；二是技术与管理员工的雇用问题；三是尊重和保障被雇用员工的权益问题。对于普通员工的雇用问题，大多数国家的政策和法律都要求尽可能雇用当地员工，进而扩大本国的劳动就业机会以解决本国的就业问题。这也是许多国家吸引外商投资的重要动机之一。有些国家的法律还规定，外资企业应对当地员工进行培训。同样，对于外国投资者来讲，雇用当地员工可以实现利用当地廉价劳动力降低生产成本（主要指在发展中国家）或利用当地人员促进生产与经营活动的开展。对于技术与管理员工的雇用问题，发达国家采取的是较自由的政策，基本上把它归结为企业生产经营中的问题，由企业自主选择决定；一些发展中国家则对此有所规定，因为发展中国家认为，这涉及合营企业的经营管理权问题，如果中高层技术、财会和管理人员中有部分是本国人，则有利于控制企业的经营管理权，并且可以获得一定的技术和管理外溢效应。在尊重和保障被雇用员工的权益问题上，不论是发达国家还是发展中国家都很重视，比较而言，发达国家的相关政策法规规定得更详尽一些。

多数国家对外资企业雇用外国人员的问题都有一些限制，特别是限制对外国非技术人员的雇用，当然这种限制会有一定的弹性。雇用外国专业技术人员和管理人员，应符合以下条件：第一，只有当地国民胜任不了的管理职务和专业职务，才能聘请和雇用外国人；第二，可以雇用外国人员，但也要留出一定比例给予当地人员；第三，人员雇用应逐步当地化，逐步增加当地人员的比例，让越来越多的当地人员走上中高层管理和专业技术岗位。

6. 土地使用期限及土地使用费

一般情况下，土地使用期限与土地所有权能否自由买卖密切相关。若土地所有权可以自由买卖，则土地使用期限就可以无限制延长；反之，若土地所有权不能自由买卖，则土地的使用一定会有个期限问题。就目前世界各国的情况来看，在土地所有权能否自由买卖的问题上可以分为两大类：一类是所有权可以自由买卖，实行土地私有制，以美国和日本为代表，当然也会有一些具体的规定；另一类是所有权不能自由买卖，只能自由买卖一定期限的土地使用权，实行土地国家所有制或公有制，以英国和英联邦国家为代表，中国和越南等国家也属于此类。在实行土地私有制的国家，外国投资者如果不购买土地，就要交纳地租，还要向所在国交纳土地税、地产税，以便取得营业权、建筑权和使用权。同时，土地是商品，可以自由买卖，外国投资者也可以做地产生意。在实行土地国家所有制或公有制的国家，外国投资者不能购买土地的所有权，对土地使用权的取得也需要经过一定的法律程序，取得的土地使用权可以使用较长时期。一些国家为了改善投资环境，吸引外资，会在土地使用费用上给予外商一定的减征或免征优惠。另外，还有一些国家规定，土地使用权可以作为东道国合营方的出资条件，即土地使用权折价入股，从而解决外商投资企业的土地或场地问题。

7. 投资企业的国有化与征收和投资争议的解决

国有化与征收问题也是国际投资决策过程中不可忽视的关键因素。国有化与征收风险不仅关系到跨国公司在海外的安全与利益问题，有时甚至也关系到东道国的主权问题，历来为外国投资者所关注。近年来，随着国际投资与贸易环境的改善，对外国投资采取强制性的国有化与征收的现象已越来越少，绝大多数国家都通过外资政策和立法等形式对外国投资实行安全保障。

在发达国家，一般很少对外国投资采取国有化措施，这一点在有些国家的外资政策或立法中有明确表述。但也有一些发达国家如美国或英国，在外资政策或立法中对国有化问题不做明确规定，而是放到友好、通商、航海条约或双边投资保护协定中加以说明。当然，也有的发达国家规定，在必要时可对外商投资实行征用并可改变外商投资的所有权，发生这种情况时对外国投资者给予充分、及时和有效的补偿。大多数发展中国家都在外资法或国家宪法中，明确规定不对外资实行国有化、征用或没收，以消除外国投资者的顾虑。同时还作出规定，万一在特殊情况下出于社会公共利益的需要，依照法定程序对外资实行国有化或征用时，将给予合理和适当的补偿。对外国投资实行国有化或征用，所以补偿问题一般都会与国有化或征用一起写入相关法规。关于补偿的标准，发达国家和发展中国家之间存在一些争论。发达国家一般要求"充分""及时"和"有效"补偿，美国对"充分"一词又解释为"全部"和"完全"的意思；发展中国家坚持合理补偿和适当补偿，对发达国家的补偿标准提出了异议。

与东道国的有关当事人发生争议是外国投资者在东道国进行生产经营活动不可避免的事情。发生投资争议后，正确处理和解决争议，是协调国际投资关系的一项重要措施。处理投资争议的方法，既有社会手段，也有法律手段。解决国际投资争议的依据，既有国内法，也有国际法。投资争议发生后，一般先由争议双方当事人协商解决。若协商不成，则由双方当事人以外的第三者进行调解。如果调解不成立，未能解决双方的争议，则只有通过法律手段解决。法律手段主要有仲裁解决和司法解决两种。仲裁解决是目前较普遍的行之有效的解决国际投资争议的手段。仲裁制度一般以贯彻当事人自治为原则，通过争议双方的协商一致，选定仲裁地点和仲裁人，组成仲裁厅进行仲裁。仲裁的地点可以在双方当事人中的任何一方所在国进行，也可以在第三国进行。仲裁裁决具有终局效力，对双方当事人均有约束力，双方都要遵守并执行。如果投资协议或合同中没有规定仲裁解决，当事人任何一方可向所在国法院起诉，要求诉讼解决。诉讼解决也是一种重要的解决投资争议的手段。《关于解决各国与其他国家国民之间投资争端的公约》与解决投资争议直接相关，规定了投资争议的性质范围和解决方式。

4.1.2 母国对外投资规则

1. 母国对本国对外投资的限制政策与法律

尽管鼓励对外直接投资可以对母国产生多方面的积极促进作用，但是投资者追求的目标有时与母国的总体利益可能有分歧，因此，为了确保对外投资有利于本国的国际收支平衡和经济发展，母国会对海外投资实行一些管制性措施。资本输出国主要的管制性措施包括以下几方面。

一方面是规定对外投资企业需定期公开情报，以便政府有关部门了解和监督它们的经营状况。从事海外投资的企业多数都是上市公司，所以，母国政府根据公司法和证券法要求它们定期披露有关信息资料。

另一方面是控制和防止对外投资企业逃避税收。这种做法是依据税法或国内收入法等，主要目的在于防止对外投资企业截留海外利润所得，以使它们将利润及时汇回国内，避免影响国际收支和财政收入。具体的控制措施主要有两个：一是采取避税地对策税制，防止企业利用国际避税地逃避税收，即防止它们将应汇回国内的所得留存到受控制的避税地公司；二是采取转移价格税制，要求关联企业之间的交易也按"正常交易"原则进行，即按照与独立的第三方达成的公平的市场交易价格计算，防止关联企业利用转移定价逃避税收。

管制性措施可能还会涉及其他相关政策法律措施。一些国家还通过反垄断法、进出口管制法、刑法和审批制度等政策法律对本国的对外投资企业进行管理。例如，美国的反垄断法规定，如果美国某些海外投资企业的生产和销售排除或限制了其他美国公司在美国市场的竞争，就有可能受到反垄断法的追究。美国还根据进出口管制法对海外投资进行管制，限制本国企业向特定国家出口某些高科技产品或技术，如果属于限制的范围，则不允许以这些技术出资，也不允许向当地转让这些技术。美国的国外贿赂行为法规定，任何人直接或间接贿赂外国政府官员均为违法，若投资者通过贿赂东道国政府官员而取得投资项目，就有可能受到美国法律的制裁。另外，有些发展中国家出于控制资本外流和平衡国际收支等方面的考虑，对本国的对外投资采取审批备案制度，以调控对外投资的规模和结构。

2. 母国对本国对外投资的鼓励政策与法律

资本输出可以为母国提供多方面的积极作用，例如获取国外资源、输出本国技术设备、开拓国外市场、为饱和过剩的产业生产能力寻找新的发展空间、平衡国际收支、加快发展本国跨国公司和提升本国国际竞争地位等。因此，资本输出国都会在一定程度上制定鼓励本国对外直接投资的政策和法律。整体而言，这些鼓励政策与法律主要体现在以下五个方面：第一是资金扶持，政府对企业开展的对外投资给予投资前调查和投资项目资助；第二是技术扶持，有时政府直接为本国海外投资企业培训技术人员，有时则支持民间团体开展类似活动；第三是税收扶持，资本输出国政府采取税收抵免、税收豁免和税收饶让等方式对本国海外投资者给予税收优惠鼓励；第四是信息扶持，通过政府机构或驻外使领馆等为本国海外投资者提供东道国投资环境和投资机会等方面的信息，以及研究分析报告；第五是保险扶持，建立本国的海外投资保险制度，接受政治风险等方面的投保申请，保护和鼓励本国的对外投资。

4.2 国际投资规则

国际投资规则，也就是通常所说的国际投资法，是国际经济法的一个重要领域，它是指用以规范国际投资的综合性投资规则。国际投资规则的主要内容包括国际直接投资的内容与效力，对外国投资的保护、鼓励与限制，投资争议的争端解决程序和规则以及对外投资保险等。国际直接投资法规的核心内容在于用法律手段创造较好的投资环境，对外资进行有效的鼓励和保护，同时对外资进行必要的监督和控制，以使其既能促进国际投资合作和往来，又能将其纳入各国经济发展的轨道。

4.2.1 全球性国际法规范

目前，国际直接投资领域尚未缔结全面规范国际直接投资行为的世界性公约，主要原因在于南北国家之间在国际直接投资方面利害冲突十分尖锐，涉及的矛盾问题也错综复杂。但是，国际社会在建立全球性国际法规范方面已经取得了一些成果，例如联合国跨国公司委员会拟订的《跨国公司行动守则》，世界银行和国际货币基金组织下的发展委员会颁布的《外国直接投资待遇指南》《乌拉圭回合最终文件》和《世界贸易组织协定》中关于"与贸易有关的投资措施（TRIMs）"《解决国家与他国国民间投资争端公约》（简称

《华盛顿公约》或《ICSID 公约》以及《多边投资担保机构公约》（简称《汉城公约》[①]或《MIGA 公约》）。本节内容选取了在国际投资领域中有代表性的《华盛顿公约》《汉城公约》以及"与贸易有关的投资措施（TRIMs）"进行介绍，同时针对当下大家关心的热点问题——WTO 框架下的多边投资协议改革问题加以说明。

1. 华盛顿公约

《解决国家与他国国民间投资争端公约》由世界银行发起，召集了相关领域的专家学者进行拟定，并于 1965 年 3 月 18 日在美国华盛顿市正式签署，因此又被称为《华盛顿公约》。直到 1966 年 10 月 14 日，随着荷兰作为第 20 个国家完成了批准手续，《华盛顿公约》满足了公约关于缔约国数目的最低要求而正式生效。《华盛顿公约》的核心内容在于建立"解决投资争端国际中心"（International Center for Settlement of Investment Disputes，ICSID）。ICSID 的主旨在于专为外国投资者与东道国政府之间的投资争端提供国际解决途径。

目前，ICSID 并不直接承担调解和仲裁工作，而是为解决争端提供各种设施和方便，为针对各项具体争端而组成的调解委员会和国际仲裁庭提供必要的条件，便于他们顺利开展调解或仲裁工作。ICSID 仅限于受理缔约国政府之间因国际投资而引起的法律争端。ICSID 有权登记受理的法定前提是争端双方出具将某一项投资争端提交其调解或仲裁的书面文件，并不会默认缔约国因加入公约而承担了将争端提交 ICSID 裁决的义务。ICSID 在运行中尚存在一些问题，如存在否认东道国管辖权，主张扩大其自身管辖权行为。依然不可否认的是，ICSID 在解决国际投资争端方面发挥了重要的积极作用，是国际投资快速增长的重要驱动力。

中国于 1990 年 2 月签署了公约，并于 1993 年 1 月递交了批准文件。作为全球利用外资最多的国家之一，被外国投资者申请至 ICSID 仲裁的案件有 6 起：第一起是马来西亚依桂兰公司（Ekran Berhad）案（ICSID Case No.ARB/11/15），该案并未进入实体审理程序而结案；第二起是韩国安城公司（Ansung Housing）案（ICSID Case No.ARB/14/25），该案仲裁庭驳回了申请人的全部仲裁请求；第三起是德国海乐西亚泽公司（Hela Schwarz）案（ICSID Case No.ARB/17/19），该案仍在审理中；第四起是英国 Jason Yu Song 案（PCA 2019-39），该案仍在审理中；第五起是日本 Macro 贸易公司案（ICSID Case No.ARB/20/22），该案因申请人未缴纳仲裁费用而终止；第六起的投资者吴振顺（Goh Chin Soon）涉及两个仲裁案（ICSID Case No.ARB/20/34、PCA 2021-30），前者已结案，后者仍在审理中。

2. 汉城公约

多边投资担保机构（Multilateral Investment Guarantee Agency，MIGA）是世界银行集团下设的机构之一，1985 年 10 月 11 日，在世界银行年会上通过了《多边投资担保机构公约》（简称《汉城公约》），于 1988 年 4 月 12 日正式生效，旨在通过直接承保各种政治风险，为海外投资者提供经济上的保障，并且进一步加强法律上的保障，缓解和消除外国投资者对政治风险的担心。

[①]《多边投资担保机构公约》在世界银行汉城（汉城当时为韩国首都，现已更名为首尔）年会获得正式通过。因此，该合约也通常被称为《汉城公约》。

MIGA 的设立与政府投资保险机构是一种补充作用的关系，并不是相互竞争的关系。因为各国政府的投资保险机构受本国政府控制，又受本国法律约束，它们对投保公司国籍问题往往设限制性规定，且一般对于国家的违约风险不予承保。为此，MIGA 在填补海外投资保险业务空白方面发挥了很大作用。MIGA 的优势主要体现在：由于各成员国均持有一定股份，所以它给每一个吸引外资的国家都赋予了双重身份，它们既是外资所在的东道国又是 MIGA 的股东，从而部分承担了外资风险承保人的责任。所以，一旦在东道国境内发生的 MIGA 承保的风险事故使有关外资遭受损失，则作为侵权行为人的东道国，不但在 MIGA 行使代位求偿权以后间接向外国投资者提供赔偿，而且，作为 MIGA 的股东，又有必要在 MIGA 对投保人理赔之际，直接向投资者部分提供赔偿。因此，在实践方面 MIGA 加强了对东道国的约束力。另外，作为一个国际性海外投资保险机构，它可以对国家违约风险承保，具有一个国家的保险机构无可比拟的优势。

3. 与贸易有关的投资措施

关税与贸易总协定的调整范围并没有包含有关投资的措施，但由于某些投资措施，无论其为鼓励性或限制性，都能对国际贸易产生某种正向或负向的作用，最明显的如对外国投资企业的出口实绩要求和当地成分要求等。随着国际投资的迅速增长，此类投资措施（即所谓与贸易有关的投资措施，Trade Related Investment Measures，TRIMs）对国际贸易的影响日益扩大，因此 1986 年 9 月开始的关贸总协定乌拉圭回合谈判正式将 TRIMs 列为一个谈判议题。1994 年 4 月，乌拉圭回合谈判的 125 个参与方签署《乌拉圭回合最终文件》和《世贸界易组织协定》，作为其一个组成部分的"关贸总协定缔约国关于与贸易有关的投资措施的决定"也随后生效。

TRIMs 是目前为止在国际范围内第一个正式实施的有关国际直接投资的多边协议，TRIMs 扩大了多边贸易体系的管辖范围，将与贸易有关的投资措施纳入多边贸易体系中。在内容形式上，TRIMs 主要包含 TRIMs 适用范围和鉴别与贸易有关的投资措施的原则，例外条款和发展中国家成员国，磋商和争端解决机制，货物贸易审查委员会等正文内容；同时还覆盖了例如不符合《GATT1994》第 3 条国民待遇原则的投资措施，不符合《GATT1994》第 11 条取消进口数量限制原则的投资措施等附件内容。

除了 TRIMs，GATT 和其后 WTO 签署的一些协议（或协定）对国际直接投资的发展也产生了重要影响，如《与贸易有关的知识产权协定》（CTRIPs）、《服务贸易总协定》(GATS)和《补贴与反补贴措施协议》（ASCMs）等。这些协议（或协定）对 20 世纪 80 年代后期国际投资的快速增长发挥了积极的促进作用。

4. WTO 框架下的多边投资协议改革

由于国际直接投资的起步较晚，相对于国际贸易领域而言，国际直接投资领域的国际协调要落后得多，至今还没有制定出类似于货物贸易领域的 GATT 和服务贸易领域的 GATS 那样的系统性的国际规范。然而，面对 2018 年爆发的中美贸易与投资争端等国际性热点问题，制定一套国际规范以开创一个稳定、可预见和透明的国际直接投资环境的迫切性和必要性正在日益增加，多边投资协定的积极作用是不言而喻的。所以，WTO 也正在致力于加强国际直接投资方面的国际协调，以推动具有全球性国际直接投资规范性质的《多边投资协议》的制定进程。

从现实的角度来看，WTO 应当是未来《多边投资协议》起草和谈判的组织者，WTO 具有以下五种有利条件：第一，投资与贸易已日益紧密地联系在一起，这就要求更为综合地制定国际规范，而世贸组织可以做到这一点；第二，世界贸易组织监督实施的协议中除 TRIMs 涉及国际直接投资问题外，《服务贸易总协定》（GATS）、《与贸易有关的知识产权协定》（CTRIPs）和《补贴与反补贴措施协议》（ASCMs）等协议还涉及一些投资方面的问题；第三，世贸组织成立后召开的几届部长级会议均包含了直接投资方面的议题；第四，世贸组织秘书处已作为观察员参加了 OECD 组织的多边投资协定谈判的全过程，同时 OECD 也在有针对性地为世贸组织设计未来的多边投资体制时，有意将其推介给世贸组织作为范本；第五，世贸组织具有全球代表性和监督协议实施的权威性。

4.2.2 双边性国际法规范

第二次世界大战后，随着全球经济的恢复，国际直接投资也表现出迅速的上升趋势。随着发展中国家的纷纷独立，为恢复和维护自己的经济主权，从 20 世纪 50 年代开始，一场大规模的国有化运动在发展中国家逐步展开，这场运动在 20 世纪 70 年代达到高潮。同时，发展中国家政局的不稳定又给国际直接投资带来很大风险。虽然发达国家制定了有关海外投资保险的法规，但这依然难以保障投资者利益。这些因素妨碍了发展中国家进一步吸引国际直接投资以推动经济发展。对发展中国家而言，它们需要吸收大量国外资本来促进本国经济的发展，虽然在国内立法方面对外国投资有许多鼓励与保护措施，但这些并不足以消除外国投资者的顾虑。

正是吸收外资的发展中国家和对外投资的发达国家保护其投资的共同需求促成了各种形式的保护国际直接投资条约的出现。其中，双边投资协定（Bilateral Investment Treaties，BIT）比较具有代表性。如图 4-1 所示，20 世纪 90 年代，特别是进入 21 世纪之后，BIT 的上升趋势十分明显，甚至超过自由贸易协定（Free Trade Treaties，FTA）的增长趋势，成为国际经济领域的重要特征。

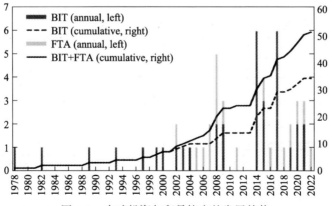

图 4-1 全球投资与贸易协定的发展趋势

资料来源：Urata and Baek（2022）。

1. 双边投资保证协议

为弥补友好通商航海条约的缺陷，从20世纪50年代初期起，全球各国开始纷纷建立两国之间的双边投资保证协议。另外，随着美国跨国公司的对外投资需求的增长，美国开始大力推行双边性投资保证协议。此类协议的核心在于让缔约国正式确认美国国内的承保机构在有关的政治风险事故发生并依约向投保的海外投资者理赔以后，享有海外投资者向东道国政府索赔的代位权和其他相关权利。除此以外，它还规定了双方政府因索赔问题发生纠纷时的处理程序。迄今为止，美国已与100多个国家和地区分别签署此类协议。许多国家也仿效美国签订了类似协定。

2. 双边促进和保护投资协定

随着国际投资环境动荡的增加，传统的一般条约中关于保护外国投资者的规定显得过少且软弱无力。因此，从20世纪60年代开始，一些发达国家制定出促进和保护投资协定，内容包括对外国投资的保护、投资保险、代位求偿及争端解决。由于此类协议的具体性、实体性和程序性能够对资本输出国的海外投资提供有效保护，因此获得了迅速发展。

全球第一份双边促进和保护投资协定是由德国与巴基斯坦于1959年11月签订，于1962年4月正式生效。目前，德国是世界上签订双边促进和保护投资协定最多的国家，截止到2022年年底共签订了155份。中国的第一份双边促进和保护投资协定是与瑞典在1982年3月签订的，并于当月开始生效。截至2022年年底，中国共签订了145份双边促进和保护投资协定，在数量上仅次于德国，位列世界第二。

4.2.3 国际投资争端解决机制

随着国际投资规模的日益扩大、程度的不断加深，国际投资争端也不可避免地产生了。国际投资争端主要是指各国投资主体之间在国际投资活动中产生的争端。国际投资主体有企业和国家，因此，国际投资争端大致可以分为三类，分别是企业间的国际投资争端、企业与国家间的国际投资争端和国家间的国际投资争端。企业间的国际投资争端一般是投资者之间（往往在合资或者合营企业中）由于对合同或规定的不同理解等所发生的争端。企业与国家间的国际投资争端一般主要是因为投资者与东道国政府之间在政策、法律执行中产生的争议。例如，东道国的国有化和征用、对投资利润的汇回限制、对政策的不同理解而引起的争端。由于国家不能成为司法诉讼的对象，因此，此类争端主要由国家间的协定来进行处理。

1. 国际投资争端的主要类型

国家间的国际投资争端比较复杂，一般主要由于税收管辖权和司法管辖权之间的冲突引起。税收管辖权是国家在税收领域中的主权，即一国政府在征税方面行使的管理权力。主权国家的税收管辖权可以按照属地和属人两种不同原则确定。按属地原则确立的税收管辖权，称作地域管辖权或收入来源地管辖权，是指一国政府以纳税人的收入来源地为税收管辖权的范围。其特征是该国政府对在本国领土范围内发生的一切所得均可行使征税权而不论纳税人的身份是否为本国公民或居民。因此，外国人只要在该国有应税所得，就必须纳税。按属人原则确定的税收管辖权，称作居民管辖权，指一国政府以纳税人的国籍或住所为税收管辖权的范围。其特征为该国政府对本国公民与居民取得的一切所得均可行使征税权而不论纳税人是否在该国境内,其所得来源于何处。

目前,世界上绝大多数国家为同时实行收入来源地管辖权和居民管辖权。因此,对同一笔国际所得,有关国家的税收管辖权便有可能发生冲突(交叉或重叠)。冲突一般有两种情形:其一,双重居民管辖权。由于各国国内法规定不同,一个纳税人(包括自然人和法人)有可能同时具有双重的居民身份。例如,一家跨国公司在甲国注册成立,实际管理机构设在乙国,甲国与乙国按各自的国内法,同时认定该公司是其法定的纳税义务人,产生双重税收管辖权的冲突。其二,收入来源地和居民双重税收管辖权。例如,一个居民为甲国居民,在乙国有一笔所得,则两国政府依不同的国内法规定,可能会对同一笔所得征税,从而产生冲突。

司法管辖权是指一国司法机关审判具有涉外因素案件的权力,国际上是根据国家主权原则来确定各国法院的国际管辖权。国家主权包括属地管辖权和属人管辖权。前者是指主权国家对其领土内的人和物所行使的最高权力,即国家对其领土内的人、物或发生事件,除国际法规定的外交特权和豁免外,有权按本国法律和政策实行管辖。后者是指主权国家对其领土内外的本国国民所行使的最高权力,即国家对于国内外的本国国民有管辖权,因此,国家有权保护其在外国的本国国民的合法权益。

因此,在关于外国人的管辖权这一问题上,有可能出现属地管辖权和属人管辖权的冲突。表现在司法管辖权上,就成为东道国及投资者母国均可声称对国际投资争议的诉讼行使审判权,导致司法管辖权的冲突。由于同一争议在不同国家审理时适用法律不同,其结果可能差异极大,所以发生争议的当事人对由哪个国家行使司法管辖权极为关心,并常因此产生争议,致使司法管辖权本身成为解决投资争端的障碍。按照惯例,不同主权国家的属地管辖权和属人管辖权发生冲突,应以属地管辖权优先。但在一定条件下,也允许当事人采取东道国国内法以外的其他方式,如提交本国法院、第三国法院或国际法院审理来解决投资争议。

2. 国际投资争端的解决方式

国际投资争端的解决方式主要有非司法解决方式、准司法解决方式和司法解决方式三种。

(1)非司法解决方式。非司法解决方式包括谈判或磋商、斡旋、组建调查委员会、调停和调解等多种方式。

谈判或磋商是重要的解决国际争端的方法之一,磋商的方式不必拘泥于一定的形式或一定的程序,有利于相关各方以相对灵活的方式解决争端。例如,投资一方发现投资他方所采取的措施或行为有损其利益,即可要求另一方谈判,力争最大限度以最快的速度解决问题。事实证明,磋商为较有效的解决争端的方式。即使是在弹性较小的关于反托拉斯案的诉讼案中,磋商亦可起到缩小相关各方分歧的作用。当然,磋商的基础是相关各方的立场相距不远,并且共同的利益促使其愿意和平解决分歧。就国际投资和投资协议而言,任何一项争端均涉及相关各方的经济利益,迅速解决分歧有利于投资项目的顺利进行。从这个意义上讲,绝大多数关于投资的争议均可通过磋商和谈判解决。当然,如果争议相关一方拒不谈判,则另当别论。

以调解方式解决国际争端是指根据争端的性质设立常设或临时委员会,以公平原则审查争议问题,并给出能被相关各方接受的解决办法,或向各方提供解决争议之资助。实质上,调解是在调停的基础上由第三方介入,使解决争议的谈判效果更好。调解人在此种方式下具有较大的发言权。其所提出的建议和解决方法具有较大的效力。调解人或调解委员会的作用在于阐明具有争议的问题,并为此收集相关资料,从而促使各方达成协议。鉴于许多争议均涉及法律问题,大多数调解委员会均有法律专家参加。调解人或调解委员会在对争端进行深入调查后,需向争议各方提交一份报告,说明自己的观点和建议。此类建议一般不以决议的形式体现。即使是关于法律问题的建议,调解报告亦与仲裁裁决有截然不同的区别,对争议各方不具有拘束力。总的来看,调解一方面具有磋商和调停的性质,另一方面亦兼具仲裁的某些特点。作为解决国际投资争端的方法,其程序比较简单,便于各方表达不同意见,有利于问题的解决。

如果争端相关各方无法通过和平谈判或友好协商解决分歧,各方可通过第三方介入调停。这种由第三方介入的解决方式有多种,该第三方所起的作用亦有很大区别。例如,第三方可以不参加直接谈判而只说服相关各方进行谈判或继续原已进行但中断的谈判。此类性质的第三方介入被称为斡旋。与斡旋不同,调停不仅为有争端的相关各方提供继续谈判的机会,而且调停人主动参加谈判,并经争端相关各方授权就有争端的问题给出解释,以及提出解决的办法。调停人有义务向争端相关各方传达对方的建议和要求等。调停人在协助争议各方谈判时,其所提出的建议和解决争议的办法为非正式性,主要是依据相关各方所提供的情报作出,而并非依其自己的实际调查与研究。因此,调停界于斡旋和调解两种方式之间。调停人可经争端相关各方要求出面,亦可毛遂自荐。调停人可以是国际机构、国家机构、私人机构或个人。涉及重大问题的调停一般由具有国际声望的和有经验的专家承担,如国际法院法官、联合国秘书长、世界银行行长、国际仲裁机构的负责人及各国仲裁机构负责人等。

(2)准司法解决方式。最为常见的准司法解决方式就是仲裁。仲裁是指双方自愿将争端提交第三者审理,由其作出裁决。在解决国际投资争端中第三方一般是由各方当事人以外的第三国有关机构或国际机构担任。仲裁以其独特的优势已成为解决国际投资争端最常用的方式。

仲裁形式包括特设仲裁庭仲裁和常设仲裁庭仲裁两种。特设仲裁庭根据争端当事人合意并按一定程序组成,案件审理完毕即自行解散。常设仲裁机构则依据国际条约或国内法律而设,可分为全球性常设仲裁机构、区域性常设仲裁机构和各国常设仲裁机构三种类型。一般来说,常设仲裁机构有利于争端的解决,因为其能为争端当事人提供进行仲裁的必要条件,包括仲裁场所和各类服务,而且它能促成作出裁决,并能作出有关裁决是否有约束力的技术鉴定。目前世界上有许多常设仲裁机构,如苏黎世商会仲裁院、国际商会仲裁院、太平洋工业产权协会、解决投资争端国际中心、斯德哥尔摩商会仲裁院等。

(3)司法解决方式。一般情况下,如果通过友好协商、调解或仲裁等方式都无法解决的争端,则只有通过法院诉讼解决。具体包括两种方式:一是国际司法解决方式,即将争端提交国际法院解决;二是将争端提交各国法院解决。

国际司法解决方式主要是通过国际法院进行。国际法院是联合国主要法定组织之一，其规定的诉讼管辖权为：国际法院的诉讼当事人仅限于国家，任何组织、团体或个人均不得成为诉讼当事人；国际法院管辖的案件主要包括各当事人提交的一切案件、《联合国宪章》或现行条约及协定中所特定的一切事件、关于条约的解释、国际法的任何问题和任何事实的存在如经确定即属违反国际义务者、因违反国际义务而应予赔偿的性质及范围等争端，以当事国声明接受强制管辖为前提。

由于国际法院的诉讼当事人仅限于国家，这样使其受理的范围大大减少，而且国际法院管辖需要争端当事国的自愿、协定或声明为前提，各国是否将特定案件提交国际法院解决，完全出于其意愿。由于这些局限性的存在，国际法院很难独立担负起解决国际间投资争端的责任，更无法担负起解决其他种类的国际投资争端的重要责任。

不同国籍私人之间的投资争端主要是通过提交各国法院的解决方式进行的。国际上承认的主要涉外经济管辖制度包括：①属地管辖制度，即以当事人（主要为被告）的住所地、居所地或事物的存在地、事件的发生地等地域因素为行使管辖权依据的制度；②属人管辖制度，即以当事人的国籍为行使管辖权依据的制度；③普通法管辖制度，即以完全控制为行使管辖权依据的制度。由于目前尚无各国普遍接受的调整各国法院管辖此类争端的规则，因此，不可避免地产生了国内法院管辖权的冲突。而且，当事人在选择管辖其争端的法

扩展阅读4.2 低税对FDI的影响

院问题上也往往会有冲突，当事人一般倾向于选择本国法院，如果双方达不成一致协议，则难以解决争端。另外，各国法院也不能解决国家之间的冲突，因为国家享有司法豁免权，不能作为司法诉讼的对象。这些局限都限制了各国法院在解决国际投资争端中的作用。

4.3 国际税务规则

4.3.1 国际税收的概念

国际投资的大部分利润都在投资者的居住国以外产生，跨国公司的国际投资不可避免地要受到多国税法的制约，因此，税收成本是国际直接投资不容忽视的重要成本之一。为了最大限度地实现国际投资的利益，国际税收规则是跨国公司在国际投资决策之前，不得不重视的一项国际投资法规。

国际税收是指两个或两个以上的国家，在依据各自的税收管辖权对跨国纳税人征税的过程中，所发生的国与国之间的税收分配关系。国际税收作为一种税收活动，不能脱离国家而独立存在，它是国家税收在国际范围内的运用，是以国家为一方、以跨国纳税人为另一方的税收征纳行为。跨国纳税人是国际税收中的一个关键性因素。一般情况下，一个国家对纳税人征税行使其征税权力本属于国家税收的范围，但是由于纳税人的活动超出了国界而成为跨国纳税人，才引起了国家之间的税收分配关系，产生了国际税收。国际税收的实质是国家与国家之间的税收分配关系，它同国家税收的实质有着严格的区别。国家税收所反映的是一国政府与国内纳税人之间的分配关系，而国际税收除了反映这种分配关系以

外，更多地反映了各国之间的税收分配关系，或者说是不同国家之间的财权利益分配问题。

在国际税收中，纳税人和征税对象依然是不可缺少的两个要素。就国际税收的本质而言，并没有独特的纳税人和征税对象，国际税收所涉及的纳税人和征税对象与各个国家税法所规定的范围一致，只有当有关国家各自对其纳税人征税引起了这些国家相互之间的税收分配关系时，才使得这些国家的纳税人和征税对象同时成为国际税收所涉及的纳税人和征税对象。国际税收所涉及的纳税人是指负有跨国纳税义务的自然人和法人。该跨国纳税人必须拥有来自居住国以外的收入或所得，且同一笔跨国收入或所得同时在两个或两个以上的国家成为征税对象。由于国际税收的研究对象以所得税为主，国际税收中所涉及的征税对象主要是指跨国收入或所得，包括跨国经常性收入或所得、跨国超额收入或所得、跨国资本所得或跨国其他收入或所得等。

4.3.2 国际投资的所得税

1. 税收管辖权

税收管辖权是国家主权在税收领域中的体现，是国家依法确定纳税人和征税对象及其纳税义务的权力。税收管辖权的主体是拥有征税权的国家，客体则是负有跨国纳税义务的跨国纳税人及其跨国所得。

税收管辖权是国家主权的重要组成部分，它受到国家政治权力所能达到的范围的制约。在国际投资领域，一个主权国家的政治权力所能达到的范围一般分为两种：一种是地域概念，即一个国家只能在该国区域内（领土范围内）行使它的政治权力；一种是人员概念，即一个国家可以对该国的全部公民和居民行使其政治权力。国际税收中一般分为属地原则和属人原则，属地原则是选择地域概念作为一国行使其征税权力的指导原则；属人原则是选择人员概念作为一国行使其征税权力的指导原则。属地原则确立的税收管辖权，称为地域税收管辖权或收入来源税收管辖权，它根据纳税人的所得是否来源于本国境内来确定其纳税义务，而不管纳税人是否为本国的居民或公民。按照属人原则确立的税收管辖权有两种，分别是居民税收管辖权和公民税收管辖权，它们根据纳税人同本国的居住联系或政治法律方面的联系（即是否拥有国籍）来确定其纳税义务，而不管这些居民或公民的所得是否来源于本国领土范围之内。

目前，绝大多数国家和地区都在同时行使地域税收管辖权和居民（公民）税收管辖权，也就是常说的"两权并用"。个别国家，例如美国甚至是"三权并用"，即同时行使地域、居民和公民三种税收管辖权。也有少数国家（如巴拿马、乌拉圭和阿根廷等）和地区（如中国香港）单一行使地域税收管辖权。还有极少数国家和地区完全放弃对所得税的税收管辖权，即两种税收管辖权都不采用，如巴哈马、开曼群岛、瑙鲁和安道尔等。目前，中国内地在所得税方面同时采用了地域和居民两种税收管辖权。

2. 国际投资的所得税问题

伴随着国际直接投资的资本流动，跨国公司一般会在东道国设立国外子公司或国外分公司，与母国母公司或母国总公司相对应。

国外子公司的当地经营税前利润一般有当地的所得税缴纳义务。同时，从当地取得的特许权使用费、利息、租金等也通常需要承担当地的所得税缴纳义务。此外，国外子公司的海外股权投资所得的税后利润股息分配和源自子公司在东道国以外的特许权使用费、利息、租金等也可能涉及东道国的所得税缴纳义务。

国外分公司虽不是东道国当地法人，但各国都将其视为独立法人对待，对其征收法人所得税，只不过一般只就其当地所得征收所得税。国外分公司作为总公司的一部分，通常没有海外的东道国所得税缴纳义务。但是，在一些国家，例如美国和中国，外国分公司海外收入一旦被认定同外国分公司在东道国的经营有实际联系，也会承担东道国的所得税缴纳义务。

母国母公司有国外子公司税后利润的股息分配和特许权使用费、利息、租金等涉及母国的所得税义务。而无论国外子公司、分公司的法律形式，在母国为地域管辖权的情形下，其所得都是母国公司的海外所得，母国一般不征收所得税。因此，国外子公司、分公司没有纳税义务。在母国为居民管辖权的情形下，子公司一般不需要承担母国的所得税纳税义务。但是国外分公司被视为母国总公司的一部分，是母国的纳税居民，需要将所得汇总来计算总公司所得税。

4.3.3 国际双重征税

对于多国同时主张税收管辖权的情况，跨国企业和跨国所得可能会承担双重或多重税负，导致跨国企业的税负增加，不利于国际投资等国际商务活动的发展。

1. 国际双重征税及其产生的原因

国际双重征税有时也称为国际重复征税，是指在同一时期内两个或两个以上的国家，按同一税种对参与国际经济活动的同一跨国纳税人或不同跨国纳税人的同一征税对象同时征税。国际双重征税包括法律性双重征税和经济性双重征税两种类型。法律性双重征税强调纳税主体（纳税人）与纳税客体（征税对象或税源）均具有同一性，指的是不同国家对同一跨国纳税人的同一征税对象或税源进行的重复征税；而经济性重复征税指的是不同国家对不同的跨国纳税人的同一征税对象或同一税源的重复征税，经济性重复征税不强调纳税主体的同一性。

国际双重征税源于各国税收管辖权的重叠行使。税收管辖权重叠的方式主要有三种，即地域税收管辖权与居民税收管辖权的重叠；地域税收管辖权与地域税收管辖权的重叠；居民税收管辖权与居民税收管辖权的重叠。国际双重征税的存在加重了跨国纳税人的税收负担，违反了税收的公平原则，影响了有关国家之间的财权利益关系，因而对国际经济尤其是国际投资的发展会造成严重的负面影响。

2. 避免国际双重征税的方法

由于国际双重征税会对国际经济的发展产生负面影响，同时会阻碍跨国公司的国际投资意愿，为了顺应国际经济发展的趋势并满足各国财政经济利益和税务管理的需要，各国政府和国际经济组织都在积极采取措施来避免和消除国际双重征税。目前，各国采取的避免国际双重征税的方式有三种，即单边方式、双边方式和多边方式。单边方式是指一国政府单方面采取措施来消除和缓和国际双重征税。双边方式是指有关的两个国家之间通过谈判，共同签订双边税收协定以克服双重征税。多边方式是指两个以上的国家间通过谈判签订多边税收协定。其中，双边方式最为常见。

避免、消除或缓和国际双重征税的方法主要有免税法、扣除法、抵免法和减免法。免税法也称豁免法，该方法以承认地域税收管辖权为前提，规定政府对本国居民来自本国以外的全部所得免税，而只对其来源于本国境内的所得征税。免税法下的总赋税的计算方式表达如下：

总税负＝国外（东道国）所得×国外（东道国）税率＋本国（母国）所得×本国（母国）税率

扣除法是指行使居民税收管辖权的国家，对居民已纳的外国所得税额，允许其从来自世界范围内的应税总所得中作为费用扣除。扣除法有时也称作扣减法，它同抵免法一起构成一国单边免除国际双重征税方法的体系。扣除法下的总赋税的计算方式表达如下：

总税负＝分公司在东道国已纳税额＋（总所得－分公司在东道国已纳税额）×本国（母国）税率

抵免法指的是采用居民管辖权的国家，对其居民在国外的所得征税时，允许居民把已纳的外国税额从应向本国缴纳的税额中扣除。行使抵免法的原则是既承认居民税收管辖权，也承认地域税收管辖权，并且承认地域税收管辖权的优先地位。抵免法是目前国际上采用较普遍的避免国际双重征税的方法。抵免法下的总赋税的计算方式表达如下：

总税负＝总所得×本国（母国）税率－东道国已纳税额

减免法是指一国政府对本国居民来源于国外的所得，在本国按较低的税率征税。减免法可以减轻或缓和国际重复征税，但不能消除国际重复征税。以上四种方法都能有效避免或消除国际双重征税，但相对而言，免税法与抵免法比较彻底，扣除法和减免法作用小一些。

4.3.4 国际税收协定

国际税收协定是有关国家为了协调彼此在处理跨国纳税人征税事务和其他有关方面的税收关系，本着对等原则，通过谈判而达成的一种书面协议。国际税收协定有时也称为国际税收条约。签订国际税收协定的主要目的是避免国际双重征税；次要目的包括反对税收歧视，以及通过加强国际税务合作防止国际偷漏税。

国际税收协定的作用主要有：体现了主权国家之间的相互尊重和平等协商；为本国居民（公民）履行跨国纳税义务提供安全保障；促进缔约国各方协调税收分配关系；推动有关国家之间的经济技术交流与合作。因此，国际税收协定的签订，可以避免国际双重征税、减轻跨国纳税人的负担、反对税收歧视和防止国际偷漏税，从而有力地促进世界经济的发展和一体化。

国际税收协定的主要内容一般包括适用范围、征税权的划分、消除双重征税的方法、无差别待遇和情报交换五个方面。适用范围是指国际税收协定对哪些人、哪些税种适用，以及它在时间和空间（领域）上的法律效力。征税权的划分是国际税收协定的主要部分，这方面的规定一般要占整个协定条文的60%～80%。征税权划分所要解决的是跨国纳税人的各项所得如何公平、合理地在各缔约国间进行分配的问题，它主要涉及对营业所得、投资所得、劳务所得和财产所得的征税权的划分。国际税收协定中避免双重征税的方法同各国国内税法中规定的方法基本一致，即免税法和抵免法等。无差别待遇是国际税收协定的一项常见内容，指的是反对税收歧视，实质上就是要求实行国民待遇。无差别待遇的具体含义是指：缔约国一方国民在缔约国另一方负担的税收或者有关义务，与该缔约国另一方国民在相同的情况下负担的税收或有关义务相比，不应有所不同或比其更重。缔约各方有义务建立缔约国间的税务情报交换制度，这种制度的建立有利于防止国际偷漏税行为的发生，避免潜在的不公平税负。所以，国际税收协定中有专门条款规定双方国家的主管当局应定期交换税务情报。

4.3.5 国际税收筹划

1. 国际税收筹划的目的

国际税收筹划，指的是跨国纳税人利用各国税法中存在的差别或税法允许的方式，采用公开合法手段进行适当的投资决策和财务安排，从而减少或消除税收负担，达到国际避税目的的行为。

国际避税与国际逃税的性质截然不同，国际逃税是指跨国纳税人利用国际税收管理合作的困难和漏洞，采取种种非法的隐蔽手段蓄意瞒税，以谋求逃避应承担的纳税义务的行为，例如：不向税务机关报送纳税材料、谎报所得、虚构扣除、伪造账册和收付凭证等。两者的主要区别在于避税是公开与合法的，而逃税是隐蔽和非法的。

国际逃税和国际避税的本质不同，因而对于存在这些行为的跨国企业而言，需要承担的责任也不同。一般而言，国家会根据其国内税法或税收协定的规定，对国际逃税的跨国公司依法进行补税和加处罚金，以示惩罚。然而，国际避税行为是跨国公司利用各国税法上的漏洞或是各国税法之间的差异，进行合情合理的避税行为。任何国家在发现这些问题之后，只能通过完善税法来进行防范，比如相应地作出一些补充规定，或加强与他国税法的衔接。

跨国公司在进行避税活动时要注意以下两个问题：一是要注意处理好经营盈利与避税盈利的关系，相对于避税盈利来讲，经营盈利是基本的盈利方式，如果企业连正常的收入都没有，也就谈不上避税；二是要注意相关人才的培养和有关知识的积累，企业要开展避税活动，首先要拥有精通国际财务和税收的人才，同时还要具备有关的法律和政策等方面的信息和知识。

2. 国际税收筹划的主要方法

国际税收筹划的方法分自然人避税方法和企业法人避税方法两个方面，这里重点介绍企业法人避税的主要方法。

（1）利用国际避税地避税。跨国公司利用国际避税地避税的一般做法是在国际避税地开办企业或银行，从事正常的生产和经营活动，享受其所在地的减免税优惠，从而达到避税目的。另一种做法是在国际避税地虚设机构。跨国公司在避税地设立一个子公司，然后把母公司销售给另一公司的货物在根本未通过避税地子公司中转销售的情况下，制造出一种通过该子公司中转销售的假象，从而把母公司的所得转移到避税地子公司的账上，以达到避税的目的。设立于避税地的这家子公司，实际上并不从事生产经营活动，而只从事专门的避税活动，因此又被称为挂牌公司、纸面公司、文件公司或基地公司。还有一种做法是在国际避税地虚设信托财产。虚设信托财产是指海外投资者在避税地设立一个个人持股信托公司,然后将其财产虚设为避税地公司的信托财产,由于避税地对财产税实行减免征收,从而达到避税目的。比如,美国某公司在巴哈马设立一个信托公司,并把远离巴哈马的财产虚设为避税地的信托财产,把这部分财产的经营所得放在避税地信托公司的名下,这样就逃避了纳税义务。

(2)利用转移价格避税。转移价格是跨国公司母公司与子公司、子公司与子公司之间进行内部交易时所使用的一种价格,通过跨国公司内部价格的划拨来达到避税的目的。转移价格不受市场供求关系的影响,也不是买卖双方在市场上按独立竞争原则确定的价格,而是一种独立的内部转账价格。由于跨国公司的内部交易涉及商品和劳务两个方面,因而转移价格也包括两个方面:一是有形产品的转移价格,如公司内部相互提供的设备、零部件和原材料等的价格;二是无形产品的转移价格,如子公司付给母公司(或其他子公司)的技术使用费、贷款利息、商标使用费、佣金费、管理费和咨询服务费等的价格。

转移价格首先被用来逃避所得税。跨国公司的子公司分布在不同国家,这些国家的所得税税率也有差异,跨国公司可以将盈利从高税率国家转移到低税率国家(包括属于避税地的三类国家),从而减少公司的纳税额。

利用转移价格还可以逃避关税。具体做法有两种:一种是在跨国公司内部企业之间进行商品交易时,降低交易价格,从而减少缴纳关税的基数。比如,某商品的正常价格为2000美元,在甲国要交80%的从价进口税,跨国公司如果采取折半的价格以1000美元进行内部交易,进口税就可以从1600美元减少到800美元,从而少缴50%的进口关税。另一种是利用区域性关税同盟或有关协定对不同商品进口关税率的不同规定来逃避关税。为保护内部市场,促进商品在本区域范围内流通,很多区域性贸易集团都对内部产品制定了优惠的关税政策。如欧洲自由贸易区规定,如果商品是在该贸易区外生产的,或在该贸易区内生产的价值含量不足50%,那么在成员国之间运销必须缴纳关税。但如果该商品价值的50%以上是在该贸易区内增值的,则在该贸易区成员国间运销不用缴纳关税。

(3)利用变更登记注册地或变更企业实际控制与管理机构所在地的办法避税。国际上认定法人居民身份(公司居住地)的标准主要有两个,一个是以公司总机构登记注册地为标准(指负责管理和控制法人的日常经营业务活动的中心管理机构所在地),另一个是以公司的实际控制和管理机构所在地为标准(指作出和形成法人经营管理决定和决策的地点)。如果一家海外企业的所在国是以登记注册地为标准认定法人居民身份,且这个国家是高税国,那么企业就可以采取到低税国登记注册的办法避税。同样地,如果一家处于高税国的海外企业的所在国是根据实际控制和管理机构所在地来认定法人居民身份,那么这家企业就可以采用将实际控制和管理机构转移到低税国的办法来避税。

(4)利用双边税收协定避税。各国签订的双边税收协定通常为缔约国居民提供了一定程度税负减免的优惠待遇,而这些优惠待遇对非缔约国居民的纳税人则不适用。利用双边税收协定进行国际避税是指本无资格享受某一税收协定优惠的第三国居民,通过在协定的缔约国一方境内设立一个具有该国居民身份的公司,从而间接享受该税收协定提供的优惠待遇,减轻或避免了其跨国所得本应承担的纳税义务。例如,甲国和乙国之间签订有双边税收协定，协定规定甲国居民来源于乙国的所得可享受减免税优惠，丙国与甲国之间也签订了税收协定，但丙国与乙国之间没有签订税收协定。在这种情况下，丙国的居民纳税人通过在甲国设立公司，直接收取其来源于乙国的所得，从而享受甲乙两国间税收协定规定的优惠待遇。而根据丙国与甲国之间的协定规定，丙国居民来源于甲国的收入也可获得减免税优惠，这样就减轻了其来源于乙国的所得本应承担的税收义务。

（5）通过弱化股份投资避税。在一般情况下，跨国公司经营所需要的资金，主要来自股东的股份投资和各种贷款。当跨国公司融资时，选择股权融资还是贷款融资，通常需要考虑企业的经营控制权、企业的性质和企业的自有资金状况等，而较少考虑税收方面的因素。然而，在现实的国际经济活动中，跨国股息和利息所得的实际国际税负是不一样的，这就使得跨国公司可能利用两者之间的差别，即减少股份投资而增加贷款融资比例，把本来应以股份形式投入的资金转变为贷款，从而达到逃避或减轻其本应承担的国际税负的目的。

4.3.6 国际反避税措施

针对跨国公司的国际避税行为，各国政府和国际组织近年来都在积极采取行动，加强反避税措施。

1. 国际组织提出的国际收入与费用分配原则

所得税的征收对象是应税所得，而应税所得则是收入扣除费用后的余额。应税所得与收入或费用的变动有直接关系。转移价格的实施，使收入和费用出现了非正常的国际间流动。在这种情况下，要想堵住国际避税的漏洞，必须设法使跨国关联企业间的收入和分配合理化。从20世纪60年代起，为了规范跨国公司的行为，联合国及经合组织致力于研究切实可行的国际收入与费用分配原则。目前制定的原则包括：①独立核算原则，它要求关联企业间的交易往来，必须按无关联企业的交易往来方式进行；②总利润原则，忽略跨国关联企业之间的内部交易，但到财政年度终了时，要将各关联企业在世界范围内所取得的全部利润汇总相加，再按合理标准重新分配；③合理原则，以经济合理性为基础进行国际间的收入与费用分配；④合理利润划分安全的原则。要求跨国关联企业内部交易利润的划分，只有在有关国家规定的安全的范围内才可认为合理而予以承认。在上述四项原则中，后两项原则应该说只在理论上成立，不具有可操作性。就前两项原则来看，只有少数几个国家实行了总利润原则，其余大部分国家奉行的都是独立核算原则。它们把独立核算原则贯彻在国内的税法中，并对国际收入、费用分配提出了具体的标准。

2. 转移价格税制

美国《国内收入法典》第482条规定，当两个以上的企业之间存在特殊关系时，为了正确地计算所得和防止避税，税务部门可以根据需要对这些企业的所得进行分配，即实行转移价格税制。转移价格税制的基本思路是要求跨国关联企业按正常交易原则进行交易。美国税法还对交易是否正常提出了具体的判断方法。这些方法得到了联合国及经合组织的税务专家们的认可，并被很多国家吸收采纳。这些方法包括：①独立价格比照法，将彼此无关联的企业在市场竞争中讨价还价形成的价格视为市场价格，以此为标准衡量关联企业价格的高低，其基本原则是，要求跨国关联企业间的交易价格，必须以独立竞争企业间相类似交易的价格为基准；②再销价格倒算法，从企业的再销售价格中减去一定的利润，以此来倒算标准的市场价格，这种方法通常用于确定最终产品销售价格；③成本利润推算法，按成本加正常利润的方法进行推算。一般适用于缺乏可比对象的某些工业品销售及特许权使用费之类无形资本转让收入的分配。

3. 避税地对策

避税地对策起源于美国，用以防止跨国公司把利润留在避税地而不汇回国内。避税地对策是避免跨国公司利用避税地来推迟纳税的重要税收法规。避税地对策主要包括三个方面的内容：一是美国股东必须拥有避税地公司50%以上的股权，纳税义务人为美国股东中拥有该法人股票10%以上者。二是所得项目不指该法人从正常营业活动中的所得，主要针对在避税地成立的基地公司所得，如外国基地公司销售所得、外国基地公司提供劳务所得等。三是该外国法人必须设在低税负的避税地。凡符合上述条件者，不管美国股东是否收到上述所得，均应申报并在美国缴纳税金。

在美国出台避税地对策的相关法案之后，其他国家也纷纷制定了相关法规用以制约避税地的纳税问题。日本政府在税制改革中，将避税地对策条款引入租税特别法中，规定日本的居住者或者法人直接或间接拥有特定外国人股票的10%以上时，该居住者或法人的所得需向日本政府申报纳税。

复习思考题

1. 国际投资的东道国及母国政策有哪些？
2. 全球性的国际投资法规包括哪些？
3. 国际争端的解决方式有哪些？
4. 如何理解国际税收的概念？
5. 什么是国际税收筹划，其主要方法有哪些？

参 考 文 献

[1] 卢进勇，杜奇华，杨立强. 国际投资学[M]. 北京：北京大学出版社，2017.
[2] 杨晔，杨大楷. 国际投资学[M]. 上海：上海财经大学出版社，2015.

即测即练

第 5 章

国际直接投资与跨国公司理论

【学习目标】

1. 熟悉和掌握垄断优势理论、产品生命周期理论、边际产业扩张理论、内部化理论、国际生产折中理论的假设前提，主要内容，解释范围及理论贡献和局限性；
2. 了解小规模技术理论、技术地方化理论、技术创新产业升级理论、投资发展周期理论的主要内容；
3. 熟悉企业国际化的方式及国际化经营模式，了解企业国际化阶段理论；
4. 了解天生全球化企业的定义及形成原因，了解驱动企业天生全球化的基本因素。

大众汽车在中国的投资

大众汽车是一家总部位于德国沃尔夫斯堡的汽车制造公司，于1937年成立。自20世纪50年代初开始国际化经营，广泛参与汽车的海外销售、技术转让和对外直接投资等国际化经营活动。在国际化初期，大众公司三分之一的产品销往瑞典、比利时、荷兰、瑞士等欧洲国家。到60年代初期，公司汽车产量的60%出口到美国和欧洲等国际市场。经过多年的发展，大众汽车已经拥有较成熟的制造技术以及强大的科研开发与创新能力，能够根据市场导向设计出符合潮流的汽车。

扩展阅读5.1 企业国际化理论的演进

作为第一批在中国开展业务的国际汽车制造厂，大众汽车和中国政府的接触最早可追溯到1978年。彼时的中国刚刚开始改革开放，通过引进国外资金和先进科学技术，以推动国家的现代化进程，提高在国际上的竞争力，而汽车工业无疑是实现这一目标的关键。1984年，上汽集团和大众汽车集团合资经营，标志着大众汽车正式进入中国市场。上海大众经过三期技术改造工程和资产收购，目前形成了五大生产区域和一个技术开发中心的布局。20世纪90年代开始，大众汽车公司收购了兰博基尼、劳斯莱斯等世界著名汽车品牌。并于1991年与中国第一汽车集团公司成立合资公司——一汽大众。1999年，加长型中国款奥迪A6在一汽大众开始量产。2003年1月，大众汽车上海变速器合资企业建立投产，2004年又建立了两家生产最先进技术发动机的合资企业，分别于2006年和2007年投入生产。2004年5月着重致力于大众汽车集团（中国）的发展，建立由六人组成的董事会，分别负责销售、技术、采购、人事、政府关系以及财务，以确保大众汽车集团在中国所有企业各项业务的顺利进行。目前，大众汽车在中国共拥有14家企业，集团约40%的销售额和约一半的全球利润已经来自中国。近年来，也在中国进行了汽车软件技术的布局，2019年，大众集团宣布将和一汽集团在成都投资10亿欧元成立汽车软件公司。

大众汽车为什么选择在中国进行直接投资，其投资行为、投资动机又如何解释？本章的国际直接投资理论可以很好地回答这些问题。

（资料来源：https://wenku.baidu.com/view/cba985ae0608763231126edb6f1aff00bed5702e.html）

5.1 国际直接投资（发达国家跨国公司）理论

20世纪60年代初，美国学者海默（Stephen Herbert Hymer）提出垄断优势理论。西方学术界认为这标志着跨国公司问题从传统的证券投资、国际贸易、金融理论中分离出来，开始成为一个独立的研究领域。20世纪60年代初至70年代中期，西方学者主要研究不同国家尤其是美国跨国公司对外直接投资的特点与决定因素，如垄断优势理论与产品周期理论就是典型的美国企业海外扩张理论。但自20世纪60年代末以来，随着西欧和日本跨国公司的发展，这些国家的学者也提出了一些相关理论，如日本学者小岛清（Kiyoshi Kojima）提出的边际产业扩张理论。这一阶段还出现了一些其他的理论，如阿哈隆尼（Yair Aharoni）将对外直接投资视为行为过程的理论、斯蒂芬斯（Guy Stevens）的直接投资分散风险理论、考登（Warner Max Corden）的关税壁垒说，以及寡占反应理论、产业内双向直接投资理论、核心资产论、区位论、通货区域论、资本化率理论、管理能力过剩论等。从20世纪70年代中期开始，学者们将跨国公司投资理论的研究提升到一个新的阶段，即致力于建立一个统一的或一般的跨国公司理论，用以说明不同国家（地区）、不同行业的跨国公司的对外直接投资行为，提出的比较具有代表性的理论包括内部化理论与国际生产折中理论等。经过数十年的发展，跨国公司投资理论已经逐步完善，自成体系。

尽管不同的理论体系及方法不尽相同，但这些FDI理论有着一些共同的特点：①FDI与证券投资不同，前者包含投资企业的资本、技术、管理才能和信息等生产要素的转移，因此无法沿用传统的国际资本移动理论来解释；②直接投资是企业发展到一定规模和具有某些垄断优势时的海外扩张行为，跨国公司是垄断企业海外扩张的产物。因此，学者们一般以不完全竞争的假定取代完全竞争的假设；③多数学者侧重研究微观的企业行为，如研究跨国公司从事对外直接投资的决定因素、条件及其方式等，但也有少数学者关注宏观的分析，如阿利伯（R.Z. Aliber）和邓宁等。本节就有代表性的国际直接投资理论展开介绍，这些理论主要被用来解释发达国家的国际直接投资行为。

5.1.1 垄断优势理论

垄断优势理论是最早研究对外直接投资的独立理论。它产生于20世纪60年代初，在这以前基本上没有独立的对外直接投资理论。1960年，美国学者海默在其博士论文《国内企业的国际经营：对外直接投资研究》中首次提出以垄断优势来解释对外直接投资行为。此后，海默的导师金德尔伯格（Charles P. Kindleberger）在《对外直接投资的垄断理论》等文章中又对该理论进行了补充和系统阐述。

垄断优势理论是在批判传统的国际资本流动理论的基础上形成的。海默摒弃了长期以来流行的国际资本流动理论所惯用的完全竞争假定，根据厂商垄断优势和寡占市场组织结构来解释对外直接投资。这一点被经济学界认为是直接投资理论的突破性进展，海默也因此而被称为国际直接投资理论的先驱。由于该理论主要以产业组织学说为基础展开分析，因此也被称为产业组织理论分析法。

1. 垄断优势理论的内容

海默研究了美国企业对外直接投资的工业部门构成，发现对外直接投资与垄断的工业部门结构有关。他认为：跨国公司拥有的垄断优势是它们开展对外直接投资的决定因素；美国从事对外直接投资的企业主要集中在具有独特优势的少数部门，如汽车、石油、电子、化工等制造业；美国企业走向国际化的主要动机是为了充分利用自己独占性的生产要素优势以谋取高额利润，其他国家的对外直接投资也与部门的垄断程度较高有关。具体地说，垄断优势理论的主要内容包括以下三个方面。

（1）不完全竞争与不完全市场。传统理论认为，各国的产品和生产要素市场是完全竞争的；资本从"资本过剩"国流向"资本短缺"国；国际资本运动的根本原因是各国间利率的差异，对外投资的主要目标是追求高利率。海默认为这种理论无法解释战后迅速发展的国际直接投资。因此，海默在他的博士论文中，根据美国商务部关于直接投资与间接投资的区分准则、实证分析了美国 1914—1956 年对外投资的有关资料。在大量实证分析的基础上，海默指出，现实的市场是不完全竞争的市场，面对同一市场的各国企业之间存在着竞争，若企业实行集中经营，则可使其他企业难以进入市场，形成一定的垄断，既可获得垄断利润，又可减少由于竞争而造成的损失。基于上述分析，海默认为市场的不完全竞争是跨国公司进行国际直接投资的根本原因，而跨国公司特有的垄断或寡占优势是其实现对外直接投资利益的条件。

市场不完全性主要表现在四个方面：

第一，产品和生产要素市场的不完全。即有少数卖主或买主能够凭借控制产量或购买量来影响市场价格的决定。例如在商品市场上，在商品性质、商标、特殊技能或价格联盟等方面的控制权，都会导致产品市场的不完全，在要素市场上，劳动力、资本和技术方面都存在着不完全。在技术转让中，技术拥有者（卖方）和技术购买者之间存在着信息不对称现象，由此提高了技术转让中的风险，从而增加了成本。买方在购买技术过程中，不能间接地从卖方那里了解到这种技术的有效性；而卖方为了使买方相信技术的有效性，就必须将技术的有关细节公开或部分公开，这样又会导致技术的无偿转让。

第二，由规模经济引起的市场不完全。传统的比较优势模型假定规模报酬不变。但实际上，一些行业的规模越大，单位产品成本越低，边际收益越高，这就是规模经济。规模经济的结果是使企业在本行业中处于垄断地位，致使达不到这种规模的中小企业被挤出，从而导致不完全竞争的出现。规模经济包括内部规模经济和外部规模经济。当规模经济存在于单个厂商内部时就称为内部规模经济,当规模经济存在于整个行业内部时就称为外部规模经济,内部规模经济导致厂商单位产品成本的直接降低;而外部规模经济则导致同行业生产的集中度提高,厂商通过资源共享特别是知识共享提高了生产效率。

第三,由于政府干预经济而导致的市场不完全。战后各国经济发展的一个特点是增加了政府干预经济的力度。政府干预的目的是纠正市场自发造成的弊端,而政府一旦干预经济就必然带有人为性、强制性,必然打破市场的完全性。

第四,由于关税引起的市场不完全。二战后各国贸易保护主义抬头。发达国家实行战略性贸易政策,设置了关税壁垒,以保护或支持某种特殊产业的发展;而发展中国家在战后获得独立后,为保护幼稚的民族工业也设置了高关税壁垒,关税的存在必然阻碍了国际贸易的正常进行,从而破坏了国际市场的完全性。

这种市场的不完全性,导致各国在商品和要素市场的市场容量、供求关系、价格水平出现了种种差异,从而为国际直接投资开辟了空间。

(2)跨国公司的垄断优势。海默认为在市场不完全的情况下,跨国企业对投资经营过程的控制不仅是出于经营管理的需要,还可能是因为寡占竞争的需要而产生,因此,海默将跨国企业视为垄断者或寡占者,指出对外直接投资是在厂商具有垄断或寡占优势的条件下形成的。由于跨国公司在进行对外直接投资时,相对于东道国厂商处于较为不利的地位(例如东道国企业熟悉投资环境,熟悉市场,运输费用低廉,信息灵通,决策迅捷,易于获得政府的支持以及不存在语言文化障碍等),因此,跨国公司在东道国投资要承担比东道国企业更大的风险,为了在竞争中获胜,跨国公司就必须利用市场的不完全性和自身的垄断优势来抵消东道国厂商所特有的优势,并补偿在东道国陌生环境中投资经营所增加的成本,以便获得高额利润。海默认为跨国公司的垄断优势主要有四类:

第一,产品市场的优势。如来自跨国公司拥有的产品差异化能力、商标、销售技术和渠道或其他市场特殊技能以及包括价格联盟在内的各种操纵价格的条件。

第二,要素市场的优势。如专利技术、专有技术、管理和组织技能,以及优惠条件获得资金等。拥有先进技术是跨国公司重要的垄断优势。大型跨国公司拥有极强的科研力量和雄厚的资金,可以投入巨额资金开发新技术、新工艺,同时他们又可以通过专利等手段,防止这种新工艺、新技术为同行所利用、保持这种优势在跨国公司内部长期使用,以保持其垄断地位。这与单纯的技术转让相比,可获得更大的利润。跨国公司拥有的新产品开发技术是其技术优势中最有实质意义的部分。跨国公司的许多研发成果投入生产过程后,必然要走向产品异质化。因为对新产品进行异质化,只需对产品的物质形态性能做少量改变,就可以既免受同行的仿造,又可以扩大市场占有量,从而扩展了原有的优势。跨国公司拥有受过良好的训练与教育的员工、经验丰富的经理人员和经过实践考验的、能有效运行的组织结构和机制,能保证整个企业的高效运营;跨国公司还在长期的世界市场竞争中总结出一整套适用于现代化生产过程的先进管理技术,大大提高了公司的生产经营活动和优化了资源的有效配置;跨国公司由于拥有较高的清偿能力,在资本市场上可以以较低利率得到贷款,或者优先得到资金;在需要巨额资本的工业部门,跨国公司还有内部融资的优势。

第三，规模经济的优势。跨国公司可以实行国际专业化生产，利用各国生产要素的差异，合理布局生产区位，通过横向一体化取得内部规模经济的优势，提高公司获利能力。这种内部规模经济还会导致同行业在地域上的集中，促进专业化供应商队伍的形成，使一些关键的设备和服务由专业供应商提供，还可以实现高技术的劳动力市场的共享和知识外溢所带来的利益，即实现外部规模经济。跨国公司也可以通过纵向一体化取得这种外部规模经济的优势，使外部利润转化为内部利润。

第四，政府管理行为带来的优势。政府的某些税收、关税、利率和汇率等政策也会造成市场的不完全，这种市场扭曲则会给企业带来优势，从而促使企业对外直接投资得以利用这种优势。例如，跨国公司可以从政府提供的税收减免、补贴、优先贷款等方面的措施中获得某种垄断优势。

总之，市场不完全是企业进行对外直接投资的根本条件，而进行对外直接投资的决定因素则是企业所拥有的垄断优势。

（3）企业选择直接投资利用其垄断优势的原因。垄断优势理论还试图解释美国企业选择直接投资，而不是通过出口和许可证交易方式来利用其垄断优势的原因。海默认为，美国企业从事直接投资的原因，一是东道国关税壁垒会阻碍企业通过出口扩大市场，因此企业必须以直接投资方式绕过关税壁垒，维持并扩大市场；二是技术等资产不能像其他商品那样通过销售获得全部收益，而直接投资可以保证企业对国外经营及技术运用的控制，因此可以获得技术资产的全部收益。

2. 垄断优势理论的完善与发展

海默提出垄断优势理论之后，西方学者在此基础上发表了大量论文，进一步检验和发展了垄断优势理论。

（1）约翰逊对垄断优势理论的发展。约翰逊（H. G. Johnson）在继承了海默和金德尔伯格的基本观点的基础上进一步研究了跨国公司所拥有的垄断优势，对其中的知识资产做了深入分析。他在1970年发表的一篇论文《国际公司的效率和福利意义》中指出，"知识的转移是直接投资过程的关键"。即对外直接投资的垄断优势主要来自跨国企业对知识资产的占有和使用。知识资产包括技术、专有技术、管理与组织技能、销售技能等一切无形资产。约翰逊认为，知识资产的特点是，它的生产过程即研究开发过程，其成本是相当高的，但它的使用不存在边际收益递减。在直接投资中，子公司可以用很低的成本利用总公司的知识资产，创造更高的利润。相反地，当地企业为获取同类知识资产却要付出全部成本。当向外部转让知识资产的条件不具备或不十分有利的情况下，通过对外直接投资可把知识资产保持在企业内部以获取最大的外部利益。

（2）凯夫斯对垄断优势理论的发展。凯夫斯（R. E. Caves）从产品异质化能力的角度对垄断优势理论进行了补充。他在1971年发表的《国际公司：对外投资的产业经济学》一文中指出，跨国公司的垄断优势主要体现在它对产品异质化的能力上。产品异质化不但表现在利用技术优势使本公司产品在实物形态上或功能上与其他产品发生差异，还可以利用商标、品牌等使大公司产品与其他公司的产品有所差异，并通过广告手段形成商标识别以及给予产品不同销售条件的附加利益来充分地满足不同层次、不同地区的消费者需求，从而获得对该产品价格和市场占有率的一定把控。

1982年,凯夫斯又在《跨国企业和经济分析》的著作中指出,核心资产是指这样的知识和技术,企业在一定投入的条件下可以生产质量更高的产品,或者在一定的产出条件下可以生产成本更低的产品。产品的复杂程度不同,核心资产的类型也不同。生产复杂的产品需要高科技,这种核心资产专用性很强,别的企业难以模仿。跨国公司正是因为拥有高科技这种核心资产才具有垄断优势。

(3)沃尔夫(J. Wolf)、邓宁、彭罗斯(E. T. Penrose)等对垄断优势理论的发展。沃尔夫、邓宁、彭罗斯等人从规模经济的角度论证跨国企业的垄断优势。他们指出,规模经济是形成垄断优势的重要原因。首先,在研究与开发的成本越来越高而且需要大规模协作的条件下,企业的规模越大,它获得新技术的可能性就越大。其次,要防止新技术外流,就必须对新技术进行保护。在国际上获得专利和保护专利的成本很高,企业的规模越大,它的技术专利得到有效保护的可能性就越大。一旦企业获得了新技术并且该新技术得到保护,就具有垄断优势。

(4)阿利伯等对垄断优势理论的发展。阿利伯从货币和资本的角度论证了跨国企业的垄断优势。他在《对外直接投资理论》一文中指出,即使跨国企业投资于预期收益率与东道国企业相当的行业,也可以得到比东道国企业高的实际收益率。按照阿利伯的解释,跨国企业母国通常是货币坚挺的国家,它们的对外投资将获得货币溢价的利益。例如,当美国的跨国企业到英国直接投资,在美元对英镑升值的条件下,该企业用一定数量的美元就可以兑换较多的英镑进行投资。这样,美国跨国企业实际支付的成本要低于英国企业,就可以获得高于英国企业的收益率。还有的经济学者指出,跨国企业大多是具有较强的资金实力的企业,它们在资本市场上具有较高的信用等级,可以以低于东道国企业的成本筹集到资金,因而在资本方面具有垄断优势。

经济学者们不但提出垄断优势是对外直接投资的原因,而且还利用实际的统计资料对这些原因进行验证。检验结果进一步证实了这一理论。

3. 对垄断优势理论的评价

(1)垄断优势理论的意义。垄断优势理论摒弃了传统国际资本流动理论所沿用的完全竞争假设,将不完全竞争理论引入国际直接投资领域,从不完全竞争出发来研究国际直接投资,是一个重大的创举,开创了一条研究国际直接投资的新思路。该理论阐述了市场不完全的类型,提出了跨国公司拥有的垄断优势是其实现对外直接投资获得高额利润的条件,并分析了垄断优势的内容。垄断优势论不但可以解释发达国家的企业在国外的水平对外投资,即在各国设厂生产同样的产品;还可以解释垂直对外投资,即把一种产品生产的不同工序分布到多国进行。

(2)垄断优势理论的局限性。当然,垄断优势理论也存在着许多局限性。首先,垄断优势理论主要是美国对外直接投资研究的成果,并且研究的对象是技术经济实力雄厚、独具对外扩张能力的大型跨国公司。但是,该理论对于经济发达国家的一些没有垄断优势的中小企业近年来纷纷进行国际直接投资的现象,对于日益增多的发展中国家的跨国公司的对外直接投资以及经济发达国家之间相互投资不断增加的现象不能给出有效的解释。其次，垄断优势理论没有给出产品出口、技术转让与国际直接投资各自的适用条件，不能解释生产部门跨国化的地理布局问题和服务业企业跨国投资行为的区位选择问题。最后，垄断优势理论沿用静态分析方法，没有阐明跨国公司特定优势的发展，也未能论述各种市场不完全竞争状态的变动性。上述这些局限性使它失去了普遍的意义。

5.1.2 产品生命周期理论

第二次世界大战以来，美国企业的对外直接投资增长迅猛。美国哈佛大学教授弗农对它们进行了实证研究，发现它们与产品生命周期密切相关。1968年，弗农在《产品周期中的国际投资与国际贸易》一文中提出了产品生命周期理论，这一理论是在厂商垄断竞争理论的基础上对国际直接投资作出的另一种理论解释。在该文中，弗农十分重视创新的时机、规模经济和不稳定性等因素。他将美国企业对外直接投资的变动与产品的生命周期密切地联系起来，利用产品生命周期的变化，解释美国战后对外直接投资的动机与区位的选择。根据这一理论，企业的对外直接投资即是企业在产品生命周期运动中，由于生产条件和竞争条件变动而作出的决策。

1. 产品生命周期理论的基本模型

弗农认为，拥有知识资产优势、具有新产品创新能力的企业总是力图维持企业的技术优势地位，以便享有新产品创新利益。但是，新技术不可能被长期垄断，有些产品制造技术在相当短的时间内就会被仿制。弗农将一种产品从产生到标准化的过程称为一个生命周期，并把这个周期分为产品创新阶段、产品成熟阶段和产品标准化阶段。在产品生命周期的不同阶段上，产品的比较优势和竞争条件也会发生相应的变化，从而决定着企业对外直接投资的发生和发展。

（1）产品创新阶段。新产品刚进入市场，创新企业所在国家及其他工业发达国家逐渐产生需求，并开始在这些国家逐渐进入大规模生产。在该阶段，由于企业存在着某种程度的产品垄断，新产品的需求价格弹性很低，生产成本的差异对企业生产区位的选择影响较小，所以产品生产集中在国内，主要满足本国市场的需求，只有少量的产品出口到较发达国家。在这一阶段由于创新企业拥有技术垄断优势，缺乏强有力的竞争对手，企业可以利用其在生产方面的优势地位，垄断国内市场，并通过出口打进国际市场，而无须进行对外直接投资。

（2）产品成熟阶段。在这一阶段，新技术日趋成熟，产品基本定型。随着国内外市场对新产品的需求量急剧增加，产品的价格弹性也增大，成本价格因素在竞争中的作用日趋重要。同时，其他厂商可通过各种技术传播途径较容易地获得产品技术知识，并能生产出异质商品，这使得原来的创新企业失去垄断优势地位。创新企业为了维持原有市场份额，就要绕过贸易壁垒，降低生产成本，排除竞争对手，被迫进行防御性的对外直接投资，在东道国设立子公司，进行当地生产，当地销售。在这一阶段，新产品虽然已趋于成熟，但价格仍然较高，因此，创新企业通常投资在与本国需求结构相似的发达国家。

（3）产品标准化阶段。在该阶段产品的生产技术及产品本身已经完全成熟并趋于标准化，更多的厂商进入新产品市场，技术在生产中的重要性降低，成本取代技术成为竞争的基础，厂商间激烈的竞争使创新企业的优势完全丧失。为了降低成本使其产品在国际竞争中处于优势，创新企业便大规模地进行对外直接投资，将产品的生产转移到某些生产要素更加低廉的地区（通常为发展中国家），以发挥和保持自身的技术优势，取得比在国内生产时更多的利润及更大的市场份额。当对外直接投资的产品大量返销国内时，表明投资国企业已经完成了出口转向对外直接投资的过程，该产品的生命周期即告结束，企业的对外直接投资结构已基本稳定。

2. 修正的产品生命周期模型

1974年，弗农发表了《经济活动的选址》一文。在这篇论文中，他进一步拓展了产品生命周期理论，引入了"国际寡占行为"来解释跨国公司的对外直接投资行为。他把所有跨国公司都定义为寡占者，并把他们分为三类：技术创新期寡占者、成熟期寡占者和衰退期寡占者，与产品生命周期发展的三个阶段相对应。

（1）技术创新期寡占阶段。这是跨国公司在生产新产品上拥有技术垄断优势，并由此获得垄断利润的阶段。弗农认为，在这一阶段，美国跨国公司的产品创新仍然首先以国内为生产基地，以便及时协调研发、生产和销售活动。之所以这样也是由国内的生产要素禀赋状况决定的。跨国公司为了保持垄断优势需投入大量的资金和技术力量，进行产品的异质化。比如美国的跨国公司在满足高收入阶层的需求、节约劳动力的产品创新和异质化方面拥有比较优势；欧洲各国的跨国公司在节约土地和原材料的产品创新和异质化方面拥有比较优势；日本的跨国公司在节约原材料的产品创新和异质化方面拥有比较优势。

（2）成熟期寡占阶段。这是创新产品的生产技术开始扩散，跨国公司的技术优势被削弱，并且由于进口国贸易壁垒等因素引起的创新产品进入进口国的成本增加，跨国公司必须通过对外直接投资来维持垄断优势，获得垄断利润的阶段。弗农认为，在这一阶段，跨国公司以创新为基础的垄断优势消失，规模经济成为其垄断优势的基础。跨国公司改变了经营战略，利用其研发、生产、销售等方面的规模经济优势来排斥竞争者的进入。为了在竞争中占有双方的市场，各国的跨国公司到对方的主要市场进行直接投资，削弱对方的竞争能力。这种对外直接投资伴随着一种技术的转移，技术优势企业通过自己的控制技术扩散获得寡占利润。当某个跨国公司率先开辟一个新的市场时，其他的跨国公司就紧随其后，采取跟进战略，以维护自己在国际市场的份额。

（3）衰退期寡占阶段。这时跨国公司的技术创新优势和技术传播优势相继丧失，由此产生的寡占利润也逐渐消失，大量的标准化产品涌向市场，价格竞争尤为激烈，创新企业只能通过降低成本来获取利润的阶段。弗农认为，在这一阶段，跨国公司以规模经济为基础的垄断优势也已经消失。为了在竞争中取胜，跨国公司就另辟他径，通过组成卡特尔并进行商标、广告宣传等，建立新的垄断优势。由于大量竞争者涌入该产品的生产领域，成本和价格的竞争成为胜败的关键。所以，跨国公司选择对外直接投资区位的主要目的是追求生产成本的降低，而发展中国家由于拥有廉价的劳动力、广阔的市场就成为吸引外资的理想地区。

3. 对产品生命周期理论的评价

（1）产品生命周期理论的意义。产品生命周期理论与垄断优势理论一样，也是在对美国跨国公司的对外直接投资行为进行实证研究的基础上得出的一种理论。该理论的独到之处首先在于将企业所拥有的优势与该企业所生产产品的生命周期的变化联系起来，深刻地揭示了企业从出口产品转向直接投资的动因、条件和转换过程，为当时的对外直接投资理论增添了时间因素和动态分析的色彩，也为投资企业进行区位——市场选择和国际分工的阶梯分布提供了一个分析框架。其次，产品的生命周期理论反映了美国制造业在 20 世纪五六十年代对外直接投资的情况，把美国的经济结构、美国企业的产品创新取向以及美国跨国公司海外生产的动机和选址三者较好地联系了起来，一方面解释了美国跨国公司从事对外直接投资的特点，另一方面说明了这些公司先向西欧再向发展中国家投资的原因。最后，把跨国公司的对外直接投资和国际贸易有机地结合起来进行论述，对以后的国际生产折中理论给予了有益的启迪。

（2）产品生命周期理论的局限性。然而，由于该理论是对美国跨国公司特定时期对外直接投资实证研究的结果，随着时间的推移，国际直接投资多样化，该理论也就难以对各种对外直接投资行为作出全面而科学的解释。因此，不少西方学者也对该理论提出了质疑：首先，该理论同垄断优势理论一样没能清楚地解释当代发达国家之间的双向投资现象，这些国家的经济发展水平、技术水平、生产条件和成本因素等大体相仿，产品周期理论却无法解释他们相互之间规模巨大的直接投资。其次，该理论对于初次进行跨国投资，主要涉及最终产品市场的企业较适用，对于已经建立国际生产和销售体系的跨国公司的投资，它并不能做有力的说明。从 20 世纪 70 年代之后，这些全球性跨国公司为了适应东道国市场的需求，可以直接在国外开发新产品，或在国外生产非标准化产品，或在国外对其创新产品进行改进或多样化，这更反映出理论的局限性。再次，产品生命周期理论所解释的是美国制造业的对外直接投资行为，对有些跨国公司在国外原材料产地进行的直接投资行为无法作出科学的解释。最后，该理论对发展中国家的对外直接投资行为也无法作出令人满意的解释。

5.1.3 边际产业扩张理论

边际产业扩张理论又称边际比较优势理论，是由日本一桥大学教授小岛清在 20 世纪 70 年代中期根据国际贸易比较优势理论，在对日本厂商的对外直接投资进行实证研究的基础上提出的。

从二战后到 20 世纪 70 年代中期，日本理论界接受和流行的对外直接投资理论主要是海默和金德尔伯格的垄断优势理论以及弗农的产品生命周期理论。垄断优势理论及产品生命周期理论都认为，只有拥有雄厚的资本和高新技术的大型企业才能具备独占市场的优势，才能有能力从事对外直接投资。但是，自 20 世纪 60 年代以来，随着日本经济的崛起，日本开始了大规模的对外直接投资活动。与美国不同的是，日本对外直接投资的主体大多是中小企业，这些企业所拥有的是容易被发展中国家所接受的劳动密集型技术优势。因而日本经济学家对垄断优势理论及产品生命周期理论进行了反思，认为这些理论所涉及的跨国公司是美国型的，不能用于解释日本的对外直接投资问题，应创立符合日本国情的对外直接投资理论，用以说明和指导日本企业的对外直接投资活动。在此基础上，日本经济学家们开始了对本国对外直接投资的研究，逐渐形成了具有本国特色的对外直接投资理论。其中，最具代表性的就是小岛清在其 1979 年出版的《对外直接投资论》和 1981 年出版的《跨国公司的对外直接投资》及《对外贸易论》等书中创立并发展的边际产业扩张理论。该理论从国际分工合理化的宏观经济分析角度出发来解释跨国公司对外直接投资的决定因素，认为跨国公司进行对外直接投资的决定因素是比较优势原则。

1. 边际产业扩张理论的内容

（1）三个基本命题。小岛清的边际产业扩张理论有三个基本命题：

第一，赫克歇尔—俄林模型（H—O）中的资本要素可以用经营资源来代替。

小岛清认为，国际贸易理论中的赫克歇尔—俄林模型的基本假定是合理的，即资源禀赋或资本—劳动要素比例的假定是对的，但在运用其分析对外直接投资时可使用比资本更广义的经营资源的概念来代替资本要素。经营资源是一种特殊要素，既包括有形资本，也包括技术与技能等人力资本。如果两国的劳动与经营资源的比率存在差异，它们在两种商品中的密集程度也有差异，结果将导致比较成本的差异。

第二，比较利润率的差异与比较成本的差异有关。

凡是具有比较成本优势的行业其比较利润率也较高，建立在比较成本或比较利润率基础上的国际分工原理不仅可以解释国际贸易的发生，还可以说明国际投资的原因。日本的对外直接投资就是根据比较利益的原则进行的。小岛清甚至认为可以将国际贸易和对外直接投资的综合理论建立在比较优势（成本）的基础上。

第三，日本式的对外直接投资与美国式的对外直接投资是不同的。

与日本式的对外直接投资不同，美国式的对外直接投资把经营资源人为地作为一种特殊的生产要素，在此基础上产生了寡头垄断性质的对外直接投资。

（2）理论核心。小岛清运用国际贸易理论的 2×2 模型（两个国家和两种产品）对建立在比较利益基础上的国际直接投资进行了经济分析。假定 A 国为发达国家，B 国为发展中国家，A 国和 B 国都只生产 K 产品（资本密集型产品）和 L 产品（劳动密集型产品）。A 国在生产 K 产品上比 B 国具有比较优势，B 国在生产 L 产品上比 A 国具有比较优势。如果两个国家之间发生贸易，那么，A 国向 B 国出口 K 产品，B 国向 A 国出口 L 产品，两个国家都能从贸易中获得利益。在完全竞争的条件下，比较利润率与比较成本相关。也就是说，A 国生产 K 产品具有相对较高的利润率，B 国生产 L 产品具有相对较高的利润率。A 国企业只有对 B 国具有相对较高利润率的 L 产品进行投资，才能获得最高的经济效益。因为，如果 A 国企业对 B 国的 L 产品进行投资，就能把 A 国的资本、技术和管理优势同 B 国的劳动力低廉的优势结合起来，获得较高的利润率。对于 B 国来说，A 国对其 L 产品的直接投资使其 L 产品的潜在优势发挥出来，成为在国际市场上有较强竞争力的出口产业，从而也获得了利益。A 国对 B 国 L 产品的投资促进了两个国家之间贸易的发展。A 国会增加对 B 国 L 产品的进口，B 国的经济发展也会促进对 A 国 K 产品的进口。总之，这种建立在比较利益基础上的直接投资不仅不会替代国际贸易，还能扩大国际贸易量，同时还能使投资国和东道国都能从这种投资中获得利益。

根据上述分析,边际产业扩张理论认为对外直接投资应该从本国(投资国)已经处于或趋于比较劣势的产业(又称边际产业)依次进行,这些边际产业是东道国具有比较优势或潜在比较优势的产业。从边际产业开始进行的投资,可以使投资国丰富的资本、技术、经营技能与东道国廉价的劳动力资源相结合,发挥出该产业在东道国的比较优势。这种投资的结果可使投资国和东道国双方贸易量增加、双方福利增加,而且沿比较优势指示的方向可以形成更合理的国际分工和贸易发展格局。

(3)日本与美国在国际直接投资活动中的不同。小岛清认为,由于各国的经济状况不同,日本的对外直接投资与美国相比有四点明显的不同:

第一,直接投资分布的行业不同。

美国的海外企业大多分布在制造业部门,从事海外投资的企业多处于国内具有比较优势的行业或部门;而日本对外直接投资主要分布在自然资源开发和劳动力密集型行业,这些行业是日本已失去或即将失去比较优势的行业,对外投资是按照这些行业比较成本的顺序依次进行的,从而形成了该产业比较优势的延伸。

第二,直接投资的企业不同。

美国从事对外直接投资的多是拥有先进技术的大型企业,而日本的对外直接投资以中小企业为主体,所转让的技术也多为适用技术,比较符合当地的生产要素结构及水平,对当地发展具有比较优势的劳动密集型产业,增加就业和扩大出口等都有积极促进的作用。

第三,直接投资类型的不同。

美国对外直接投资是贸易替代型的,由于一些行业对外直接投资的增加而减少了对这些行业产品的出口,导致国际收支逆差加大,贸易条件恶化;与此相反,日本的对外直接投资行业是在本国已经处于比较劣势而在东道国正在形成比较优势或具有潜在的比较优势的行业。对外直接投资的增加会带来国际贸易量的扩大,这种投资是贸易创造型的。

第四,直接投资的形式不同。

美国公司设立的海外企业一般采用独资形式,与当地的联系较少,类似"飞地";而日本的对外直接投资多采用合资形式,注意吸收东道国企业参加,有时还采用非股权安排方式。

2. 对边际产业扩张理论的评价

(1)边际产业扩张理论的意义。边际产业扩张理论所研究的对象是日本跨国公司,反映了日本这个后起的经济大国在国际生产领域寻求最佳发展途径的愿望,比较符合20世纪六七十年代日本对外直接投资的实际,因而有其科学性的方面。第一,边际产业扩张理论与垄断优势理论及产品生命周期理论不同,后者以一种商品、一个产业或一个企业进行分析。而边际产业扩张理论从宏观的角度,以国际贸易理论的基本原理和方法,采用两个国家、两种产品(并可扩大到多种商品)的分析模式提出了从边际产业开始依次对外进行直接投资的结论。第二,边际产业扩张理论所分析的直接投资,主要是依据是随着东道国劳动力资源的比较优势变化,国际直接投资从高工资国转移到低工资国而发生的,经济发达国家要素禀赋比率的变化速度快于发展中国家，发达国家对发展中国家的投资是按照木国产业比较劣势的顺序进行。这种依据比较成本动态变化所作出的解释，比较适合说明新兴工业化国家对发展中国家的直接投资状况。第三，边际产业扩张理论认为对外直接投资的主体是中小企业，因为中小企业拥有的技术更适合东道国当地的生产要素结构，这就很好地解释了中小企业对外直接投资的原因和动机。第四，边际产业扩张理论强调无论是投资国还是东道国都不需要有垄断市场，即从国际分工的角度来解释日本式的对外直接投资，这一分析方法与其他国际直接投资理论相比有独到之处。

（2）边际产业扩张理论的局限性。然而，边际产业扩张理论仍然存在着局限性。首先，该理论无法解释日本20世纪80年代以后跨国公司对外直接投资的实践。随着日本企业垄断优势的增强和产业结构的变化、加之国际贸易保护主义日趋盛行，日本贸易替代性的对外直接投资逐步增加，许多大型企业纷纷加入到对外直接投资的行列，从而导致其投资方式与美国方式越来越趋同。其次，该理论无法解释发展中国家对外直接投资的实践。随着发展中国家对外直接投资的迅速增长，边际产业扩张理论显然也无法解释这种逆向比较优势的对外直接投资。因为边际产业扩张理论仅以日本的对外直接投资为研究对象，不能用于指导发展中国家对外直接投资的实践。

5.1.4 内部化理论

内部化理论也称为市场内部化理论，它是20世纪70年代以后西方跨国公司研究者为了建立所谓跨国公司一般理论所提出和形成的理论，是解释对外直接投资的一种比较流行的理论，但不足以被称为"通论"。这一理论主要是由英国学者巴克利（Peter J. Buckley）、卡森（Mark Casson）和加拿大学者拉格曼（Allan M. Rugman）共同提出来的。巴克利和卡森在1976年合著的《多国企业的未来》及1978年合著的《国际经营论》中，对跨国公司的内部化形成过程的基本条件、成本与收益等问题作了明确的阐述，使人们重新审视内部化的概念。1979年，卡森在《多国企业的选择》中对内部化的概念作了进一步的理论分析。拉格曼在《在多国企业内部》一书中对内部化理论作了更为深入的探讨，扩大了内部化理论的研究范围。

内部化理论的出现提供了与垄断优势理论不同的研究思路，其理论有力地解释和推动了20世纪70年代以来迅速发展的跨国直接投资行为，标志着对外直接投资理论的一个重大转折，一度被称为跨国公司理论的核心，至今仍然是对外直接投资的主流理论之一。

1. 内部化理论的内容

（1）内部化理论的前提。所谓内部化，就是把市场建立在企业内部的过程，由内部市场取代外部市场，即"建立由企业内部调拨价格起作用的内部市场，使之像固定的外部市场同样有效地发挥作用"。内部化理论把市场不完全作为分析研究问题的基本前提，指出市场不完全或垄断因素存在会导致企业参加市场交易的成本上升，企业因此创造内部市场进行交易。该理论所指的市场不完全并非由于规模经济、寡占或关税壁垒导致，而是由于某些市场失效导致交易成本增加。不完全市场主要是指中间产品市场，包括半成品、特别是技术、信息（渠道）、营销技巧、管理方式和经验等无形资产市场的不完全。

市场不完全性导致许多交易无法通过外部市场来实现，即使可以实现，企业也要承担较高的交易成本，这必然促使企业创造其内部市场进行交易，企业便获得了扩张力。这一内部化过程如果跨越了国界就是对外直接投资。不难看出，内部化理论所指对外直接投资的实质不在于资本的转移，而是基于所有权之上的企业管理与控制权的扩张，其结果是企业管理机制替代市场机制来协调企业各项经营活动和资源配置。

（2）内部化的决定因素。市场内部化的过程取决于以下四个因素。

产业特定因素：指与产品性质、外部市场结构和规模经济等有关的因素。

区位特定因素：指由于区位地理上的距离、文化差异和社会特点等引起交易成本的变动。

国家特定因素：指东道国的政治、法律和经济制度对跨国公司业务的影响。

公司特定因素：指不同企业组织内部市场的管理能力。

在这几个因素中，产业特定因素是最关键的因素。因为如果某一产业的生产活动存在着多阶段生产的特点，那么就必然存在中间产品（原材料、零部件、信息、技术、管理技能等）；若中间产品的供需在外部市场进行，则供需双方无论如何协调，都难以排除外部市场供需间的摩擦和波动。为了克服中间产品市场的不完全性，就可能出现市场内部化。

（3）内部化的收益和成本。由于外部市场不完全，企业内部化过程将产生种种收益，但同时，这一过程也存在成本。当内部化的收益与成本在边际上相等时，企业内部化过程就停止了，企业的均衡规模也随之确定。根据内部化理论，至少有五种市场不完全（或称市场失灵）可能导致内部化，从而为企业带来收益。

市场交易存在时间间隔，而相应完善的期货市场不存在。当发起一项市场交易与完成这项交易之间存在较长的时间间隔时，则市场中既应有完全竞争的现货市场，也应有完全竞争的期货市场，以便调节企业短期的生产与长期的投资。如果这样的期货市场不存在，企业便有很强的动力将相互连接的生产等活动用统一的所有权进行控制，从而建立内部的期货市场。

差别定价可以有效地使企业获取中间产品的利润与市场控制力，而这在外部市场中是无法获得的。当产品不存在自我约束时，垄断卖方（或垄断买方）就会进行前向（或后向）一体化，用以在内部市场施行价格差别并占有全部收益。

当交易双方彼此均具有强大的市场控制力时，便会产生不稳定的讨价还价过程，这时交易的价格与其他条件均已偏离完全竞争，而决定于两者之间的博弈结果。为避免博弈过程的不确定性，双方往往会合作，将市场内部化。

当某一产品的价格信息在买者与卖者之间不对称分布时，卖者（对产品更加了解的一方）很可能无法说服买者对该产品支付合理的价格，于是卖者就有动力兼并买者从而促成交易在内部市场进行。

由于存在关税、国内税以及国家对资本流动的限制，企业往往采用将市场内部化的方式规避某些限制，并通过转移定价使企业的利润达到最大化。特别是在所有的中间产品中，各种类型的知识市场的不完全为内部化提供了最强有力的动力。这是因为：首先，通过研发活动使生产知识以及在生产中运用这些知识是一个长期过程。在这个过程中，企业需要对知识的生产进行长远的计划，并对短期生产进行协调。当不存在知识的期货市场时，有效的规划是使企业进行知识市场的内部化。其次，在许多情况下，知识这一商品在一定时期内具有垄断性。为获取这一商品的全部收益，差别定价成为最佳的定价方式。当通过技术许可等方式不能实现这一点时，内部化就成为合适的选择，而对于企业独特的管理技能来说尤其如此。最后，如果要将无法申请专利注册的知识进行售卖，那么卖者风险将不可避免。为了让知识或信息的买者了解这一商品的属性从而愿意支付合理的价格，卖者很可能不得不将知识泄露，而买者最终不必支付金额也可以了解知识的内容。因此，在知识市场上，买者会不愿支付合理的价格购买知识。这时候，卖方便有强大的动力将知识市场内部化。

内部化可能产生的成本包括以下几个方面。

①资源成本。内部化往往将一个外部市场在企业间划分为若干互相分离的市场。一种极端的情况是，当外部市场接近完全竞争且每一竞争企业均处于最优生产规模时，将该市场人为地分裂会降低每一竞争企业的运行效率，从而产生更高的运行成本。

②沟通成本。第一，由于内部化的原因之一是外部市场不能为交易提供足够的信息，因此内部化将带来企业内部信息传输量的增大；第二，每一个进行内部化的企业均要建立本企业的信息传输系统，而不是像在统一的外部市场中依靠市场来获取信息。因此，内部化增加了企业对于信息传递与沟通的投入；第三，在内部市场的信息传输中，为避免地方经理人员的机会主义行为以保持信息的准确可靠，公司往往需要实地考察，这对于跨国公司来说尤为重要，却十分昂费；第四，对于在不同国家开展经营活动的跨国公司来说，要面临国家间在地域、文化、风俗习惯与法律法规等方面的差异。由于这些差异的存在，信息在内部市场传输很可能产生误解和失真，这就需要企业建立额外的纠错机制。

③政治成本。这一成本包括东道国企业通过偏袒本国企业而对外国企业施加的不公平待遇，以及对外国企业进行强行没收财产等潜在威胁。

④管理成本。内部市场收益的实现需要企业有管理好内部市场的能力，其中包括有效管理众多分支机构的能力，而这一能力则取决于企业管理技能的专业化程度。可见，在内部化理论中，管理能力成为一个外生的变量，任何从事国际化经营的企业都被假定具有有效的管理众多分支机构的能力。

正是由于内部化的收益与成本并存，企业市场内部化的边界才在二者的边际值相等的时候被确定下来。正是因为生产与营销、研发之间大规模的知识、技术等的流动，使得企业有动力进行外部市场的内部化。

2. 对内部化理论的评价

（1）内部化理论的意义。首先，内部化理论的出现标志着西方国际直接投资研究的重要转折。垄断优势理论从市场的不完全和寡占的市场结构论述了发达国家对外直接投资的动机和决定因素。内部化理论则将国际贸易同国际直接投资结合了起来，从跨国公司所面临的内、外部市场的差异、国际分工、国际生产组织的形式等来研究对外直接投资的行为和动机。与其他对外直接投资理论相比，内部化理论有较强的适应性，较好地解释了跨国公司的性质、起源，以及对外直接投资的形式等，它既可以解释发达国家的对外直接投资行为，又可以解释发展中国家的对外直接投资行为，为跨国公司理论的进一步发展奠定了良好的基础。

其次，内部化理论较好地解释了跨国公司在对外直接投资、出口贸易和许可证安排这三种参与国际经济方式选择的依据。跨国公司通过对外直接投资使市场内部化，保持其在世界范围内的垄断优势，从而实现了公司利润的最大化，因此在这三种方式中居主导地位。出口贸易由于受到进口国贸易保护主义的限制，许可证安排由于局限于技术进入产品生命周期的最后阶段因而均处于次要地位。

最后，内部化理论还有助于解释战后跨国公司的迅速增长。知识产品市场的内部化激励跨国公司在研究与开发方面投资巨额资金，为保持和扩展已有的技术优势而增加对外直接投资，推动了国际直接投资的高速增长，大型跨国公司的兼并和合并活动，以及研究开发领域的扩展，使其多样化经营程度进一步提高，也促进了国际直接投资的迅速增加。

（2）内部化理论的局限性。内部化理论也存在以下几个方面缺陷。

第一，就方法论而言，它是以一个阶段一国一类特定企业为研究对象，其结论相对于变化和发展的客观实际而言，必然具有静态特征和局限。同时，内部化理论主要是从微观的角度去寻找投资方的动机，忽视了受资国宏观经济因素、自然环境因素、客观基本条件等因素的影响。事实上，受资国的投资环境已越来越成为跨国投资的重要因素。

第二，内部化理论把投资国、受资国的优劣势绝对化、静态化，忽视了相对性、动态性、相互替代性。按照这一理论的市场不完全观点，跨国投资应该更多地流向地域封闭、信息闭塞，运输成本高、要素市场不完善、非关税壁垒多的市场不完全的发展中国家或地区。而事实和大量的实证研究表明，国际直接投资趋向于流向那些经济规模大、增长速度快、产权明晰、金融管制松、企业运行障碍低、政府清廉、市场发育完善的国家或地区。

第三，该理论对企业为什么到国外投资以及投资的地理方向不能作出较好的解释。企业为什么不在国内投资，在国内进行内部化国内生产然后将产品出口，而是到国外去进行直接投资，并且在母公司与国外子公司之间实行内部化呢？该理论对这些问题没有进行有说服力的解释。

第四，对于跨国公司对外拓展的解释，该理论只能部分解释纵向一体化（纵向并购）的跨国扩展，而不包括企业纵向一体化兼并的时机选择和企业特征的一般内容，更何况企业有时还会纵向分解。对于横向一体化（横向并购）、无关多样化（混合并购）的跨国扩展更无法解释，而这一点正好又是当今全球对外直接投资最重要的部分。在经济全球化背景下，跨国投资的动因已越来越趋向获得规模经济、技术协同效果，加强市场力量、消除过剩能力、整合和加强创新战略的研发等，已远远超过内部化理论以低成本内部转移而获取收益的目的。

5.1.5 国际生产折中理论

国际生产折中理论是英国经济学家邓宁于20世纪70年代提出的。国际生产是指跨国公司对外直接投资所形成的生产活动。邓宁认为，导致其提出这一理论的原因主要有两个：一是"二战"后尤其是 20 世纪 60 年代以后国际生产格局的变化。在 60 年代以前，国际生产格局是比较单一的，那时以美国为基地的跨国公司在国际生产中占有重要地位，国际生产主要集中在技术密集型的制造业部门和资本密集型的初级工业部门，投资主要流向西欧、加拿大及拉美国家，海外子公司大多采用独资形式。进入 60 年代以后，国际生产格局出现复杂化趋势，随着西欧和日本的跨国公司兴起，发达国家间出现相互交叉投资的现象，一些跨国公司开始向新兴工业化国家（地区）和其他发展中国家投资，一些发展中国家的企业也开始加入对外直接投资的行列之中，合资企业成为海外企业的主要形式。二是缺乏统一的国际生产理论。传统的理论只注重资本流动方面的研究，而缺乏将直接投资、国际贸易和区位选择综合起来加以考虑的研究方法。

邓宁还认为，自 20 世纪 60 年代开始，国际生产理论主要沿着三个方向发展：一是以海默等人的垄断优势理论为代表的产业组织理论；二是以阿利伯的安全通货论和拉格曼的证券投资分散风险论为代表的金融理论；三是以巴克莱和卡森等人的内部化理论为代表的厂商理论。但这三种理论对国际生产和投资的解释是片面的，没有把国际生产与贸易或其他资源转让形式结合起来分析，特别是忽视了对区位因素的考虑。

鉴于此，邓宁在 1977 年发表的《贸易、经济活动的区位和跨国企业：折中理论方法探索》一文中首次提出国际生产折中理论，将厂商特定的资产所有权、内部化、国家区位三方面综合起来解释国际直接投资，为国际经济活动提供了一种综合分析的方法。

1. 国际生产折中理论的内容

国际生产折中理论认为，对外直接投资主要是由所有权优势、内部化优势、国家区位优势这三个基本因素决定的。

（1）所有权优势。所有权优势是指一国企业拥有或能够获得的、而外国企业所没有或无法获得的资产及其所有权方面的优势。邓宁认为，直接投资和海外生产必然会引起成本的提高与风险的增加，在这种情况下，跨国公司之所以还愿意并且能够发展海外直接投资并能够获得利益，是因为跨国公司拥有一种当地竞争者所没有的比较优势，这种比较优势能够克服国外生产所引起的附加成本和政治风险。他把这种比较优势称为所有权优势，这些优势要在跨国生产中发挥作用就必须是这个公司所特有的、独占的、在公司内部能够自由移动，并且能够跨越一定距离的比较优势。它包括四个方面：

技术优势：专利、专有技术、管理经验、销售技巧、研究与开发能力等。

规模优势：公司规模越大，研究与开发能力也越大，越有利于技术创新；同时，公司规模越大，越能在国内外市场上获得规模经济优势。

组织管理优势：公司规模越大，越有利于高度专业化管理人才作用的充分发挥，有利于形成组织管理优势。

金融货币优势：公司规模越大，越能在国际金融市场上多渠道、低成本地获得资金。

上述所有权优势只是企业进行对外直接投资的必要条件，要更好地解释对外直接投资活动，还必须具备内部化条件。

（2）内部化优势。内部化优势是指企业将拥有的所有权优势在内部使用而带来的优势，即企业为避开外部市场机制的不完全性，通过对外直接投资的方式，将所有权优势经过内部市场转移给国外子公司，从而获取更多收益。一家企业即使拥有了所有权优势，也不能说明它必然会进行对外直接投资活动，因为它可以通过其他途径发挥和利用这些优势。一般而言，企业有两个途径发挥利用这些优势：其一，将所有权资产或资产的使用权出售给别国企业，即把资产的使用外部化；其二，企业自己利用这些所有权资产，即把资产的使用内部化。企业选择资产内部化还是外部化取决于利益的比较。由于外部市场是不完善的，企业所拥有的各种优势进行外部化使用有丧失的危险。因而，为了保持垄断优势，企业就存在对其优势进行内部化使用的强大动力，而不是向其他国家企业出售其特有优势。在国际直接投资中，资产使用的内部化就意味着跨国公司利用其拥有的资产开展对外直接投资。然而邓宁认为，一家企业具备了所有权优势，并且使这些优势内部化也不能完全解释对外直接投资活动，还必须考虑导致直接投资的充分条件——区位优势。

（3）区位优势。区位优势是指跨国企业在投资区位上所具有的选择优势。拥有所有权优势和内部化优势的企业在投资之前必须进行区位选择，即在国内还是国外、在甲国还是在乙国投资生产，选择标准是企业获利的程度。区位优势的大小，决定了企业是否进行对外直接投资和投资地区的选择。区位优势包括直接区位优势和间接区位优势。前者是指东道国的某些有利因素所形成的区位优势，如东道国丰富的自然资源、广阔的商品销售市场、低廉的生产要素成本、吸引外资的各种优惠政策等。后者是指由于投资国的某些不利因素所形成的区位优势，如商品出口运输费用过高、东道国关税和非关税壁垒的限制、生产要素成本过高等。

邓宁认为，区位优势不仅决定了一国企业是否进行对外直接投资，还决定了其对外直接投资的类型和部门。邓宁把对外直接投资划分为五种类型：资源开发型、生产或加工专业化型、贸易和销售型、服务型和其他。每一种类型的对外直接投资又是由不同的所有权优势、内部化优势和区位优势组合所决定的。

邓宁认为，跨国公司拥有的不同优势之间是相互关联的，其中，所有权优势和内部化优势是企业开展对外直接投资的必要条件，区位优势是对外直接投资的充分条件。这三方面因素的组合不仅可以确定各种类型的直接投资，而且可以解释企业关于直接投资、出口销售和许可经营这三种经济活动的选择行为，如表 5-1 所示。

表 5-1　国际经济活动的方式选择

经济活动方式	所有权优势	内部化优势	区位优势
直接投资	√	√	√
出口销售	√	√	×
许可经营	√	×	×

根据表 5-1 所示，如果企业无区位优势，就不会选择对外直接投资的方式；如果企业仅拥有所有权优势，则只能选择许可合同转让其无形资产；只有当企业同时拥有三种优势时，才会进行对外直接投资。

2. 国际生产折中理论的发展

20世纪80年代以来,邓宁一直致力于进一步完善其国际生产折中理论。他研究的重点是跨国公司所拥有的所有权优势、内部化优势和区位优势的根源,以及各国政府的管理对跨国公司的影响。

邓宁认为,跨国公司之所以会拥有所有权优势、内部化优势和区位优势,根本的原因是不流动的国际资源在各国间的分布不均衡。因为,用来解释国际贸易的要素禀赋理论同样也能解释国际直接投资。跨国公司进行国际直接投资的目的在于将出口本国拥有相对禀赋优势的产品与使用东道国拥有相对禀赋优势的资源相结合,以实现其利润最大化。而大多数以开发资源为直接目标的对外直接投资,可以用要素禀赋不均加以解释。当然,邓宁还强调,要素禀赋理论并不能完全揭示跨国公司拥有所有权优势、内部化优势和区位优势的根源。

邓宁认为,跨国公司之所以会拥有所有权优势、内部化优势和区位优势的另一个重要原因是国际市场存在的"缺陷",即不完全竞争。如果国际市场不存在"缺陷",那么拥有要素优势的企业只要参与市场交易,就可实现比较利益,无须发展对外投资。然而,现实的国际市场是不完全竞争的市场。跨国公司只有通过对外直接投资,运用内部交换机制来替代外部市场,才能避开国际市场的不完全性。邓宁把这种市场缺陷分为两类:一类是结构性市场缺陷,即海默论述的市场不完全;另一类是交易实施性市场缺陷,即在公开交易中不能有效运转的缺陷。这样,通过市场交易会给企业带来附加的风险,比如,通过市场获得的原材料可能有中断供应危险,出让技术专利可能有被接受者外泄和滥用的危险。而企业通过在国外建立子公司,通过国际直接投资进行生产,就可实现在企业内部转让产品和生产要素,以避免外部市场交易带来的风险。

邓宁认为,要素禀赋理论和市场缺陷理论构成了国际生产折中理论的基础。另外,东道国政府的管理政策也会对跨国公司的对外直接投资行为产生影响。

3. 对国际生产折中理论的评价

(1)国际生产折中理论的意义。邓宁的国际生产折中理论在企业优势的微观基础上,对国际直接投资动因从宏观的角度作出了新的解释,具有较强的实用性和科学性。

第一,折中理论借鉴和综合了此前跨国公司理论的精华,采用了折中和归纳的方法,将所有权优势、内部化优势和区位优势结合为一个有机整体进行研究,更为全面地分析了企业开展国际直接投资的动因和决定因素,在一定程度上弥补了以往理论学说的片面性和不完整性,因而该理论具有较强的解释力,被誉为解释跨国公司行为的"通论"。

第二,它与企业的国际经济活动的各种形式都有联系,涵盖和应用的范围宽,能够较好地解释企业选择出口贸易、技术转让与对外直接投资的原因;将这一理论同各国经济发展的阶段与结构联系起来进行动态化分析,还提出了"投资发展周期"学说。

第三,对国际直接投资从动态角度进行分析,说明了随着时间的推移和经济发展水平的变化,一国不可能永远拥有某种比较优势。

第四,一国对外直接投资的规模效益主要取决于其所拥有的比较优势,一国可以依据比较优势发展对外直接投资,也可以依据其比较劣势吸引外国直接投资。

（2）国际生产折中理论的局限性。邓宁的折中理论虽然选取了以往各种理论中三个最关键的解释变量，并且注重各变量之间的相互关系，以弥补以往一些理论的片面性缺陷，但折中理论仍然存在着很大的局限性，使之不能成为一种能够解释所有类型直接投资的一般理论。其局限性主要表现在以下几个方面：

第一，该理论强调几种因素之间相互依赖、相互决定的关系，以及这种关系对直接投资的共同决定作用，但忽视了这些因素之间的分立关系、矛盾关系对直接投资的作用。例如，东道国具有较强的区位优势，外国厂商没有什么所有权特定优势照样可在这样的东道国进行投资；又如，具有很强所有权特定优势的厂商照样会在区位劣势的国家进行投资。这些在不同因素之间存在矛盾关系情况下发生的直接投资显然不是国际生产折中理论所能够解释的，因此这种综合理论并不具有一般解释力。

第二，该理论无力解释发达资本主义国家之间的交叉投资。日本、西欧和美国相互之间有着大量的跨国投资，其投资的动因是复杂的，而且投资企业的性质也不尽相同，从而难以仅用国际生产折中理论来解释。例如，日本和英国的一些跨国公司，其科学技术落后于美国，也不具有所有权特定优势，但仍能对美国进行大量直接投资。

第三，该理论虽然是对以往各种理论的综合，邓宁将其称为一种"折中主义"。但事实上它并不是完全意义的折中，其基本论点仍然是有所侧重的，它主要依据的是内部化理论。在所有权优势、内部化优势和区位优势三者相互联系、共同决定的关系中，内部化优势起着核心作用。因此，这一理论所解释的对外直接投资，是以发达资本主义国家大型跨国公司为主要对象的，并不适合发展中国家特别是新兴工业化国家中小企业对外直接投资的情况。

第四，该理论无法解释混合结构类型跨国公司的对外直接投资。由于这类混合结构型的跨国公司的母国企业与国外各分支企业生产的产品大多属于不同的产业部门，而且在技术上并没有内在的联系，所以跨国公司的所有权特定优势就不可能体现在不同种类的产品之中。显然，混合结构型跨国公司的国外各分支企业生产的众多产品，也就不可能都体现出跨国公司的所有权优势、内部化优势和区位优势。

5.2 发展中国家跨国公司理论

相对于发达国家来说，大多数发展中国家的企业并不具备发达国家跨国公司所具有的技术水平、管理经验、经营规模及资本优势等，发展中国家企业与发达国家企业相比，在诸多方面存在着明显差距。按照传统的国际直接投资理论，这些发展中国家企业是没有进行对外直接投资所必须的优势和实力的。在20世纪70年代以前，发展中国家在国际直接投资领域的数量和规模确实是微不足道的。但在20世纪80年代以后，随着发展中国家的经济发展，越来越多的发展中国家企业先后走上了国际化经营之路。80年代中期，仅新兴工业化国家和地区，从事跨国投资活动的公司就超过2 000家，对外直接投资额达200亿美元。不少企业甚至还将投资领域成功扩散到发达国家。打破了国际直接投资领域发达国家一统天下的格局，成为国际直接投资舞台上一股不容忽视的力量，并对传统的国际直接投资理论提出了新的挑战。

为了阐释发展中国家对外直接投资的动因与模式，20世纪80年代以后，陆续诞生了一批有价值的新的对外直接投资理论。其中最具代表性的有威尔斯（L. Wells）的小规模技术理论、拉奥（S. Lall）的技术地方化理论、坎特威尔（J. Cantwell）和托兰惕诺（P.E. Tolentino）的技术创新产业升级理论、邓宁的投资发展周期理论。

5.2.1 小规模技术理论

美国经济学家威尔斯于1977年发表了《发展中国家企业的国际化》一文，文中提出了小规模技术理论（The Theory of Small-scale Technology），并于1983年出版了其代表作《第三世界跨国企业》，分析了发展中国家对外直接投资竞争优势的来源，对发展中国家对外直接投资问题给予了很好的解释。

1. 小规模技术理论的内容

威尔斯认为，传统对外直接投资理论的缺陷是把竞争优势绝对化了。对于发展中国家而言，其跨国公司的竞争优势是相对的，主要来自低生产成本，这种低生产成本是与其母国的市场特征密切相关的。威尔斯主要从出口方面分析了发展中国家跨国公司的比较优势：

（1）小规模技术优势。发展中国家与发达国家的市场存在着巨大的差别，其中一个突出特点是其大多数制成品市场需求有限、规模很小。如果发展中国家企业从发达国家直接引进制造技术，相对于国内狭小的市场空间，引进的技术往往不能充分利用，存在着资源的闲置和浪费，即发达国家的大规模先进技术无法在这种小规模市场中获得规模效益。这种市场差异为许多发展中国家的企业进行对外直接投资提供了机遇，它们可以有针对性地引进、模仿、吸收，进而开发满足小规模市场需求的生产技术来获得竞争优势。

（2）当地采购和特殊产品优势。发展中国家对外直接投资的一个鲜明特征表现在民族文化上。发展中国家的跨国公司在国外直接投资主要是为了服务于国外某一团体，这一团体在餐饮、食品加工、新闻出版、旅游、文化、娱乐等方面的需求有着明显的共性。由于这些民族产品的生产大多是利用投资国当地的资源，因此在原材料供给上有保障，在生产成本上有一定优势。一个突出的例子就是华人社团在餐饮、食品加工、新闻出版、旅游、文化、娱乐等方面的需求，带动了一部分东南亚国家和地区的海外投资。根据威尔斯的研究，这种具有强烈民族色彩的海外投资在印度、泰国、新加坡、马来西亚等国家和中国香港、中国台湾等地区的对外直接投资中占有一定的比例。

（3）物美价廉优势。发达国家生产的产品一般是科技含量高的尖端产品，其营销策略往往是通过投入大量的广告，树立产品形象，创造品牌效应。与发达国家跨国公司的产品相比，发展中国家的跨国公司提供的产品更加注重实用性和低价格，高性价比是发展中国家企业产品的最大特点，物美价廉是发展中国家的跨国公司提高市场份额的利器。发展中国家的跨国公司更倾向于通过贴近消费市场、建立传统的营销渠道、树立民族品牌、优质服务、良好口碑等形式来占领市场。例如，美国学者布斯杰特（Busjeet）对毛里求斯出口加工区外国制造业公司的调查证实，发展中国家跨国公司推销产品的广告费用大大低于发达国家的同类公司。在被调查的企业中，96%的发展中国家的公司广告费用占其销售额的比例低于1%，而发达国家的同类公司中，21%的子公司广告费用占其销售额的比例超过2%。

2. 对小规模技术理论的评价

小规模技术理论被西方理论界认为是在发展中国家对外直接投资领域具有代表性的研究成果，它把发展中国家跨国公司的竞争优势与这些国家自身的市场特征结合起来，在理论上为以后的研究提供了一个可行的分析框架，充分说明那些技术不是特别先进、规模不是特别巨大的发展中国家中小企业参与国际市场竞争的可行性。但该理论也存在明显的缺陷，威尔斯始终将发展中国家在技术上的创新活动局限于对现有技术的继承和使用上，从而限制了该理论的适用范围。

5.2.2 技术地方化理论

英国牛津大学教授拉奥在对印度跨国公司的竞争优势和投资动机进行了深入研究之后，于1983年出版了《新跨国公司：第三世界企业的发展》一书，提出技术地方化理论（The Theory of Localized Technological Change），以此来解释发展中国家和地区的对外直接投资行为。和小规模技术理论一样，技术地方化理论也是从技术角度来分析发展中国家跨国公司竞争优势的。

1. 技术地方化理论的内容

技术地方化是指发展中国家的跨国公司可以对外国技术进行消化、改进和创新，从而使其技术和产品更适合本国的经济条件和消费需求，形成自己的特定优势。

实际上，大多数发展中国家在现代制造业中的生产技术是从发达国家"完全进口"的，在对进口技术的本土化改造过程中，发展中国家跨国公司的技术以小规模、劳动密集型和标准化为特点，适应国内的技术基础和市场条件，通过改进生产技术以实现产品生产的小批量和灵活性，增加产品生产的劳动力使用密度，解决原材料投入困难等问题，一旦遇到适当机会，就可以把这种成熟的小规模技术移植到其他发展中国家去。拉奥列举了发达国家与发展中国家跨国公司竞争优势的不同来源，如表5-2所示。

表5-2 发达国家与发展中国家跨国公司竞争优势的来源

发达国家跨国公司	发展中国家跨国公司
1. 跨国公司规模大	1. 跨国公司规模小
2. 靠近资本市场	2. 技术适合第三世界供求条件
3. 拥有专利或非专利技术	3. 产品差异
4. 产品差异	4. 营销技术
5. 营销技巧	5. 适合当地的管理技术
6. 管理技术和组织优势	6. 低成本投入
7. 低成本投入	7. "血缘关系"
8. 对生产要素和产品市场的纵向控制	8. 东道国政府的支持
9. 东道国政府的支持	

拉奥认为，发展中国家的跨国公司可以在以下几个方面形成自己的特定竞争优势。

第一，发展中国家跨国公司技术和知识的本土化是在特定环境下进行的，这种独特的环境又与一国要素价格及其质量相联系，这与发达国家有很大的区别。发展中国家一般会存在劳动力过剩与价格低廉的情况，因此，发展中国家跨国公司往往拥有密集使用劳动力、节约使用资本的特点。

第二，发展中国家生产的产品更适合本国的经济条件和消费需求，同样也适用于经济发展程度相当、人均收入水平相仿的其他发展中国家。因此，发展中国家的企业对进口技术进行适当的改造和创新，就能在较低技术层面形成某种优势，并可以凭此种优势开展对其他发展中国家的直接投资。

第三，发展中国家企业的竞争优势不仅来自其生产过程、产成品与当地要素供给、技术基础及消费需求的相互适应，也来自技术改造与创新产生的技术在小规模生产条件下所具有的更高经济效益和更灵活的生产组织结构。

第四，在产品特征上，发展中国家企业能够开发生产出与发达国家大型跨国公司名牌产品不同的消费品。对于市场空间巨大、存在产品差异化、消费者需求层次众多、购买力水平不同的市场，发展中国家企业生产的产品在某些方面具有特殊的竞争优势。

2. 对技术地方化理论的评价

拉奥的技术地方化理论把对发展中国家企业对外直接投资的研究重点引向了企业的微观层面，论证了发展中国家企业可以利用其特有的比较优势参与国际经营的可行性。与小规模技术理论相类似，技术地方化理论同样重视企业形成竞争优势所持有的技术引进、吸收活动，但拉奥更强调企业技术吸收过程是一种不可逆的创新活动，发展中国家企业对发达国家先进技术不是被动地模仿和复制，而是积极主动地改进、消化和吸收，从而形成了一种适应于东道国环境的技术，这种技术的形成包含了企业内在的创新活动，正是这种创新活动给发展中国家的跨国公司带来了独特的竞争优势。

5.2.3 技术创新产业升级理论

20世纪90年代初，英国学者坎特威尔和托兰惕诺对发展中国家对外直接投资问题进行了系统的考察，从技术积累角度出发，把发展中国家的对外直接投资行为动态化和阶段化，提出了技术创新产业升级理论。

1. 技术创新产业升级理论的内容

技术创新产业升级理论认为，技术积累对一国经济发展具有促进作用，技术创新是一国产业升级和企业发展的根本动力。与发达国家不同的是，发展中国家企业在技术创新中并没有很强的研发能力，主要是利用特有的"学习经验"和组织能力，掌握和开发现有的生产技术，具有明显的学习特征。发展中国家企业通过不断的技术积累来促进本国的经济发展和产业升级，而技术能力的不断提高又促成了企业的对外直接投资。

根据坎特威尔和托兰惕诺的研究，发展中国家对外直接投资的地理范围和产业分布是随着时间的推移而演变的，由于国内产业结构和内生技术创新能力的影响，发展中国家跨国公司对外直接投资的发展是有规律可循并可以预测的。

从对外直接投资的地理特征上看，其地域发展次序如下：一国利用地缘便利和种族关系，扩大市场领域，首先在其周边国家或地区进行投资；其次随着对外投资经验的累积，种族因素的重要性逐渐弱化，市场因素愈加重要，投资从周边国家向其他发展中国家扩散；最后，在积累了充足的对外投资经验后，为获取更先进的生产技术和管理技能，开始向发达国家投资。从海外经营的地理范围上看，发展中国家企业在很大程度上受心理距离的影响，其投资方位形成周边国家-其他发展中国家-发达国家的渐进发展轨迹。

在产业分布上，发展中国家企业首先从事以自然资源开发为主的纵向一体化的生产活动，然后开展以进口替代和出口导向为主的横向一体化的生产活动。随着发展中国家工业化程度的提高，发展中国家经济结构也发生了深刻的变化——技术进步加快、科技水平提高、产业结构升级、对外直接投资领域不再局限于传统产业的产品生产，开始涉足高科技领域的产品生产与技术研发活动。发展中国家对外直接投资活动逐步从低级阶段向高级阶段发展，从资源依赖型向技术依赖型演进，显示出技术引进对本国产业转换升级及对外投资的推动作用。

2. 对技术创新产业升级理论的评价

技术创新产业升级理论是以技术积累为内在动力，以对外直接投资的地域扩展和产业升级分析为基础的国际直接投资理论。该理论论证了发展中国家的企业在从事跨国经营、对外直接投资时，要在吸收外资、引进发达国家先进技术、积累管理经验的基础上，依托自身的生产要素供给和市场需求特点所形成的比较优势，循序渐进地开展对外直接投资。其对外直接投资在投资区位拓展和投资产业升级方面具有规律性和阶段性特征。该理论比较全面合理地解释了20世纪80年代以后发展中国家，特别是亚洲新兴工业化国家和地区的对外直接投资现实，在理论上具有一定的科学性和创造性，对于发展中国家企业的对外直接投资活动具有一定的指导意义。

5.2.4 投资发展周期理论

20世纪80年代以后，经济全球化趋势不断加强，发展中国家跨国公司对外直接投资的实践需要在理论上进一步创新。为了弥补国际生产折中理论静态分析的缺陷，并拓展、延伸应用于发展中国家的对外直接投资领域，邓宁又提出了国际投资发展周期理论，旨在从动态角度阐释一国的经济发展水平与其国际直接投资规模及地位之间的关系，从而发展了国际生产折中理论。邓宁采用人均国民生产总值来表示一国的经济发展水平，用直接投资流出量（对外直接投资）、直接投资流入量（外商直接投资）、直接投资净值（直接投资流出量—直接投资流入量）表示对外直接投资水平。邓宁分析了1967—1978年67个国家的相关资料。结果发现，一国对外直接投资或吸收国外投资与本国经济发展水平之间呈现出周期性特点。具体来说，包括以下四个阶段。第一阶段是人均国民生产总值在400美元以下的阶段。处于这一阶段的国家，经济发展水平落后，生产力水平极低，本国企业尚未形成所有权优势，或者本国企业所具有的极少优势无法利用，因此不具备对外投资能力，几乎没有任何直接投资流出。另外，这类国家人均收入低，国内市场狭小，商业和法律体系不健全，交通、通信等基础设施落后，人力资本匮乏，没有形成足够的区位优势吸引跨国公司来本国大量投资。第二阶段是人均国民生产总值在 400~2 000 美元的阶段。处于这一阶段的国家，经济发展水平有所提高，国内市场潜力扩大，消费者的收入水平和购买力有了一定程度的提高，投资环境也有所改善，形成了某些区位优势，对外国的跨国公司来本国投资产生了一定的吸引力，外资进入的规模不断扩大。但是，这类国家的经济实力较低、技术水平较差，本国企业的所有权优势有限，不足以克服东道国的投资障碍，对外直接投资尚处于起步阶段，规模较小，直接投资流出量小于直接投资流入量。第三阶段是人均国民生产总值在 2 000~4 750 美元的阶段。处于这一阶段的国家，经济发展水平较高，市场较为成熟稳定，市场经济制度完善，市场容量较大，消费者的购买力较强，对国外跨国公司投资的吸引力较大，外资流入迅猛增加。同时，国内经济发展进入快车道，企业的所有权优势和内部化优势得到加强，一些企业纷纷走出国门，到其他国家进行投资，对外直接投资的增长速度甚至可能超过引进外资的发展速度，但对外直接投资净额总体上仍为负值。第四阶段是人均国民生产总值在 4 750 美元以上的阶段。处于这一阶段的国家，经济发展水平很高，国内市场经济制度健全，基础设施完善，市场空间大，消费水平高，能够吸引大量的跨国公司到本土投资。与此同时，本国企业拥有强大的所有权优势和内部化优势，并且善于利用国外的区位优势，对外直接投资的增长高于引进的国际直接投资的增长，直接投资净值为正值。

上述国际投资发展的四个阶段如表 5-3 所示。

表 5-3　国际投资发展的四个阶段

人均 GNP	经济发展水平	对外直接投资	外商直接投资	直接投资净值
400 美元以下	很低	几乎没有	少量	负值
400~2 000 美元	较低	少量	大增	负值
2 000~4 750 美元	较高	大增	大量	负值
4 750 美元以上	很高	大量	大量	正值

投资发展周期理论是少有的从宏观经济角度分析发展中国家对外直接投资的理论。虽然该理论存在局限性，但它从理论上指出了发展中国家对外直接投资发展的一般轨迹，即一国的对外直接投资与该国所处的经济发展阶段和人均 GNP 水平有正向关系。

5.3　企业国际化理论

从 20 世纪 50 年代开始，以企业的跨国经营行为为研究对象的企业国际化理论逐步发展起来。随着全球经济不断加速发展，企业国际化程度日益加深，国际化经营的内容和形式日益多样化。企业国际化理论也更加受学者重视，研究的内容也在不断丰富和发展。

5.3.1 企业国际化概述

1. 企业国际化的定义

企业国际化的概念至今未形成一个统一的认识,不同的研究者对企业国际化经营的内涵有着不同的理解。国际商务专家理查德·罗宾逊(Richard D. Robinson)教授在其著作《企业国际化导论》(马春光等译,1989)中提出:国际化的过程就是在产品及生产要素流动性逐渐增大的过程中,企业对市场国际化而不是对某一特定的国家市场所作出的反应。他认为企业的国际化是企业有意识地追逐国际市场的行为体现。英国学者斯蒂芬·扬(Stephen Young)等人指出企业国际化是指企业的跨国经营活动。

从学者对企业国际化的理解可以看出,企业国际化经营经历了以下过程:首先,企业经营面向全球市场,以占领全球市场为目标;其次,为提高全球市场占有率,出口贸易成为企业国际化经营的主要形式,通过中介销售、自建营销渠道、合资合营等方式开辟海外市场;再次,企业通过自建、合资、收购等方式整合价值链和产业链,提高自身在国际市场的竞争能力;最后,实现全球化经营战略,组织全球产业链和生产网络,实现全球研发、生产和销售,在全球进行资源的优化配置。

2. 企业国际化的方式

从广义看,国际化是一个双向过程,包括外向国际化和内向国际化两个方面。外向国际化指本国企业将产品、资本等优质要素延伸至国际市场,主动学习国外技术与经验从而实现国际化。形式主要包括直接或间接出口、技术转让、国外各种合同(契约)安排、建立国外合资(合作)企业、设立海外子公司和分公司等。内向国际化是指引进国外产品、资本、技术和人才等要素,使本国企业可以学习积累其先进技术与经验并逐步实现国际化。形式主要包括进口、购买专利技术、三来一补(加工)、建立国内合资(合作)企业、成为外国企业的子公司或分公司等。外向国际化和内向国际化是相互联系、相互促进的,内向国际化往往是外向国际化的基础和条件,而外向国际化是内向国际化发展的必然趋势和结果。外向和内向国际化形式的差异如表5-4所示。

表5-4 外向和内向国际化的形式

内容	外向国际化	内向国际化
贸易形式	出口	进口
技术转让	出售专利技术和技术援助	购买专利技术
合同安排	许可贸易、特许经营、管理合同、交钥匙工程、国际分包	补偿贸易、加工装配
合资企业	国外合资	国内合资
独资企业	国外子公司或分公司	成为外国公司的国内子公司

不同的国际化方式会给企业带来不同的好处,以制造业企业为例,进行内向国际化,通过引进国外先进设备提高生产技术水平、进口零部件和元器件提高产品档次和质量、加工装备改进生产流程、进行技术合作跟踪国际技术发展动向、建立国内合资企业提高管理水平以及利用外商的资金,技术,市场信息等;进行外向国际化,通过贴牌生产全面提升

产品质量、出口产品以改善工艺、建立海外办事处拓展销售渠道、并购外国企业获取海外资产优势、把握行业发展趋势、建立海外研究中心获得技术领先优势等。

5.3.2 企业国际化经营模式

企业的国际化经营模式包括三种：贸易类国际经营模式、合同类国际经营模式、投资类国际经营模式。

1. 贸易类国际经营模式

国际间买卖商品和服务的最普遍方式是进出口贸易。出口有两种基本的形式，一是直接出口，二是间接出口。国际直接出口常用的方式包括直接向进口商出口以及向进口国派驻机构销售等。国际间接出口较典型的间接分销渠道：制造商——出口中间商——进口中间商——经销商——最终消费者。

2. 合同类国际经营模式

合同扩张模式包括补偿贸易、管理合同、交钥匙工程、国际贴牌生产（OEM）、特许经营等。其中，补偿贸易分为互购、抵销、回购三种方式；特许经营分为产品品牌特许经营和经营模式特许经营。

3. 投资类国际经营模式

采取投资类经营模式的公司常常致力于将公司提升到一个新的阶段。有三种形式的投资扩张方式：全资子公司、合资企业和战略联盟。战略联盟包括渠道合作、技术合作、海外市场及其他合作。

5.3.3 企业国际化阶段理论

企业国际化阶段理论指出，由于企业对海外环境必须有一个逐步适应以及积累知识和能力的过程，因而企业国际化遵循渐进式发展模式。相关理论有：约翰逊（Jan Johanson）与瓦尔恩（Jan-Erik Vahlne）提出的乌普萨拉模型、美国学者罗杰斯（E.M. Rogers）提出的创新扩散理论、罗宾逊（Kenneth·Robinson）的六阶段理论、安索夫（H.lgor Ansoff）的三阶段理论、小林规威（Kobayashi Noritake）的海外经营五阶段说等。从这些理论可以看出，企业国际化是一个需要经过长时间缓慢渐进而持续深入的过程，通常是国内市场→国际市场→全球市场；常见的经营方式是纯国内经营→通过中介出口→设立海外销售渠道→海外生产。

本节对具有代表性的渐进式企业国际化理论乌普萨拉模型进行详细的介绍。乌普萨拉模型（又称斯堪的纳维亚模型）的理论基础是理查德·M. 西尔特（Richard M. Cyert）和詹姆斯·G.马奇（James G. March）提出的企业行为理论。企业行为理论将组织理论和经济学理论结合起来提出了"企业行为模型"，认为组织也能像人类一样通过学习而成长。

1. 乌普萨拉模型的内容

约翰逊和瓦尔恩在分析瑞典企业国际化过程的基础上，认为国际化是一个企业系列递进决策的结果，并将模型的重点放在企业通过逐步收购、整合和利用国外市场和知识，从而逐步加深在国外市场参与的行为模式上。该模型还率先提出了"心理距离"的概念,即阻碍市场信息流动的因素的总和,比如在语言、教育、商业惯例、文化和工业发展上的差异,认为投资国和东道国之间文化和语言的差异会决定对外直接投资的模式。因此,从这两个观点出发,该理论分别从内外两条路线发展。

第一条路线关注企业的战略和决策。鲁特(Franklin·Root)将该模型发展为阶段模型,认为随着市场知识的积累,企业会经历从无国际化活动、依靠代理商出口、建立销售子公司出口到最后建立海外生产基地四个阶段的国际化过程。针对认为乌普萨拉模型过于肯定,且实证检验证明企业国际化常常是跨越式的发展与模型描述并不相符的批评,约翰逊和瓦尔恩完善了乌普萨拉模型,在阶段模型的基础上,补充了三种例外:一是具备充分知识资源的企业可以采取更大的国际化步骤;二是当市场稳定和均衡时,相关市场知识可以从其他路径获得而不是完全依靠经验;三是一个公司从相似市场上获得的经验能够推广到任何特定市场上,这构成了目前公认的乌普萨拉国际化模型。

第二条路线关注"心理距离",即文化等环境因素对企业对外直接投资模式的影响。科格特(Bruce Kogut)和辛格(Harbin Singh)认为投资国与东道国之间文化距离越大,企业就越有可能会选择合资或新建投资而不是收购。巴克马(Harry·Barkema)、贝尔(John·Bell)和潘宁斯(Johannes·Pennings)则补充了组织学习可以克服文化障碍的观点。

2. 对乌普萨拉模型的评价

首先,乌普萨拉模型侧重微观研究,倾向于管理学的研究方式,关心企业的国际化战略,能够为企业的实际运作提供可行的建议,相对其他学说而言操作性较强是其突出的优点,但与此同时也存在着解释范围过窄,不能对国际直接投资的相关问题提供一个统一解释的缺点。其次,"心理距离"概念的界定过于主观,虽然不同的学者提出各种量化的指标体系来试图将其客观化,但是没有一种得到普遍的认可。

5.4 天生全球化理论

传统的企业国际化理论认为只有规模较大的企业才可能进行国际化活动。因为国际化活动要求企业具备的规模经济、管理经验、先进技术、营销渠道等特定优势只有当企业的规模大到一定程度时才会拥有。企业的国际化发展通常也被认为是一个循序渐进的过程,企业开始时一般先集中在国内市场经营,随着企业规模的不断扩大,会将出口作为国际化的第一步,然后才进行独资、合资等参与程度更高的国际化形式。20 世纪 90 年代以来,越来越多的中小企业在成立后不久就活跃在全球市场参与全球竞争。这种现象展示了一种企业迅速国际化的发展道路,形成了企业国际化的特殊现象。

5.4.1 天生全球化企业概述

1. 天生全球化企业的定义

天生全球化企业研究者发现,许多企业是同时进入国内和国际市场,有的企业甚至是在进入国内市场以前就开始向国际市场渗透。此外,还有许多研究揭示了企业从国内市场到国际市场发展的间隔呈现出缩短的趋势。对于如何界定新出现的企业国际化现象,不同学者起了不同的名字,也不存在着一个比较一致的定义。尽管这些研究一般都在验证那些从建立初就开始实施国际化定位的企业,并一致指出传统的理论无法解释它们的存在和行为。但在分析方法上却存在许多差异,其中一个主要的冲突是在时间周期(从企业建立到第一次国际化活动之间的时长),另一个冲突是国际化的测度(即国外市场的经营活动在整个企业活动中的比重)。本书沿用奈特(Gary Knight)和卡佛斯格尔(S. Tamer Cavusgil Cavusgil)对于天生全球化企业的定义:即企业在它们建立开始或不久(3 年以内)就采取全球化或国际化发展且企业的国外经营占其全部收入的比重超过 25%。

2. 天生全球化企业的形成原因

天生全球化企业提供了一个重新思考企业国际化发展轨迹的模型。天生全球化企业的成因主要包括以下三个方面:

(1)经济全球化深入发展。20 世纪 90 年代以来,经济全球化趋势不断加快,国际贸易、对外投资和跨国公司也都有了很大发展。投资和贸易的自由化,使国际贸易壁垒和人员流动成本不断降低,出口条件不断改善。迅速发展的全球金融市场以及金融市场服务质量与运行效率不断提高,为企业在全球范围内融资、寻求资源和组织生产提供了方便。商业环境和市场条件的变化吸引了更多的企业在创立初期就实施国际化战略。

(2)技术发展。技术的发展包括生产、交通和通信三个领域的技术进步。就生产技术而言,近些年的技术发展使小规模生产变得经济可行,而天生全球化企业主要集中于中小企业,因此技术发展对它来讲十分重要;交通领域的技术发展和进步使企业在全球范围内便捷快速地开展商业活动变得可行,没有这一进步就不可能有天生全球化企业的出现;信息技术的发展和进步也推动了天生全球化企业的出现,因特网和信息技术使企业不管在哪里都可以在全球开展商务活动。技术进步缩短了过去被认为是企业国际化扩展的一个主要障碍即心理距离。

(3)市场和产品的新变化。世界各国各地区的消费者需求趋向同质化,这使同种产品在不同国家和地区销售变得更加容易。同时,由于存在着大型跨国公司的激烈竞争,中小企业又不得不利用独特边缘技术向全球利基市场提供其特色产品,以保持自己的竞争优势。另外,由于越来越多的中小企业出现在知识密集型行业,而知识密集型产品的生命周期正变得越来越短,因而这些企业在成立后尽快走向国际市场,扩大产品销售范围,就显得非常必要,也非常迫切。

5.4.2 驱动企业天生全球化的基本因素

天生全球化企业最显著的特征是从创立起就将世界看作是一个单一的无边界的市场,学者们发展了许多用于解释天生全球化的理论框架,比如企业家精神、组织学习、商务网络等。本节在这些理论框架的基础上,介绍驱动企业天生全球化的主要因素。

1. 企业家精神

企业在国际化的过程中,决策者的企业家精神在海外战略选择、国际市场趋势中的机会识别和新市场进入模式中起着决定性的作用。天生全球化企业在其自身创立之后并快速进入海外市场的背景下，企业家精神对企业国际化的选择和进程的影响更加明显。企业家精神指的是勇于承担企业相关风险，并通过创新来取得公司竞争优势的进取精神、敬业精神、成功欲和事业心。企业家精神越强的企业，企业的跨国经营倾向也往往越高。由于企业进入国际市场将使企业面临比国内市场更大的风险和不确定性，因此，只有那些具有较强企业家精神的企业才会在成立之初就敢于承担国际化经营的风险，并通过寻求利用多种资源创造竞争优势，实现企业的国际化战略。

2. 企业家国际化经验

企业管理团队拥有丰富的国际管理经验和知识，是催生天生全球化企业的重要前提，同时影响着其国际化的方式。企业家的海外市场知识有助于天生全球化企业在国际化过程中克服外来者劣势，降低国际经营的风险和不确定性为企业在国际化的前期减少前进的障碍。企业家的国际化经验与企业家精神的形成有着不可分割的关系，正是由于前期的国际化经验的积累促进了其企业家精神不断形成和发展，两者同时推动天生全球化企业的成长。

3. 网络关系

企业国际化网络模型理论认为，企业的国际化是一个企业网络不断建立、发展、维持并扩大的过程。企业在国际化过程中通过其拥有的网络关系来建立与海外市场的联系，并以此为基础对国际网络进行拓展、渗透，从中不断学习和吸收已有的国际化知识和经验，以有限的资源获取最大化的效益，从而加速企业的国际化脚步。天生全球化企业在国际化进程中必须克服资源限制和知识匮乏的瓶颈，而网络关系能使企业进入与母国市场距离远和市场特征差异较大的国家，减少了其在国际化过程中的障碍。天生全球化企业网络关系的建立包括两方面：其一是通过企业的创立者或是高层管理人员在以往的国际化经验中所积累的国际网络关系；其二是企业在国际化进程中逐渐建立的新的国际网络关系。在天生全球化企业国际化的前期，第一种网络关系起到主导作用，而在企业进入正常的国际化轨道时，第二种网络关系的作用会日益明显。

4. 组织学习能力

天生全球化企业由于其规模较小，再加上企业的创始人有较强的学习和创新能力，使天生全球化企业具有较强的组织学习能力。组织学习在天生全球化企业国际化过程中可以有效克服传统的路径依赖行为，并在国际化过程中汲取经验型知识，使其在全球市场中保持较稳定的竞争力。在全球化商业不断快速发展和全球金融存在不稳定性的背景下，不断学习和吸收新的国际化管理知识、营销方式、海外市场进入新模式等，对于天生全球化企业更好地适应全球经济新形势和促进自身快速发展有着重要意义。

5. 资源整合能力

传统的资源基础论认为，企业的国际化成长能力取决于企业

扩展阅读 5.2 天生全球化企业：大疆的崛起

所拥有的资源，企业的有形和无形资源使企业在国际市场上保持竞争优势。在不具备跨国公司资源和能力优势的情况下，国际化的成功往往取决于企业的资源整合能力。天生全球化企业更加需要全球资源的整合能力，在技术、运营模式、国际化管理等方面保持国际领先水平，才能弥补其先天资源不足的缺陷，更好地在国际化道路上发展。因此，资源整合能力是天生全球化企业可持续成长的重要驱动因素。

复习思考题

1. 跨国公司的垄断优势包括哪些内容？
2. 基于产品生命周期理论和边际产业扩张理论，分析 20 世纪 60 年代前后日本的跨国公司对外直接投资与美国的区别。
3. 简述国际生产折中理论的主要内容。
4. 简评发展中国家的对外直接投资理论。
5. 简述乌普萨拉模型。
6. 简述驱动企业天生全球化的基本因素。

参 考 文 献

[1] 卢进勇. 跨国公司理论与实务[M]. 北京：首都经济贸易大学出版社，2008.
[2] 樊秀峰. 国际投资与跨国公司[M]. 西安：西安交通大学出版社，2013.
[3] 理查德·罗宾逊. 企业国际化导论[M]. 马春光，等，译. 北京：对外贸易教育出版社，1989.
[4] 鲁桐. 中国企业跨国经营战略[M]. 北京：经济管理出版社，2003.
[5] 跨国公司经营与管理[M]. 北京：北京理工大学出版社，2020.
[6] Perlmutter, H. V The tortuous evolution of multinational enterprises[J]. *Columbia Industrial Journal of World Business*, 1969, 7(4): 9-18.
[7] 刘德学,范兆斌. 天生全球化与中小企业的国际化活动[J]. 世界经济研究，2009(09): 15-22+87.
[8] 朱巧玲，董莉军.西方对外直接投资理论的演进及评述[J]. 中南财经政法大学学报，2011(05): 26-32+142-143.
[9] Knight G. G, Cavusgil S T. The born global firm: A challenge to traditional internationalization theory[J]. *Advances in International Marketing*, 1996, 8(1): 11-26.
[10] 郑明远."天生全球化"企业驱动因素及成长模式研究[J]. 经济论坛，2011(07): 188-190.

即测即练

第 6 章

跨国公司战略

【学习目标】

1. 掌握战略的概念及其目标;
2. 理解企业如何获取全球竞争优势;
3. 了解跨国公司面临的战略两难与解决途径;
4. 了解跨国公司四种基本战略及其适用情形。

卡特彼勒——完整价值链葆基业长青

美国卡特彼勒公司成立于 1925 年,经过近百年的发展,从一家伊利诺伊州的本地企业成长为全球最大的跨国工程机械制造商,产品涉及建筑机械、矿用设备、发动机和燃气轮机等领域。卡特彼勒的业务受基础设施建设的影响很大,是典型的经济敏感型行业,其业绩起伏较经济波动更明显。在经历了 20 世纪 30 年代大萧条、二战、70—80 年代的美国经济转型以及 2008 年的全球金融危机,卡特彼勒总能够从低谷中迅速反弹,并恢复其业绩。每一次化险为夷、始终屹立于全球工程机械龙头地位,绝不是偶然。在经济环境发生重大

扩展阅读 6.1 战略决策与跨国公司效率

变化时公司如何调整战略,超越其他类似处境的公司,做到基业长青的呢?

1. 完整业务价值链提高增长潜力

卡特彼勒重视业务模式的调整和完善,除了金融方面的服务,还为客户提供涵盖产品、零配件、技术和服务的完整业务价值链,包括全新产品、零配件、再制造、物流、融资租赁、保险等。这套完整的业务价值链能够更加满足客户需求,提升客户价值,减少销售收入对周期的敏感性。在经济持续低迷、行业发展不景气的当下,卡特彼勒却能够避开大环境带来的冲击,实现效益逆势增长,这种贴心式的服务或许正是创造奇迹的关键。

2. 技术创新支持时代需求

卡特彼勒视研发为企业发展的核心动力源泉,研发费用占销售收入的比重领先行业,逆境中依然坚持重视核心技术的持续提升,通过研发高附加值产品,突破困局。在 20 世

纪 30 年代大萧条时期，卡特彼勒研发出适合当时环境的效率高、操作费用低的新产品。在 2008 年全球金融危机期间，卡特彼勒的研发费用占比不降反升。

3. 未雨绸缪，化危机为商机

身处典型经济敏感型行业，卡特彼勒表现出优秀的针对市场变化进行有效调整的能力。卡特彼勒通过制订"低谷期战略计划"以应对随后的经济衰退，能够在不损害复苏前景的前提下，迅速调节产量、降低成本。其管理智慧体现在：倾向于将固定成本转换为可变成本，更迅速、灵活地削减成本和库存；与上游供应商合作，弱化"长鞭效应"；维护代理商需求，保存其生存发展的能力；保持自身财务稳健，同时加大研发适应新环境的产品。

4. 物联网大数据实现制造业服务化

随着 21 世纪智能时代的来临，赋能工程机械制造企业朝着数字化发展，产品朝着智能化、电动化方向发展。卡特彼勒从 20 世纪 90 年代中期开始进行数字化转型，一直持续到现在。其数字化战略是"以客户为中心（Customer Centric）"，数字化愿景是"从数字获取洞察，由洞察驱动行动"。利用数字化，卡特彼勒实现精细化管理，并与经销商和客户协同工作，提供更多有价值的服务。

遵循其数字化战略，卡特彼勒建立了数字化业务经营系统。该系统帮助卡特彼勒对整个价值链上的各个业务要素和业务单元进行快速连接和精准管理。这种更加精细化的管理方式，让企业的盈利能力不会因为外部市场环境的变化而波动。2016 年，建筑机械行业处于行业低谷，卡特彼勒的毛利率和营业利润率保持稳定，并没有随着销量的下滑而降低。

卡特彼勒向世界展示了一个跨国企业在全球市场扩张、在经济周期低谷砥砺前行的典型案例。其非凡成就是多因素共同作用的结果。这些因素可能是通用的，但却难以复制出另一家伟大的企业。

（资料来源：https://max.book118.com/html/2018/0703/6141110031001204.shtm）

6.1 企业战略目标

6.1.1 企业战略的定义

企业战略的定义有多种分类。一些学者将企业战略的概念用传统概念（或广义定义）和现代概念（或狭义定义）来分类。

1. 传统概念

美国哈佛大学迈克尔·波特（Michael Porter）教授是企业战略传统定义的典型代表。他认为"战略是公司为之奋斗的一些终点与公司为达到它们而寻求的途径的结合物"。波特的定义概括了 20 世纪 60 年代和 70 年代对企业战略的普遍认识。它强调了企业战略的一方面属性——计划性、全局性和整体性。

2. 现代概念

近年来，由于企业外部环境变化速度加快，使得以计划为基点的广义定义受到不少批评，于是企业战略的现代概念开始受到广泛的重视。明兹伯格（H. Mint-sberg）在1989年提出，以计划为基点将企业战略视为理性计划的产物是不正确的，企业中许多成功的战略都是在事先无计划的情况下产生的。他将战略定义为"一系列或整套的决策或行动方式"，这套方式包括刻意安排的（计划性）战略和任何临时出现的（非计划性）战略。许多学者开始研究组织的有限理性，并将重点放在组织在不可预测的或未知的内外部因素约束下的适应性上。虽然从字面上看，现代概念与传统概念的主要区别在于，现代概念认为战略只包括为达到企业的终点而寻求的途径，而不包括企业终点本身，但是，从本质区别看，现代概念更强调企业战略的另一方面属性——应变性、竞争性和风险性。事实上，企业大部分战略是事先的计划和突发应变的组合。"战略既是预先性的（预谋战略），又是反应性的（适应性战略）。"换言之，"战略制定的任务包括制订一个策略计划，即预谋战略，然后随着事情的进展不断对它进行调整。一个实际的战略是管理者在公司内外各种情况不断暴露的过程中不断规划和再规划的结果。"

在当今瞬息万变的环境里，企业战略意味着企业要采取主动态势预测未来、影响变化，而不仅是被动地对变化作出反应。企业只有在变化中不断调整发展战略，保持健康的发展活力，并将这种活力转变成惯性，再通过有效的战略不断表达出来，才能获得并持续强化竞争优势，构筑企业的成功。进入21世纪后许多巨型跨国公司所进行的战略调整体现了战略的上述两种属性的结合。面对经济全球化的强烈冲击和错综复杂的外部竞争环境，跨国公司正在适时地调整全球战略。像日本索尼这样的优秀企业也面临着新的考验。在全球消费类电子、家电业领先的索尼公司在产品层面上作出了向娱乐、媒体和网络供应商的转变，而业内专家认为其面临的转型压力不仅仅是产品层面的，而且已到了业务战略调整的临界点，索尼应该把自己从制造商中解脱出来，逐步过渡到服务供应商的角色。其他企业如IBM、诺基亚、CA等也都没有懈怠，调整战略、领先行业是它们的目标。

6.1.2 战略目标

企业的战略目标是指企业在其战略管理过程中所要达到的市场竞争地位和管理绩效的目标，包括在产业中的领先地位、总体规模、竞争能力、技术能力、市场份额、收入和盈利增长率、投资回收率以及企业形象等。而企业在市场中的竞争地位作为衡量企业绩效的一个标准，就是通过在国际市场的战略定位以获取竞争优势，对于定位全球市场的跨国公司来说战略目标即为获取全球竞争优势。一个跨国公司要想具备持续的盈利能力必须获取全球竞争优势。全球竞争优势不仅是行业条件的函数，而且是相对于竞争对手创造的价值的函数。跨国公司只有在创造超过竞争者的总价值能力时，才能获得全球竞争优势，创造更多的价值。跨国公司相对于普通企业而言更强调对全球范围的资源的整合利用，从全球范围来看，目前的世界分工体系就是以跨国公司为"旗舰"的分工体系（Rugman，2001），换一个角度看，跨国公司本身就是全球价值链网络体系即研发网络、供应网络、生产网络、营销网络的全球分布与相互连接，跨国公司间的竞争就表现为各自价值链网络优势的竞争，自身的发展也就表现为价值链网络的调整和扩张。在这种竞争背景下，跨国公司的战略目标就表现为全球价值链网络优势的寻求、获得和保持。

6.2 跨国公司竞争优势

6.2.1 跨国公司竞争优势的基础

跨国公司通过产品标准化实现大规模生产来降低成本和提高效率，是建立世界范围竞争优势的一种途径。跨国经营的竞争优势也可以建立在多种产品的广泛产品组合之上。

1. 利用各国在资源方面的差异建立竞争优势

从总体上看，国家的比较优势有助于跨国公司建立竞争优势。不同国家存在着资源差异，企业的各种生产经营活动，如研究与开发、生产、市场营销等，使用不同生产要素或使用生产要素的密集程度不同。于是，企业可以通过跨国经营在全球范围内安排它的生产经营活动，即把使用某种生产要素最多的生产活动转移到这种生产要素价格最低的国家。例如，在英国进行研究与开发活动，利用当地科学家和工程技术力量；在中国利用廉价劳动力，安排劳动密集型的生产活动。

扩展阅读6.2 波特战略改进

从战略角度讲，各国的比较优势不断发生变化，发展中国家的技术实力不断加强，同时，经济发展也会导致劳动力成本和资本成本的提高。这种国家之间比较优势的动态变化，会促使跨国公司重新考虑资源配置问题。

2. 利用规模经济建立竞争优势

通过大规模生产降低单位成本，从而建立成本优势。一般地说，零部件生产的规模最大，装配活动次之。公司应该在其价值链的不同环节上分别确定最佳规模。依靠标准化获得规模经济效益时，必然伴随着经营灵活性和对外部变化适应性的降低，特别是各国需求差异较大时，规模效益就要降低。

3. 利用各国需求的差异建立竞争优势

跨国经营环境的重要特征是多样性和易变性。在某些产品的市场上，国家差异表现得很明显。不同国家中，消费者的品位和偏好、流通体制以及政府对商品和市场竞争行为的干预，对不同促销战略和营销方法的有效性有直接影响。跨国公司可以根据东道国市场需求的特点设计和生产产品，以提高产品的附加值。

4. 通过在世界范围学习建立竞争优势

跨国公司跨国经营是一个不断学习和发展的机会。跨国公司必须把学习作为一个明确的目标，建立必要的学习机制。在不同国家经营获得的知识和经验，通过各子公司之间的互相交流和学习，可以增强跨国公司的创新能力和适应能力。

6.2.2 跨国公司竞争优势的来源——价值链

价值链的概念是美国哈佛大学商学院教授迈克尔·波特（Michael E. Porter）于 1985 年在其所著的《竞争优势》一书中提出的，经历三十多年发展，现已经成为研究竞争优势的有效工具。波特认为，应该将公司作为一个整体来认识竞争优势。公司通过完成设计、生产、营销、交货等过程及辅助过程中所进行的许多相互分离的活动作业而产生价值，进而逐步形成竞争优势。归根结底，竞争优势来源于公司为顾客所创造的价值。以此为切入点，波特引入了价值链的观点。价值链显示了对于消费者来说产品生产的整体价值，价值活动由基本活动和辅助活动构成，如图 6-1 所示。

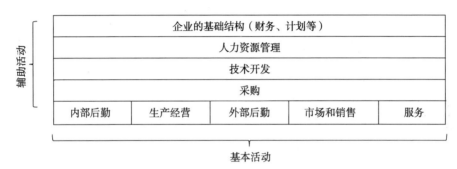

图 6-1 价值链活动环节

价值链中的价值活动可以分为两大类：基本活动和辅助活动。

1. 基本活动

基本活动又称主体活动，是涉及产品的物质创造及其销售、转移给买方和售后服务的各种活动。与商品实体的加工流转直接有关，是企业的基本增值活动。任何公司中，基本活动都可以划分为如图 6-1 所示的五种基本类别。根据特定的行业和企业战略，每种基本活动可以划分为许多不同的具体活动。

（1）内部后勤，又称进货物流，指与产品投入有关的进货、仓储和分配等活动。如原材料的装卸、入库、盘存、运输以及退货等。

（2）生产经营，指将投入转化为最终产品的活动。如机加工、装配、包装、设备维修、检测等。

（3）外部后勤，又称出货物流，指与产品的库存、分送给购买者相关的活动。如最终产品的入库、接受订单、送货等。

（4）市场和销售，指与促进和引导购买者购买企业产品相关的活动。如广告、定价、销售渠道等。

（5）服务，指与保持和提高产品价值有关的活动。如培训、修理、零部件的供应和产品的调试等。

2. 辅助活动

辅助活动是辅助基本活动并通过提供外购投入、技术、人力资源以及各种公司范围的职能以相互支持。如同基本活动那样，每种辅助活动对于一个给定的行业来讲，都可分为许多各不相同的具体价值活动。采购、技术开发和人力资源管理都与各种具体的基本活动相联系并支持整个价值链。公司的基础设施虽并不与各种特别的基本活动相联系但也支持整个价值链。

（1）采购。采购是指在一个企业的价值链中使用的投入品的功能，而不是指外购的投入品本身，外购投入品包括原材料、供应品和其他生产过程中所使用的物品以及诸如机器设备、实验设备、办公设备和建筑物之类的资产，外购投入品通常与基本活动相联系，包括辅助活动在内的每种价值活动都存在着外购投入品，例如，在技术开发中，实验室提供服务和独立的测试服务是普通的投入要素，而对企业进行的核算则是企业基础结构中的一种普通投入要素。选择合格的新供应商，对不同的外购投入品的采购和对供应商的行为继续监控都是采购活动的组成部分。

（2）技术开发。任何价值活动都包含着技术，这些技术包括技术诀窍、技术方式方法或体现在工艺设备中的技术。大多数企业使用的技术范围是非常广泛的，从准备文件和运送商品中使用的技术到体现在产品本身的那些技术，有着很大的变化。而且，大多数价值活动往往使用由多学科不同技术共同构成的某种技术。技术开发由许多活动组成，这些活动的共同作用，有利于改进产品和工序过程，我们把这种活动叫作技术开发。在技术开发这一活动里，各不相同的活动可能包括零部件设计、特征设计、现场测试、工序的工程技术和技术选择。

（3）人力资源管理。人力资源管理由聘用、雇用、培训、开发和对各种人员的补偿等活动组成。人力资源管理对单项的基本活动、辅助活动（如工程师的雇用）和整个价值链（如劳工协商）都起着支持作用。在任何一个企业里，均可通过人力资源管理在决定雇员的技能和动力方面以及聘用和培训成本方面的作用来影响竞争优势。在有些行业里，它对竞争优势起着重要的作用。

（4）企业的基础结构。企业的基础结构由许多活动组成，包括普通管理、计划、财务、会计、法律、政府事务和质量管理。基础结构与其他辅助活动不同，通常支持的是整个价值链而不是单项活动。

价值链的构成主要取决于行业特征，同一产业内的企业通常具有类似的价值链，但不同产业内企业间的价值链构成可能具有较大差异，这种差异表明不同产业、不同企业对价值链上各个环节的重视各有侧重，也表明了价值的相对性。竞争者价值链之间的差异是竞争优势的一个关键。一个产业中企业的价值链可能会因为产品线的不同特征、买方、地理区域或分销渠道的不同而有所区别。

6.2.3　跨国公司价值链的战略环节和竞争优势

价值链理论的基本观点是：在一个企业众多的"价值活动"中，并不是每一个环节都创造价值，企业所创造的价值，实际上来自企业价值链上的某些特定的价值活动，这些真正创造价值的经营活动，就是企业价值链的战略环节。企业在竞争中的优势，尤其是能够长期保持的优势，实质上就是企业在价值链上某一特定的战略价值环节上的优势。

根据经济学的一般原理，在一个不存在垄断优势的充分竞争市场，竞争者只能得到平均利润。假如某一行业利润高出一般行业，其他企业就会插手进入该行业来争夺利润，而随着新企业的进入和供应的上升，利润就会下降，这一过程将一直持续到整个行业的供求关系改观，超额利润完全消失才会结束。换句话说，如果超额利润能够长期存在，则一定存在某种因垄断优势引起的"进入壁垒"，阻止行业外新企业的进入。

价值链的理论在此基础上更进一步，把经济学的这一原理应用到对企业最基本的价值活动的分析上来。价值链理论认为，行业的垄断优势来自该行业的某些特定环节的垄断优势；抓住了这些关键环节，也就抓住了整个价值链。这些特定环节就是企业的战略环节。这些决定企业经营成败和效益的战略环节可以是产品开发、工艺设计，也可以是市场营销、信息技术或者人事管理等，视不同的行业而异。比如，在高档时装业，这种战略环节一般是设计能力；在卷烟业，这种战略环节主要是广告宣传和公共关系策略（也就是如何应对各种政府和消费者组织的戒烟政策）；在餐饮业，这种战略环节主要是餐馆地点的选择。

要保持企业对某一产品的垄断优势，关键是保持这一产品价值链上战略环节的垄断优势，并不需要在所有的价值活动上都保持垄断优势。战略环节要紧紧控制在企业内部，很多非战略性的活动则完全可以通过合同的方式承包出去。

对战略环节的垄断可以采取许多形式，既可以垄断关键原材料，也可以是垄断关键销售渠道、关键市场等。比如说，在很多靠特殊技能竞争的行业，例如广告业、表演业、体育业，这种垄断优势通常来自对若干关键人才的垄断；在很多靠产品特色竞争的行业，这种垄断优势往往是来自对关键技术或原料配方的垄断，例如可口可乐的糖浆配方，麦当劳"巨无霸"汉堡的专用调料配方，都是绝密级别的商业秘密；而高科技产品行业，这种垄断优势通常来自对若干关键生产技术（例如计算机的芯片生产技术）的垄断。

上面这种建立在与产品直接相关的战略环节上的垄断优势是很容易理解的。相对来说，鲜为人知的是各种在价值链"辅助性增值活动"环节上的垄断优势。国际商用机器公司（IBM）在组织结构上的垄断优势就是这样的，强大的组织体系，IBM遍及全球的组织结构和维修服务网络，以及高质量的服务是其他公司难以做到的。例如，耐克（NIKE）公司只从事营销、研究和开发活动，其他活动则实行外购。

可见，战略环节可能是生产环节、营销环节、研究与开发环节，也可能是价值链中某些辅助活动的环节。

6.2.4 竞争优势的演变

1. 竞争优势论——波特关于竞争战略的研究

（1）迈克尔·波特理论概述。研究企业竞争战略的代表人物是迈克尔·波特，其学说重点主要有三大一般性战略、价值链、产业集群等。

①三大一般性战略。每个企业都会有许多优点或缺点，任何的优点或缺点都会对相对成本优势和相对差异化产生作用。成本优势和差异化优势都是企业比竞争对手更擅长应对五种竞争力的结果。将这两种基本的竞争优势与企业相应的活动相结合，就可导出可让企业获得较好竞争位置的三大一般性战略，即成本领先战略、差异化战略及专一化战略。其

中，成本领先战略和差异化战略是基础，因为专一化战略要么是基于低成本，要么是基于差异化。

②价值链。竞争优势源自企业内部的产品设计、生产、营销、销售、运输、资源等多项独立的活动。这些活动对企业的相对成本地位都有贡献，同时也是构成差异化的基础。因此，分析竞争优势的来源时，必须有一套系统化的方法来监视企业内部的所有活动及活动间的相互关系。企业应该根据竞争优势的来源，并通过了解组织结构与价值链、价值链内部的链接以及它与供应商或营销渠道间的链接关系，制定一套适当的协调形式，而根据价值链需要设计的组织结构，有助于形成企业创造并保持竞争优势的能力。

③产业集群。区域的竞争力对企业的竞争力有很大的影响，波特通过对10个工业化国家的考察发现，产业集群是工业化过程中的普遍现象，在所有发达的经济体中，都可以明显看到各种产业集群。产业集群是指在特定区域中具有竞争与合作关系且在地理上集中，有交互关联性的企业、专业化供应商、服务供应商、金融机构、相关产业的厂商及其他相关机构等组成的群体。不同产业集群的纵深程度和复杂性相异。许多产业集群还包括由于延伸而涉及的销售渠道、顾客、辅助产品制造商、专业化基础设施供应商等，政府及其他提供专业化培训、信息、研究开发、标准制定等的机构，以及同业公会和其他相关的民间团体。因此，产业集群超越了一般产业范围，形成特定地理范围内多个产业相互融合、众多类型机构相互联结的共生体，构成这一区域特色的竞争优势。产业集群发展状况已经成为考察一个经济体或其中某个区域和地区发展水平的重要指标。

产业集群的概念提供了一个思考、分析国家和区域经济发展并制定相应政策的新视角。产业集群无论对经济增长，企业、政府和其他机构的角色定位，乃至构建企业与政府、企业与其他机构的关系方面，都提供了一种新的思考方法。

产业集群从整体出发挖掘特定区域的竞争优势。产业集群突破了企业和单一产业的边界，着眼于一个特定区域中具有竞争和合作关系的企业、相关机构、政府、民间组织等的互动。这样使他们能够从一个区域整体来系统思考经济、社会的协调发展，来考察可能构成特定区域竞争优势的产业集群，考虑临近地区间的竞争与合作，而不仅仅局限于考虑一些个别产业和狭小地理空间的利益。

产业集群要求政府重新思考自己的角色定位。产业集群观点更贴近竞争的本质，要求政府专注于消除妨碍生产力成长的障碍，强调通过竞争来促进集群产业的效率和创新，从而推动市场的不断拓展，繁荣区域和地方经济。

（2）对迈克尔·波特理论的评价。第一，波特倡导的三大战略中，成本领先战略强调的是规模经济，差异化战略突出的是范围经济，专一化战略突出的是服务某一特定细分市场，通过高附加值盈利。但这三大战略没有概括出实践中普遍使用的品牌、质量、技术创新等在20世纪80年代非常成功的战略，对服务业也缺乏适用性。

第二，波特的理论是对美国及日本在20世纪70年代制造业的实践总结。这一理论为企业制定战略和获取持续超额利润提供了较为可靠的经济分析依据。随着时间的推移，其局限性越来越明显。20世纪80年代中期，鲁梅尔特（Richard Rumelt）的实证研究发现产业内利润差异比产业间利润差异大得多。如20世纪90年代初，美国西南航空公司在其他同行大亏损时,却保持了利润的持续增长,这说明行业的市场结构并不是企业业绩的决定因素。西南航空公司赖以竞争的资源是一种看不见的资源,如友善、风趣、实惠。这一发现推翻了传统产业组织理论的市场结构决定企业盈利水平的论断,为从企业内部特殊性寻找利润源泉提供了依据。

2. 资源基础论——以资源为基础的战略

(1)资源基础论的产生。波特理论是以"市场——企业——绩效"的因果关系制定企业战略的。企业在进入一个新产业时,首先是根据产业的结构吸引力选择一个产业,然后在竞争者理性假设的前提下,对其战略作一个合理的判断后制定一个进入战略,最后进行战略性投资,参与竞争。

以巴尼(Jay Barney)、鲁梅尔特为代表的资源理论学派对此进行了猛烈的回应。形成了一个分析企业内部资源分配和使用的框架,即以"资源——战略——效益"的逻辑关系制定企业战略。该框架表达的中心思想是:企业竞争力的差异是由战略的差异,或者更进一步说,是由企业资源差异来解释的,是一个从资源到战略再到竞争力的因果关系。企业战略是培育企业独特的战略资源,以及最大限度地优化配置这种战略资源的能力。在企业竞争实践中,每个企业的资源和能力是各不相同的,同一行业中的企业也不一定拥有相同的资源和能力。这样,企业战略资源和运用这种战略资源的能力方面的差异,就成为企业竞争优势的源泉。

(2)战略资源的界定。巴尼认为,对企业具有持久竞争优势,进而对竞争力起促进作用的资源称为战略(性)资源。战略性资源有三个特点:

① 有价值。有利于企业提高效益,实现价值增加。

② 稀缺性。具有价值且普遍存在的资源和能力只能是竞争均势的来源;只有稀缺的、具有价值的资源才能是竞争优势的来源。

③ 难以模仿。拥有有价值的、稀缺的资源和能力的企业至少可以获得一种短期的竞争优势。企业若获得了可持续的竞争优势,那么竞争企业在模仿这些资源和能力时就面临成本劣势。可见,模仿对于理解产生可持续竞争优势的资源和能力至关重要。

如果企业无法有效仿制或复制出优势企业产生特殊能力的源泉,各企业之间具有的效率差异状态将永远持续下去。

(3)竞争优势的持续性在于资源的不可模仿性。企业竞争优势源于企业的特殊资源,劣势企业总是设法模仿优势企业。资源基础理论的研究者们对这一问题进行了广泛的探讨,认为至少有以下因素阻碍了企业之间的互相模仿:

① 认知限制。企业资源具有不确定性和复杂性,劣势企业不知该模仿什么,不该模仿什么。

② 时间劣势。企业可能因为远见或者偶然拥有某种资源占据某种优势,但这种资源或优势的价值在事前或当时并不被大家所认识,也没有人去模仿。后来环境发生变化,资源或优势的价值日渐显露出来,成为企业追逐的对象。然而,由于时过境迁,其他企业再也不可能获得那种资源或优势,或者再也不可能以那么低的成本获得那种资源或优势,拥

有那种资源或优势的企业则可稳定地获得竞争优势。

③ 模仿成本。企业的模仿行为存在成本，模仿成本主要包括时间成本和资金成本。如果企业的模仿行为需要花费较长的时间才能达到预期的目标，在这段时间内完全可能因为环境的变化而使优势资源丧失价值，使企业的模仿行为毫无意义。

即使模仿时间较短，优势资源不会丧失价值，企业的模仿行为也会耗费大量的资金，且资金的消耗量具有不确定性，如果模仿行为带来的收益不足以补偿成本，企业也不会选择模仿行为。并且，劣势企业对优势企业的观察是有成本的，劣势企业观察得越全面、越仔细，观察成本就越高，劣势企业即使能够通过模仿获得少量利益，也可能被观察成本所抵销。

④ 资源位置壁垒。先行者具有占位优势，现有的规模、能力与不可逆转的有形资产投资会让后来者望而却步。

（4）战略资源的获取与管理。资源基础理论为企业的长远发展指明了方向，即培育、获取能给企业带来竞争优势的战略资源。由于资源基础理论还处于发展之中，企业决策总是面临着诸多不确定性和复杂性，资源基础理论不可能给企业提供一套获取特殊资源的具体操作方法，仅能提供一些方向性的建议。具体来说，企业可从以下几方面着手发展企业独特的优势资源：

①组织学习。资源基础理论的研究人员几乎毫不例外地把企业特殊的资源指向了企业的知识和能力，而获取知识和能力的基本途径是学习。由于企业的知识和能力不是每一个员工知识和能力的简单加总，而是员工知识和能力的有机结合，通过学习不仅可以提高个人的知识和能力，而且可以促进个人知识和能力向组织的知识和能力转化，使知识和能力聚焦，产生更大的合力。

②知识管理。知识只有被特定岗位上的人掌握才能发挥相应的作用，企业的知识最终只有通过员工的活动才能体现出来。企业在经营活动中需要不断地从外界吸收知识，需要不断地对员工创造的知识进行加工整理，需要将特定的知识传递给特定工作岗位的人，企业处置知识的效率和速度将影响企业的竞争优势。因此，企业对知识微观活动过程进行管理，有助于企业获取特殊的资源，增强竞争优势。

③建立外部网络。对于弱势企业来说，仅仅依靠自己的力量来发展需要的全部知识和能力是一件花费大、效果差的事情，通过建立战略联盟、知识联盟来学习优势企业的知识和技能则要便捷得多。而且来自不同公司的员工在一起工作、学习还可以激发员工的创造力，促进知识的创造和能力的培养。

3. 核心能力

（1）核心能力理论的提出。进入知识经济时代以后，以物品为基础的生产明显地转向以高技能、高技术和服务为基础的生产。人们的经营观念也从高产量向高价值转化，转向更高层次的专门化的产品和服务。新的竞争焦点将不再是数量空间（产量或价格），而是在特定的技术和特定市场之间找到正确位置的能力。企业向产业细化方向发展，企业继续进行成本竞争，但不是要素成本的竞争，而是基于高技能和技术的生产率竞争。价格敏感的和低档的产业分支，逐渐向其他国家的企业转移。在这一阶段，拥有自己的国际营销和服务网络以及在国外的品牌声誉，对企业具有重要的意义。此时，企业把眼光从关注外部产品市场环境转向内在环境，注重自身独特的资源和技术的积累，形成特有的竞争力，即核心能力。20世纪90年代以来，加里·哈默尔（Gary Hamel）、贝赞可（D. Besanko）、安德鲁坎贝尔（Andrew Campbell）的理论可以归结为核心能力战略。

1990年，普拉哈拉德和哈默尔（C.K. Prahalad & G. Hamel）在《哈佛商业评论》上发表了《企业核心能力》（*The Core Competence of Corporation*）一文。提出了核心能力概念，即核心能力是"组织中的积累性学识，特别是关于如何协调不同的生产技能和有机结合多种技术流的学识"。核心能力的形成是一个积累、形成、保持和运用的过程，特别是当企业已经形成在国内强有力的竞争能力时，该能力的保持和创新就成为企业能否成功进行国际化的关键。

核心能力的判断标准主要有以下几点：

①稀有性。企业所拥有的资源或能力是否是稀缺的，这种资源或能力是否是企业持续竞争优势的来源。只有能够为企业提供持续的动力，才能构成企业战略行为选择的依据。

②难以复制性。指企业能够与其他企业相区别的、独一无二的资源。比如企业拥有的某种技术、市场控制能力、独特的客户资源等。这些都将成为企业竞争优势的来源。

③可持续性。企业的战略行为从决定到结果的显现会有一定的"时滞"，可持续性要求企业的无形资源通过不断的创新和变革以适应瞬息万变的竞争环境。

④难以替代性。每一个企业、产品、品牌在消费者心中都会有一个不被取代的理由，企业要依据核心能力作出战略判断，就要求该企业所具有的核心能力在市场、消费者心中、竞争者眼中是难以替代的，它可以是企业所拥有独特的企业文件、领先的技术、独特的设计、完善的服务、通畅的物流配送。应该强调一点，难以替代性并不意味着企业所拥有的技术一定是同行业中最先进的，但企业所设计出的产品或服务应该是具有鲜明的特征。

⑤获利性。企业一切行为的理由归根结底都是为了获得利润。判断一个企业是否具有核心竞争力等同于评价一个企业是否具有获利能力，以及持续盈利的能力。

核心能力学派认为，现代市场竞争与其说是基于产品的竞争，不如说是基于核心能力的竞争。企业的经营能否成功，已经不再取决于企业的产品、市场的结构，而是取决于其行为反应能力，即对市场趋势的预测和对变化中的顾客需求的快速反应，因此，企业战略的目标就在于识别和开发竞争对手难以模仿的核心能力。企业的目标应是在产品性能的特殊设计与开发方面建立起领导地位，以保持企业在产品制造和销售方面的独特优势。

（2）核心能力的核心——企业的核心技术能力。企业核心能力的核心包括知识能力和技术能力，两者结合形成一个支持企业长期发展的竞争能力体系。它具体由以下几个方面构成：

①研究和开发能力。根据联合国教科文组织的定义，研究与开发是指为增加知识总量，以及运用这些知识去改造新的应用而进行的系统性创造活动。它包括基础研究、应用研究和技术开发等内容。

基础研究是应用研究和技术开发的基础工作，它主要是为了获得关于现象和可观察事实的基本原理而进行的实验性和理论性工作。其作用是为了扩大人们的科学知识领域，并为新技术的创造和发明提供理论前提。应用研究是连接基础研究和技术开发的桥梁，是为了在实践中运用新知识而进行的应用性研究。技术开发是指利用从研究和实际经验中获得的现有知识，或利用从外部引进的技术、知识，为生产新的材料、产品、装置和建立新的工艺和系统而进行的创造性研究。

知识和技术是企业核心竞争力的首要核心，企业只有拥有自己的研究和开发能力，形成自己的技术、知识核心，才能使竞争对手难以模仿和超越，从而保持长久不衰的竞争优势。

②技术转化能力。技术转化能力是指企业把技术创新活动得到的新技术应用于产品生产和提供服务，从而转化为实际生产力的能力。企业只有把技术创新的成果成功地应用于生产实践，才能实现技术创新与经济的有效结合，提高生产效率和经济效益。

③技术保护能力。企业对核心技术的保护能力是企业核心竞争能力的核心之一。技术保护能力是指企业保护自己的核心技术，避免和延缓核心技术知识从企业内部溢出的能力。

④应变能力。企业应变能力是企业能够改变特定资源，使其产品能够快速满足客户需求的能力，包括对客观变化的敏锐感应能力和对客观变化迅速作出应付策略的能力。

（3）核心能力的来源。核心能力不要求公司在每个业务方面都有高超的能力，企业的核心能力来自价值链上的某些特定环节。这些环节可能是生产环节、营销环节、研究与开发环节，也可以是价值链中其他的环节。以往，跨国公司战略的重心主要放在基本活动上，但随着供求关系的转变，辅助活动的重要性也显得越来越突出，越来越多的跨国公司注重在自己的辅助活动上对几个职能领域建立核心能力。例如，NIKE公司只从事营销、研究和开发活动，其他活动实行外购。IBM公司在计算机行业的核心能力，很大程度上取决于强大的组织体系，这种组织体系涉及组织结构、销售网络和维修服务网络。

公司的核心能力取得，关键是控制企业价值链中的某些特定的环节，而不是全部环节。所以，跨国公司核心能力提高的关键在于关注和培养价值链上的关键环节。

4. 三种理论的比较分析

竞争优势论、资源基础论、核心能力论各有特点：

（1）关于企业的性质。这三种理论对企业性质的看法存在着明显的差异。竞争优势认为企业是同质的，而后两种理论则认为企业是异质的。竞争优势理论将企业视为一部资源和产品的投入产出机器，只研究企业是怎样选择自己的投入，怎样决定自己的产出，至于企业为什么会存在，它的内部运行机制与市场运行机制有什么不同，则不加以研究。而资源基础理论更多的是从企业内部的资源配置效率入手。否定了竞争优势理论中企业同质的观点，认为在具有行政管理框架结构的企业中，外部购入的同质资源进入企业参与经营活动的过程中，由于附上了企业的专有资源，变得异质了。因此，生产过程的投入品从来不可能仅仅是外部资源本身，投入品只可能是外部购入资源和专有资源的结合体——生产性活动。

（2）关于利润的来源。对于企业利润的来源，三种理论各持己见。竞争优势理论认为只能通过战略性投资，如投入新产品开发（产品差异化战略）、扩大生产规模（低成本战略），以此提高行业壁垒和打击竞争者，从而获得垄断利润。而资源基础理论认为，企业专有资源具有特定的性质，是专有资源为企业带来价值的。由于资源"异质化"的不同，使得各企业的获利程度不同，拥有优势资源的企业能够获取超出平均水平的收益。核心能力理论则更上升了一步，认为实质的市场竞争不是价格的竞争而是创新，特别是能力创新是企业利润的真正源泉。

（3）关于成长的动因。企业如何成长问题也是三种理论争论的焦点。竞争优势理论认为企业必须不断地增加战略性投资来维护其垄断地位，同时在垄断利润逐渐趋向零的现实下，企业又不得不选择新的发展领域，实行多元经营。在资源基础理论中，企业成长的动因被认为是企业本能的一种反应。在企业行政管理框架下，生产性资源在使用过程中与企业专有资源结合产生生产性活动，而生产性活动发挥作用的过程则推动企业经营知识的积累，从而获得更多的利润，企业有了内在成长动力。核心能力理论摆脱了"资源"分析的定势，认为企业的成长动因是企业类似于"人"的主观能动反映。核心能力理论同样赞成资源基础理论的企业内生动力观，但因为经济不断进化，本能的反应是远远不够的，外部环境的不断变化迫使企业必须不断地进行能力创新。因此，环境的压力和企业的能动学习，使企业不断获得创新，成为企业成长的动力。

6.3 跨国公司战略两难问题

6.3.1 集权与分权的制衡

跨国公司规模巨大，跨越国界程度宽广，分支机构地域分散，公司内部层次、部门众多，控制幅度大，组织结构相当复杂。如何既能保证公司战略成为公司各项工作贯穿如一的中心线索，又能使公司在全球日趋激烈的竞争中保持足够的灵活性，是一直以来跨国公司战略管理的重点课题。过度集权管理，可能导致跨国公司的本土化战略受到削弱，使公司对各地区的具体情况与问题的反应能力下降，丧失灵活性，患上"大企业病"；但过度分权管理，又会导致公司战略无法有效实施。

近年来跨国公司广泛流行"在思想上集权，在行动上分权"的做法，即总公司强化用战略思想与战略目标"教育"公司各机构、各部门的人员，同时又赋予这些机构和人员相当大的自主权以决定如何在公司战略框架内解决自己所面临的问题。这种做法较好地将集权与分权在战略框架内结合起来，但也使得集权与分权均衡点的上下浮动更频繁。

6.3.2 全球——当地两难问题

公司在多种经济社会、政治、文化环境下运行，各国相异的社会形态、发展模式价值观等都使跨国公司所面临的外部约束明显不同于国内企业。跨国公司往往被视为东道国本体之外的一种异质，从而可能发生冲突的数量和程度也远非是国内企业所能遭遇的。再者，文化的多元性不仅影响跨国公司的内部管理，也同样制约和影响着公司在东道国的经营。

对文化的敏感性可以穿越文化边界将产品营销到特定的市场。所以，对于跨国企业来说，在跨国经营过程中，全球化和本土化一直都是两难的选择。全球化以及本土化也同时反映了跨国公司的成本压力以及地区调适压力的两难抉择（图6-2）。这些竞争压力对企业提出了相冲突的要求。对降低成本的压力作出反应要求企业尽力将其单位成本最小化。相反地，对地区调适的压力作出反应则要求企业对不同的国家提供差异化的产品与营销策略，以满足各国不同的消费者兴趣与偏好、企业实践、分销渠道、竞争条件以及政府政策所产生的多样化需求。由于满足不同国家要求的定制产品可能涉及大量的重复性劳动且产品缺少标准化，其结果将会提高成本。

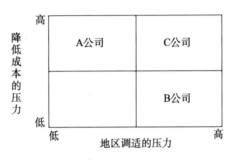

图 6-2　降低成本与地区调适的压力

有些企业，如图 6-2 中的 A 公司，面临着高的降低成本的压力与低的地区调适的压力；而其他企业，诸如 B 公司，则面临着低的降低成本的压力与高的地区调适的压力；也有许多企业处于 C 公司的位置，同时面临着高的降低成本的压力与高的地区调适的压力。要应付这些冲突与矛盾的压力，对企业而言是一个巨大的挑战。

1. 区位经济

各个国家在政治、经济、法律、文化等各个方面都存在一定差异性，这些差异既可能提高一国商务活动的成本也可能降低其成本。要想在一个充满竞争的全球市场中生存，意味着在贸易壁垒和运输成本许可的情况下，只要将其从事的各项价值创造活动置于经济、政治和文化条件包括相对的要素成本都最有助于该活动绩效的地方，企业才能从中获益。企业采取这一战略就能实现所谓的区位经济。

对于跨国集团公司而言，由于跨国经营存在着各种贸易障碍和运输成本，以及各个国家具有不同的资源优势，因而区位经济在全球市场中总是存在的。也就是说，某种产品的生产或价值链上的某一环节总是存在着最适合的生产地点，在这一地点，其所付出的成本最低。假如一种产品的最佳设计人员均集中于 A 国，那么跨国公司就应该把其设计基地放在 A 国；假如利用 B 国劳工生产产品能使其成本相对较低，那么制造产品的工厂就应该放在 B 国；假如 C 国具有广阔的市场需求以及进入其他市场的通道，那么营销子公司应设在 C 国等。所以，从理论上讲，把价值链上的各个环节分布于最佳区位，较之放在单一区位更具有优势。一方面，可以显著降低成本；另一方面，能够提供差异化的产品，这两方面均能帮助提高企业的盈利能力。

跨国集团公司通过实施全球经营一体化战略，以获取区位经济为目标，把不同阶段的价值链活动分散在全球各处，从而创建一个价值创造活动的全球网。

值得一提的是，受运输成本与贸易壁垒限制可能使上述情境复杂化。例如，受益于有利的要素禀赋某些区位可能在产品生产作业上具有比较优势，但是高昂的运输成本使其成为不太经济的区位。另外，在做区位决策时评估政治与经济风险也是十分重要的一个环节。即使一个国家按各项标准衡量都显示作为一个生产区位很有吸引力，但假如其政局不稳定或是采取极权统治，存在政治风险，则企业可能被劝说不要去那里生产。同样，假如一个政府看来在实施不适当的经济政策，即使其他的因素很有利，企业也不主张把生产放在那一区位。

2. 经验效应

经验曲线指的是在产品生命周期内所观察到的生产成本有规律的下降。许多研究表明一种产品每当其产量翻番，它的生产成本将因此因素得以下降。这一关系首先在飞机工业中被人们发现，在该行业每当飞机机身的产量增加一倍，其单位成本就典型地降至原先水平的 80%。因此，第 4 架飞机机身的生产成本将是第 2 架飞机机身生产成本的 80%，第 8 架飞机机身的生产成本将是第 4 架的 80%，第 16 架又将是第 8 架的 80%，依此类推。解释这一现象的要点是学习效应与规模经济。

（1）学习效应。学习效应指的是成本的节省源于在实践中学习。一方面，当个人通过反复实践学会以最有效率的方式去从事特定的任务时，劳动生产率随之提高；另一方面，在新的生产厂，管理人员也会随时间的推移学会如何更有效率地管好新业务的运作，所以生产成本最终因劳动生产率和管理效率的提高得以下降，从而提高公司的盈利能力。

当一项技术复杂的任务一再重复时，学习效应更为显著，因为该项任务有更多的学习内容。所以一个涉及 1000 个复杂步骤的装配过程较之一个仅有 100 个简单步骤的任务，学习效应要明显得多。但是，不管任务多复杂，学习效应在一段时间过后都会典型地消失。过了这一点后，经验曲线的任何下倾都是由规模经济引起的。

（2）规模经济。首先，规模经济这一术语是指通过大量生产以实现产品单位成本的下降，这将有助于降低企业的单位成本，从而提高其盈利能力。导致规模经济的因素很多，其中最为重要的一个因素是，它能将固定成本分摊到更大的数量之上。固定成本是建造生产厂、开发新产品等所需要的成本，其数额一般很大。尤其是对于一些前期生产研发等投入较大的行业公司，开发国际业务是很有必要的。例如，据统计，研发一种新药的成本约为 8 亿美元以及 12 年左右的时间，建造一个半导体圆晶厂的成本更是动辄百亿美元，要补偿如此高的固定成本，唯一的出路是把产品销往全世界，通过更大数量的分摊降低单位成本。而且，累积销售量上升得越快，固定成本分摊得越快，单位成本下降得也越快。

其次，如果没有全球市场的存在，一个企业很难达到有效率的规模产量。例如，在汽车行业，一家工厂的有效率的规模产量为年产量 20 万辆。汽车生产厂家都愿意由一家特定工厂专门从事某一型号汽车的生产，因为可以通过专业化生产的方式最大限度地降低生产成本。如果某国国内对于某型号汽车的年需求仅为 10 万辆，这将导致该厂无法达到年产量 20 万辆的最佳产出水平，从而推动该型号汽车单位成本的上升。但是在全球市场的情况下，该厂就可以将产量定为 20 万辆，从而达到规模经济，降低单位成本，提高企业的盈利能力。通过同时供应国内和国际市场，企业将更有效地利用资源。例如，假如英特尔微处理器只能在美国境内销售，则它的工厂一周只能开工五天，但是，假如能同时供应全球市场，英特尔则能更集中地使用其生产性资产，从而提高资本生产率及企业的盈利能力。

最后，全球经营在扩大企业规模的同时，也在不断增强企业与原料供应商之间的谈判能力，从而使企业实现采购的规模经济，压低关键投入的采购成本，提高盈利能力。例如，沃尔玛往往依靠其庞大的销售量作为与产品供应商谈判的筹码，以获得极低的采购价格。

（3）战略意义。经验曲线的战略意义是明显的。随着经验曲线的下移，企业创造价值的成本降低，从而提高了企业的盈利能力。经验曲线下降最快的企业相对其竞争对手而言将具有成本优势。

许多基于经验的潜在的成本节省都源于工厂。绝大多数的学习效应和通过扩建生产能力增大产出以分摊固定成本所取得的规模经济都是如此。所以，尽快降低经验曲线的关键是尽快扩大一个工厂的产量。由于全球市场要比国内市场大得多，因而一个公司如由一个单一的区位为全球市场服务，则显然比仅服务于国内市场或由多个生产点向多个市场服务的企业能更快地扩大累积生产量。这样，由单一区位为全球市场服务的企业能持续地降低其经验曲线并建立一个低成本的地位。此外，一个企业要快速降低其经验曲线必须在定价与营销上努力进取以迅速扩大其需求；它也需要创造足够的生产能力以便服务于一个全球市场；而且，如果那个区位对所从事的创造价值的活动是最佳区位的话，则由单一区位向全球市场提供服务的成本优势将更大。

企业一旦建立起一个低的成本地位，它就能以此设置新的竞争壁垒。这样的企业处于经验曲线很低的位置，而新的行业进入者则处于曲线的较高处，会遭受亏损。

对于大部分跨国公司来说，面临的主要是降低成本的压力与地区调适的压力。

3. 降低成本的压力

在竞争激烈的全球市场，国际企业常常面临降低成本的压力。应对这一压力要求一个公司努力去降低其价值创造的成本。例如，通过选择世界上的最佳区位——无论它在何处，制造商可能大量生产一种标准化的产品，以实现规模经济、学习效应和区位经济。另外，企业可能会将一些业务外包给低成本的国外供应商，试图降低成本。因此，很多计算机公司将它们的电话终端客户服务业务外包给印度，在印度，可以以低于美国的工资率雇用到懂英语的合格技术人才。同样，沃尔玛这样的零售商也可能会促使供应商（制造商）这样做（北美制造商之所以将生产转移到中国，一个主要原因就是沃尔玛给供应商施加了降价压力）。像银行这样的服务性企业，可能会通过将物流办公室的部分职能，诸如信息处理，转移到工资水平更低的发展中国家，从而对成本压力作出反应。

在一些生产货物类产品的行业中，非价格要素难以有实质性的差异化且价格是其主要的竞争武器，这类行业降低成本的压力可能特别强烈。这些产品往往是满足普遍需要的。当不同国家的消费者在兴趣与偏好上有类似之处时，就有普遍需要（universal needs）存在。一些传统货品，诸如大宗化学品、石油、钢铁、糖等皆属此类。许多工业品与消费品一样，例如，掌式计算器、半导体晶片、个人电脑、液晶显示屏等。还有一些行业其主要竞争对手的基地设在低成本的区位，而那里始终有多余的生产能力，消费者强而有力，并且转换（卖方）成本较低，也会有强大的降低成本的压力。

4. 地区调适的压力

地区调适压力的来源是多方面的，包括消费者在兴趣与偏好上的差异；基础设施与传统实践的差异；分销渠道的差异；东道国政府的要求。对地区调适的压力作出反应要求企业对不同的国家提供差异化的产品和营销策略，以满足这些因素，最终改善企业的成本结构。

（1）消费者在兴趣与偏好上的差异。当不同国家的消费者在兴趣与偏好上有重大差异时，就会出现强大的地区调适压力——尽管这些国别差异可能是由历史的或文化的诸多原因造成的。在这种情况下，多国公司的产品与营销的信息必须专门制作，使之迎合当地消费者的兴趣与偏好。这就必然产生将生产与营销职能授权给当地的子公司的压力要求。

例如，20世纪80年代和90年代早期的汽车工业热衷于"世界车"的创造。其构想是诸如通用、福特和丰田等全球公司能在全世界销售同样的基本交通工具，并由集中的产地统一供应。如能成功的话，该战略就能使汽车公司从全球规模经济中得到巨大收益。然而，这一战略在现实中却屡屡碰壁。不同汽车市场的消费者似乎有不同的兴趣和偏好，并且要求有不同型号的汽车。例如，北美的消费者对小卡车有着强烈的需求，特别是在西南地区，许多家庭将一辆小卡车作为第二辆车或第三辆车。相反，在欧洲国家，小卡车纯粹作为客货两用的运输车辆，主要由企业而非个人购买。因此，产品组合和营销信息在对待北美和欧洲不同性质的需求时应加以区别对待。

许多学者认为特定的消费需求在世界范围内呈现减弱趋势。根据这个观点，现代通信和运输技术为不同国家消费者的兴趣和偏好出现收敛趋势创造了条件，其结果是出现了生产标准化的消费产品的巨大全球市场。然而，消费者兴趣和偏好的巨大差异仍然存在于不同国家和不同文化中，国际商务的经理人不能贸然忽略这些差异。

（2）基础设施与传统实践的差异。当各国间在基础设施或传统实践上存有差异时，地区调适的压力随之产生。在这种情况下，就可能授予国外子公司在制造与生产职能上的权限，以针对不同国家有差异的基础设施和实践定制特殊的产品。例如，北美家电系统的用电电压为110伏特，而一些欧洲国家的标准则为240伏特。因此，这类家电产品必须针对这种不同的基础设施作专门的改制。不同国家的传统实践也常常是各不相同的。例如，在英国，人们在道路的左侧开车，这就产生了右驾驶座的需求；而在法国（及欧洲其他国家），人们在路的右边驾车，这又产生了左驾驶座的需求。显然，汽车必须改制才能满足传统实践上的差异。

许多国家基础设施的差异源于历史，但有些是新近的事情。举例来说，在无线通信业中，世界各地的技术标准并不完全相同。在欧洲通常用一种称为 GSM 的技术标准，而另一种标准即所谓的 CDMA 则在美国和部分亚洲国家中通行。为 GSM 设计的设备在 CDMA 网络中不能使用，反之亦然。因此，像诺基亚、摩托罗拉和爱立信等公司（制造手机和诸如转换器等基础设施），就需要根据各国的技术标准改制其提供的产品。

（3）分销渠道的差异。一个公司的营销策略可能要根据各国分销渠道的差异而作出调整。这就需要向各国的子公司授予营销职能的权限。例如，在药品行业，英国和日本的分销系统与美国的系统有很大的差别。英国和日本的医生根本不会接受或赞同美国式药品销售人员的高压销售手段。因此，医药公司在英国和日本必须采取不同于美国的营销实践（软推销而非硬推销）。同样，波兰、巴西和俄罗斯基于购买力平价的人均收入是很相近的，但是这三个国家的分销系统却存在很大的差异。在巴西，超市销售在食品零售中占 36%，在波兰占 18%，俄罗斯却不足 1%。分销渠道的差异要求企业调整自身的分销和销售策略。

（4）东道国政府的要求。东道国政府在经济和政治方面提出的要求可能使国际企业不得不作出一定程度的地区调适。例如，医药公司要服从地方卫生部门的检测、登记注册程序，以及定价限制，在制造和药品营销的方方面面都得符合当地要求。此外，由于多数国家的政府和政府机构控制了绝大部分的医疗保健预算，对地区调适会提出较高的要求。

保护主义、经济上的民族主义以及地方性管制（如要求产品中一定比例的制造国产化）的威胁都表明国际企业的生产制造应本土化。比如庞巴迪（Bombardier），一家母公司在加拿大的制造商，制造有轨机车、飞机、喷射艇及雪车。庞巴迪公司在整个欧洲有 12 家有轨机车的生产厂家。有人认为这些制造设施的重复配置导致了高成本与低利润率，但是庞巴迪的管理人员却解释在欧洲有些非正式的规则鼓励公司雇用当地工人。他们声称，在德国销售的有轨机车必须是在德国制造的；在比利时、奥地利和法国也一样。为了解决在欧洲的成本构成问题，庞巴迪公司集中了它的工程、技术和采购职能，然而在制造上却无意集中。

从目前的情况来看，完全实施标准化或者本土化策略的跨国公司都不多，大部分企业都兼而有之，即在企业经营中的某些环节实施本土化，以适应当地市场的要求，而在另一些环节则实施标准化，以服务于企业的成本战略以及全球统一战略。

6.4 跨国公司战略选择

地区调适的压力意味着一个公司要全部实现其规模经济、学习效应和区位经济的效益是不太可能的。它不可能仅由单一的低成本区位来服务于全球市场，通过生产标准化的全球产品并在全球营销以获得成本节约，但使所供产品符合地区条件的需求阻碍了这一战略的贯彻。例如，汽车制造商发现日本、美国和欧洲的消费者所要求的汽车类型是不同的，这就需要将生产的产品按各地方市场进行改制。为了作出响应，本田、福特以及丰田等公司正自上而下在上述地区建立设计和生产场所，以便能更好地满足各地区的需求。这种合乎地方消费者需求的做法在带来利益的同时，也限制了公司实现更大的规模经济和区位经济的能力。

此外，地区调适的压力意味着从一国向另一国扩大利用与公司核心竞争力相关的技能与产品是不太可能的，通常必须向当地的条件作出让步。即使因其标准化全球产品在世界各地的推广而闻名的麦当劳也发现，它不得不根据地方需求调整其产品（即它的菜单），以考虑各国在口味和偏好上的差异。

降低成本的压力和地区调适的压力之间的强度差异如何影响企业的战略选择？企业应用四种基本战略进入国际环境和在国际环境中竞争：全球标准化战略、跨国战略、国际战略和本土化战略。各种战略的适用性取决于降低成本和地区调适压力的大小。图6-3说明了每种战略的适用条件。

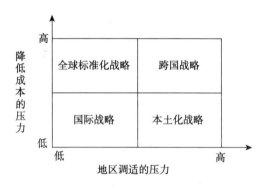

图 6-3　四种基本战略

6.4.1　全球标准化战略

采取全球标准化战略的企业强调的是增加盈利能力，通过规模经济、学习效应及区位经济实现成本的降低。也就是说，它们采用的是低成本战略。运用全球标准化战略的企业，其生产、营销和研发活动都集中于若干个有利的区位。全球企业往往不随地区条件而改变其供应的产品和营销策略，因为这样会提高成本（涉及缩小生产批量和职能上的重复）；相反，全球企业喜欢在全世界销售标准化的产品，以便基于规模经济和学习曲线获取更大的效益。它们也往往利用其成本优势在世界市场上使用其进攻性的定价策略。

当成本降低的压力强烈而地区调适的压力最低时，这一战略最为有效。这些条件在许多工业品行业中越来越普遍，产品往往能满足普遍需要。例如，在半导体工业中，全球标准已经出现，并且为标准化的产品创造了巨大的需求。因此，像英特尔、得州仪器和摩托罗拉等公司都采取全球标准化战略。但是，这些条件在许多消费品市场中并不存在，在这些市场中，对地区调适的要求仍然很高。当地区调适要求高的时候，全球标准化战略是不合适的。从下方沃达丰在日本扩张市场的案例中就可以看出当地区调适压力高的时候全球标准化战略是不符合市场定位的。

6.4.2 本土化战略

本土化战略强调的是通过改变企业的产品或服务来增加利润，所以企业在不同国家的市场上提供与其消费者兴趣与偏好相适应的产品。当各国消费者的兴趣和偏好差异较大，而且降低成本的压力不太高时，本土化是最合适的战略。按当地的需求改变其供应的产品，企业可以在当地市场上增加其产品的价值。因为涉及职能上的重复和缩小生产批量，降低成本与大量生产标准化产品满足全球消费者有关，客户定制服务限制了企业降低成本的能力。然而，这一战略可能是有意义的，一旦地区客户定制服务实现的价值增加有助于更高的定价，就能够让企业收回其高成本，或者说，如果它带来了地区需求的持续增加，则能够让企业通过在当地市场上获得一定程度的规模经济来减少成本。

与此同时，企业仍然要注意控制成本。企业追求本土化还是需要高效，只要有可能，就应该通过其全球影响力获得一定的规模经济。正如前面提到的，许多汽车公司已经发现，它们不得不根据当地市场的需求改变一些供应的产品。例如，为美国消费者生产大型载货卡车，为欧洲和日本消费者生产小型节能汽车。同时，这些多国公司试图在不同车型中使用统一的汽车平台和零件，由处在最优区位的厂商制造那些平台和零件，这些厂商规模较大，可以从它们巨大的全球产量中获得一定的规模经济。通过这种方法设计产品，这些公司能够使其供应的产品本土化，同时也能够获得一定程度的规模经济、学习效应和区位经济。

6.4.3 跨国战略

根据前面的分析，当成本降低的压力巨大而地区调适的压力最低时，全球标准化战略最为有效。反之，当地区调适的压力巨大而降低成本的压力一般或较低时，采取本土化战略最为有效。然而，当企业同时面临巨大的降低成本的压力和很高的地区调适要求时，会发生什么情况呢？管理者如何平衡竞争性的和多变的需求？研究者的成果表明，答案是追求一种所谓的跨国战略。

克里斯托弗·巴特利特（Christopher Bartlett）和休曼塔拉·戈沙尔（Sumantra Ghoshal）指出，在当今的环境下，竞争异常激烈，以至于要在全球市场生存，企业必须利用基于经验的成本节约和区位经济，必须在企业中转移核心竞争力，同时关注地区调适的压力。他们注意到在现代跨国公司中，核心竞争力不一定仅在母国才存在，有价值的技能可以在公司世界范围内的任何营运点被开发出来。因此，巴特利特和戈沙尔还认为技能和产品供应的流向绝不应该都是单向的，即从母公司流向外国的子公司，如采取国际战略的企业那样。相反地，它们也可从国外子公司流向母国，以及从国外的子公司流向在其他外国的子公司。换句话说，跨国公司必须强调利用子公司的技术。

不管怎样，企业采取跨国战略是为了同时取得低成本优势、产品差异化优势和技术的扩大效应。通过区位经济、规模经济和学习效应获得低成本；通过区域市场解决地方差异问题以实现产品差异化；通过在公司全球营运网络的子公司间实行技术流动促进技术的扩大效应。这一理论听起来很有吸引力，实际上采取这一战略并非易事。实现产品差异化以适应不同市场的需求将会提高成本，违背了降低成本的目标。诸如福特和 ABB（全球最大的工程集团之一）这样的企业试图开始使用跨国战略，却发现很难实施。

一个企业究竟怎样才能有效地采取跨国战略呢？这是大型跨国公司今天面临的难题之一。很少有企业能够运用好这一战略，但仍可以从一些公司的经验中获取正确方法的线索。卡特彼勒公司的例子能为我们提供一些启示。20世纪80年代，与低成本的竞争者——诸如日本的小松和日立等竞争，迫使卡特彼勒寻求更大的成本节约。然而，各个国家在基础设施建设和政府管制上的不同使得卡特彼勒必须保持对地方需求作出反应。因此，卡特彼勒在降低成本与地区调适上面临着巨大的压力。

为了应对成本压力，卡特彼勒公司重新设计了产品以应用许多相同的零部件，并在有利的区位投资建造了几家大规模的零部件制造厂，来满足全球需要和实现规模经济。同时，公司为其全球每一个市场的装配厂都增加了集中制造的零部件。在这些装配厂，卡特彼勒增添了地区产品的特色，根据地方的需要对最终产品作了改制。通过采取这一战略，卡特彼勒公司获得了全球制造的许多效益，同时又通过为各国市场提供差异化产品以应对地区调适的压力。卡特彼勒从1979年开始追求这一战略，到2000年成功实现人均产出翻番，大大降低了其总成本的构成。小松与日立公司仍然紧紧抱住以日本为中心的全球战略不放，结果它们的成本优势渐渐丧失，并且不断地把市场份额拱手让给卡特彼勒公司。

6.4.4 国际战略

有时候，跨国公司会发现自己面临成本压力低并且地区调适压力也低的有利条件。大多数这样的企业追求国际战略，先为国内市场生产产品，再根据其他地区情况稍做改变，将产品销往世界各地。这些企业的特点在于其产品满足普遍需要，不同于追求全球标准化战略的公司，它们没有强大的竞争者，没有降低成本的压力。20世纪60年代，在发明了复印机并将其商业化之后，施乐公司发现自己面临这样一种情形。复印机的制造技术受到强有力的专利保护，因此，施乐公司多年来没有遇到竞争者，成为垄断者。产品满足普遍需要，并且在很多发达国家受到高度评价。施乐公司能够在世界上销售相同的基本产品并索要相对的高价。由于施乐没有遇到直接竞争者，因此不需要应对成本最小化的强大压力。

追求国际战略的企业都遵循类似的向外国市场扩张的发展模式。它们往往把产品开发职能（例如，研发）集中于母国。然而，它们往往又会在各个有业务的主要国家设立制造与营销职能。随之产生的重复会增加成本，如果公司没有面临降低成本的强大压力，那么这种成本的增加也不算什么。虽然也可能同时采取一些本土化的产品和营销策略，但通常很有限。在多数国际公司中，总部对营销和产品策略保持严密的控制。

采用国际战略的其他公司包括宝洁和微软公司。宝洁在辛辛那提开发了创新性的产品，然后再转移到地区市场。类似地，微软公司的大量产品开发都在公司总部华盛顿州的雷德蒙德进行。尽管在销往他国时会进行一定程度的本土化，但用国外语言编写的微软程序版本还是很有限。

6.4.5 战略演化

国际战略的致命弱点是随着时间的推移，出现了大量的竞争者，如果管理者不采取积极的行动去降低公司的成本，将很快被高效的全球竞争者超越。这正是施乐公司面临的情况。诸如佳能这样的日本公司最终发明了自己的方法，并在高效率的制造工厂生产自己的复印机，产品定价低于施乐公司，因此迅速从施乐手中获得了全球市场份额。后来的分析表明，施乐公司的消亡不在于竞争者的出现，而在于高效率的全球竞争者出现之前，未能积极地降低自己的成本。这个案例告诉我们，国际战略在长期来看未必可行。企业为了生存，应该比竞争者提前转向全球标准化战略或者跨国战略。

扩展阅读 6.3 国际战略研究演进

扩展阅读 6.4 TCL 集团：从本土化、国际化到全球化的转型之路

本土化战略也是如此。本土化可能给企业带来竞争优势，却也带来了成本压力，如果公司同时面临着强大的竞争对手，被迫降低成本，逐步转向跨国战略。因此，国际战略和本土化战略并不能长期存活于激烈的竞争环境，从长远角度来说，管理者应该将他们的公司定位于全球标准化战略或者跨国战略上。

复习思考题

1. 公司战略的含义是什么？跨国公司战略目标是什么？
2. 简述跨国公司竞争优势的基础和来源。
3. 比较分析竞争优势论、资源基础论、核心能力理论。
4. 简述跨国公司遇到的两难问题。
5. 跨国公司的战略类型及其演进规律是什么？

参 考 文 献

[1] [美]迈克尔·波特. 竞争战略[M]. 陈小悦, 译. 北京：华夏出版社, 1997.
[2] [美]汤姆森, 等. 战略管理[M]. 段盛华, 等, 译. 北京：北京大学出版社, 2000.
[3] 王志乐. 2004 跨国公司在中国报告[M]. 北京：中国经济出版社, 2004: 294-308.
[4] [美]查尔斯·希尔. 国际商务[M]. 王蔷, 等, 译. 北京：中国人民大学出版社, 2013.
[5] 李尔华, 崔建格. 跨国公司经营与管理[M]. 北京：北京交通大学出版社, 2011.
[6] 林康. 跨国公司经营与管理[M]. 北京：对外经济贸易大学出版社, 2008.
[7] 潘素昆. 跨国公司经营与管理[M]. 北京：中国发展出版社, 2009.
[8] 邱年祝, 严思忆, 李康华, 等. 国际经济技术合作[M]. 北京：对外经济贸易大学出版社, 1996.
[9] 任永菊. 跨国公司经营与管理[M]. 大连：东北财经大学出版社, 2012.

即测即练

自学自测　扫描此码

第 7 章

跨国公司进入战略

【学习目标】

1. 掌握跨国公司进入战略的主要内容;
2. 了解区位选择的主要方法;
3. 熟悉进入方式的主要类型及其优缺点;
4. 清晰进入方式比较的方法;
5. 了解进入时机选择的重要性以及影响因素。

巴尔的摩律师事务所

1991 年,苏联解体,新的市场体系、新的组织机构急需建立,需要制定一系列新的法律规定。这为美国大量的律师事务所提供了向海外发展的好机会。美国巴尔的摩的一家律师事务所的三个合伙人觉得"宁在小国为君,不在大国为臣",与其在世界人均律师人数最高的美国做个"牛尾",不如到这些新成立的共和国去当"鸡首"。该所的一个合伙人恰好在白俄罗斯有个打过交道的熟人,于是当机立断派人到那里租了间办公室,挂牌营业,成为第一批到白俄罗斯开业的西方律师事务所。但是,"捷足先登"并不等于成功;事务所开张之后,迟迟没有客户上门。仔细了解后才发现,新独立的共和国是个内陆国家,既无远洋船队,也无海港码头。而巴尔的摩是个港口城市,这家事务所的专长是海商法。货不对路,自然找不到客户,最终只能关门了事。

扩展阅读 7.1 区位选择的影响因素

(资料来源:梁能. 国际商务[M]. 上海:上海人民出版社,1999.)

7.1 跨国公司进入区位选择

区位选择即目标市场选择,是企业国际化首先要面临并解决的问题。

7.1.1 区位筛选过程与标准

海外目标市场的选择需要建立在科学分析基础上。由于全球国家和地区有 200 多个,各市场的风险因素无限,但企业资源和学习能力却有限,由此决定了企业必须对目标市场进行筛选,而筛选又需依据相应的标准。

1. 区位筛选过程

尽管企业国际化动机不同,但企业目标市场的筛选程序却基本一致(图7-1)。

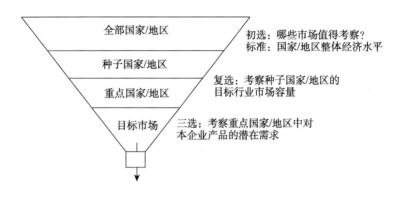

图7-1 目标市场筛选过程

目标市场筛选好比是一个多层过滤器,是追求最佳决策与最小分析调研费用之间平衡的一种系统筛选分析。其关键是确定筛选标准,由易到难,由粗到细,把不合适的国家/地区市场尽早在分析过程中剔除,找出重点国家,用企业有限的调研能力集中对少数重点市场进行深度分析。

2. 区位筛选标准

一般地,目标市场选择主要受目标国生产要素、环境和市场三大类因素影响,但究竟以何种因素为主,与企业国际化经营目标关系密切。如果国际化的主要动机是扩大和占领市场,则当地生产要素和环境因素相对次要,筛选的重点应放在市场因素,即对市场潜力、消费偏好、购买习惯、价格弹性、渠道结构、竞争情况方面的调查。如果企业国际化主要动机源于本国要素市场或人工费用太高,目的是通过国际化经营寻找国外生产基地,然后把产品返销本国,或是因为某些生产要素本国无法满足,要通过国际化经营去获取所需的生产要素,则当地市场的容量、消费习惯等因素就可以忽略不计,而把调查重点放在当地的原材料供应、管理水平等与要素市场和经营环境直接相关的因素。需要注意的是,无论是要素还是市场寻求型的国际化,目标市场筛选标准中,环境因素都不能忽视。

理想的目标市场是吸引力大、经营环境好的国家。在分析判定了有关国家(或地区)吸引力和环境状况后,就可以对备选目标市场的吸引力与风险状况进行比较排序,从中选出目标国家(或地区)。实践中,企业实力不同,产品类型不同,进入海外市场的目的不同,对风险和需求的要求也不相同,从而会有不同的选择:有的企业为了市场的高需求而情愿冒高风险,而有的企业则为了避免风险而倾向于选择低需求国家为目标市场。

7.1.2 区位选择的方法

1. 定性方法

（1）实地考察法，即企业主管或顾问到东道国作调研旅行，与各界人士晤谈，并亲身体验东道国的环境气氛，然后作出结论。这种做法犹如欧洲旧时的上流社会子弟通过游学以增广见识，故被称为"游学法"。

（2）老手评估法，即延聘国内外各界知名人士作为顾问，利用他们在某个领域或某个行业中的专门知识和实际经验，向他们征询意见，作为评估风险的参考依据。

（3）专家意见法，即"德尔菲法"（Delphi Method）。德尔菲是古希腊供奉太阳神阿波罗的神殿所在地，相传能向祝祷者预示吉凶。专家意见法20世纪40年代由美国兰德公司使用，使用这方法需先设计问卷调查表，表内应包括影响投资风险的各项主要因素，分别寄送有关专家，然后综合反馈的信息，归纳出几种看法，再分别寄送专家征求意见；经过几度反复，可根据较为集中的意见得出结论，作为参考。

2. 定量方法

运用数学和统计方法，对反映风险的各项指标进行整理分析，编制出各种指数，或者建立数量模型作为评比和决策的依据。实际数量分析过程中也经常加入主观的判断。

（1）工商业环境风险指数（Business Environment Risk Index，BERl）

由美国学者海纳（F. T. Haner）于1960年创立的用于评价环境风险的指数。该指数包含15个指标，其中5个较重要，每个指标占10分，共为50分；其余10个指标各占5分，也共为50分，故合计为100分。较重要的5个指标是：政治稳定性、文化共同性、经济增长率、货币与汇率、外资激励因素。根据国际组织和政府机构等公布的统计资料，以及通过其他渠道所收集的信息进行整理分析，给出每个指标应得的百分点，编制成各个有关国家的指数，即可作为评估比较的参考。

（2）政治体制稳定性指数（Political System Stability Index，PSSI）

由美国学者亨德尔（D. Haendel）和韦斯特（G. West）编制的指数。指标包括经济发展、政治稳定、社会冲突三组；每一组均有"分指数"，再由三组"分指数"综合成PSSI。编制者强调以客观的数据为基础，编制社会经济分指数通过GNP增长率、人均能源消费率、人均收入水平等测定；社会冲突指数则通过各国历年示威、罢工、暴动、政变等发生的频率来反映；保安力量则通过计算各国居民每1千人与士兵、警察人数的比率等测定。

（3）投资基本风险甄别（矩阵）指数（Primary Risk Investment Screen Matrix, PRISM）

美国制罐公司将数量指标与专家判断结合起来，通过计算机编制的程序而得出的指数，对象包括70多个国家，涉及200多个变量。

（4）综合分析（Integrated Analysis）

美国学者卢梅尔（R.J. Rummel）和希能（D. Hlluan）二人将数百个变量分为4组：国内动乱——包括暴动、政治暗杀、游击战、内阁危机等；对外冲突——包括驱逐外交人员、抗议、排外示威、军队动员、局部战争等；政治气候——包括左派力量的大小、议会席次分配、军人对政治的影响等；经济发展——包括政府的经济政策和各项重要的经济指标等，然后通过计算机程序进行综合比较，按各国风险大小为序排列，得出结论，提供企业参考。

7.2 跨国公司进入方式选择

扩展阅读 7.2 进入模式：理论和概念框架

跨国公司在选定了目标市场之后，最关键的问题便是确定进入方式。所谓进入方式指跨国公司的产品、资本、技术和管理技能等生产要素进入他国市场的途径以及相关的法律制度安排。进入方式选择至少包括三个层面的选择：一是在非股权（如出口）和股权（如收购）进入模式之间的选择，其中，股权进入模式还与设立模式和所有权模式选择密切相关。二是设立模式选择，即一个企业在从零开始建立一个国外运营（即新建）或购买一个现有的外国实体（并购）之间的选择；三是所有权选择，即公司在单独控制外国实体的资产与经营（独资）与当地合作伙伴共同控制资源与运营（合营）间的选择。

7.2.1 股权进入方式

1. 股权进入方式的概念及其特点

1）股权进入方式的概念

股权即所有权，它是支配企业的关键。股权进入方式是指以所有权为基础，以持股并掌握经营权为途径，实现对企业或项目有效控制的进入方式。按跨国公司持股程度的不同，股权进入有两种形式：全部股权进入（母公司拥有子公司股权在95%以上）和部分股权进入方式，后者又可以分为多数股权进入方式（拥有子公司股权的51%～94%），对等股权进入方式（拥有子公司股权的50%）和少数股权进入方式（拥有子公司股权的49%以下）。

跨国公司在股权进入过程中，持有目标公司的股权比重越高，对目标公司经营活动的控制能力就越强。所以，跨国公司一般情况下都力图通过占有全部股权或多数股权达到对国外子公司直接控制的目的，从而把子公司完全纳入其全球经营体系。

2）股权进入方式的特点

在早期的国际化经营中，跨国公司大多选择股权进入方式进入国外市场，其主要原因在于股权进入方式具有非股权进入方式所没有的一些特点：

（1）控制简单。持有股权后，即可通过股权来控制企业，而不必在参与企业所有经营事务上事必躬亲。这样既可以有效控制企业，又可以相应地减小负担，达到四两拨千斤的效果。

（2）方式灵活。主要表现在两个方面：其一，参股比例灵活。跨国公司可以根据自己的需要，灵活处理在目标企业的股权比例；其二，参与方式灵活。既可以选择以绿地投资的方式参与，也可以选择并购的方式参与，从而形成不同的参股比例，在适应东道国要求的同时满足跨国公司的发展需要。另外，随着全球经济一体化的发展，股权进入方式可以根据跨国公司需要灵活进行调整，比如形成股权式的战略联盟等。

2. 全部股权进入

全部股权进入是指跨国公司在东道国境内通过独立投资而控制全部股权的一种投资方式。通过全部股权进入的子公司成为跨国公司的全资子公司。一般来说，生产规模大、技术水平高、在国际市场中处于优势地位的大型跨国公司倾向于通过全部股权方式进入，即以独资形式对外直接投资。全部股权进入方式作为跨国公司国际直接投资的传统典型形态，曾经被跨国公司在国际范围内广泛采用。

1）全部股权进入方式的优点

（1）经营灵活。多数国家没有规范的独资企业法，对独资企业的限制主要集中在业务范围方面，所以，独资经营企业受政府控制少。而且，由于独资经营管理权掌握在跨国公司手中，企业经营管理灵活而主动。

（2）保守秘密。独资企业除了必须填写所得税表格中规定的项目外，不必像合资企业那样事无巨细地定期向股东汇报。由于秘密特别是技术秘密、财务秘密往往对企业的生存发展影响极大。因此，具有良好的保密性是跨国公司选择全部股权进入方式的重要原因。

（3）合理避税。因为内部交易可以为跨国公司节约成本费用，所以，内部交易是跨国公司经营的显著特点之一。在全部股权进入方式下，跨国公司可以利用东道国政府所得税制度的差异，确定内部交易产品和劳务的价格，充分发挥其所有权、经营权独占，产、供、销渠道独家掌握，财务资料无须公开的优势，制定并实施"转移价格"，从而达到避税的目的。

（4）独享利润。由于子公司的全部资产均由跨国公司单独投资形成，因此，子公司通过生产产品及提供服务产生的收益，理所当然全部归跨国公司所拥有。

2）全部股权进入方式的缺点

（1）风险较大。独资企业的所有投资均来源于跨国公司，特别是当独资企业为无限公司时，公司要对其债务承担无限责任；当企业资不抵债时，跨国公司所有资产（包括母公司或个人财产）都有负债义务，而且独资经营方式易遭受东道国政府没收，国有化风险较大。所以，采用全部股权进入的跨国公司承担的风险较多，甚至可能为此付出巨大代价。

（2）经营受限。独资企业不能采用股权筹资等方式利用他人资金，而只能采用利润积累和借贷方式扩大再生产，从资金来源方面受到一定限制。更为重要的是，有些国家还设置各种障碍，限制外国投资者创办独资企业，限制独资企业经营范围和领域等。

（3）难度大。选择独资方式意味着没有现成的生产基地、缺乏合作伙伴，与政府等机构发展联系缓慢等，从而对跨国公司的进入带来了一定难度。

3. 部分股权进入方式

部分股权进入是指跨国公司在东道国境内通过建立合营企业等途径，拥有目标企业部分股权的进入方式。

这种进入方式在我国又被称为"合资企业"或"合资经营企业"。合营双方除可以用现金投资外,还可以用机器设备、厂房等实物资产和技术、专利、土地使用权、商标等无形资产作价后作为投入,共同出资组成一个具有法人资格的经济实体,其基本特点是跨国公司和东道国投资者共同投资、共同经营、共享利润、共担风险。

1)部分股权进入方式的重点问题

(1)出资比例。按股权比例的多少,部分股权进入可以分为多数股权、对等股权和少数股权等类型,表现在外国投资者和东道国投资者的出资比例上,一般来说有"外国过半""本国过半""各占一半"三种形式。对于出资比例,不同国家、地区、行业以及不同时期均有明确规定。

①发达国家对外资比例的规定。经济发达国家一般实行资本自由化的开放政策,一般不限制出资比例。这是经济发达国家兴办独资经营企业较多的原因。但在电讯电报、航空及内河航运、广播电视、金融保险及被认定外资比重不宜过大的部门和行业,发达国家也对外资股份比例实行限制。

②发展中国家对外资比例的规定。大多数发展中国家和地区对部分股权进入的外资比重均有限制性的规定。这些规定大体有以下形式:一是从控制部分股权进入企业经营权的角度考虑,规定外资不得超过股权比重的49%,本国投资需在51%以上;二是从控制部分股权进入企业市场方面考虑,如果是外向型企业,则外资所占比重可大些;反之,对于依靠当地资源且以国内市场销售为主的企业,外国投资的比例就小些;三是从对资金需求程度方面的考虑,凡属于资金密集型和技术密集型企业,外资的比重可以高一些,否则外资比重仍被限制在较低水平上。

(2)出资方式。部分股权进入的出资方式与股本结构密切相关。一般来说,部分股权进入的资本构成包括有形资产和无形资产两大方面,进一步细分为:

①现金出资。合资企业在生产经营中需要的现金来源一般由两部分组成:一是按照规定的比例由双方共同投入,有些国家还明确规定现金在外资股金中至少占一半以上;二是银行贷款,此部分主要用于部分股权进入企业中的流动资金部分。

②实物出资。实物指有形物。实物出资一般是以机器设备、原材料、零部件、建筑物、厂房等作为出资。建筑物与土地通常是东道国实物出资的主要形式。机器设备是否作为出资通常视参与企业是新建企业还是以东道国原有企业为基础状况而定。一般来说,前者的机器设备主要由技术先进方提供,并按设备的先进程度参考市场价格作价;而后者的原有设备也要作价。

③工业产权出资。工业产权指商标、专利和专有技术。专利作为公开的技术知识,受法律保护。专有技术作为未公开的技术知识和商业秘密,不受法律保护。前者因不可擅自无偿使用,故能无条件地折算为出资。后者虽不受法律保护,但由于它以技术诀窍、技术资料、工艺流程和关键参数的形式出现,若不实行有偿使用,其所有者便不会将这些专有技术公开出来。所以,这部分也能折算为出资。至于对工业产权折算的出资方法,可由双方协商估算,也可由双方均同意的第三方估算。

2)部分股权进入方式的利与弊

部分股权进入方式是跨国公司进入东道国的最为普通的形式,也是发展中国家利用国际直接投资时较为乐意采用的方式。

（1）部分股权进入方式的优势。部分股权进入方式对跨国公司和东道国具有不同的优势。

从跨国公司来看，部分股权进入方式具有以下优势：

①减少或避免政治风险。由于部分股权进入方式下的企业有东道国资本参加并共同经营，可减少东道国政策的变化或征用等风险。

②占领新市场。一方面，合资企业的产品往往是东道国需要进口或当地市场紧俏的产品，通过与当地合营者合营，可以在当地推销一部分产品，取得一部分新的市场；另一方面，可以带动跨国公司贸易的增长。例如，如果以机器设备、工业产权、专利技术、管理知识作为股本投资，实际上是输出了"产品"；而且，如果合资企业生产中使用的原材料需要进口，则跨国公司又可以获得原材料的优先供应权。

③获取多重优惠。通过部分股权进入方式，跨国公司既可享受东道国给予的外资优惠，又可获得东道国给予本国投资者的优惠，有时甚至还可以得到母国政府给予的优惠。

④增强竞争优势。一方面，跨国公司可以利用当地合伙人了解东道国政治、经济、社会和文化等优势，从而取得企业经营所需的信息资源；另一方面，通过与当地合伙者的关系，可以获得当地贷款、资金融通、物资供应、产品销售等优惠，从而增强企业的竞争优势，进而提高企业的经济效益。

从东道国，尤其是发展中东道国来看，采用部分股权进入方式引进跨国公司的好处：

①弥补资金不足。资金不足是东道国特别是发展中国家在经济发展过程中面临的重要问题之一。通过部分股权进入，可以弥补东道国建设资金的不足；而外资能否收回并增值，主要取决于企业本身的经营效益，不会形成东道国的外债负担。

②引进先进技术。由于部分股权进入中的投资双方共同投资、共同经营、共负盈亏，其经营的成败直接关系到跨国公司的利益。所以，跨国公司出于本身利益的考虑，会不断地提供适用的技术和设备，并同当地合伙人密切合作，促使引进的技术有效地形成生产力。此外，还可以通过引进技术，填补东道国国内技术空白，发展短线产业部门，促进企业的技术改造和产品的更新换代。

③扩大出口，增加外汇收入。合资企业的产品能否进入国际市场，能否创汇，直接关系到合资企业的外汇平衡，关系到外资本息的外汇支付问题。因此，跨国公司通常会愿意提供销售渠道。合资企业由于利用了跨国公司的销售渠道，其产品可以顺利并快速地打入国际市场，扩大出口创汇。

④获得先进的管理理念和方法，如组织管理、人力资源管理、市场营销等方面的先进方法和思想。

此外，通过部分股权进入，还有利于带动东道国相关产业的发展，增加当地的产值，促进产业结构调整和产业升级。

（2）部分股权进入方式的缺点。合资双方可能在投资、生产、市场营销以及利润的再使用等方面发生争执；由于双方观念上的差异，也会导致双方在企业战略决策方面发生分歧；而且，部分股权进入方式也不利于跨国公司实施对合营企业的绝对控制，跨国公司可能会面临技术流失、商业机密泄露等问题。所以跨国公司在选用部分股权进入时也非常谨慎。

7.2.2 非股权进入

1. 非股权进入方式的概念及特点

1）非股权进入方式的概念

非股权进入，指跨国公司不是通过持有东道国企业股份，而是通过契约向东道国企业提供技术、管理、销售渠道等的各项服务（无形资产），从中获取相应的利益与报酬，继而实现本公司经营目标的进入方式。

非股权进入方式，是20世纪70年代以来逐渐被跨国公司广泛采用的经营方式。特别是20世纪90年代以后，随着发展中国家吸引外资竞争日趋激烈，发达国家跨国公司因为发展中国家民族主义的政策特性，以及其国内市场不完善、投资环境不稳定等因素的存在，不愿意在发展中国家采用成本过大的包括全部股权和部分股权在内的股权进入方式，从而使非股权进入方式占的比重越来越高。

2）非股权进入方式的特点

（1）非股权进入方式的优势。非股权经营方式能给跨国公司带来股权经营方式所没有的优势，主要表现在：

①利润适中。跨国公司凭借其在生产、技术和管理的优势和能力，通过转让技术、提供管理经验、服务、销售网络等，获取满意的利润。

②风险小。非股权进入方式可以将直接投资与间接融资及国际贸易相融合，使跨国公司的选择余地更大；跨国公司不动用资金、不占有股份，不会激起民族主义的排外情绪，政治风险小；跨国公司不投入股金，不用承担东道国企业的财务和运营风险。

③灵活性。非股权进入方式与股权进入方式相比，形式更加多样，资产的营运也更灵活。

（2）非股权进入方式的缺陷。非股权进入方式的缺陷有两个方面。

①非长期性。非股权进入方式由于受到契约关系的制约，资产营运的期限一般较短，通常因合同的履行完毕或到期而终止。

②控制力相对较弱。通过非股权经营方式，跨国公司虽然表面上没有股权，但通过生产、技术和管理的优势，仍然可以对东道国企业发挥重要影响。但由于跨国公司在目标市场上并非直接经营，对目标企业的控制归根结底仍需依赖合作方，因而控制力相对较弱。

2. 非股权进入方式的具体形式

（1）技术授权。技术授权又称许可证合同，指跨国公司通过与东道国的公司签订合同，转让已经注册的商标、专利或未经注册的技术诀窍。如授权人和受权人（或称许可人和被许可人）在不同国家时，则为国际技术授权。技术授权，涉及工业产权或技术，包括专利、商标、技术诀窍或专门知识等。专利是一种受国家法律保护的工业产权,它是各国政府在一定时期内,授予技术发明人的一种法定权益。在法律保护的地区和期限内,任何人要使用专利技术,必须事先征得专利权所有人的许可,并付给一定的报酬,否则,即构成专利侵权。商标,是生产者或销售者在自己生产和销售的商品上,附加的以区别于其他商品的显著标记,通常由文字和图形组成。商标象征着企业的信誉,标志着产品质量。作为一种工业产权,商标可以转让,也可以出售。技术诀窍或专门知识,联合国世界产权组织——联合国标志局 1977 年制定的《发展中国家保护发明示例法》认为是"有关使用和运用工业技术和制造的方法和技术",而世界保护工业产权协会则定义为:"为实际应用一项技术而取得的,并能使一个企业在工业、商业、管理和财务等方面,运用于经营的知识和经验。"与专利和商标不同,技术诀窍或专门知识是一种未经专利程序批准的非法定权利,不享有特定法律保护,只能由协议或合同来保护。

在进行技术授权时,买卖双方需签订一项许可证协议,卖方在一定条件下允许买方使用其发明技术、商标、技术诀窍或专门知识;买方从卖方得到相应的技术知识,取得使用、制造和销售某产品的权利,同时向卖方支付一定的报酬。这是使用权的转让,可以说是一种"技术租赁"。

技术授权协议主要包括四方面内容:

①序言部分,确定协议当事人,以及所申请的或授予的权利等。

②主条款部分,确定所授予的权利范围,以及当事人双方承担的义务。

③有关权利部分,规定权利金计算方法,明确支付权利金的条件和基础。

④其他必要条款,包括协议年限和解除,有关不可抗力、适合法律、仲裁等事项的规定,以及协议公证并向有关国家当局登记等。

授权人(跨国公司)对许可证的控制是个重要问题。控制主要是为了防止受权人蓄意或因违约而对其他的业务经营者造成损失或干涉。对许可证的控制有的属于法律问题,有的属于实际可能问题,控制有积极控制与消极控制之分。积极控制,是跨国公司(卖方)指引买方行动。在这种情况下,许可证的出售者把购买者纳入自己的营业网范围。消极控制,是买方的活动与卖方的国际活动完全隔绝,在这种情况下,卖方主要是坚持质量标准等要求。

虽然技术授权风险较低,但不是没有缺点:

①被许可人有可能掌握该项技术,从而使许可方失去技术垄断,增加新的竞争者。在历史上,美国威斯汀豪斯电气公司曾与德国的西门子公司签订许可证合同,向后者提供专利、商标及技术诀窍。但是,合同期满后,西门子公司已从被许可人上升为威斯汀豪斯电气公司的主要竞争对手之一。

②由于许可人没有亲自参与经营管理,不能获得在国外生产和经营的经验,市场也始终掌握在被许可人手中。

③绝对收益较小。在技术授权中,销售额大小直接影响跨国公司的收益。由于提成费一般都在 5%以下,若销售额太小,提成费有时甚至不能弥补寻找合作伙伴和签订协议的开支。

（2）合同安排。合同安排是指跨国公司以承包商、代理商、经销商、经营管理或技术人员的身份，通过承包工程、经营管理等形式，取得利润和产品、开辟新的市场的进入方式。这种方式不要股份投资，财务风险较小。联合国跨国公司中心在一份研究报告中指出，合同安排的性质基本上是"直接投资的代替物"。

合同安排包括制造合同、工程项目合同、交钥匙项目合同、管理合同、国际分包合同和劳务输出合同。

①制造合同。制造合同是跨国公司与当地企业订立产品供应合同的一种方式。由跨国公司提供必要的订单、机器、原料、生产方法及技术等，当地企业负责员工的招聘、管理、支薪及实际生产等活动。它既可采取双方各自按自己的设计制造零部件然后配套；也可采取一方提供技术图纸一方分工制造；还可分别完成产品的50%后对等交换，双方都不支付外汇等。必要时还可由跨国公司帮助培训人员或委派专家指导，在技术上总负责。制造合同方式将技术、生产和销售结合在一起，跨国公司既可以利用当地的人员、厂房和设备等，又可避开关税等限制，还可以降低运输成本，进入国外市场。制造合同实施的关键是要寻找好的合作伙伴。运用这种方式最多和发展最快的是汽车制造、电力工业、电子工业、化学工业、建筑机械和采矿设备等行业。

②工程项目合同。工程项目合同，是指跨国公司通过国际间的投标、议标和其他协商方式达成协议所签订的合同。即跨国公司为外国政府或厂商从事道路、交通等工程建设时，在提供机器、设备及原料的同时，还提供设计、工程、管理等多项服务，因而是出口货物及劳务的混合体。在工程建设期间，跨国公司在外国境内负责管理，工程完成后，管理权即移交当地。

③交钥匙项目合同。交钥匙项目合同也称包建项目合同，它是由跨国公司与国外企业签订协定，由跨国公司建造一个整体项目，也就是跨国公司为东道国建设一个工厂体系，承担全部设计、建造、安装及试运营等。试运营成功后，跨国公司即将整个工厂体系移交当地管理。承包的跨国公司，不仅承担着按照规划或设计合同建造项目的全部责任，还承担项目的开动，效率和消耗指标等义务，以保证国外企业在接收项目时，能按照合同规定顺利投产。承包项目，不仅包括成套设备的输出，往往还包括技术帮助、技术指导、职工培训以及经营管理指导等。

还有一种合同形式，即交产品合同（Product-in-Hand Contract），亦称产品到手项目，是指在交钥匙合同的基础上，跨国公司在项目投产后的一定时间内（一般为一年至两年）继续负责指导生产、培训人员和维修设备，保证生产出一定数量的合格产品并达到规定的原材料、燃料等消耗指标后才算完成任务。

无论是交钥匙合同，还是产品到手合同，大多用于缺乏技术和施工经验的国家新建技术水平较高的项目。

④管理合同。管理合同是指国外企业由于缺乏技术人才和管理经验，以合同形式将企业交由外国公司经营管理。管理合同是转移管理的一种方式，即管理能力强的外国公司，凭借优秀的管理人员和先进的管理技术，到海外为当地企业负责经营管理，并收取相应的管理费。管理合同属于国际性的管理技术贸易。管理合同一般限定在一定时间内，通常在

5—10 年之间。管理合同对东道国来说是一种不承担风险即可获得国际经验的手段；对跨国公司来说，是在国际市场寻找安身之处的一种途径。经验丰富的跨国公司积极追求管理合同，认为管理合同不次于股份经营，其全球统一调配的作用也很大。

⑤国际分包合同。国际分包合同通常指发达国家的跨国公司作为总承包商向发展中国家的分包商定货，后者负责生产部件或组装成品，最终产品由总承包商在其国内市场或第三国市场出售。国际分包合同大部分是短期的，一般每年续订一次。

（3）技术咨询。技术咨询服务，是跨国公司为东道国（或其企业）遇到的技术问题、技术经济方案论证等提供有效服务的系列活动，包括收集信息、预测趋势、拟订计划、制订方案、帮助决策、承包任务、组织实施等，并相应取得报酬。提供技术咨询服务的企业一般被视为"软件企业"。第二次世界大战以后，随着科学技术的高速度发展，各种技术咨询机构遍及世界，尤其是在发达资本主义国家发展十分迅速。

技术咨询业务的内容主要有：

①政策咨询。通过调查研究，进行技术经济预测及政局分析，为制定政策和策略，提供技术经济依据和灵敏的信息，充当政府部门、当地企业决策者的智囊团。

②工程咨询。对各种类型的工程建设项目（包括新建、扩建、改建的投资方案），进行可行性研究、提供工程设计、施工、设备购置、生产准备、人员培训、生产运转、商品销售、资金筹措等方面的服务。

③方案讨论。为国外企业的各类技术和经济问题（如资源开发、技术引进、基本建设、产品设计、工艺方案、城市规划等）的合理解决，提出咨询报告，提供最优化的方案和实施办法。

④人员培训。接受海外委托培训科研人员和管理人员，或派出专家协助委托单位，开展科学研究和生产技术工作。

⑤企业诊断。帮助国外企业解决重大的生产经营问题，如提高产品质量、提高劳动生产率、降低成本、减少消耗、扭亏为盈等，提出可行性建议和措施。

⑥技术服务。通过建立实验中心、测试中心、分析中心、数据中心、计算中心等为科研部门、企业间接提供技术服务，或派人帮助对方解决专门技术问题。

（4）国际租赁。国际租赁是指跨国公司通过签订租赁合同将设备等物品较长期地租给承租人，承租人将其用于生产经营活动的一种经济合作方式。在租赁期内，跨国公司享有租赁物的所有权，承租人拥有租赁物的使用权，并定期向跨国公司缴纳租金，租赁期满后租赁物按双方约定的方式处理。

一项国际租赁交易至少同时涉及三方当事人——出租人、承租人和供货商，并至少由两个合同——国际贸易合同和国际租赁合同将三方当事人有机地联系在一起。拟租赁的设备由承租人自行选定，出租人只负责按用户的要求给予融资便利、购买设备，不负担设备缺陷、延迟交货等责任和设备维护的义务；承租人也不得以此为由拖欠和拒付租金。此外，国际租赁还有全额清偿、不可解约性、设备的所有权与使用权长期分离、设备的保险、保养、维护等费用，以及设备过时的风险均由承租人负担等特征。

租赁业务主要包括融资性租赁、经营性租赁和综合租赁三种方式。融资租赁，即由租赁公司出资购买用户选定的设备，然后出租给用户，在设备使用期内，双方不得随意终止合同；出租人保留设备所有权，用户拥有使用权；设备的维修由用户负责，租赁公司把设备的价款、利息、手续费等算在租赁期内，全部以租金的形式向用户收取。经营租赁，由租赁公司提供用户所需的设备，并负责设备的保养维修；用户按租约交租金，租用期满退还设备。综合性租赁，则是租赁与合资、合作经营相结合的一种方式，但租赁必须是合营公司注册资本以外的部分。

（5）补偿贸易。补偿贸易是指跨国公司在向东道国进口方销售机器设备和转让技术过程中，不以收取现汇为条件，而是以使用该设备或技术的项目投产后所生产的产品来分期收回其价款的一种参与方式。补偿贸易是集投资、贸易、间接融资为一体的非股权进入方式，它通常是在东道国外汇短缺的情况下实施。

根据偿付设备和技术价款形式的不同，常见的补偿贸易形式有：

①直接补偿。直接补偿又称产品返销或回购，指东道国进口方用引进的设备或技术所生产的全部产品分期偿还进口合同的价款。为此，跨国公司在签订合同时必须承担按期购买一定数量直接产品的义务。

②间接补偿。指东道国进口方引进的设备或技术不生产有形产品，或生产的有形产品跨国公司并不需要，或东道国对产品有较大需求，从而用其他指定产品来分期偿还进口合同的价款。

③部分补偿。也称综合补偿。指补偿贸易中进口设备、技术等的价款，部分用直接产品或间接产品偿付，部分可用现汇或贷款偿付。

（6）销售协议。销售协议是指跨国公司利用东道国的销售机构来扩大自身产品销售能力的方式。销售协议可分为三种：

①分销指跨国公司与东道国的商业机构签订协议，由后者按照跨国公司规定的价格在东道国销售其产品。分销商从跨国公司进货时，获得有利可图的折扣优待。

②商业代理指跨国公司委托东道国的商业机构为其商品找寻买主。代理商本身不直接从事该产品的购销活动，而是由卖方与买方直接成交。代理商按成交额的一定比例收取佣金。

③寄售指跨国公司将商品运交给东道国的商业机构，委托后者代为销售，直到该商品在市场出售以后，再向寄售商交还货款，并从货款中扣除佣金。

（7）特许经营。特许经营是商业和服务业的跨国公司采取较多的一种参与方式。特许经营的重要特点是，特许商是在顾客中已享有较高声誉的企业，有其良好的产品质量和服务水平。特许商允许被特许人使用特许商的商号名称，并对被特许商的经营活动给予协助。被特许商按销售额或利润的一定百分比（也有的按固定金额）向特许人缴纳特许权使用费。

非股权进入方式中的不同类型，跨国公司有时单独运用，有时（绝大多数情况下）同时使用。而且跨国公司还往往根据需要和可能，把非股权进入和股权进入方式结合在一起，运用组合型的参与方式进行国际化经营。

7.2.3 进入方式的比较与选择

1. 进入方式选择的影响因素

跨国公司进入方式决策，受公司战略目标、经营状况、核心竞争力、东道国政策以及母国与东道国关系等诸多因素的影响。因而，跨国公司在进入方式决策时必须在考虑内外部因素的基础上综合进行权衡。

（1）母公司状况。跨国公司母公司自身的技术、资金和管理等方面的状况是影响公司选择进入方式的基本因素。

①技术状况。技术状况对公司的跨国经营活动具有特别重要的影响。如果母公司具有较强的研发能力且技术先进，则既可选择技术授权方式，又可将技术契约转化为股权，走合资之路；如果技术能力较薄弱，则只能选择非股权进入方式。

②资金状况。母公司若有巨额资金，可以选择独资经营方式，若有技术而无资金，则只好走"技术授权"等非股权之路。

③管理能力与要求。母公司若自身实力不足，可以选择非股权方式；母公司若想接近市场或顾客，可选择合资或独资的途径，反之，则可选择技术授权的途径；母公司若想囊括子公司的全部利润或敢冒风险，可选择独资的途径，反之，则选择合资途径；母公司若在管理上要求高度统一，掌握决策权，则要选择多数股权合资或独资途径，反之，可选择少数股权合资或其他途径；母公司若不愿派主管人员去不同文化背景的国家，即使技术、资金和管理等条件优越，也不适宜选择独资或多数股权合资的途径；母公司虽技术与资金条件均好，但缺乏管理子公司的能力，最好选用少数股权合资或技术授权等方式。

④保守秘密要求。一些高技术或拥有独特产品的跨国公司，为保持其独占的优势（技术或商业秘密），往往选择对其海外分支机构全资拥有。但如果这些秘密已经扩散，出现了竞争者，为有利于同其他对手竞争，往往愿意与东道国合营或将技术有偿转让出去。

⑤企业文化。价值观的差异影响到进入方式的选择。美国和英国的公司，一般不愿意与东道国企业共享资产所有权。他们认为，当地合伙人只对怎样尽快从合资企业谋利感兴趣，在处理企业收益时追求增加红利，不愿再增加投资，这会影响合资企业的长期利益。所以，美英两国的跨国公司更愿独资、多数股权合资或技术授权。日本的跨国公司则多为少数股权投资，认为这样风险小，并可获得当地政府的优惠与支持。

⑥对东道国环境的了解程度和适应能力。如果公司熟悉东道国的环境并有能力快速适应环境，跨国公司就不必在东道国寻找合作伙伴，从而独资等股权投资成为主要的进入方式。如果情况相反，那么需要寻找一个当地合作伙伴帮助排除困难，并充当投资企业的利益保护者，从而合资等股权投资成为主要的进入方式。

（2）东道国状况。东道国对跨国公司的政策、法律法规以及政治与经济状况是影响跨国公司进入方式选择的又一重要因素。

①对外国投资者的股权规定。有些国家在法律上对外国投资者在当地企业拥有的股权

比例没有限制，跨国公司就可以根据需要自由地选择参与方式；有些国家出于国家安全和利益的考虑，禁止外国公司兴办全资拥有的企业，或者在某些特定的部门禁止外国公司进入，或者确定外资的出资比例，此时的跨国公司就只能采取合营方式；还有些国家禁止跨国公司在该国企业拥有所有权，非股权进入就成为唯一可能的进入方式。

②公众的民族和开放意识。东道国的民族意识和开放意识与民族文化传统、民族的历史经历（如是否受到过外来侵略、奴役）有一定关系，但更重要的是商品经济的发达程度对意识形态带来的影响。在一个公众对外来资本存有严重戒心甚至敌意的国家里，即使该国政府允许外国投资者兴办全资拥有的企业，企业在东道国开展业务也会遇到许多矛盾或阻力，有时政府还可能在公众的压力下改变政策，从而增加了跨国公司子公司被征用或没收的风险。选择与当地合营，不仅可减少这类风险，也可在业务上获得许多方便。

③合伙人能力。东道国有没有适当的、有能力的合伙人，直接影响跨国公司合营等进入方式的决策。

④资金配套能力。虽然有的东道国宁愿与外国投资者合资办企业，而不鼓励外商独资经营，但由于合营中仅以土地折价入股一般难以达到股权比例的要求，这就需要东道国企业提供部分配套资金。东道国，特别是发展中东道国的资金一般都较短缺，再遇到东道国的财政和信贷紧缩，配套资金就更加困难。此时，独资就成为跨国公司的唯一选择。

⑤其他因素。东道国的经济体制、竞争情况对跨国公司的进入方式选择也有着重要的影响。在一个原材料、电力等投入计划配给的国家里，拥有当地的合作伙伴就比单干要方便很多；在没有竞争对手的情况下，公司可灵活采取参与方式；但在有竞争对手介入的情况下，如果竞争对手采取了较灵活的态度，跨国公司的进入方式就不得不随机应变。

2. 进入方式选择的数量分析方法

进入方式选择的目的无非是追求利润最大、成本最小或净收入最大。因此，可以通过数量分析，对不同进入方式的成本、收入和利润作出估算和比较，进而选择最佳的进入方式。

（1）利润模式。利润模式由摩里斯教授（Morris, H. M.）提出，主要从获利角度对合资经营与其他进入方式进行比较。假设跨国企业拟与目标国（东道国）企业合营，双方原本各有自己的业务，并从中获得利润，故在其他情况不变时，只要满足以下条件，合资经营便能实现：双方预计从合营所获利润加上原来业务的利润要大于其不合营而采用其他进入方式时的预计利润与原来业务的利润之和。这个条件可用两个简单的公式写出：

$$R = R_{NJV} + aR_{JV} > R_A$$
$$R' = R'_{NJV} + (1-a)R_{JV} > R'_A$$

上面两个公式各符号的含义如下：

R：跨国企业全部业务利润，即包括原来的业务利润加上合营的利润（下同）。

R'：目标国企业全部业务利润。

R_A：跨国企业不合营而采用另一种进入方式时的利润加上原来的业务利润。

R'_A：目标国企业不合营而接受另一种进入方式时的利润加上原来的业务利润。

JV：指合营，故 R_{JV} 和 R'_{JV} 分别代表跨国企业和目标国企业来自合营的利润。

NJV：指不合营时的全部业务利润，即原来的业务利润，故 R_{NJV} 和 R'_{NJV} 分别代表跨国企业和目标国企业各自原来的业务利润。

a：跨国企业在拟议中的合营企业中所占的股份，以百分比表示。

1-a：目标国企业在拟议中的合营企业中所占的股份。

如果合营便不能再用其他方式，如非股权安排，这意味着必须牺牲其他方式的利润，这就是合营的代价，也就是说因合营而放弃采取其他方式的机会，故上述被舍弃的其他某一种方式的利润便是合营的机会成本。若机会成本太高，超过了合营利润，则合营便无利可图，自必另作选择，这便是以上两个公式的经济意义。此外还要注意两点：（1）必须同时满足上面两个公式，这意味着双方都要有利可图，合营才能成功；（2）出口可以较快收回货款，非股权安排也能较快取得提成费，但合营则须待工厂建成投产后才能获得利润，故这是一种"将来值"，应把它折算成"现值"，即"贴现利润"，以便与其他方式的利润进行比较。

（2）成本模式。成本模式是由以色列学者赫曲（Hirsch, S）提出的，故又被称为"赫曲模式"。主要从成本角度对出口、许可证协议和直接投资三种方式进行比较。

①选择出口方式的两个条件：

$$C + M < C' + AC' \cdots (a); \qquad C + M < C' + D \cdots (b);$$

（a）式表示在母国生产并出口，其费用成本小于到目标国设厂生产的成本和额外开支；这意味着投资方式进入所付出的成本高于出口方式。

（b）式表示在母国生产并出口，其费用成本小于许可证进入的机会成本和耗散费用。由于采取许可证进入，需要转让技术或其他无形资产，就必须舍弃投资式进入，故 C' 实际上就是许可证进入的机会成本。

②选择投资方式的两个条件：

$$C' + AC' < C + M \cdots (a); \qquad C' + AC' < C' + D \cdots (b);$$

从（a）（b）两式可以看出：由于投资式进入成本，即在目标国设厂生产的成本和额外开支，小于出口方式的费用成本（C+M）和许可证进入的费用成本（$C'+D$），所以应选择投资式进入。

③选择许可证进入方式的两个条件：

$$C' + D < C' + AC \cdots (a); \qquad C' + D < C + M \cdots (b);$$

从（a）（b）两式可以看出：许可证进入的费用成本小于投资式进入和出口的费用成本，所以选择许可证进入方式。

注：各个符号的含义：

C：母国生产成本，即跨国公司在母国的生产成本。

C'：目标国生产成本，即跨国公司在目标国投资设厂时的生产成本。

M：出口费用，包括运输、保险、关税等费用。

AC'：在目标国设厂的额外支出，因环境差异必定会有额外开支，或称为"环境差异成本"。

D：转让无形资产的耗散费用。跨国公司拥有的特定优势，如专利、专有技术、管理方式、销售渠道等，通过许可证协议让渡给他人时，意味着特定优势的耗散，同时还有其他风险，如技术秘密被泄露、专利许可被滥用等，这种耗散的代价（费用）用 D 表示。

（3）收入模式。在进入方式选择的数量分析方法中，无论是利润模式还是成本模式都要对未来的收益进行估算，但未来的净收入都是"将来值"，只有折算成"现值"进行比较才相对合理，所以，把考虑了费用成本未来变动对净收入的影响后选择进入方式的方法称为"净现值法"。无疑，到底选择哪种进入方式，主要取决于各种进入方式的净现值比较。

① 选择出口方式的条件：$NPV_E > Max(NPV_F, NPV_L)$，即出口收入净现值大于通过直接投资或许可证协议所带来的净收入现值最大值。

② 选择直接投资方式的条件：$NPV_F > Max(NPV_E, NPV_L)$，即直接投资收入净现值大于通过出口或许可证协议所带来的净收入现值最大值。

③ 选择许可证协议进入方式的条件：$NPV_L > Max(NPV_E, NPV_F)$，即许可证协议所带来的收入净现值大于出口或直接投资的收入净现值。

④ 不进行跨国经营的条件：NPV_E，NPV_F，NPV_L 都不大于 0。

注释 1：NPV 表示净现值，其计算公式如下：

出口净收入现值公式：

$$NPV_E = \sum_{t=t_0}^{t} \frac{Rt - Ct - Mt}{(1+i)^t}$$

直接投资收入净现值公式：

$$NPV_F = \sum_{t=t_0}^{t} \frac{Rt - C't - AC't}{(1+i)^t}$$

许可证协议净现值公式：

$$NPV_L = \sum_{t=t_0}^{t} \frac{Rt - C't - Dt}{(1+i)^t}$$

注释 2：公式符号的含义：

C：母国生产成本。

C'：目标国生产成本。

R：最终产品销售的总收入，即毛收入。

AC'：在目标国设厂生产的额外开支（环境差异成本）。

M：出口费用。

D：转让无形资产的耗散费用，即由于特定优势耗散所付出的代价。

i：贴现率。

t：时期（年），如 t^1，t^2，t^3，…，n 分别表示第 1，2，3，…，n 年。

E，F，L：分别表示出口，直接投资和许可证协议三种方式。

7.3 跨国公司进入时机选择

进入时机选择,即公司应在何时进入某一国外市场是进入战略决策的一项重要内容。若进入过早,则会因为市场培育不够,消费能力低下而导致惨重的损失;若进入过晚,则会如同置身于一个强手如林的"红海"市场,激烈的白热化的市场竞争将使企业在东道国的每一步发展都充满艰辛。

7.3.1 进入时机选择的影响因素

表 7-1 为星巴克在全球扩张的时间表。可以看到,从在西雅图开设第一家美国本土咖啡店到 1996 年走出北美地区,在日本和新加坡开设亚洲星巴克咖啡店,前后间隔有 25 年时间,此后,星巴克便开始了全球拓展的征程,从亚太地区到中东地区,再到欧洲和拉丁美洲。

表 7-1　星巴克国际扩张表

时间	星巴克扩张	时间	星巴克扩张
1971	美国西雅图第一家店	2003	智利、塞普鲁斯、秘鲁、土耳其
1987	加拿大(英属哥伦比亚、温哥华)	2004	法国
1996	日本、新加坡、美国夏威夷	2005	巴哈马、爱尔兰、约旦
1997	菲律宾	2006	巴西、埃及
1998	马来西亚、中国台湾、泰国、英国、新西兰	2007	罗马尼亚、俄罗斯
1999	中国大陆、科威特、黎巴嫩、韩国	2008	阿根廷、保加利亚、捷克、葡萄牙
2000	澳大利亚、巴林、迪拜、中国香港、卡塔尔、沙特阿拉伯、阿联酋	2009	波兰、阿鲁尼
2001	奥地利、瑞士	2010	匈牙利、萨尔瓦多
2002	德国、希腊、印尼、墨西哥、阿曼、波多黎各、西班牙		

迄今为止,关于进入时机战略决策的研究并不多,一项关于财富 500 强公司进入中国市场的时机决策研究发现,这些公司基于下列因素的考虑而趋向于早日进入中国市场:

(1)丰富的国际经验。
(2)庞大的公司规模。
(3)宽泛的产品和服务范围。
(4)竞争对手已经进入了该市场。
(5)政治和业务上的风险较低。
(6)确定了许可经营等非股权进入模式。

另外一项研究以 19 家跨国公司为样本,对其进入时机战略决策进行了考察,提出了"相近市场知识"的概念,其结论包括:

（1）相近市场知识对进入国外市场的时机具有重大的影响。

（2）基于成功的国际市场拓展而积累的相近市场知识有助于早日进入其他相近的市场。

（3）目标国与本国文化的相似性与进入该国市场的时机无关。

（4）消费者富足、经济规模庞大、基础设施完善和进入壁垒较低的国家更容易成为早期进入的首选目标市场。

7.3.2 新兴市场进入时机选择的特殊性

进入新兴市场的时机选择则存在着一定的特殊性。尽管新兴市场有长期的吸引力，但由于其政治和经济环境可能呈现的不稳定性，一些跨国公司更关注进入新兴市场后需要承担的风险，而不是进入所创造的潜在优势，所以公司愿意采取观望的态度；更多的跨国公司则认为，提早进入新兴市场对公司的长期业绩至关重要，因此在新兴市场上应积极投资。究其原因，新兴市场的先动者可以获得与政府建立良好的合作关系、开发被抑制的需求、提高营销的产出水平和序贯学习等许多的附加利益：

（1）与政府建立良好合作关系。新兴市场的先动者会比后来进入的公司从当地政府那里享受到更多的、更实惠的好处。不仅如此，先动者还会得到政府指定的最好的当地合作伙伴。从经济的角度讲，新兴市场国家的政府机构比发达国家的政府机构更有影响力。这是一个历史现象，因为这些国家的市场长期封闭，而且长期实行计划经济，随着经济的发展和外来投资的增加，政府也希望能够重振地方经济。提早进入会有利于与当地政府建立良好的合作关系，并取得一些切实的利益，比如得到数量有限的特许经营许可。在一些基础设施项目的招标中，显得更加重要。

（2）开发被抑制的需求。传统上，一些国外知名品牌不能在新兴市场销售，因此新兴市场上存在着大量被抑制的需求，这就为市场进入者获得更高的市场份额提供了契机。现在，无论是通过出国旅游或是各种媒体的广泛传播，新兴市场的消费者对新产品的兴趣和消费热情越来越高，所以提早进入者可以把产品生命周期理论中处于不同阶段的产品引入新兴市场，并因此获得中长期的竞争优势。

（3）提高营销的产出水平。跨国公司通常把新兴市场的低成本看作是跨国经营的重要基础，其实这只是一个基于国家之间成本差异的简单比较。如果把现在的成本与未来的成本进行纵向比较的话，由于新兴市场人均广告费用比较低，跨国公司可以用较低的投入创建一个新品牌，并建立一定的知名度。因为随着经济水平的提高，广告费肯定会迅速增加，这必然为后入企业创建新品牌带来极大的难度。

（4）序贯学习。跨国公司进入新兴市场，其生产经营行为必然要进行一些调整和创新。其实，新兴市场本身也为跨国公司的调整和创新提供了机会。跨国公司进入新兴市场是一个非常重要的学习过程。在这个过程中，积累的经验和技能还可以被跨国公司移植到其他市场。当今世界，跨国公司获得竞争优势的一个重要途径就是成功地将各个子公司在生产经营中所积累的知识进行内部转移。例如，由于许多新兴市场缺乏发达的产品分销设施，一些跨国公司就创造出新颖的分销流程以及产品包装方式，而这些做法可以被移植到其他国家。如肯德基在中国管理大规模快餐分销店的经验就可以被移植到印度等其他新兴市场。

对中小企业来说，它们可以通过提早进入新兴市场获得先动者优势。如玫琳凯化妆品公司在发达国家市场上是一个"小字辈"，但由于其较早进入，从而在中国、俄罗斯等新兴市场上具备了与强大竞争对手（如雅芳）进行正面竞争的能力。

复习思考题

1. 进入战略包括哪些类型的决策？这些决策之间的关系如何？
2. 简述目标市场决策的主要方法。
3. 简述进入方式的类型及其优缺点。
4. 简述进入方式决策的影响因素。

参 考 文 献

[1] KLIER, H., et al., Which Resources Matter How and Where? A Meta-Analysis on Firms' Foreign Establishment Mode Choice[J]. *Journal of Management Studies*, 2017. 54(3): 304-339.
[2] 刘红杰. 国际投资学教程[M]. 上海：立信会计出版社，2002.
[3] 文显武. 国际投资学[M]. 北京：中国金融出版社，2001.
[4] Gaba V, Pan Y, Ungson G R. Timing of entry in international market: An empirical study of US Fortune 500 firms in China[J]. *Journal of international business studies*, 2002, 33(1): 39-55.
[5] 王林生. 跨国经营理论与实务[M]. 北京：对外经济贸易大学出版社，1994.

即测即练

自学自测　扫描此码

第 8 章

跨国公司知识管理战略

【学习目标】

1. 了解知识的内涵与分类；
2. 明晰跨国公司知识管理的必要性与挑战；
3. 解释知识管理战略如何促进企业发展；
4. 掌握不同知识战略的利与弊。

海德堡利用知识"办大事"

德国海德堡水泥公司在全球设有 20 多家分支机构，全球销售额超过 60 亿美元，拥有三万六千多名员工，是世界四大水泥制造商之一。海德堡水泥公司在不到 10 年的时间里主要通过收购方式，从不足 1 万名员工逐渐发展到现在的规模。为了整合新收购的公司，海德堡需要增加不同单位之间的知识交流。为此，海德堡专门成立了团队促进各单位间的知识交流。例如，水泥后期维护问题一直是海德堡旗下很多生产工厂所共同面对的问题，为了强化知识交流，提升知识创造的可能性，海德堡召集了企业内部各单位的技术带头工人、研发尖子工人以及研究所等机构的专业人士组成了专项问题团队。通过团队内成员知识的交流，海德堡做到了"集中力量办大事"。团队的组建不仅能融合各子单位解决该问题的优势，弥补劣势，还可以让下属的工厂不再需要仅凭自己来解决维护问题。

（案例来源：Mahnke V, Pedersen T, Venzin M. Why do MNC subsidiaries engage in knowledge sharing with other subsidiaries and what are the implications for performance[C]. Dynamics of Industry and Innovation. Organizations, Networks and Systems, 2005.）

8.1 知识与知识管理

8.1.1 知识的内涵与分类

1. 知识的内涵

自古希腊以来，什么是知识这一问题便经常在被称为认识论或认识批判论的哲学学科中进行探讨，对知识的研究也一直是哲学和认识论的中心课题。从哲学的角度出发，知识是人们在劳动过程中所掌握的技术经验和理论，也就是说知识有两种类型，一种是理论知识，另一种是经验知识。不同的知识展现了人类在认识自然和改造自然的过程中，主体认知能力的不同发展阶段。从这一观点出发，哲学学科关于知识定义的讨论也可分为两个认识论阵营：客观主义视角和实践主义视角。客观主义的观点将知识视为一种实体或商品，以可编纂的形式独立于人类存在。这一观点认为存在于人脑中的知识是以最客观、最明确的方式获得、创立和表达的。实践主义的观点则与客观主义观点相反。实践主义认为，知识是人与环境交互作用的产物，因此，知识无法从环境中单独剥离出来。实践主义学派的科斯基宁（Kaj Koskinen, 2013）指出知识是一种社会化产物，知识的出现源于社会中组织内部行为与工作的专业化。唐超颖和诺曼（Naumann, 2016）则将知识定义为一种行为能力，而这种能力源自个人或群体相关的特征。

随着社会的发展，人类进入了知识经济社会，企业作为人类行为与活动的组织形式，成为人们进行知识交流和获取知识的平台，而企业也通过知识的创造和利用得以发展。由于数字经济的发展需求以及信息技术的革新，企业知识渐渐成为企业发展过程中重要的"资产"，对这种特殊"资产"本质的挖掘及其管理也成为现如今诸多企业及组织的兴趣点。企业知识的核心地位促使管理研究的学者们深入挖掘企业知识的内涵和意义。对于企业知识，现有学者对其定义也是复杂多样。哈里森（Sigvald Harryson）等学者（2008）基于对日本技术创新的实证研究，认为企业从外部吸收以及内部融合扩散的，用以企业研发、生产、应用市场以及项目管理等的信息都称为企业知识；费尔南德斯（Antonio Fernandes）等（2003）认为企业知识是企业产品由生产机器产出的过程以及这一不断发展进步的过程中所涉及的经验等内容；博恩（Roger Bohn）将企业技术知识的概念简化为生产产品的过程以及提供服务的过程，他认为若将 x 定义为产出产品所需的原材料，Y 设为产出的产品，那么企业产品的整个生产过程可以用表达式 $Y = f(x)$ 来表达，其中 f 表达了 Y 与 x 之间的函数关系，则 f 便是企业所拥有的知识。

综上所述，我们认为知识的含义包括两个层次：狭义上，知识是企业为生产产品时研发、生产、制造和销售过程中所产生的经验、方法以及理论；广义上，知识可以是企业在研发、生产、制造以及推广产品时所需要的，包括企业文化、战略导向、激励机制等所有的宏微观要素的总和。

2. 知识的分类

不同类型的知识在知识管理过程中的表现形式和实际影响各不相同，企业需要根据知识的不同类型进行针对性的知识管理，因此了解知识的分类尤为重要。

关于知识的分类，有许多不同的观点。然而，人们普遍认为知识可以分为两种类型：显性知识和隐性知识，两者同等重要，互为补充。

显性知识是知识中正式的和记录在案的内容，可以通过系统化和形式语言进行编码和传递（野中郁次郎和竹内弘高，1995）。也有很多学者将显性知识称为明晰知识，日常生活中人们说的话、读的书、写的报告、编译的数据等都可归为这一类知识。相对应地，隐性知识是一种非正式的、难以形式化记录或表达个人的、具有情境特定性的知识，它储存在人们的头脑中,因此又被称为默会知识,包含了人们在个人发展和成长中形成的直觉、观点、信念和价值观等。

著名的知识管理研究学者野中郁次郎(Tkujiro Nonaka)进一步提出显性知识和隐性知识的具体形式。他认为显性知识是:(a)正式的和系统的信息;(b)理性的知识(思维);(c)用文字和数字表达的内容;(d)可以很容易交流和分享的内容;(e)用计算机代码、化学公式、原理等表达出来的信息。隐性知识被描述为:(a)洞察力、直觉和预感;(b)经验;(c)不可见;(d)高度个人化,难以形式化,难以与他人交流或分享;(e)根植于个人行为和经验中,包括理想、价值观或情感等。在这一分类基础上,野中郁次郎首次提出了知识的螺旋模型,他认为知识的流动是从隐性到显性再回归隐性的过程,而且知识的储备会按照组织的结构逐层递增。

随后,哈曼和海瓦利吉(Hasan & Alhawari, 2003)在 Nonaka 的分类基础上进一步细化了知识分类。仍旧根据其扩散难易程度以及可编纂的程度,哈曼和海瓦利吉在野中郁次郎原有的知识类别中增加了半显性和半隐性两个新分类。他们认为,半隐形知识可获取程度最高,但是可编纂程度最低。半显性知识的可获取程度最高,但在可编纂程度上的评级最低。在野中郁次郎提出的螺旋模型基础上,哈曼和海瓦利吉增加了将知识从显性形式转化为半隐性形式,以及知识从半隐性形式向隐性形式转化的过程,如图 8-1 所示。

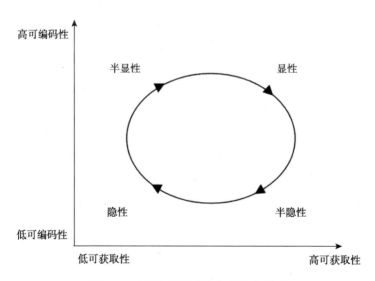

图 8-1 哈曼和海瓦利吉知识转化模型

除了显性知识和隐性知识外,现有研究还有很多其他的分类方式。例如,Boisot(1995)提出的知识模型中,知识被分为四种类型:(a)可编码知识(可以随时传播的知识);(b)非编码知识(不能随时传播的知识);(c)可扩散知识(容易被分享的知识);(d)不可扩散知识(不容易分享的知识)。另外,德隆和费伊(David De Long & Liam Fahey)认为,在组织中关于知识和知识管理之所以存在争论,对知识管理战略的定义没有达成共识,就是因为没有认识到至少有三种不同类型的知识,它们分别是人类知识,社会知识和结构化知识。人类知识构成了个人知道或知道如何做的事情，它表现为技能或专业知识，这一类知识结合了显性知识和隐性知识的共同特点。社会知识只存在于人与人之间或群体内部的关系中，它在很大程度上是隐性的，由群体成员共享，只有在共同工作的过程中才能发展。结构化知识是嵌入组织的系统、过程和例程中的知识，结构化知识是明确的和基于规则的。还有一种分类方法也在现有研究和实践中占有重要的地位，这一种分类由奎因·安德森和芬克尔斯坦（Brian Quinn，Philip Anderson & Sgdney Finrelstein）提出，他们将知识分为认知（Know-what）、技能（Know-how）、理解（Know-why）和创造力（Care-why）。

8.1.2 知识管理的发展与内涵

1. 知识管理的发展

现代经济中，对于许多公司来说，知识是最重要的组织战略资本，是企业和组织保持持久竞争优势的关键。在企业中，知识需要被储藏和管理，否则知识的丢失有可能会给组织带来巨大损失，知识也需要维护和更新，让企业能够在不断迭代的环境中生存。据统计，75%的企业表示创造和保存知识对成功至关重要，突出了企业进行知识管理的重要性。

从知识管理的历史视角看，知识管理问题一直都伴随着东西方哲学的产生和发展，也就是说知识管理问题一直是一个古老的问题。公元前3000年左右，楔形文字开始出现，为了"捕获、存储和检索"信息，当时的人们将信息写在湿黏土上，然后烘烤从而将文字保留下来，这可能就是人类对知识管理的第一次尝试。随着文明的发展，从史料记载中我们发现，除了我国的孔子等众多思想家，西方哲学家以及他们同时代的印度哲学家都有同样悠久的、有据可依的记录，记载着早期人类对精神世界的理解以及生活行为。这些对过去历史的记载、对过去思想的传承都离不开我们的祖先对知识管理的重视。自20世纪80年代起，随着新技术的发展，知识管理经历了重大的变化和演变。特别是20世纪90年代，随着个人电脑的普及和网络的发展，人类找到了更多也更方便的方式捕获、存储和检索知识，从而有了更先进也更方便的手段进行知识管理，组织也从简单的对知识进行储存转向更加复杂的网络化管理，推动知识管理开创了一个新的理论和实践发展的时期。不仅如此，随着学科的发展，知识管理也经历了重大的范式转变。例如哲学的发展，推动了我们对于知识和知识管理的理解；信息技术的发展，让我们更好地提炼、编撰、储存和创造知识；管理科学的发展，让知识管理相关内容融入企业中，帮助并且加速企业发展等。

2. 知识管理的内涵

扩展阅读8.1 上汽通用五菱的知识管理

知识管理是一个宽泛的概念，在世界各地的文献史料中也记载着大量关于知识管理的定义。对不同的组织，知识管理有不同的定义。对一些人来说，知识管理是一种"在正确的时间将正确的知识传递给正确的人的有意识的战略，知识管理的出现帮助人们以分享信息和将信息付诸行动的方式促进社会发展"。对另一些人来说，它是"经验、知识和专业知识的形式化和获取，这些经验、知识和专业技术创造了新的能力，实现了人类的发展和进步"。

知识管理对企业的意义更显得超乎寻常，通过知识管理，在企业中共享、重组和再创造知识，帮助企业在提升效率的同时，创造了企业竞争优势。因此，知识管理在企业这一独特背景下，有了新的内涵和定义。在一项研究中，学者调研了260家欧洲企业，共有73%的企业投票赞成将知识管理定义为"管理知识的创造、传播和利用以实现企业目标的过程的集合"。企业中的知识管理包括识别、获取、产生、积累、分配和利用信息等知识以影响和促进企业整体效率的系统过程。知识管理让企业可以通过多种手段创造、获取和使用企业无形信息资产。

知识管理被广义地定义为人员、技术和过程的组合，是从无形资产中创造价值的一种管理系统。知识管理也被狭义地视为一种能力，是企业识别和利用集体知识以提高竞争力的能力。除此之外，也有研究认为知识管理是一种企业流程，即知识管理是对企业知识资产的管理和利用，是正规化的业务过程或企业流程。还有部分学者从创新的角度出发，认为企业的知识管理是捕捉新想法的洞察力和经验，知识管理是支持创新、新思想的产生和组织思维能力的开发流程。我们列出了现有研究中具有代表性的关于企业知识管理的定义，如表8-1所述。

表8-1 知识管理的定义

来源	定义
朱利安·伯金肖（Julian Birkinshaw）等	知识管理是促进知识流入企业内部的一种技术或一种流程
彼得·巴克利和马丁·卡特（Peter Buckley & Martin Cater）	知识管理是一种内部协调机制，知识管理让企业观测的外部信息和发现企业发展的新机会汇聚到一起
托马斯·达文波特（Thomas Davenport）等	知识管理是企业聚合、分析和使用数据的能力，通过知识管理，企业可以作出明智的决定，从而让企业拥有商业价值
多萝西·伦纳德-巴顿（Dorothy Leonard-Barton）	知识管理是企业创新、提高技术能力和财富增长的一种技能，这种技能让企业可以获取竞争优势
纳吉斯·马尔霍特拉（Yogesh Malhotra）	知识管理是企业搜寻数据、处理数据和创造新数据的组织过程
凯西·斯图尔特（Kathy Stewart）等	知识管理是企业从知识这种资产中获取价值的管理手段
哈西典·斯托克斯和埃菲·弗拉基米罗维奇（Haridimos Tsoukas & Efi Vladimirou）	知识管理是企业不断理解和反思实践活动的动态过程

梳理现有企业知识管理的内涵，我们发现在现有大多数定义中，知识管理内涵总是少不了利用、获取、存储、保护、共享和转移知识等内容，这些内涵从根本上都指向了一个共同的观点，即知识管理可以包含以下四个组成部分：知识创造、知识存储、知识扩散和知识利用（再创造），如图8-2所示。为了提高企业的生产力和竞争力，这四个部分能让企业有条不紊地获取、存储、探索、维护和重组来自不同地方和人们的知识。企业知识管理提供了一个建立在过去经验基础上的框架，为企业知识的交换和创造搭建了新的机制。知识管理是一个正式的过程，它确定了企业拥有哪些可以使组织中的其他人受益并方便使用的信息。

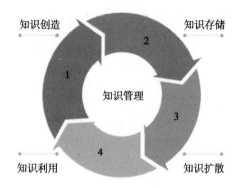

图 8-2 知识管理组成部分

8.2 跨国公司知识管理

跨国公司（Multinational Corporations，MNCs）是公认的具有广泛分散且多样化知识的组织形态。由于跨国公司子公司的地理位置、社会政治、人口素质、文化积淀和产品市场偏好的不同，作为知识载体的员工分散在差异化更加明显的环境中，跨国公司也随之需要更系统的数据和专业知识以提高企业的能力和效率，从而更快地响应外部市场和技术环境变化，因此，知识管理对跨国企业来说显得更为重要，也更具挑战性。

8.2.1 跨国公司知识管理的发展阶段

跨国公司的知识管理发展大致可分为五个阶段：

（1）起步阶段（Start-up）。这个阶段是企业知识管理的初级阶段，企业开始尝试理解知识以及知识管理的概念、理解角度和实际影响。企业逐步在理论上和观念上认识到知识管理的积极作用，认识到知识管理对于企业建立知识资本和企业发展的重要意义。在这一阶段，企业也开始尝试建立自己的知识管理体系，拥有分享知识的意愿。

（2）起飞阶段（Take-off）。该阶段企业建立了知识管理的目标，并开始探索与目标相匹配的知识管理战略。这一阶段的产生可能是源自企业面对外部环境变化压力，也可能是源自供应链的发展需求。知识管理的发展重点将集中在企业内部的知识交流，企业建立了知识管理战略，准备了一定的辅助性资源以应对知识管理起飞阶段的风险。

（3）扩大阶段（Expansion）。企业逐步完善知识管理战略，并将知识管理与企业的业务目标联系起来，企业不断分配人员、预算、硬件设备等资源实施知识管理计划并随时准备知识管理战略的变化。企业也会逐步扩大知识管理的应用范围，并将知识管理纳入绩效指标。

（4）渐入佳境（Progressive）。企业在这一阶段已将知识管理活动整合到企业整体战略框架内，掌握了利用平衡记分卡或卓越绩效模式等检测和评估企业知识资产对企业价值的方法。另外，企业也建立了有效的奖励和激励措施，不断加强内部知识管理活动。

（5）可持续发展（Sustainability）。知识管理已然发展到制度化阶段，其特点是知识管理的目标和企业各业务目标互为补充，相互促进。知识管理实践扩散到整个组织，并向组织外部延伸。知识管理的理念也嵌入企业文化、员工行为、业务流程和产品开发中，与企业整体的可持续发展融为一体。

8.2.2 跨国公司知识管理的挑战

知识管理为跨国企业培养了一个放眼于全球，专注于创造、分享和发展知识的环境，为跨国企业发展创造了新的机会。已经有大量研究证实了能够有效进行知识管理的跨国企业要比那些不太精通知识管理和组织学习的跨国企业表现得更好。例如，英国石油公司（跨国石油公司）曾经进行了一项分析，证实了知识管理战略和子公司之间的绩效差异。研究表明，业绩差异是由于各地子公司的知识管理实践存在差异所致。尽管知识管理战略给企业特别是跨国公司提供了发展的机会，也给跨国公司带来了潜在的巨大利益，但是进行有效的知识管理，推行匹配的知识管理战略难度巨大。许多企业认为，只要制定了与跨国业务发展战略一致的知识管理战略，企业便可以收割知识管理带来的红利。但是这些企业却没有认识到知识管理的制定和推行必然受到很多因素的影响，其中有些因素甚至会成为跨国企业发展的桎梏。综合来看，跨国公司知识管理顺利开展面临四大挑战。

1. 组织管理的挑战

经常被强调的与管理相关的挑战莫过于知识管理与组织整体战略的一致性问题。知识管理应与企业现有的战略、目标契合，确定知识管理的目标和方向，确保知识管理能够真正服务于企业战略的实现。只有这样才能将知识管理的理念和技术在企业内部落地生根。企业高层应确定企业整体的战略和知识管理的一致性，否则很难明确下达知识管理任务，也无法让知识管理辅助企业成长。作为中低层员工，如果知识管理和企业整体战略不一致，员工将无法清晰定位自己在知识管理及在企业实际工作中的角色。但对于跨国公司来说，其特有的战略一致性挑战很大程度上来源于子公司的自治。在跨国公司中，很多子公司拥有自治权，即子公司可独立实施子公司战略目标。这就导致跨国母公司向下推行的知识管理可能与子公司战略不一致，导致子公司可能不愿意参与跨国公司层面的统一的知识管理治理。

与管理相关的知识管理挑战也可能源自管理层没有重视对员工知识管理技能的培养。当涉及知识管理过程时，将目标和期望传达给员工，但管理层却未能培养员工实现这些期望所必需的技能和能力的时候，知识管理就变得没有意义了，因为知识管理必然不能达到它所期望的结果。除了对知识管理技能的培养，在企业实施知识管理初期，给员工提供其他方面的知识也是非常有必要的，例如技术专家和硬件等。除此之外，员工的组织承诺、员工之间的信任程度、企业冲突的解决方式，都是企业在实施知识管理过程中可能造成知识管理混乱的潜在挑战。

2. 组织文化的挑战

组织文化是组织内共享的核心价值观、信仰、行为准则和行为规范，是组织内部的一种共同认知和共同行为方式。组织文化可以影响组织内部的各种行为和企业的基本结构，包括权力结构、组织结构和控制结构。属于特定组织文化的个体员工将被期望在某种程度上拥有与组织其他成员的共同身份，对组织内外部环境有共同的理解，而且他的行为也会被期望与组织的目标保持一致。当公司试图调整其组织文化以适应知识管理战略和目标时，组织文化就有可能成为知识管理失败的潜在原因。组织文化主要通过个人主义与集体主义行为影响知识管理，也就是说，个体在社会环境中对自己的感知和态度将决定他们的知识管理行为。个人主义组织文化在企业当中占主导的话，员工个体在追求个人目标实现自身成就时，将会得到鼓励；相反，当集体主义组织文化占主导地位时，企业内的一些行为都会将集体利益放到最重要的位置。

在跨国公司中，尽管子公司可能共享母公司组织文化中的一些文化元素，但子公司的组织文化和母公司往往存在差异，子公司的组织文化可以被视为跨国公司内的亚文化。亚文化的差异源于不同的因素，包括但不限于子公司与母公司的关系、子公司在跨国公司中的议价能力或者决策地位、子公司所在国家的特殊文化等。子公司如何看待自己在跨国公司中的作用和意义，对其知识管理行为而言是极其重要的。例如，如果子公司认为自己与其母公司是竞争对手，那么子公司与母公司之间的信任度便会受影响，子公司便会囤积、保留知识，而如果子公司扮演合作角色，他们可能就会抱着互惠的心态，与母公司分享知识。同样，如果子公司可以影响母公司决策，子公司往往就会强化与母公司的沟通和交流，突出知识管理转移知识的作用，从而进一步强化子公司与母公司的决策地位。但如果子公司此前一直处于自给自足状态，母公司从子公司获取知识将变得很难，有研究发现，子公司的组织文化如果相对独立，当母公司从子公司获取信息时，子公司会因为自尊心受损而产生抵抗行为。

3. 组织员工的挑战

来自个人层面的知识管理挑战是多个方面的，其中最重要的便是员工参与知识管理的动力存在差异。有些员工可能不愿意参与知识管理，因为他们认为这是他们主要工作之外的额外的、耗时的活动。员工也有可能是因为知识管理结果的不确定性、知识管理引起的信息暴露，或者信息分享后导致员工工作可取代性等原因而不从事知识管理。

首先，知识管理结果的不确定性。作为员工个人来讲，他可能不确定都有谁可能持有他们需要的信息，或者谁可能需要他所持有的信息，因此无论是作为信息的接收方还是信息的传递方，在不知道接受传递的起点和终点的时候，员工将无法主动参与知识管理。

其次，不确定性也可能来源于潜在的发送者缺乏足够的理解力或传递信息的能力，而且发送者可能也无法判断他们的知识对他人所代表的价值。此外，如果潜在的接收者对信息来源缺乏信任，他们可能不愿意接收或使用信息。信息暴露指的是在知识管理过程中，员工将自己的知识公之于众。然而，发送者发布信息后，接收者可能不认可这一知识的正确性，或指出信息的缺点与问题，从而凸显接收者自己的专业知识程度。因此，一些发送者可能会为了避免尴尬或丢脸而放弃分享知识。最后，信息分享后，发送者所掌握的专业知识或者独占的知识将有可能被其他人获悉，发送者在企业中的地位以及员工个人的特殊性将受到影响。因此，知识管理有可能会危及员工个人的业绩表现、企业地位甚至工作保障，这些均对企业知识管理带来了挑战。

4. 知识管理内容和结构挑战

由于知识是知识管理的核心要素，知识的编纂和呈现方式将影响着组织中知识管理的成败。知识结构不良、知识内容过时、知识内容与企业不相关或不适合等都有可能对知识管理构成重大挑战。企业，特别是跨国企业，信息的传递往往会因为知识结构不良而导致传递失败。例如，发送方所提供的内容没有足够可以被理解的上下文或者说理解情境，接收方即使很好地接收了信息，也仍然无法充分理解，或者造成理解偏差。除此之外，传递的信息如果不是母公司最新的内容或者信息没有被更新的话，子公司在接收信息时会觉得自己没有被信任，从而导致对母公司产生不满的情绪，不利于后续知识管理。另外，如果知识是由很多团队共同开发，每一个团队所持有的都是碎片化知识，在知识传递过程中，碎片化的知识结构将会给知识管理造成很多困难。碎片化内容或结构所带来的挑战在跨国公司中更加凸显，因为跨国公司的知识内容是在不同的环境中形成的，并旨在服务不同的环境。除此之外，跨国公司中不同经营地点的员工所使用的语言、专业术语和表达方式等都存在差异，这也可能会导致内容和结构方面的知识管理的挑战。

8.3 跨国公司知识管理战略类型

8.3.1 知识转移战略

1. 知识转移战略模式

跨国公司知识转移既包括流程或企业规章等显性知识的转移，也包括通常由员工个体持有的隐性知识的转移。跨国企业经营涉及大量的国际业务的同时，也拥有多国的员工，因此，知识管理中的知识转移对跨国企业来说变得十分重要，但也十分困难。

知识转移战略是知识管理中的重要环节，知识转移战略分为两种模式，沟通模式（Communication Model）和知识螺旋模式（Knowledge Spiral Model）。

1）沟通模式

沟通模式最早由埃尔伍德和韦弗（Shannon Elwood & Warren Weaver）提出，这种模式下，企业的知识从发送方流出，通过媒介传递，转移给接收方。在这一过程中，有一些信息或知识会被"噪声"扰动，被转移的信息或知识会遭到扭曲甚至破坏，但这一过程仍能将最核心的知识转移给接收方。沟通模式由两个过程组成：第一个过程是编码，也就是发送方将信息转换为接收方可接受或理解的模式，或发送方将信息编辑成可转移的模式，从而利于转移；第二个过程是解码，指接收方收到转移知识后破解信息并理解信息的过程。根据两位学者的观点，我们在图 8-3 中简单描绘了沟通模式的示意图。

扩展阅读 8.2 蒙牛实现研发知识管理数值化

兰斯基（Gabriel Szulanski）是第一个将埃尔伍德和韦弗提出的沟通模式概念引入企业知识管理的学者，他进一步将知识转移概念化为在企业特定环境下从企业发送方到接收方的知识传递。可见，基于沟通模式，知识转移战略又可以被视为发送方和接收方之间二元的知识交换。

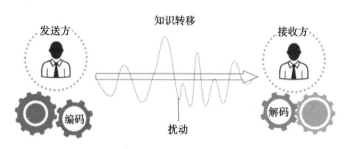

图 8-3 知识沟通模式

根据兰斯基提出的企业知识转移概念,英克潘和第纳尔(Andrew Inkpen & Adva Dinur)随后又提出了知识转移过程必然要经历的四个阶段:

(1)起始阶段:被转移知识被识别。

(2)适配阶段:发送方根据接收方的情况调整知识结构和内容等,从而利于知识转移和被理解。

(3)翻译阶段(解码阶段):接收者将接收到的知识破解、翻译以及转换,从而适应新情境。

(4)实施阶段:知识被显性化和制度化,成为接收方所在企业中不可或缺的一部分。

知识转移过程看上去很容易理解,也很简单,但是如将转移过程嵌入企业特别是跨国企业中,过程会变得相当复杂。斯威比(Karl-Erik Sveiby)便将上述转移过程分为九个类型,详细阐述了知识转移战略在跨国企业情境中的复杂程度,如图8-4所示。不仅如此,在埃尔伍德和韦弗提出的沟通模式中并不存在时间差问题,也就是说知识的发送方和接收方几乎是在同一时间进行着知识的传递和转移,但现实中,知识的转移存在时间上的延迟,而且转移中断时常发生。

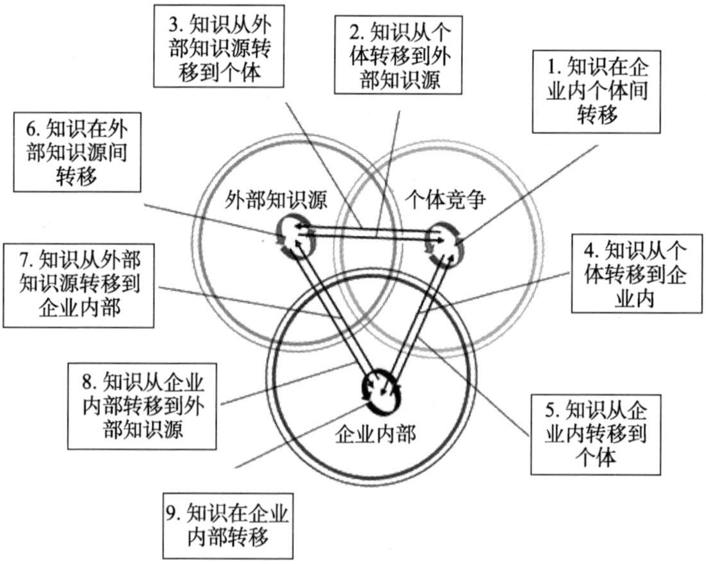

图 8-4 知识转移类型

2）知识螺旋模式

知识螺旋模式是野中郁次郎和竹内弘高（1995）基于显性知识和隐性知识的转化过程而建立起来的知识转移模型。他们认为知识的转移是按照组织的结构逐层递增的。组织知识的产生离不开个人，但是如果个人的知识不与其他个人或团队交流分享，不参与组织内部转移过程，则个人的知识对组织的影响是微乎其微的。因此，知识转移可以看成是个人知识逐渐放大并内化的过程。在野中郁次郎和竹内弘高提出的知识螺旋模型中，知识从个人层面向上转移到团队层面再最终转移到企业层面，而最初的个人层面知识在与其他个人及团队知识不断交互作用的过程中得到不断的放大和丰富。当知识从个人转移到团队再到组织层面时，组织的知识才真正被创造出来。在个人层面，知识的产生主要来源于对周遭环境的感知以及解读，而到团队层面，知识的转移方式主要是整合，在组织层面，转移方式则是整合并使其制度化成为企业规章或日常流程。知识螺旋模型不仅解释了知识是如何产生和如何创造的，而且描述了知识转移的过程。当隐性知识和显性知识之间不断转换并进一步向上转移到更高层面时，就产生了螺旋，如图 8-5 所示。具体来看，在知识螺旋模型中，知识转移涉及四个过程：

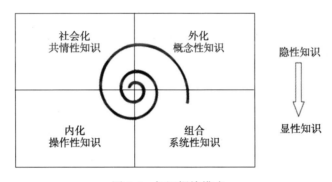

图 8-5　知识螺旋模式

（1）社会化——从隐性到隐性：个体在转移阶段交换隐性知识，并不编辑或改变知识，如分享心情，分享技能等。

（2）外化——从隐性到显性：通过隐喻、类比、假设、建立模型等方式将知识显性化。通过这一过程，企业范围内的所有员工都可以学习、掌握和利用知识，因此，外化是知识创造最重要的过程。

（3）组合——从显性到显性：知识与知识的组合和重构，从而将现有的知识元素串联并融合起来，逐步形成企业知识系统。

（4）内化——从显性到隐性：将显性知识转化为隐性知识被称为"内化"过程，是指企业内的知识被整合并吸收到个体中。

2. 知识转移战略影响因素

影响跨国企业知识转移战略成功的因素大致可以分为发送方与接收方因素、情境因素、知识特质因素、转移媒介因素四个方面。

基于上述四个因素，通过梳理现有的研究和实践现象，我们进一步总结了四个因素所包含的可能影响跨国企业知识转移战略的子因素，如图 8-6 所示。我们尤其强调信任、吸收能力和知识的显隐性三个因素。

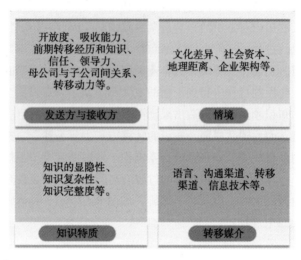

图 8-6　知识转移影响因素

（1）信任。信任是一方对另一方某种行为的坚信意愿，即使另一方的行为不受自身控制，信任也可以被视为是个人愿为特定对象承担风险的意愿。在知识转移这一情境下，知识向外流出有可能使知识发送方失去竞争地位，从而带来风险。因此，只有以信任为基础，才可以使发送方愿意承担风险而从自身转移知识。有研究发现母公司给予子公司或子公司对母公司的信任水平和控制水平都传递了二者对知识转移的预期程度。信任反映了跨国企业母公司和子公司之间的关系，也在一定程度上可以预测二者在信息传递方面的表现。跨国企业内部的信任至关重要，特别是在进行技术合作开发方面。信任可以减少内部子公司对机会主义的恐惧，从而降低交易成本。有了信任，监督和其他控制机制的需求就随之减少了，在一定程度上节约了母公司的管理成本。此外，信任鼓励开放式的沟通，提高了跨国公司内部分享信息的意愿。信任已被证明可以增加跨国公司内部子公司间的合作意识，提高灵活性，降低协调成本，提高知识转移水平和学习潜力。另外，信任作为嵌入关系的治理机制，促进了跨国公司交换隐性知识的能力。

（2）吸收能力。吸收能力描述了企业识别、吸收和将外部知识应用于商业目的的能力。由于知识存在模糊性、隐性等特征，知识的接收方除了需要有专业的技能接受知识，还需有能力理解并进一步传递知识。即使发送方很好地传递了知识，中间扰动因素也没有破坏或者扭曲知识，但如果接收方吸收能力欠缺，则会导致知识转移的失败。研究已经证实跨国公司各部分相互学习并进行知识管理是由各部分的吸收能力决定的。跨国公司各部分的吸收能力的差异导致了跨国公司在进行知识转移时不同的学习节奏，恰恰因为学习节奏存在着不同，才致使现实中很多子公司之间创新成果以及绩效水平差异很大。很多研究通过测度研发强度、在研发部门工作的科学家数量等维度来衡量子公司的吸收能力。现有研究发现，知识发送方和知识接收方的知识库重叠程度影响了知识接收方的吸收能力，虽然跨国公司知识发送方和接收方同属一家组织，但由于内部分工不同等原因，即使发送方和接受方的知识库在一定程度上有重叠，但未重叠的部分将会影响知识转移的效果。

（3）知识的显隐性。知识的本质——隐性与显性，对知识转移过程和转移效果有着深刻的影响。显性知识是可以被正式编码的系统语言，可以被储存、寻找、组合，而隐性知识则根植于个人，难以编码以及沟通，只能通过人的观察、模仿以及实践获得。因此显性知识更容易编纂和表达，更容易跨越组织边界，而隐性知识往往嵌入个体的认知中，因此很难通过沟通或者书面表达的方式转移。

8.3.2 知识保护战略

1. 知识保护与知识保护战略

随着技术的逐渐发展，我们已经迈向了一个用知识取代廉价劳动力获取竞争优势的经济时代。在这个时代，对于核心知识的保护与创新具有同等的地位。知识保护是企业在经营中为了防止伙伴复制企业核心知识、限制共享知识、限制伙伴吸收和内化企业核心知识以及减少与伙伴互动的行为。一方面，为了防止跨国公司内其他组织成为潜在威胁，跨国公司子公司采取了限制交流的机制，避免在跨国业务中知识的溢出或者泄露；另一方面，企业限制伙伴有意吸收和内化企业核心有价值知识的行为，这种限制来源于企业对于知识保护以及管理知识的规划。它是企业在知识管理中的一种决策战略，而这种战略将有利于企业获得或者维持竞争优势。

知识保护战略是企业为规避核心有价值知识丧失的风险，降低知识交换有效性、准确性和及时性的行为规划。在跨国经营中，企业需要采取一定的知识保护机制，防止行业内外伙伴有意识或无意识地学习或窃取企业核心知识。知识保护的具体举措包括两个方面，一方面是企业所有的严格且规范的管理制度，另一方面是企业为降低知识泄露而采取的独立模块化处理。

2. 跨国公司知识保护战略的实施

在跨国经营中，企业的实物资产可以根据物权法对归属进行界定，但是知识、专利或商业机密等信息在法律上的定义非常狭窄，而且如果全部利用具有法律约束力的专利或条文进行划分，编写和执行成本将会非常高。知识的本质是流动的，同时也是一种公共品，因此知识很难被保护，也很难被发现知识已经被征用或者被非法模仿。跨国公司知识保护战略的实施方式主要包括：

首先，正式的保护手段，即利用法律法规对企业知识进行保护。跨国企业是世界上最具创新力的企业类型之一，跨国企业向海外扩张的一个主要原因是在国外市场利用在国内市场创造的知识资产。竞争对手对企业独特知识的模仿威胁了创新企业基于知识的竞争。许多公司通过对研发活动保密来应对这种威胁。但对于跨国企业来说，企业条文和会计准则要求子公司和母公司定期向股东披露信息，而这些信息便有可能被竞争对手获取。由此，法律法规成为跨国企业有效实施知识保护战略的手段之一。这种知识保护方式强调了专利手段对于企业知识的保护，专利制度授予一项发明或者技术在一定时期内的专有权，对一项发明或技术的使用（例如专利）或其复制（例如版权）提供了临时垄断权。专利一方面在一定程度上免除了知识泄露的风险，另一方面可以惩罚其他企业的侵权行为，遏制其他企业的机会主义行为。企业若想申请专利，需要向政府机构（例如专利局）提供申请材料，政府机构将根据专利标准，如新颖性、开发步骤等判定是否授予专利。专利的申请，意味着企业需要先将知识进行编撰和披露，从而获取一定时间的保护。虽然专利保护在现有企业中利用普遍，但其效率和效力受到了很多质疑，例如申请的过程通常是漫长的，而且企业申请专利很多情况下需要大量的资源承诺（例如专业律师的咨询等）。因此，对资源有限的小型企业来说，采用专利的方式进行知识保护战略就变得不那么有吸引力了。有研究发现，申请专利的倾向差异很大：从事研发活动多或知识密集型企业通常更有可能为其知识申请专利，因此，制药、化工和机械公司在专利申请上的投资最多。

其次，非正式的手段，又称为过程控制方式。强调企业经营过程中，企业利用内部的控制手段对知识进行保护。例如人员的管理方面。由于知识最初必然存在于人的大脑中，且隐性知识也大多存在于个人之中，因此，对于核心人员的管理成为知识保护战略的重点。当今企业知识管理中面临的最重要的人员管理问题之一是员工流失。员工流失指的是由于裁员、辞职、退休或死亡导致的员工数量的减少。对于任何组织来说，员工流动都是一个日益严重的问题，因为它会产生负面的知识流失甚至知识泄露问题。据统计，美国员工流失的财务成本每年可达数千万美元。员工流失给组织带来了沉重的成本，直接体现在重新招聘和入职培训的成本上，间接则体现在组织知识管理和知识储备成本上。员工流动降低了组织的效率，影响其生产率，也降低了仍在企业中工作的员工的士气。失去熟练的、有能力的员工会造成团队合作的问题显现，也会产生更换人员的额外成本。员工流动造成的财务和组织成本会对组织产生持久的影响。有些研究认为员工流失只是一种企业内部员工更替的周期，在这个周期中，新员工会接受培训并补全流失造成的空缺。虽然新员工可以填补流失空缺，但很多情况下，员工流失造成的知识空缺却难以弥补。特别是在跨国企业中，如果负责各部分单位间沟通职能的员工流失，将导致跨国公司各部分沟通受限，员工流失破坏了组织原有的社交和沟通模式，而重新搭建沟通中介的成本和难度都是非常高的。高员工流失率会影响现有员工的绩效以及现有员工在工作中使用的社交网络和知识共享网络，同时阻碍知识在跨国公司各部分间的流动。因此，对人员进行有效管理，增加员工留任意愿等在知识保护中是非常重要的。

企业文化方面。企业文化体现并影响企业核心价值观、行为准则、业务范围和核心发展方向。因此，企业知识管理以及对知识保护的风险态度都受到企业文化的影响。知识保护不仅离不开企业上下对核心知识不泄露的支持、对核心知识的重视，还需要培育知识学习和创新的氛围与环境。崇尚知识的企业文化便是一种可以培育企业重视知识且自主学习的文化，它使企业上下尊重知识、认同知识才能塑造持久的竞争优势。而且这种企业文化会

扩展阅读 8.3 知识保护一定有利于跨国企业发展吗

让企业更具学习的活力、热情和动力,这种动力和热情会带动企业全体员工投入更多的努力和时间去践行企业知识管理。这种氛围的营造令企业对知识更有追求,有恒久的动力创造新知识,并且保护自身知识不被侵犯。这种氛围还会促进企业创新文化的产生,从而形成"创新文化——知识创新——创新文化"的良性循环。另一方面,创新文化还通过企业对风险的态度影响着企业的知识保护行为。在崇尚知识的企业文化影响下,企业会意识到外界可能的机会主义行为,也会留心内部可能造成知识泄露的风险来源,因为崇尚知识的企业文化改变着企业上下对知识风险的阈值,而阈值的改变也将影响企业全体员工对知识保护的态度,从而带动企业上下围绕知识管理付诸更多的努力。

3. 知识保护战略实施的影响因素

知识保护战略实施的方式有很多,影响其实施的因素也很多,我们将比较有代表性的因素列出,如图 8-7 所示。

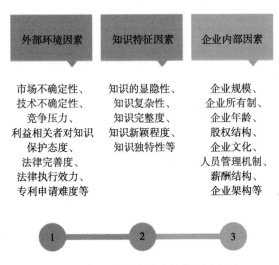

图 8-7 知识保护战略实施的影响因素

8.3.3 知识开放创新战略

知识被广泛认为是管理和发展创新最重要的资源,企业的竞争力是基于它们管理碎片化和分散知识的能力。跨国企业中,知识既分散在外部环境(在外部当地利益相关者之间),也分散在内部环境(在总部和子公司之间),知识创造和创新需要跨国企业先从不同的制度和文化背景中获取管理知识,再利用知识开放创新战略创造新知识。知识是创新发展的起点,知识的创造和产品与服务创新一样,既可以在外部,也可以在内部产生,跨国企业可以利用基于开放式创新的知识开放创新战略实现新知识的创造。

1. 定义与维度

开放式创新,由切萨布鲁夫(Henry Chesbrough)在 2003 年提出,随后开放式创新的相关研究问题便成为创新管理和知识管理研究中的关键问题。虽然现有关于开放式创新的研究很多,但对其准确的定义尚没有达成共识。开放式创新可以被宽泛的定义为为了加速企业创新和市场利用创新,企业进行有目的的知识流入和流出。开放式创新需要企业利用自身所掌握的包括跨国公司供应商、客户、研究中心、大学,甚至竞争对手等在内的所有关系,组建组织关系网络,通过主动地在网络中流入和流出知识,达到自身知识创造和获取新竞争力的目的。也就是说,企业不再像原有"封闭"状态下,只依赖自身员工和资源进行知识创新,而是利用所在环境中各种各样的关系对象,参与自身知识创新。

根据切萨布鲁夫和克洛泽(Kardon Crowther)的研究,知识开放创新战略有两个维度:一个是内向型开放式创新,另一个是外向型开放式创新(Outside-in)。内向型开放式创新又可称为对内开放式创新,主要指企业通过与其他企业或者大学等机构建立合作关系、获取专利许可、并购等方式从外部直接获取新知识和新思想,并将这些新知识转移到企业内部变成企业自己的新知识。外向型开放式创新又称为对外开放式创新,主要指企业通过对外许可、拆分企业、设立跨国分支等方式将企业自己的知识传递给外部组织。外向型开放式创新也可以给发送方带来好处,因为企业可以将自己还处于初级粗糙阶段的知识向外传递,通过外部组织对该知识进一步升华并完善,再通过创新网络流入企业,从而节约了企业知识创造成本。随后又有学者增加了新的知识开放创新战略维度——耦合过程开放式创新。这一维度是指企业可以利用外部可用知识来补充内部知识创造能力的不足,并利用外部许可等外部活动相结合的方式开发新知识。

扩展阅读 8.4 华为公司具有开放式创新特色的知识管理

2. 作用

知识开放创新战略在跨国企业中的作用是非常突出的,其特点涉及多个伙伴间的合作,而跨国企业多组织的架构模型给了企业获取更多样更丰富伙伴的可能性,与外部伙伴联合创造新知识、创造新价值,并将所创造的价值流向跨国企业内子单位,让更多的子单位收获知识开放创新战略的价值。不过,跨国公司也有可能会在知识开放创新战略中失去重要的专有知识;跨国公司内部子公司可能会有一部分员工不愿分享其知识、不愿参与母公司规划的开放式创新网络等。我们将知识开放创新战略对跨国企业可能带来的优势整理总结如表8-2所示。

表 8-2 知识开放创新战略的优势

优势	解析
风险和成本分摊	创新策略涉及多个参与者,很大程度上分摊了知识创造和创新过程中的成本金和结果的风险。
提高知识创新速度	创新网络的搭建让网络内部成员突出自己的优势,从而发挥优势效应。
评估内部知识价值	通过对外专利授权,企业可以获悉内部知识的价值以及市场竞争力,更加了解自己在行业内的技术地位。

续表

优势	解析
获得新资源和新能力	从网络中,企业不仅可以收获新知识,还可以通过搭建知识创新网络收获其他资源和能力。
强化了伙伴关系	开放式创新增加了伙伴间的沟通与联系,从而有可能增强伙伴间链接纽带和信任水平。
增加知识保护成本	为保障企业其他知识的安全,企业有必要对其他不开放知识进行保护,增加了知识保护成本。
产权纠纷	开放式创新产出显性知识很难判定其归属,而企业也有可能无法获取开放式创新开发的新的隐性知识。
知识泄露风险提高	开放程度的扩大提高了企业知识泄露的风险。
伙伴搭便车行为	伙伴有可能没有贡献太多知识等资源。而直接收获开放式创新知识成果,或直接剽窃企业知识等。
伙伴依赖风险	这种风险经常出现在开放式创新过程角色存在互补性的情况中,随着创新深入,企业可能无法脱离伙伴帮助。
内部阻力	跨国企业内部单位可能不愿意参与开放式创新,影响其他单位参与动力或直接导致合作无法进行。
管理难度增加	跨国公司在协调多部门的情况下还要协调多伙伴关系,增加了管理成本和管理难度。

复习思考题

1. 何谓知识开放创新战略？知识开放创新战略有哪些类型？
2. 斯威比提出的知识转移类型分别是什么？
3. 除了知识的显隐性以外,知识是否存在其他影响转移效果的特质因素？这些特质又是如何影响知识转移效果的呢？
4. 知识保护战略和知识开放创新战略之间的关系是什么？

参 考 文 献

[1] Birkinshaw J, Nobel R, Ridderstråle J. Knowledge as a contingency variable: Do the characteristics of knowledge predict organization structure?[J]. Organization Science, 2002, 13(3): 274-289.

[2] Bohn E. Measuring and managing technological knowledge[M]. The Economic Impact of Knowledge, Butterworth-Heinemann, Boston, 1998: 295-314.

[3] Boisot H. Is your firm a creative destroyer? Competitive learning and knowledge flows in the technological strategies of firms[J]. Research Policy, 1995, 24(4): 489-506.

[4] Buckley J, Carter J. Managing cross-border complementary knowledge: Conceptual developments in the business process approach to knowledge management in multinational firms[J]. International Studies of Management & Organization, 1999, 29(1): 80-104.

[5] Chesbrough H. Open innovation: The new imperative for creating and profiting from technology[M]. Harvard Business Press, 2003.

[6] Chesbrough H, Crowther K. Beyond high tech: early adopters of open innovation in other

industries[J]. R&D Management, 2006, 36(3): 229-236.
[7] Davenport H, Harris G, De Long W, et al. Data to knowledge to results: Building an analytic capability[J]. California Management Review, 2001, 43(2): 117-138.
[8] De Long W, Fahey L. Diagnosing cultural barriers to knowledge management[J]. Academy of Management Perspectives, 2000, 14(4): 113-127.
[9] Dyer H, Nobeoka K. Creating and managing a high-performance knowledge‐sharing network: The Toyota case[J]. Strategic Management Journal, 2000, 21(3): 345-367.
[10] Fernandes A, Mendes M. Technology as culture and embodied knowledge[J]. European Journal of Engineering Education, 2003, 28(2): 151-160.
[11] Harryson J, Dudkowski R, Stern A. Transformation networks in innovation alliances–the development of Volvo C70[J]. Journal of Management Studies, 2008, 45(4): 745-773.
[12] Hasan H, Al‐hawari M. Management styles and performance: A knowledge space framework[J]. Journal of Knowledge Management, 2003,7(4): 15-28.
[13] Inkpen C, Dinur A. Knowledge management processes and international joint ventures[J]. Organization Science, 1998, 9(4): 454-468.
[14] Koskinen U. Knowledge production in organizations[M]. Switzerland: Springer International Publishing, 2013.
[15] Leonard-Barton D. A dual methodology for case studies synergistic use of a longitudinal[M]. Longitudinal Field Research Methods: Studying Processes of Organizational Change, Sage, London, 1995: 38-64.
[16] Mahnke V, Pedersen T, Venzin M. Why do MNC subsidiaries engage in knowledge sharing with other subsidiaries and what are the implications for performance[C]. Dynamics of Industry and Innovation. Organizations, Networks and Systems, 2005.
[17] Malhotra Y. Yogesh D, Deciphering the knowledge management hype[J]. The Journal for Quality and Participation, 1998, 21(4): 58.
[18] Nonaka I, Takeuchi H. The knowledge creating company[J]. Harvard Business Review, 1995, 482(2): 175-187.
[19] Nonaka I. A dynamic theory of organizational knowledge creation[J]. Organization Science, 1994, 5(1): 14-37.
[20] Prusak L. Where did knowledge management come from?[J]. IBM Systems Journal, 2001, 40(4): 1002-1007.
[21] Quinn B, Anderson P, Finkelstein S. Leveraging intellect[J]. Academy of Management Perspectives, 1996, 10(3): 7-27.
[22] Shannon E, Weaver W. The mathematical theory of communication[M]. Urbana, IL: University fo Illinois Press, 1949.
[23] Shannon E. The bandwagon[J]. IRE Transactions on Information Theory, 1956, 2(1): 3.
[24] Stewart A, Baskerville R, Storey C, et al. Confronting the assumptions underlying the management of knowledge: An agenda for understanding and investigating knowledge management[J]. ACM SIGMIS Database: the DATABASE for Advances in Information Systems, 2000, 31(4): 41-53.
[25] Sveiby E. A knowledge‐based theory of the firm to guide in strategy formulation[J]. Journal of Intellectual Capital, 2001, 2(4): 344-358.
[26] Szulanski G. Exploring internal stickiness: Impediments to the transfer of best practice within the

firm[J]. Strategic Management Journal, 1996, 17(S2): 27-43.
- [27] Tang C, Naumann E. Team diversity, mood, and team creativity: The role of team knowledge sharing in Chinese R & D teams[J]. Journal of Management & Organization, 2016, 22(3): 420-434.
- [28] Tsoukas H, Vladimirou E. What is organizational knowledge?[J]. Journal of Management studies, 2001, 38(7): 973-993.

即测即练

自学自测 扫描此码

第 9 章

跨国公司财务管理

【学习目标】

1. 掌握跨国公司财务管理的概念、特点、内容及目标；
2. 掌握跨国公司的资本成本与资本结构；
3. 掌握跨国公司融资渠道、现金管理、应收账款管理、存货管理、流动负债管理；
4. 了解跨国营运资本流动的管理目标、种类和限制因素；
5. 掌握跨国资金流动的方法和原理；
6. 掌握外汇风险类型以及如何进行会计风险、经济风险、交易风险管理。

美的集团的外汇风险

近年来，我国家用电器等制造业的发展经过一个巅峰期后，国内需求市场逐渐达到饱和状态。中国企业开始将视线转移至全球市场，并通过一步步开拓海外市场，实现了向跨国企业的转型。跨国企业的诞生使得外汇风险成了跨国企业需要顾虑的风险管理问题之一。

美的集团是一家包含电器、机器人、自动化系统和智能供应链产业的科技集团，作为一家跨国企业，其在国际市场上也拥有一定地位，自 2007 年至今，已分别在越南、白俄罗斯、埃及、巴西、阿根廷、印度等 6 个国家建立了生产基地。截至目前，美的集团在全球已存在 60 多个海外分支机构，产品市场覆盖了 200 个国家和地区，并在中国、欧洲、美国、亚洲、南美洲及非洲开展制造、销售及投融资等多种经济活动，集团的外币资产和负债及未来的外币交易存在汇率波动风险。

2012 年，在汇率变动的影响下，集团的负债率曾高达约 90%，后期虽有所降低，但仍维持在 60%左右。如果企业负债比率较高，企业就将面临破产的风险，企业为了降低其破产的风险，会采取一系列避险行为，这将有利于规避企业的外汇风险的暴露问题。若美的集团长期不重视管理外汇业务方面的风险，将不利于其外汇风险防范与规避，从而导致集团业务盈利水平受到极大的干扰。

资料来源：田紫涵，杨佳蕊. 跨国企业外汇风险管理研究——以美的集团为例[J]. 投资与合作，2020(10): 64-68.

9.1 特征与目标

9.1.1 跨国公司财务管理的概念及特征

1. 跨国公司财务管理的概念

财务管理是指在一定的整体目标下，关于投资、筹资和营运资金，以及利润分配的管理。财务管理是企业管理的一个组成部分，它是根据财经法规制度，按照财务管理的原则，组织企业财务活动、处理财务关系的一项经济管理工作。

纯粹的国内财务管理，其财务活动仅限于本国范围之内，资金的筹集、使用、结算以及收益的分配均不跨越国界，而且一般不涉及外币，因此管理起来比较简单。而跨国公司的财务管理，由于企业的经营与财务活动跨越了本国国界，与其他国家或地区的企业、单位或个人发生了财务关系，所涉及的问题也就相对广泛复杂。

跨国公司财务管理研究的领域涵盖一般财务管理的范围，不同之处在于跨国公司财务管理是从全球的角度探讨各个论题，既要考虑跨越不同的文化、政治及经济背景，又要考虑国际形势改变所导致利率、汇率、商品价格波动等各种因素。波动不定且难于预测的汇率变动、市场的不完全性以及多层次代理问题等使跨国公司财务管理不同于一般的财务管理。

2. 跨国公司财务管理的特征

与一般国内企业财务管理相比，跨国公司财务管理具有以下特征：

（1）波动不定且难以预测的汇率变动带来更大的外汇风险。浮动汇率制度的引入和汇率的动荡不稳增加了跨国公司经营环境的不稳定。从世界经济的实际来看，汇率的动荡不稳对所有从事国际生产、国际贸易和国际金融活动的跨国公司、贸易企业、跨国银行及其他金融机构都有着广泛的影响，使它们面临着各种程度不同的、有时甚至是生死攸关的外汇风险。汇率的波动影响着跨国公司经营活动和国际投资组合的收益与风险。汇率波动给跨国公司带来有利机会的同时也对跨国公司的经营形成了挑战和压力，使跨国经营企业要承受汇率变动所带来的交易风险、经济风险和换算风险等形式不同的外汇风险。因此，如何规避汇率风险显然是跨国公司财务管理必须解决的重要问题之一。

（2）市场的不完全性给公司带来更多的机会和风险。世界经济一体化进程不断向前推进的同时，世界各国的市场尚存在较大的不完全性，包括不完全的商品市场、不完全的要素市场和政府对市场的干预等。市场的不完全性给跨国公司从事跨国界经营活动带来更多机会的同时，也带来了更大的风险。

①国际金融市场的快速发展和金融工具的不断创新，给跨国公司带来更多的机会和风险。自20世纪80年代以来，国际金融市场发生了重大变化，金融工具不断创新，货币期货、期权和互换的出现使跨国公司在全球范围内筹措资金的风险不断增大。货币市场和资本市场全球一体化进程的进一步发展，为跨国公司带来了可资利用和发挥的机会和优势。

投资者可以通过国际资本市场进行分散投资组合，据以降低系统风险和资本成本，这就要求跨国公司财务人员了解和掌握跨国公司面临的各种国际金融市场的融资机会、金融工具和融资方式，制定全球融资战略，为母公司及其分支机构筹措适当规模的资金，并使融资成本达到最低。

②跨国公司的全球化经营，使跨国公司拥有国际资本市场、东道国金融市场、母公司所在国资金市场以及跨国公司内部的资金调度等多元融资渠道和方式，从而使其资金融通具有渠道多、筹资方式灵活、融资选择余地大而广等特征。由于各国政府各种各样的行政干预以及社会、经济、技术等方面的因素，使得国际资本市场不断细分，各国资本的供求状况不同，获取资本的难易程度不同，由此使不同来源的资本，其成本和风险各不相同，而且不同来源的资本其政府补贴、税负等也不相同，从而为跨国公司实现总体融资成本最小化的战略目标提供了良好的机会，这就要求跨国公司凭借其全球化资金调度能力和信息网络，抓住机会，从全球范围内权衡利弊，选择最适合公司整体利益的融资方案。

③跨国公司的全球化经营，在增加选择机会的同时，其所面临的国际政治、经济环境中的各种风险因素也大为增加。由于各国的经济、政治、法律、社会、文化环境不同，这种环境的差异给跨国公司的经营活动带来的影响和风险也不相同。企业要适应环境的变化，就要调度和运用所拥有的资源，开展全球化业务活动，实现预定目标——在进行跨国公司财务管理时，不仅要熟悉和考虑母公司本国的环境因素，而且需要深入了解所涉及国家的有关情况，并充分考虑和关注国际形势及有关国家的政治、经济、文化和法律等政策和制度方面的重大变化，如各国利率的高低、汇率的变化、外汇管制政策等。这是因为这些因素对跨国公司的盈利水平和财务状况都有可能产生直接的，甚至是极大的影响。

（3）多层次委托代理关系使跨国界财务控制成为关键。跨国公司作为跨国界的集团公司，是现代企业制度的最高组织形式。它通过对外直接投资等方式组建起一个由母公司、子公司、孙公司等构成的多层次企业王国，同时也形成了多层次委托代理关系：一方面，跨国公司整体作为一个经济实体，其管理当局是公司董事会的代理人，必须以股东财富最大化为财务管理目标；另一方面，跨国公司同时又是一个出资者，以对外直接投资等方式形成了众多分支机构。由此，在跨国公司董事会、公司管理当局、子（分）公司、孙公司等之间形成了多层次的委托代理关系。由于跨国公司的规模大且分散于各国，跨国公司的代理成本往往高于一般公司。除此之外，跨国公司还需要面对更为复杂的环境、法令及道德规范方面的限制。受传统与习俗的影响，不同国家在法律的制定与执行方面，各有不同的做法。如前所述，跨国公司的一体化生产体系实际上是企业内部的分工在国际范围内的再现，并利用母公司与国外附属公司之间以及各附属公司之间的内部交易得以实现和正常运作。跨国公司为了指导各个业务环节的运作，协调国外各附属公司的经营活动，一般需要从全球环境的竞争态势出发，将跨国公司所属各机构、各部门视为一个整体，确定符合整体最大利益的总目标及相应的方针、策略和方法。由此可见，跨国公司如何从公司整体出发，根据世界经济和国际金融市场的变化，在全球范围内合理配置和有效运用公司资金、评估投资项目，并对各下属分支机构的经营业绩进行合理评估；根据跨国公司的组织结构、经营传统和风格及外部环境的变化，如何将集权与分权有机地结合起来，形成较为合理的财务控制体系，是许多跨国公司面临的新问题，也是跨国公司能否成功的关键所在。

9.1.2 跨国公司财务管理的内容及目标

跨国公司财务管理的主要内容包括国际融资管理、国际流量管理、国际存量管理、外汇风险管理等。

从现代财务管理的角度看，财务管理的目标是实现股东财富市场价值最大化，即使公司的股票价格持续地处于最优价位。而在实际操作中，如果完全按照这一理论行事，就会不可避免地与东道国的期望以及当地的经营准则发生冲突。本节将围绕跨国公司财务管理目标，重点讨论公司财务目标的演化历程以及跨国公司财务目标的合理组合。

扩展阅读 9.1　财务管理目标

对于公司财务管理的目标，迄今为止，国际上提法纷纭，如"利润最大化""资本成本最小化""净现值最大化""股东财富最大化"以及"相关者利益最大化"等，每种提法都有其理由，鼓吹者也都各执一词。不过，争论至今，当今的英美等国理论界对公司管理的目标已基本趋同于"相关者利益最大化"。此处所谓"相关者"乃是指与公司经营活动密切相关的股东、雇员、债权人、供应商、顾客以及公司置身于其中的社会。考虑到公司财务管理人员的主要职责是为公司总经理以及其他业务经理的决策提供财务方面的分析意见，帮助他们进行决策，像一些社会性的问题、相关者之间的利益协调问题，则属于总经理与其他业务及职能经理的职责范畴，因此，公司财务管理的目标应是"股东财富最大化"。

在跨国公司财务目标合理组合的问题上，跨国公司、子公司与东道国政府之间的关系使子公司从而也间接地使母公司财务管理目标的选择复杂化了。跨国公司是否由于以上制约，就应该放弃股东财富最大化这一目标呢？回答可能是否定的，但跨国公司必须认识到这些严重的限制。特别是，跨国公司要满足当地经营准则和公共政治。这并不意味所有的当地准则都必须严格遵守，但是一旦出现偏离，公司应有足够的准备向东道国政府官员，以及当地管理人员、雇员、债权人以及其他利益集团对这些偏离作出合理的解释。

调查表明，不存在既为理论研究人员又为实际工作人员普遍接受的单个财务目标，因此，只能采取一个妥协的观点，即一个跨国公司财务管理应包括三个方面的目标：

第一，公司长期合并收益。公司长期合并净收益（每股）反映了财务主管对收益计量的偏好。许多研究人员和实务人员还认为公司普通股的市场价值基本上是按总风险调整后的预期收益和红利的函数。在追求合并收益最大化时，必须牢记，它要受到能支付有足够竞争力的工资、承担合理的税收负担、减少当地债权人和供应商的财务风险三个因素的制约。

第二，公司的现金流动。现金流动性目标，反映了管理人员对保证资金供应的偏好。同样，跨国公司不仅要关心合并的现金流动，而且要关心各子公司的现金流动。如果一家子公司的财务结构属于高杠杆率的，它应该保证其现金足以消除当地债权人和供应商的风险。母公司对子公司的贷款提供联合担保，从当地人的角度看，是可行的办法（还很少发生过母公司遗弃未受担保而失败的子公司的例子）。否则，这将导致东道国政府在将来干扰其他跨国公司子公司的财务结构和资金来源。幸运的是，绝大多数跨国公司都认为，公司对即使未经担保的子公司也负有责任。

第三，公司的市场价值。公司的市场价值目标反映了财务理论的目标偏好。

总之，所有这三个目标并不是相互排斥的。恰恰相反，如果一个公司有最高的、最稳定的经营收益、现金流动性以及市场价值，那么，所有利害关系人都会获益。问题在于利益分配时的讨价还价。普通股市场价值高，对雇员而言，并没有什么大的好处，除非他们也拥有股票。较高的公司收益和现金流动，也许会、也许不会使雇员增加工资和就业安全，减少债权人和供应商承受的风险。另外，坚持这三个目标，并不一定会伤害到哪一个利益集团，只是使某些集团受益多些，另外一些受益少些。只有在过分注重某一目标而忽视其他时，才会导致公司行为过分偏向某一个利益集团，而使其他集团几乎得不到实惠。

9.2 融资管理

9.2.1 跨国公司的资本成本与资本结构

1. 资本成本

它是指企业为筹集和使用资金而付出的代价，包括资金筹集费用和资金的占用费用两部分。跨国公司的资金来源，由于面临着较为广泛的国际资本市场，在拥有较多的融资机会的同时，也势必受到更为复杂的国际金融市场环境的影响。因此，在制定公司融资策略时，必须考虑这些影响跨国公司资本成本的主要因素，如国际经济环境、不同国家或地区资本市场的差异与隔离程度、跨国公司内部各子公司之间资金调剂的难易程度、东道国税收政策以及国际外汇市场的汇率波动、跨国公司的融资规模、跨国公司整体的资本结构及经营水平等。

2. 资本结构

它是指公司总资本中，权益资本与债务资本的构成比例，即在跨国公司全部资本来源中，有多少来自股东权益，又有多少形成了公司的负债，一般可以用资产负债率进行综合反映。

公司总价值 V = 权益资本的市场总价值 S + 债务资本的市场价值 B

跨国公司的资本结构，一方面取决于其自身的经营与财务状况，另一方面与其所处东道国的具体环境息息相关。

就自身的经营与财务状况而言，当公司拥有较为稳定的现金流量时，其举债经营的能力便相应提高。有资料表明，跨国公司由于其跨越国界的投融资及经营活动，所发生的现金流入与流出通常涉及世界各地，而由于各国经营发展及相关条件与环境等方面的非显著相关性，使得跨国公司的现金流量相对于仅涉及单个国家或地区的现金流量而言具有更大的稳定性，破产风险相对更低、偿债能力相应更高，因此，便有了更多的债务融资优势。

此外，跨国公司的信用评级以及公司整体的盈利能力也同样影响着公司的资本结构。一般来讲，信用评级越高、信用风险越低，获得债务资本也就越容易；反之，公司便只能更多地进行权益性筹资了。而盈利能力的提高，将会使公司拥有较多的留存收益，从而降低了公司的资产负债率，增加了权益性资本的比重。

而就跨国公司所处东道国的具体环境而言，它对证券投资的限制程度、对外汇管制的宽松严紧，以及东道国政局的稳定与否、利率与税负的高低等，也都会直接影响跨国公司对权益性融资与债务性筹资方案的选择，从而进一步影响着跨国公司的资本结构。

9.2.2 跨国公司的融资渠道

跨国公司的融资渠道一般有所在国金融市场、跨国公司内部资金调度机制、国际股票市场、国际债券市场和国际租赁、贸易信贷、项目信贷等专门的国际融资机制。

（1）所在国金融市场。跨国公司在其所在国金融市场上进行融资，大多与一般国内企业的融资基本类似。当然，也有其他一些渠道可以利用。例如，在涉及国际贸易行为时所采用的出口信贷等。

（2）跨国公司内部资金调度机制。跨国公司集团内部各子公司相互之间调剂资金余缺的机制。它在一定程度上有利于充分利用各单位闲置资金，提高资金利用效率，减少外部融资规模，降低综合资金成本。

然而，内部资金调度机制的利用，一方面与跨国公司财务管理决策权是实行集权式还是实行分权式相关；另一方面取决于各子公司所处东道国对资金的管制程度。

（3）国际股票市场。国际股票市场是指在国际范围内发行并交易股票的场所或网络。自20世纪80年代起，随着世界经济一体化进程的加快，股票交易也日益趋于全球化。在世界各大主要金融中心的证券交易场所，到处可见外国上市公司的身影。国际化的股票交易与资本流动已日趋频繁。跨国公司可以直接到外国股票交易所挂牌上市，或在遵循当地证券交易法规的前提下，通过子公司在当地发行股票筹措资金。

国际股票市场是跨国公司募集权益性资本的重要渠道，如纽约股市、伦敦股市、巴黎股市、东京股市、香港股市、苏黎世股市等。跨国公司通过国际股票市场融通资金，也有多种可供选择的方式。海外直接上市融资、存托凭证、买壳上市是比较常见的三种形式。

（4）国际债券市场。国际债券市场是国际资本市场的重要组成部分。由于它没有类似于国内金融市场那样非常严格的法规管制，因此手续费及其他相关费用也相对较低。国际债券市场一般包括外国债券和欧洲债券两种。

①外国债券。它是指外国借款者在东道国境内、以东道国货币形式发行的债券。这种债券一般采用记名形式，每半年支付一次利息。由于外国债券是以东道国货币币种发行的，因此在吸收东道国投资者投资的同时，对东道国的资本市场和货币供求情况都会产生比较明显甚至是重大的影响，因而通常会受到东道国政府及相关金融机构的管制。例如，我国企业在美国债券市场发行以美元计价的债券，便属于外国债券，会在发行时间、发行金额、信息披露等方面受到美国证券监管部门的管制和要求。

②欧洲债券。它是指国际借款者同时在几个国家资本市场发行的、以发行地之外的其他国家可以自由兑换的货币进行计价的国际债券。如某香港公司在瑞士、法国等国家的资

本市场发行以美元为计量货币的债券,即为欧洲债券,也称为欧洲美元债券。此外,也有欧洲日元债券、欧洲英镑债券等。

外国债券与欧洲债券的主要区别如表9-1所示。

表9-1 外国债券与欧洲债券的主要区别

项目	外国债券	欧洲债券
发行债券使用的计价货币	发行地所在国货币	非发行地所在国货币
承接发行事宜的银行	一家	数十家至上百家组成的银团
所受管理与制约	发行地政府金融当局	不受发行地政府管制
是否记名	记名	不记名
计付息方式	大多为每半年一次	大多为每年一次
对发行地资本市场与货币供求的影响	明显或重大	不明显

债券发行方的资信等级与债券风险程度对债券的发行尤为重要。目前国际上使用最为广泛、权威性最高的信用评级主要是由美国的标准普尔公司和穆迪投资服务公司所提供的。评级机构在对债券发行人进行评判时,通常只评判其偿还债务的能力,而不考虑汇率波动的风险,评定依据主要是发行人的财务报告和其他相应资料,在涉及政治与经济风险时,会考虑所处社会环境、国家体制、国际关系、资本结构、国际收支与借贷能力、发展前景等相关影响因素。

(5)国际租赁、贸易信贷、项目信贷等专门的国际融资机制。

①国际租赁。它是指承租人和出租人分处于不同国家的资产租赁形式。跨国公司可以利用国际租赁活动,在其各个子公司之间转移费用和利润,从而达到降低跨国公司整体税负的目的。如将处于高税率国家的子公司的设备以较低的租金出租给设立于低税率国家的子公司,或将设立于低税率国家的子公司的设备以较高的租金出租给处于高税率国家的子公司等。此外,跨国公司还有可能利用跨越国界的内部租赁行为,在各子公司以及母公司之间转移资金。

②国际贸易信贷。它包含进、出口信贷,也可以按照贷款期限分为短期信贷、中期信贷和长期信贷,或者按照有无抵押分为有抵押信贷和无抵押信贷等。其中,长期信贷一般适用于大型项目或大型进出口业务。通常是政府或银行为支持本国出口而提供的信贷,具体又可以分为卖方信贷和买方信贷。

③国际项目融资。采用这种融资方式,跨国公司需要针对某一特定项目而成立一个新的、独立核算的经济实体(新的子公司),然后再以该子公司的名义、以该特定项目的预期收益作为资金偿还来源,针对该特定项目进行融资。一般而言,这种特定项目都具有期限长、所需资金额巨大、风险相对较高等特点,所以其所需要的大部分资金都习惯于采用向银团贷款的方式,包括政府金融机构、数家银行等,而跨国公司本身则只需要解决其余少量的资金即可。

9.3 存量管理

9.3.1 存量管理的概念与重点

1. 存量管理的概念

营运资本通常指"净营运资本",即流动资产扣除流动负债后的余额。在任何一个企业中,流动负债只是流动资产的一个临时性的资金来源。流动资产大于流动负债的差额,则以业主权益或长期负债为其资金来源。换言之,营运资本就是企业从其业主(股东)和长期债权人所取得的资金中可用于维持其日常生产经营业务的部分,这一部分资金的来源是否充足,运用是否合理,数额是否适当,决定着企业的日常生产经营活动能否顺利而有效地开展。

跨国公司面向国际市场,其经营和财务活动涉及各国不同的政治、经济、法律,社会和文化背景。因此,相对于一般企业而言,跨国公司营运资本的管理有其特殊性。从总体上看,跨国营运资本的管理主要包括两个方面,即"存量"的管理和"流量"的管理。所谓流量管理,是指跨国公司的财务人员应当确定公司总体范围内营运资金的最佳货币组合和安置地点;而存量管理则是对现金、应收账款、存货、短期证券和短期负债的水平及它们的组合结构的管理。跨国公司营运资本的管理目标是:通过资金的合理安置(包括以何种货币持有和资金的分置地点)及资金的适当集中和分配,使公司在全球范围内能迅速有效地控制全部资金并使资金的保存与运用达到最优化状态。

2. 存量管理的重点及特殊性

从"存量"的角度看,管理的重点在于:①如何处理好各种资产的组合关系,使总公司及其所属各分(子)公司在流动资产上的占用实现最优配置。换言之,现金、应收账款及存货等项目究竟维持何种水平最为适当?②跨国公司的短期资金来源(流动负债)渠道应如何选择?选择何种币种?应维持何种水平最为适当?

在跨国经营条件下,存量营运资本的管理具有一些特殊性,这主要表现在跨国公司通过对外直接投资而形成的流动资产分布于世界各地,另外,海外子公司还在国外资金市场上为流动资产筹措资金来源。这些流动资产大多属于货币性项目(如现金、应收账款、应付账款),要承受国际金融市场汇率变动及通货膨胀的风险。此外,世界各国税收制度和外汇管理制度的巨大差异,也给存量营运资本的管理带来了许多困难。

对于各子(分)公司来说,其财务管理部门必须在充分考虑东道国的经济环境、政局稳定程度及行业特点的基础上,结合自身的经营目标和经营思想,正确地选择流动资产管理策略和流动负债管理策略。而对于母公司(总公司)来说,则应该保持较高的流动比率或较为充足的营运资本存量。这是因为:(1)跨国公司从事跨国经营,多变的经济环境决定了它们比一般企业具有更高的风险,因此只有维持一个较高的营运资本存量,才能使母公司股东和债权人的利益得以保障;(2)母公司保持较高的流动比率或较为充足的营运资本存量，可以有效地支持海外子公司的发展。如果某一子公司因营运资本短缺而面临偿债风险，那么母公司就可以将资金从总部调往该子公司，以解燃眉之急。

一般认为，母（总）公司和海外各子（分）公司在制定营运资本存量管理策略时，应互相配合，统一协调，使跨国公司总体的营运资本管理策略具有风险适中或者较为稳健的特征。

9.3.2 现金管理的目的与目标

1. 跨国公司置存现金的目的

现金是可以立即投入流通的交换媒介。现金包括库存现金、活期银行存款及可以立即变现的有价证券、可转让存单等。跨国公司置存现金的主要目的在于满足其交易性需要、预防性需要和投机性需要。

2. 跨国公司现金管理的目标

根据持有现金的动机及跨国现金管理的外部条件，可将跨国公司现金管理的目标概括如下：

（1）以最少量的现金支持公司在全球范围内的生产经营活动。现金置存过少，将不能应付业务开支；但如果置存过量，就会使这些资金无法参与正常的盈利过程而遭受损失。企业现金管理的重要职责之一，就是要在资产的流动性和盈利性之间作出抉择。

（2）尽量避免通货膨胀和汇率变动所带来的损失。持有过多现金可能因持续通货膨胀而遭受贬值；如果企业置存的是"软货币"，则将承受汇率变动的风险。因此，币种的选择是跨国现金管理的一项重要决策。

（3）从整体上提高现金调度、使用和储存的经济效益。由于各国银行存款的利率和短期投资的收益率不同，存放在不同地点或不同证券上的现金则会产生不同的报酬。因此，跨国公司应选择最有利的投放地点和投资形式，最大限度地提高现金收益率，以部分地弥补持有现金的损失。

3. 实施集权型的现金管理体制

由于现金（包括短期银行存款、短期有价证券）的收益率要低于中长期投资，所以现金余额应保持在尽可能低的水平。在一个实行分权管理的跨国公司内，通常是由各个子公司依据其交易性和预防性现金需要自行保留其现金余额；而在实行集中管理的跨国公司内，各子公司只保留其交易性需要的最低水平的现金余额，所有的预防性现金则由跨国公司的现金管理中心负责。依据总体方差小于各部分方差之和这一统计原理，现金集中管理可以在保证现金需要得以满足的同一置信水平上，降低公司总体所必须持有的现金量。必须持有的现金量的减少，一方面可以降低公司总体的借款总额或增加投资总额，从而减轻利息负担或提高投资收益；另一方面可以降低由于持有外汇现金所产生的外汇风险。

因此，绝大多数跨国公司都不同程度地实行现金集中管理。现金集中地通常在主要的金融中心或国际避税地。现金集中地可以是一个或几个地方，视跨国经营的具体需要而定。适合作现金集中地的地方必须具备若干条件：①政治稳定，国际通信发达；②没有外汇管制；③没有资本税；④其货币属于可兑换的硬通货；⑤仅按收入来源征收所得税；⑥金融市场比较发达，可做外汇保值和临时性投资。

9.3.3 应收账款管理

跨国公司的应收账款主要在两种不同类型的交易过程中产生：一是与独立于公司的经济组织和个人之间的买卖；二是公司内部各成员单位之间的买卖。由于在不同交易过程中发生的应收账款具有不同的特点或效果，因此下文分别进行论述。

1. 公司内部应收账款

在跨国公司内部，某成员单位向其他成员单位出售物品和转让技术等，其未立即收取或不准备立即收取的款项，就形成了公司内部的应收账款。由于公司内部各成员单位的生产经营活动都应以实现公司全局利益最大化为目标，所以交易双方在选择开票货币和确定支付条件时，必须充分考虑公司在全球范围内部的税务规划、财力配置和资金调动。在很多情况下，内部应收账款结算的时间可以因整个公司的利益而提前或推迟。这种做法不仅人为地改变了各子公司应收账款的资金占用水平，而且可以有效地实现资金转移，达到税负最小、风险最小和利润最大的目的——这属于营运资本流量管理的内容。

2. 公司体系外的应收账款

对公司体系外应收账款进行管理，应注意三个问题：

（1）应收账款计值货币。以何种货币计值，是对独立客户进行销售时面临的一个重要问题。一般来说，以硬货币计值要比以软货币为强，因为强势货币可以避免应收账款将来贬值的风险。但买方也不会甘心承受这笔外汇风险，势必要求以软货币支付货款，除非卖方在价格或付款条件方面作出让步。有时，为了达成交易，卖方接受软货币计值并无不可，关键是要计算清楚以软、硬货币计价将会给交易利润和其他方面可能带来的不同影响。由于存在外汇远期市场，期权和期货等市场，软、硬货币对交易利润的影响是容易计算的。因此，只要金融市场上存在对该种软货币远期保值的手段，软、硬货币的选择实际上差别不大。

（2）确定付款条件。就付款条件本身而言，若应收账款是以软通货计值，便应及早收回款项（即付款期要尽可能短），以免应收账款贬值；对于以硬通货计值的，则可以允许适当延长一些。实际上，如果卖方预料其本国货币即将贬值，他可能愿意鼓励买方拖延付款时间，尤其是如果所在国政府要求所有出口外汇收入必须即时兑换成当地货币的话。倘若法律许可，这种情况下的一个选择是卖方将销售收益存入国外银行，而不急于收回国内。在有些国家里，应收账款可被用来作为短期融资的担保（如贴现票据），此时卖方就可以适当延长付款期限，以期在基本不影响资金周转的情况下增加销量。在一个高通货膨胀的国度里，对信贷的需求常常超过信贷供给能力。但跨国公司凭借其雄厚财力和资信，常比当地的一些小公司（如分销商、零售商或较小的竞争企业）更容易得到有限的、成本较低的信贷。

（3）降低赊销风险。提供赊销信用固然可以增加销量、降低商品的单位成本，从而扩大利润和市场竞争能力。但赊销由于把将来的现金收入寄托在客户的信用之上,因而不可避免地会具有某些风险。为降低赊销风险,必须建立一套较完整的管理制度。第一,要了解客户的资信历史,为老客户建立资信档案,对资信不佳的客户不予赊销;第二,控制赊销额度,实行分批供货,分批收款;第三,在售价中计入赊销风险金和利息;第四,提供"提前付款折扣",鼓励赊购者提前付款;第五,规定过期不还的,货款要加计利息;第六,要有专人负责催款事宜,向客户发催账单、上门催付、甚至诉诸法律;第六,也是重要的一点是言出必行。倘若让催账制度成了空头文章,则赖账者定会不断涌现。

9.3.4 存货管理

1. 跨国公司存货管理的复杂性

存货是指企业在生产经营过程中为销售或者耗用而储备的各种物资。在企业尚无法全面推行适时生产系统的情况下,加强存货的规划和控制仍然是现代企业财务管理中的一个重要内容。

跨国公司存货的管理,同样要遵循国内企业应用的"经济订货量""保险储备量"等计算公式所体现的基本原理。但是一般来讲,跨国公司的存货管理要比国内企业复杂得多,这主要是因为:

(1)跨国公司的大多数国外子公司在通货膨胀的环境下从事经营活动,故币值变动因素迫使跨国公司改变传统的存货管理策略。

(2)对于那些主要依靠进口存货的子公司来说,存货的供应要跨越国界,运输距离遥远,到货时间可能受多种不确定性因素(如政治动乱、灾害天气以及突发性的港口罢工等)的影响。此外,存货的进口还要遵守有关国家的外汇管理制度和进出口条例。所有这些因素,都会使跨国公司的存货管理呈现出一些新的特色。

2. 跨国公司存货管理策略

如前所述,在通货膨胀条件下,跨国公司必须改变传统的存货管理观念,从而使存货的规划与控制呈现出一些新的特色,主要表现在跨国公司必须根据各子公司所在国的货币贬值情况,分别确定库存存量,并经常地进行调整。

在那些存在持续通货膨胀的发展中国家,远期外汇市场往往不健全或不存在,并且通常实行严格的外汇管制,如规定本国货币不能自由兑换成硬通货,也不能自由汇出。在这种情况下,财务经理就应该预测货币贬值的程度,并相应地增加进口存货的库存数量,这是因为在货币贬值后,存货按当地货币表示的进口成本将大为增加,而其销售价格也将随之提高。当然,存货的超前购置会带来较高的资金占用成本和仓储费用,因此,存货应否超前购置还需要进行具体的成本效益分析。

9.3.5 流动负债的管理

流动负债,又称短期融资,是企业流动资产的临时性资金来源。流动负债的高低直接影响企业营运资本存量的多寡,故流动负债的管理是企业营运资本管理的一个重要方面。

从总体上看，流动负债管理策略可以分为稳健型和激进型两种。

1. 稳健型流动负债管理策略

稳健型策略要求尽量缩小企业资金来源中流动负债的数额，主张长期负债或以权益资本为流动资产进行筹资。根据这种策略所作出的筹资安排，会使企业发生较高的资金成本（因为一般而言，长期负债的资金成本要高于短期负债，而权益资本的资金成本又高于长期负债），从而减少了企业利润。然而，最大限度地缩小资金来源中流动负债的数额，可减小企业到期不能偿付或重新取得短期借款的风险。因此，这种策略的主要特点是低风险、低报酬。

2. 激进型流动负债管理策略

激进型策略要求尽量利用流动负债为流动资产筹集资金。这一策略并非排除长期负债在企业资本结构中的存在，只是主张长期举债的目的应该是为固定资产筹资。该策略的筹资成本较低，但会使企业经常面临偿付到期债务的局面，因而具有较大的财务风险。因此这种策略的主要特点是高风险、高报酬。

财务管理部门应根据企业的经营环境、经营思想以及自身的特点选择合适的流动负债管理策略。由于跨国经营的环境和条件具有复杂多变性，跨国公司的流动负债管理较之一般国内企业要复杂得多，财务管理人员应根据国际金融市场的信息，在综合分析不同货币之间汇率变动和不同资金市场利率升降的基本趋势的基础上，寻找适当的短期资金来源渠道，选择合适币种，维持最优的流动负债水平，使企业的日常经营活动得以顺利而有效开展。

9.4 流 量 管 理

9.4.1 流量管理的目标与内容

1. 流量管理的目标

在跨国公司内部，由于存在着投资关系、借贷关系、服务关系和买卖关系等而形成了各种种类繁多、数额庞大的跨国资金流动。跨国资金的流动方式及其管理，在很大程度上影响着资金的配置和使用效益。从财务管理的角度看，跨国公司的显著特征就在于通过各种内部转移机制和方法，能使资金和利润在公司内部各部分之间流动。因此，跨国营运资本流量管理的目标可以概括为：在跨国公司总部的统一协调下，使营运资本按照最合适的流量、流向和时机进行运转，为最大限度地提高公司整体效益创造条件。

2. 跨国公司内部资金流动的种类

跨国公司内部资金的流动，主要有以下几种形式：

（1）由股权投资而造成的资金流动。①母公司（或子公司）对子公司进行股权投资；②子公司向母公司（或子公司）支付股利。

（2）由公司内部借贷款而形成的资金流动。①母公司（或子公司）对子公司进行贷款投资；②子公司向母公司（或子公司）支付利息。

（3）由公司内部的无形贸易而形成的资金流动。①母公司（或子公司）将其所拥有的知识产权和专有技术授予子公司使用，子公司为此向母公司（子公司）支付特许使用费；②母公司向子公司提供专业性服务，子公司为此向母公司支付专业服务费；③母公司将其在跨国经营过程中所发生的一般管理费用按预定的方法在各子公司之间平均摊牌，各子公司分别向母公司支付相应的份额；④由公司内部商品交易及贷款结算而形成的资金流动。

3. 跨国公司内部资金流动的限制因素

跨越国界的母子公司，虽然它们之间基于股权关系而在经营和管理上存在着控制和被控制、领导和被领导的关系，然而在法律形式上，它们分别处于不同政府的管辖之下，是独立的实体，受不同政治和法律制度的制约。因而，跨越国界的资金流动必然存在着种种障碍。限制跨国公司内部资金流动的因素一般有：

（1）东道国的外汇管理制度。当东道国政府缺乏外汇，又不能向外借款或吸引新的外资时，通常需管理外汇，规定本国通货不能自由兑换，因而完全封锁资金转移，或者规定所有资金外移均需由政府批准，或限制股息汇出、债务摊还、权利金和劳务费等资金转移的数额和时机。

（2）东道国的税收制度。针对跨国公司灵活多变的内部资金调拨策略，各东道国政府的税法都作出了相应的限制性规定。例如，有些国家对跨国子公司的资金流出课以重税。因此，对跨国公司来说，它所要考虑的不仅仅是某一国的税法，还要根据各个国家的纳税规定来决定自己的资金转移机制和方法。

（3）政治因素。例如，若东道国发生社会动乱或政府变动，子公司的资金就可能被强制冻结或没收。

（4）成本因素。将资金由一种货币兑换成另一种货币，或者将资金由一国调往另一国，必然会发生相应的兑换成本或转移成本。如果资金转移规模庞大，这些成本的数额可能相当可观。因此，跨国公司在作出资金调拨策略时，应进行相应的"成本—效益"分析。

总之，各国政治、经济、法律和文化背景的巨大差异以及其他复杂多变的因素，使跨国公司内部资金的自由调拨受到了一定的限制。但这些限制因素又同时提高了跨国财务系统的价值。面对这些不利因素，精明的财务人员会通过合理的决策，影响公司内部资金流动的流量和方向，以达到成本最低、税负最小、风险最低、效益最大的目的。

9.4.2 股权投资与股息汇出

对外直接投资即股权投资是跨国经营活动的起点。股权投资使股本由母公司（或子公司）流向子公司，而作为投资报酬的股利则由子公司流回母公司（或子公司）。

1. 股权投资

股权投资包括母公司直接对子公司的投资和子公司之间的相互投资。

（1）母公司对子公司的直接投资。母公司对海外子公司进行股权投资有利于加强对子公司的控制，降低资金供应成本、增强子公司的举债能力。但其缺点也是很明显的，这主要表现为股本的返还和股利支付最容易受到东道国的管制和冻结。

（2）子公司之间的相互投资。子公司之间的相互投资，可能是子公司因极为紧密的业务联系而走向一体化的结果，也可能是由于其他原因而造成的，如某个子公司是由母公司和其他子公司共同投资创建的。虽然子公司之间相互进行股权投资的做法较为普通，但一般认为母公司应尽力对此加以限制。因为相互投资可能会带来许多弊端，主要有：

①由于各子公司都是相对独立的经济实体，那么投资子公司就有可能利用它对被投资子公司的控股权从事有利于其本身但有损跨国公司整体利益的活动。

②被投资子公司的收益要经过多次征税和多次跨国转移才能最终到达母公司，这不但增加了跨国公司总体的纳税负担，而且还增加了资金的跨国转移风险。

2. 股利汇出

股利汇出是资金从国外子公司转至母公司的最常见方式。例如有资料表明，在汇往母公司的所有款项中，股利汇款大约占了50%以上。同国内公司相比，决定跨国公司股利分配策略的因素更为复杂，一般有以下几个方面：

（1）税收因素。东道国的税法对跨国公司的股利政策有着显著影响。有资料显示，对大约60%的跨国公司来说，税负最小化是股利政策的重要目标。大多数国家都对汇往国外的股利征收预提税。有些国家则对股利汇出额规定上限，例如以注册资本的一定比例作为股利汇出的最高界线，超过此线则额外征税。另外一些国家（如德国）还对公司的留存收益和已分配收益（已宣布股利）按不同的税率征收所得税。对此，跨国公司应该根据各子公司所在国的具体规定，制定灵活多变的股息分配策略，使跨国公司的整体税负达到最低。

（2）外汇风险因素。如果东道国的货币有贬值趋势，子公司应通过加大股利分配率使多余资金及早移至母公司。反之，如果子公司当地货币有升值趋势，在其他条件允许的情况下，则可少分配股利或推迟宣布股利，如果已经宣布，也可以用贷款方式返还给子公司。

（3）政治风险。若东道国政治风险高，则子公司的资金被没收或冻结的可能性就大。此时，母公司应要求子公司通过加大股利分配将积余资金转移出境；若东道国政治风险低，子公司在当地的投资机会多，则应少分配股利，尽可能提高子公司自有资本的比例。但在正常情况下，跨国子公司应维持一个稳定的股利支付率，作为东道国政府衡量跨国公司有无抽走资金以至损害本国外汇储备的一个标准。

（4）子公司的状况。跨国公司在对各海外子公司制定股利分配策略时，应充分考虑它们各自的具体情况，不能搞"一刀切"。"子公司的状况"主要指以下几个方面：

①子公司的财务状况。如果子公司的流动比率较高，营运资本较充足，在其他条件允许的情况下，将闲置资金以股利形式汇回母公司统一支配不失为一个良好的策略。但如果子公司的营运资本运转困难，并且急需扩大经营规模或追加投资，向当地银行借款又受到限制，则应该缩小股利分配比例，以平衡资本结构，改善财务状况。

②子公司设立时间的长短。一般来说，子公司设立的时间越长，越接近寿命期，其在东道国投资的机会就越少。在这种情况下，应该提高股利支付率，加快资金向母公司的转移。

③子公司管理者的意向。少交多留，扩大留存收益会增加子公司在跨国公司内部的相对地位，因此子公司的管理者可能以种种理由抵制上交股利。母公司在对子公司进行业绩评价时，应充分考虑子公司在留存收益上的占用成本。

④东道国的政策和当地合营者的意愿。东道国政府往往希望跨国子公司在本国经营所获取的利润尽可能转化为再投资，用于扩大再生产，以利于本国经济的进一步发展。因此，往往对股利的汇出施以不同程度的限制。如果子公司的经营利润大部分或全部汇回母公司，则往往会被东道国认为是一种不友好的、投机取巧的行为，从而遭到它们公开或隐蔽的报复和非难。在外汇资金短缺的发展中国家，情况尤为如此。

此外，跨国子公司的股利分配策略可能与该子公司的股权密切相关。一般而言，分公司或全资子公司的股利分配策略可由母（总）公司全权操纵，而对合资子公司来说，其股利分配策略应充分考虑当地合营者的意愿。由于当地合营者一般不会从跨国公司基于全球目标而采取的资金调拨策略中得到好处，故它们很可能与跨国公司在股利分配问题上发生争执。

9.4.3 公司内部借贷款

1. 直接贷款

（1）直接贷款的优点。母公司直接对子公司进行股权投资，有利于加强对子公司的控制，增强子公司在当地的举债能力。但有些东道国不仅限制当地子公司的股利汇出，而且对资本的回收进行更为严格的管制。因此，很多跨国公司减少了对这些国家的股权投资额，而是以母公司（或其他子公司）直接向该地区贷款的方式供应资金。相对于股权投资而言，直接贷款的优点主要表现在以下几个方面。

①虽然很多国家对当地跨国子公司的资本抽回和股利汇出施以严格限制，但却很难找到合适的理由来限制子公司向其母公司偿付贷款本金和利息。因此，在合理的限度内，母公司以收取贷款本息的名义将子公司的闲置资金调回本部，一般不会引起东道国政府的公开反对或报复。

②如果母公司已经对某个子公司提供了直接贷款，而在日后又打算提高该子公司的产权比例，从而增强其在当地金融市场的举债能力，那么，母公司可以很容易地将贷款投资转化为股权投资。

③贷款有固定利率、固定付息期和偿还期，因此对母公司来说，现金流入量是稳定的。而股利则视子公司的收益状况和其他条件而定。

④直接贷款在节税或避税方面比股权投资有利得多。这主要表现在：

第一，对借款子公司来说，利息支出是一项正常的财务费用，它可以作为收入的抵减项目而降低应税利润并相应地减少在东道国交纳的所得税；而股利支出通常是企业税后利润的分配，因而没有"节税"的效果。

第二，虽然许多国家对外国投资者在本国所获取的利息收入也要征收预提税，但在很多情况下，利息的预提税率比股利的预提税率低。

第三，对母公司来说，它从海外子公司收回的贷款本金在性质上不属于应税收益，因而在母国无须交纳所得税。但如果母公司从国外收取了股利，那么：

在母国所得税税率高于子公司所在国税率，并且无法从别处获取多余的额外税收抵免额的情况下，母公司将向本国政府补交税款；

在母国税率低于子公司所在国税率，股利被征收了很重的预提税，由此而产生的多余国外税收抵免额又不能用于别处的情况下，跨国公司承担的总体税负可能会更高。

（2）直接贷款的阻力。用直接贷款的方式为子公司提供资金虽然具有上述种种优点，但该方式的利用并不是毫无约束的。直接贷款所受到的阻力主要来自以下两个方面：

①就东道国方面看。针对某些跨国公司滥用直接贷款代替股权投资的现象，一些东道国对当地子公司的债务和资本比例作出了相应的限制，或者按不同行业和不同经营规模的企业规定了最低限度的注册资本额。如果跨国公司对子公司的股权投资份额太小，东道国政府会认为这是一种不友好的、投机取巧的行为，从而可能会对贷款本金的遣返和利息的支付严加限制。有些东道国政府还将跨国子公司在当地的借款额限定在其股本总额的一定比例之内。当地银行出于贷款安全性考虑，也可能主动对子公司的债务产权比例作出限制。此外，如果子公司的股本比例太低，则很可能在报表上呈现出很高的产权收益率或者每股收益额（EPS）。这样，东道国政府就可能以此为借口，要求子公司在当地承担更多的社会义务，甚至会对其利润加以管制，劳工方面也可能会提出改善劳动条件、增加工资和福利的要求。

②就母国方面看。因为母公司可从国外子公司收回的贷款本金不属于应税收益而无须在母国纳税，所以如果母公司对其国外子公司的直接贷款过多而股权投资过低。那么母国政府的税务当局可能会认为这是母公司逃避国内税收的一种行为，从而会采取相应的限制措施。例如在美国，如果国外子公司的债务产权比高于 4∶1，那么国内税收局（IRS）就可能将母公司收回的贷款本金视为"推定股利"，并按相应的税率予以课税。1962 年的美国税收法案还规定，母公司对子公司的直接贷款必须具有固定的利率和固定的偿还计划。如果贷款合同不够正式，那么收回的本金和利息将被视同股利进行征税。

针对来自东道国和母国方面的诸种阻力，许多跨国公司改进了传统的直接贷款方式，进而出现了若干较为间接和灵活的贷款形式，其中最重要的是"连接贷款"和"背对背贷款"。

2. 连接贷款

（1）连接贷款的程序。所谓连接贷款是母子公司间或者两个子公司间通过一个金融中介（通常是一个大型的跨国银行）而进行的间接贷款，其一般程序如下：母公司（或某个子公司）将一笔资金存入 A 国的某家跨国银行，该银行通过其设在 B 国的分行将等值资金贷给当地的借款子公司。在这一贷款程序中，跨国银行的贷款是完全没有风险的，因为母公司（或借出款项的子公司）对该银行的存款提供了 100%的担保。通常，借款子公司付给跨国银行的利息略高于跨国银行付给母公司（或借出款项的子公司）的利息，其中的"利差"（在美国，这一利差至少为 2%）用来补偿银行的有关费用后便形成银行的利润。由于连接贷款是由一个中介银行来出面沟通的，所以通常又称为"出面贷款"。

（2）连接贷款的优点。与直接贷款相比，连接贷款有以下优点：

①即使在实行严格外汇管制或发生政治动乱的国家，一般也不会限制当地跨国子公司按贷款协定和还款计划向跨国银行支付本金和利息，否则会严重损害该国的国际信用形象，从而不利于其以后的国际交往。而在直接贷款方式下，如果东道国政府出于民族利益的考虑而限制跨国子公司向母公司支付借款本息，一般不会对该国的形象造成显著影响，相反，这种限制可能还会在国内赢得广泛的民众支持。

②在连接贷款方式下，借款的子公司好像是凭借自己的实力从一家大型银行获取贷款，这种"假象"会提高该子公司在东道国的声望或信用地位。

③连接贷款能使已被"冻结"的资金得到有效利用。

3. 背对背贷款

连接贷款是通过某个中介银行沟通的内部贷款形式，而背对背贷款（Back-to-back Loans）则是在银行体系之外进行的。现举一简例说明背对背贷款的运作程序：

假定一家英国母公司 A 准备向其设在荷兰的子公司 a 注入一笔资金；与此同时，另一家荷兰母公司 B 却准备向其设在英国的子公司 b 注入一笔资金。为了避免复杂耗时的外汇审批手续以及不必要的外汇交易和转移成本，A 公司和 B 公司达成了一项背对背贷款协议。该协议规定：在英国，A 公司向子公司 b 提供英镑贷款；在荷兰，B 公司向子公司 a 提供欧元贷款。两笔贷款的价值相等，期限相同。到期时，借款方分别向各自的贷款方偿还本金。这一程序如图 9-1 所示。

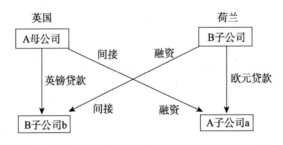

图 9-1　英国与荷兰背对背贷款的运作程序

在上述背对背贷款程序下，A 公司和 B 公司承担的信用风险均为 0，因为这两笔贷款价值相等（按即期汇率换算），期限相同，方向相反，从而形成了互相牵制、互为担保的格局。例如，如果子公司 b 到期不能偿还 A 公司的英镑贷款，那么 A 公司就有权通知它的子公司 a 拒绝偿还 B 公司等值的欧元贷款。反之亦然。为了有效地维持这种相互牵制的格局，背对背贷款协定中往往定有如何处理币值波动的条款。该条款可能规定：如果某一方贷出的货币发生相对贬值，那么它应该向对方增加用该种货币表示的贷款金额，以保证双方取得的贷款价值相等。例如在上例中，如果英镑发生相对贬值，A 公司就应该增加它对 b 公司的英镑贷款；如果欧元发生相对贬值，B 公司就应该增加它对子公司 a 的欧元贷款。虽然这种条款可能会导致在贷款期限内两笔贷款的本金经常发生变动，但并没有引起外汇风险的增加,因为在贷款到期日,借款方式分别以原先贷入的货币向各自的贷款方归还本金。

利用背对背贷款,也可以使已被冻结的资金得到"激活"和有效利用。举一简单例子说明:设有两个跨国公司 E 和 F,其母公司均设在美国。E 公司在哥伦比亚设有一家子公司 e,而 F 公司也在哥伦比亚设有一家子公司 f。目前,子公司 e 在哥伦比亚有多余的比索(哥伦比亚货币单位)现金,但由于哥伦比亚实行外汇管制,该笔资金无法汇回母公司;子公司 f 却急需一笔比索现金,但其母公司 F 不愿意直接以贷款的形式为 f 提供资金,因为它害怕日后哥伦比亚政府对公司内部贷款的偿还施加限制。两家跨国公司可用背对背贷款解决上述矛盾,即在哥伦比亚,子公司 e 将多余的比索现金按商定的利率贷给 f 子公司;在美国,F 公司将等值的美元按商定的利率和相同的期限贷给 E 公司。到期日,借款方分别向各自的贷款方归还本金。这一程序可如图 9-2 表示。

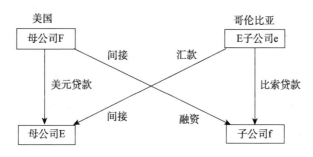

图 9-2 美国与哥伦比亚背对背贷款的运作程序

通过背对背贷款,F 公司既在实质上解决了子公司 f 的资金需求,又避免了哥伦比亚政府限制公司内部贷款还本付息的风险;与此同时,子公司 e 已被冻结的比索现金得以"解冻",其母公司 E 在美国也得到了一笔美元资金,这在实质上相当于子公司 e 以迂回的方式将其多余的资金转移到美国母公司。

背对背贷款的困难在于如何找到交易的另一方。在大多数情况下,一方直接寻找另一方往往非常困难。因此,背对背货款协议达成经常需要某家信息灵通的金融机构,通常要分别向交易双方按贷款本金的一定比例(一般是在 0.25%到 0.5%之间)收取介绍费。

9.4.4 特许使用费、专业服务费和母公司管理费

在跨国经营活动中,母公司将其知识产权或专有技术授予子公司使用,或者为子公司提供专业性和管理性服务,子公司为此向母公司支付特许使用费、专业服务费和母国管理费——这是资金从子公司向母公司转移的重要形式。

(1)特许使用费。子公司以支付特许使用费的方式向母公司转移资金,主要有以下优点:

①因为特许使用费在许可证合同中具有明确的支付标准,故由此而形成的资金从子公司向母公司转移,东道国一般无法施加限制。在实行严格外汇管制的国家(如拉丁美洲),

当地子公司经常以支付特许使用费的名义打破东道国政府的资金封锁。

②特许使用费属于子公司的正常营业费用，因而可以抵减应在东道国缴纳的预提税，并在母公司所在国得到抵免。如果子公司不是以特许使用费而是以股利的形式向母公司转移资金，那么在分派股利之前，需要在当地缴纳所得税；在股利汇出之时，还要在东道国缴纳预提税。这样，如果东道国的联合税率（含所得税税率和预提税税率）高于母国的所得税率，那么该项股利已在东道国缴纳的税金就可能无法在母国达到完全抵免，从而使得跨国公司的整体税负加重了。

（2）专业服务费和母公司管理费。专业服务费是母公司向子公司提供修理、安装、人员培训、技术指导和咨询等专业性服务而向子公司收取的补偿费。由于专业服务是针对为某子公司提供的特定服务而收取的，故一般是按服务的类型、时间和等级确定费用的标准。

母公司管理费是母公司对跨国经营活动进行全面管理而发生的一般性费用，如现金的集中管理成本、宣传或公关费用、最高管理当局的工薪费用等。母公司管理费通常按预定的标准或比例在各子公司之间平均摊派。由于专业服务费和母公司管理费不像专利权、商标权、版权和专有技术的特许使用费那样明确和具体，故常常会受到东道国政府和当地合营者的密切监督，过高的收费标准必然会遭到他们的反对。但是，这些费用的收取，一般没有可比的外部标准作参考，因此，只要总公司与子公司之间事先为此签订明确的书面协定，并且始终一贯地执行，东道国政府也就难以提出不同意见。

9.4.5 公司内部商品交易及货款结算

跨国公司在全球范围内追求生产合理化的一个明显结果是：公司内部交易规模日趋庞大。这种庞大的公司内部交易，一方面表现为原料、零部件及产成品在公司内部的转移；另一方面则表现为数额庞大的内部应收应付款项及嗣后结算所造成的巨额现金流动。如何采取灵活多变的策略对这部分资金流动进行卓有成效的管理，是跨国营运资本流量管理中的一个重要课题。

（1）开票货币。跨国公司的某个成员单位在向其他成员单位出售货物时，面临的第一个问题便是：应选择何种货币来开具发货票？跨国公司在向公司外部的独立顾客销售商品时，总是希望以硬货币来收款，而买方则总是希望以软货币来付款。但这个规则对跨国公司内部的商品交易来说往往并不适用。因为公司内部各个成员单位的生产经营活动都应以实现公司全局利益最大化为目标，所以内部商品交易之开票货币的选择，应当充分考虑公司在全球范围内的利润规划、税务规划及资金安置。大量事实证明，开票货币的正确选择，可以使跨国公司的总体税负达到最低，同时也能有效地避开东道国的外汇管制。

①降低税负。如果预计在商品交易日和账款结算日之间有关货币之间的汇率将发生相对波动，那么卖方子公司或者买方子公司的账上将可能出现汇兑损益。如果是汇兑利得，则要在东道国交纳所得税；如果是汇兑损失，则可以从税前盈利中扣除，从而抵减应在东道国缴纳的所得税。因此，若从公司总体税负最小化来考虑，开票货币的选择应遵循下列原则：使汇兑利得出现在低税率的国家，使汇兑损失出现在高税率的国家。

②避开外汇管制。正确选择开票货币还能使跨国公司转移被东道国封锁的资金。

（2）提前与延迟结算。公司内部的商品交易必然会产生相应的内部往来账款。合理安排这些往来账款的结算时间，则是实现公司内部资金融通或转移的有效手段。在很多情况下，内部往来账款结算的时间可以因整个公司的利益而提前或延迟（提前就是在信用到期之前结算，延迟就是在信用到期之后结算）。

提前或延迟结算无疑会影响东道国结汇和付汇的时间，所以东通国政府的外汇管理当局不可能对此持完全放任的态度。从一国政府的角度看，提前或延迟主要有以下四种形式：

①出口提前（Export Lead）：即本国出口商提前向国外买方收取货款；
②出口延迟（Export Lag）：即本国出口商推迟向国外买方收取货款；
③进口提前（Import Lead）：即本国进口商提前向国外卖方支付货款；
④进口延迟（Import Lag）：即本国进口商推迟向国外卖方支付货款。

那些外汇储备短缺的国家（尤其是发展中国家）往往鼓励出口提前和进口延迟，因为出口提前会导致外汇资金的加速流入，而进口延迟则会导致外汇资金的推迟流出，从而使该国的国际收支状况得以改善。相反，缺乏外汇资金的东道国政府往往对出口延迟和进口提前施加不同程度的限制，因为出口延迟使外汇资金流入该国的日期推迟了，而进口提前却加速了外汇资金的流出，从而可能会导致东道国的国际收支状况进一步恶化。

（3）内部多边净额结算制度。错综复杂的公司内部交易经常使得某个子公司对其他子公司来说既是债权人，又是债务人。这种庞大的内部债权债务在清算时，必然会造成巨额的跨国现金流动和多次的货币兑换，从而发生相当可观的现金转移成本、货币转换成本，以及在途汇款的机会成本。

这些成本通常占现金总流量的 0.25%～1%。为了降低资金跨国流动的成本，跨国公司总是千方百计地缩减内部现金流动的总规模，所采用的主要方法是内部多边净额结算制度，即在清算之前，跨国公司先对其内部各成员单位之间的债权债务进行综合调度、相互冲销，从而使得某些子公司在冲销后的净债权债务变为零，而其余的子公司剩下的要么是净债权，要么是净债务；然后命令负有净债务的子公司直接清偿持有净债权的公司。这种做法将使公司内部往来账款的结算成本降至最低。

9.4.6 冻结资金的管理

如果东道国出现外汇储备紧缺、发生国际收支困难、但又不能通过向外借款或吸收外资来改善国际收支状况时，往往会对外汇资金的流出进行管制，轻者要求一切外汇流出需报经当地外汇管理部门审查批准，重者只允许资金部分汇出；在最严重的情况下东道国政府可能强行规定本国货币不能自由兑换，从而完全封锁资金转移。因此，在东道国推行严格的外汇管制政策时，跨国公司就很可能遇到资金被"冻结"在国外，无法调回使用的问题。冻结资金长期滞留国外，不但使其无法得以充分利用，而且实际价值很可能因东道国的货币贬值而受到侵蚀。因此，在东道国政府千方百计地限制外汇资金流出的同时，跨国公司也在想方设法地对冻结资金采取各种可能的预防和善后措施。冻结资金的有效管理，可分为投资之前、冻结之前和冻结之后三个阶段。

1. 投资之前的策略

在决定向一国投资之前,必须对资金被冻结的可能性、范围和程度作出充分的调查和评估,并将其作为一个重要的因素纳入项目的经济评价中。一般来说,冻结的资金会降低投资方案的预期净现值和内部收益率。该项投资方案是否可行则最终取决于考虑资金冻结后的预期收益率是否会超过同等风险条件下的必要投资收益率。

如果在资金可能被冻结的情况下,投资项目仍然可行,那么跨国公司应预先对该项投资的各个重要方面作出富有远见的安排,以增加未来资金转移的弹性、削弱资金被冻结的潜在危害。可以采取的策略有:

(1)预先同其他子公司建立广泛的贸易联系。这样做可使跨国公司在日后能够通过内部转移定价机制从该国转移资金。此外,广泛的内部贸易往来也便于日后提前与延迟策略的实施。

(2)向该子公司转让知识产权、专业技术等,并在双方签订的许可证合同中实现,约定特许使用费的计算依据及付费方式。这样,即使在东道国严格限制股利汇出的情况下,跨国公司也有可能从国外收到稳定的特许使用费。

(3)用贷款投资代替股权投资。如前所述,与股利汇出和股本返还相比,东道国可能更愿意允许贷款的偿还;如果母公司初始资本全部为股权资本,日后投资的收回就可能很困难。

(4)加大当地货币借款的比重。这样做,可使该子公司免受当地货币贬值的风险。此外,当地融资比重越大,需要向母公司汇回的利润就越小,故即使在东道国禁止股利汇回的情况下,跨国公司也不至于遭受太大的损失。

(5)利用特殊的融资安排,如货币互换、连接贷款、背对背贷款等。这些融资策略在前面的章节作了详细论述,此处从略。

(6)与东道国达成特别协议。如果投资项目属于东道国优先鼓励发展的行业(如无线电通信、半导体制造、试验设备等),从而对东道国很具吸引力,则跨国公司可以此为筹码与东道国政府事先达成一项资金遣返和防止冻结的协定。

2. 冻结之前的策略

进入生产经营期以后,必须密切注意东道国的国际收支状况和宏观金融政策的变化。当有迹象表明该国政府可能会采取严格的外汇管制手段来改善日益恶化的国际收支状况而从该国抽离资金时,最好以隐蔽的方式进行,否则很可能会增加其面临的政治风险,或者招致资金的提前冻结。

3. 冻结之后的策略

在跨国经营条件下,资金被冻结并不是一种十分罕见的现象。如何使已被冻结的资金"解冻"或"激活",是跨国公司的财务经理们所面临的难题之一。下文给出了一些较为可行和有效的资金转移措施:

（1）转移定价。
（2）提前或延迟结算。
（3）利用连接贷款。
（4）利用背对背贷款。
（5）以冻结资金支付服务于公司整体的费用。

4. 冻结资金再投资策略

如果上述种种资金转移策略不能完全消除冻结资金，即仍有部分冻结资金实在无法"解冻"则应在当地进行再投资，以确保这部分资金的实际价值不会因当地货币贬值而遭到侵蚀。这种被迫再投资可分为短期投资和长期投资。

（1）短期投资。如果预计资金冻结只是暂时的，就应该在当地进行短期投资，以便在资金"解冻"后迅速将它们遣回。可供选择的短期投资形式有：

①投资当地货币市场工具，如购买企业债券、国库券、定期存单等。然而，在实行外汇管制的国家，金融市场往往不健全，货币市场工具不但种类和数量不足，而且流通性极差，某些货币市场工具的实际收益率还有可能低于当地的通货膨胀率。在这种情况下，跨国公司就应该考虑其他短期投资形式。

②超前购置存货。在通货膨胀条件下，存货可以起到保值的作用。虽然存货的超前购置会导致较高的资金占用成本和仓储费用，但在当地货币大幅度贬值后，存货的增溢价值往往会超过这些成本和费用。

③向当地的其他公司提供短期贷款。在通货膨胀率较高和实行外汇管制的国家，政府往往会严格控制银行放款的规模，从而经常发生信用短缺的现象。跨国公司若乘机将冻结资金贷放给当地的其他公司使用，可能会赚取较高的利息收入。

（2）长期投资。如果跨国公司无法在资金被冻结的国家进行短期投资，或者仍然有希望在该东道国作长期经营的打算，那么就应该考虑如何利用冻结资金进行长期投资。可供选择的长期投资形式：①扩大现有的生产规模；②兴办新的生产投资项目；③收购濒临破产的企业；④购买公司并不需用的土地、写字楼或通用厂房等，以达到资金保值和增值的目的。

9.5 外汇风险管理

9.5.1 外汇风险的类型

外汇风险，也称外汇暴露（Foreign Exchange Exposure），是指由于外汇汇率的变化而导致企业的盈利能力、净现金流量和市场价值发生变化的可能性。财务经理的一项重要职责就是要预估外汇风险并及时管理，以使企业的盈利能力、净现金流量和市场价值实现最大化。外汇风险主要有三种类型：会计风险（Accounting Exposure）、经济风险（Economic Exposure）和交易风险（Transaction Exposure）。

1. 会计风险

会计风险有时也被称为翻译风险或换算风险,产生于跨国公司将其国外附属公司或投资项目经营成果的计值单位由记账外币换算成本币的换算过程。跨国公司由于法律上和经营上的需要,必须合并其国外附属公司和母公司的财务报表,而各个会计项目换算时所用的汇率并不见得与入账时的历史汇率相同,因此,那些按现行汇率换算的资产与负债就会发生外币换算损益。这些承受换算风险的资产与负债就称为暴露资产和暴露负债。鉴于暴露资产和暴露负债的风险可以相互抵销,所以公司的总换算风险就取决于暴露资产与暴露负债之间的差额。

2. 经济风险

经济风险有时也称经营风险,是指由于意外的汇率变动导致企业未来的经营性现金流量发生变化,从而影响到企业的市场价值。企业价值的变化程度取决于汇率变动因素对企业将来销售量、价格和成本的影响程度。

3. 交易风险

交易风险是指已达成协议但尚未结算的外币交易因汇率波动而发生外汇损益的可能性。衡量的是特定的汇率变动对已达成协议的外币交易的价值可能产生的影响。例如,当法郎对美元贬值时,美国公司的法郎应收账款就蒙受了外汇损失。

9.5.2 会计风险管理

1. 控制会计风险

对财务管理人员来说,会计风险可能会使其面临一种两难的处境。这是因为,报告收益不稳定并不代表企业实际经营成果的好坏,也不代表企业经营政策在不断变化,更不意味着企业未来现金流量不确定,但是,它对投资者、债权人等报表使用者却可能产生误导作用。有时为控制会计风险,财务管理人员不得不采取某些措施,如对外币应收或应付账款进行合约保值。但是,这些措施实施后,却有可能真正影响企业的经济效益,加大企业经济风险。因此,财务管理人员常常需要对这两种风险进行权衡。

对于财务人员来说,还必须注意到其所运用的会计方法本身是否有利于折算后收益的平稳化。在会计上还可以使用折算损益递延摊销方法,但这种方法的使用也有一定的条件。譬如在汇率上下波动的情况下,今年的折算损失递延到明年,就可能会被明年的折算收益所抵消。但是,如果汇率是单向变动的,即某种货币持续升值或持续贬值,采用递延方法将会使折算损失或者折算利得逐年累积起来,最终不仅不能使收益平稳化,反而会使收益反映严重不实。

2. 确定套期保值策略

会计风险控制主要有这样两种方法:资产负债表保值与合约保值。前者主要通过外币风险资产和风险负债在总额上的平衡实现对风险的控制,后者则带有一定的投机性。

(1)资产负债表保值。对于外币资产来说,那些在折算时使用现行汇率的资产,对汇率的变动是敏感的,这些资产也称为风险资产。同理,风险负债也是指那些在折算时使用现行汇率的负债。进行资产负债表保值,其目的就在于使风险资产和风险负债在总额上相等,这项工作一般不是由一家子公司来完成的,而是通过跨国公司在全球范围内的所有子公司共同参与来完成的。下面举一个例子,用来说明在不同的外币折算方法下如何进行资产负债表保值。

假设美国大众电子公司只有一家海外子公司福斯特,母公司本身暂不存在外币性资产和负债,那么,福斯特公司的风险资产和风险负债即可代表整个跨国公司。表 9-2 是福斯特公司的风险资产和风险负债的情况,其中各个项目的金额是用当地货币表示的,折算采用了两种方法:现行汇率法和时态法。

表 9-2 福斯特公司风险资产和风险负债情况(以当地货币表示)

资产负债表各会计项目		现行汇率法下的风险	时态法下的风险
资产			
现金	400	400	400
应收账款	550	550	550
存货(按成本)	550	550	
固定资产(净值)	1 000	1 000	
资产总计	2 500		
风险资产		2 500	950
负债和股东权益			
应付账款	320	320	320
长期借款	1 080	1 080	1 080
实收资本	860		
留存收益	240		
负债和股东权益总计	2 500		
风险负债		1 400	1 400
风险净资产(LC)		1 100	−450
乘以期末汇率(LC/US$)		1.2	1.2
风险净资产(US$)		1 320	−540

外币折算的四种基本方法是:区分流动与非流动项目法、区分货币性与非货币性项目法、时态法和现行汇率法。

区分流动与非流动项目法首先将国外子公司资产负债表中的项目区分为流动性和非流动性两类:流动资产和流动负债构成流动性项目,其余项目则划入非流动性项目中。流动项目折算时按报表日(年末)的现时汇率计算,非流动资产和非流动项目则按取得日的汇率即历史汇率计算。

区分货币性与非货币性项目法中,对于货币性项目,在折算时采用现时汇率。凡不属于货币性项目的,均归为非货币性项目一类。对非货币性项目则采用历史汇率进行折算。

存货虽然是一种流动资产，但在这里归为非货币性项目一类，需要按历史汇率进行折算。利润表中各项目的折算，除折旧费和摊销费按相应固定资产和无形资产取得日的历史汇率折算外，所有费用和收入项目均按平均汇率折算。

时态法是区分货币性和非货币性项目法的进一步发展，两者间的差别在于对那些以现时成本计价的非货币性项目的折算处理。以存货为例，在区分货币性和非货币性项目法中，存货总是以历史汇率来折算的，但在时态法下，存货还可以按现时汇率来计算，只要它在资产负债表上是按现时成本计价。尽管这两种方法差别甚小，但理论基础却大不一样，时态法涉及外币折算的本质，而区分货币性和非货币性项目法只不过是一种单纯的划分。

时态法下，收入和费用项目的折算要按交易发生时日的实际汇率折算，但在这类交易大量的且经常发生的情况下也可以采用平均汇率。折旧和摊销按取得固定资产和无形资产时日的历史汇率折算。

与上述三种方法相比，现行汇率法无论在基本思路上还是在具体的汇率选择上均不相同。前面三种方法，都是以报表项目的性质（以某种项目分类为依据）与汇率之间的关系作为选择汇率的出发点，因而在折算时涉及多种汇率，而现行汇率法所注重的是汇率变动对子公司股东权益净额的影响，即母公司对子公司投资净额上的汇率风险。因此，在折算时，对外币报表中所有资产和负债项目均采用一个单一的汇率即期末的现时汇率，对于股东权益中的实收资本采用历史汇率，收入和费用则按确认这些项目时日的汇率（即历史汇率）折算。

从表 9-2 中可以看到，在即期汇率为 LC1 = US$1.20 的情况下，福斯特公司的净风险资产在现行汇率法下为 US$ 1320，时态法下为 US$-540。在这里，风险净资产的负值即代表存在风险负债。

如果福斯特公司预期汇率将从期初的 US$1.20/LC1 变为期末的 US$1.00/LC1，则在现行汇率法下，公司由于有 LC1100 的资产暴露在汇率风险之下，汇率下降的结果是出现 US$220 的损失。在时态法下，公司有 LC450 的风险净负债。汇率下降，意味着偿付 LC 负债的实际支出减少，其结果相当于获得 US$90 的收益。

在现行汇率法下，由于该项损失绕过了利润表直接在资产负债表中的累计折算调整项目下反映，表现为股东权益的直接减少。而在时态法下，折算损益直接反映在当年的净利润中。为避免这种影响，福斯特公司及其母公司可以运用资产负债表保值方法。有两种可供选择的方案：在减少 LC 资产的同时不减少 LC 负债，或在增加 LC 负债的同时少增加 LC 资产。

一种做法是将 LC 现金兑换为美元，如果现金数额大小不足以降低风险性资产时，公司还可以采取另一种做法：由福斯特公司借入风险净资产 LC 1100 等值的一笔 LC 负债，将它兑换为美元，由福斯特公司自己持有，或作为股利分配或偿还公司间债务由大众电子公司持有。或者，由大众电子公司借入这笔 LC 负债，兑换为美元后由自己持有，或者作为投资或一项往来，由福斯特公司持有。

上述方法是在现行汇率法下的资产负债表保值，在时态法下也一样。当然，在预计有折算利得 US$90 的情况下，公司可以不采取上述保值方法。但公司预计是否准确、以后年度是否还能保持这样的折算利得（即收益是否平稳），则是值得公司进一步考虑的。

（2）合约保值。采用这一方法，首先要确定企业可能出现的预期折算损失。福斯特公司在使用现行汇率法折算的情况下，预计存在 220 美元的折算损失（这里假设不考虑资产负债表和利润表在汇率变动期间所发生的变化）。该公司或其母公司为避免这项损失，可以于期初在远期市场卖出风险性货币 LC，期末再从即期市场买入等量的同种货币，并进行远期合约的交割。

如果此时远期市场的汇率为 US$1.00/LC1，与福斯特公司预期的期末即期汇率相等，则上述远期交易便不存在什么意义，因为卖出 LC 获得的美元数量与再次买入 LC 所花费的美元数量一样，预计的折算损失仍无法弥补。倘若远期市场的汇率为 US$1.20/LC1，大于预期的即期汇率，则卖出 LC 获得的美元肯定大于购回 LC 所花费的美元，也即是说上述交易是获利的，这样，预计的折算损失就可以得到弥补。用一个式子来说明：

预期折算损失（US$）= 远期合约上的收益

= 远期合约金额（LC）× [期初远期汇率（US$/LC）− 期末预期的即期汇率（US$/LC）]

所以，远期合约金额 = US$220 ÷（US$1.20/LC1 − US$1.00/LC1）= LC 1100

上述远期合约数量的确定过程对其他折算方法也是适用的，现在用一个一般性的公式来描述：

$$远期合约金额 = \frac{已报告货币计价的预期折算损失}{远期汇率（RC/LC1）−预期的即期汇率（RC/LC1）}$$

其中，RC 代表报告货币，LC 代表当地货币。从福斯特公司所进行的远期交易可以看出，这种合约保值方法与一般的套期保值不同，它以预期的折算结果为基础。这一预算除了要预测期末的折算汇率外，还要考虑报表各项目的变动。如果预测不准，出现偏差，合约保值的效果就很难判断了，而在实际工作中，这种预测往往是不准确的。因此，这种方法与其说"保值"，不如说是对未来即期汇率的投机。

9.5.3 经济风险管理

1. 控制经济风险

经济风险的控制应着眼于企业长远经营战略，在宏观上把握国际经济发展趋势的同时，充分而又仔细地分析微观环境里实际和潜在的诸种因素的影响，把经济风险的控制作为外汇风险管理工作的核心。对处于不同发展阶段的跨国经营企业，其经济风险的表现不完全相同，采取的措施也不一样。跨国经营的企业依照其发展程度的高低大致可分为这样三类：①非经常性的大宗项目出口商；②具有庞大出口市场的制造企业；③从事多国经营活动的大规模的跨国公司。

非经常性出口商主要面向国内市场，偶尔接到国外订单。当销售价格以外币计价时，他将面临这样一个问题，是让自己来面对风云莫测的外汇市场，还是把风险简单地转嫁到他的客户身上，要解决这一问题，可以依靠远期外汇市场。在签订合同前，出口商将外币

计价的销售价格 P_E 乘上收款日的远期汇率 f，并将之与国内市场销售价格 P_D 相比较。公司可以依照这样一个规律进行决策：

若 $f < \dfrac{P_D}{P_E}$，则在国内市场销售；

若 $f > \dfrac{P_D}{P_E}$，则在国外市场销售。

当然，作出这项决策还需要考虑一些其他的情况，比如公司的整体发展战略，如果一家公司意在开拓国外新的市场，那么它在价格上所作的暂时性的让步，还可以看作是营销定价策略上的考虑。除此之外，出口商还可以考虑运用其他的套期保值方法，如期货和期权市场上的合约保值等。

然而，对于大多数企业，尤其是上述第二类企业，经常会遇到这个问题。因为在国内或在国外销售这一问题上，它们没有多大的选择权。当外币贬值时，出口商的收入肯定会减少，但更重要的是，该企业有可能面临未来出口收入的持续性下降，除非本币和外币在购买力平价关系下达到新的平衡，或是国外的通货膨胀允许出口商提高销售价格。

一个典型的跨国企业，即第三类企业，通常有多个生产场地和销售市场，它们分布在世界各地，跨国公司主要通过这种多元化的分散经营来管理和防范经济风险，其基本思想与证券投资中所强调的证券组合分散化思想是一致的。具体来说，跨国公司的经济风险控制主要体现在行销管理、生产管理和财务管理三个方面。

在行销方面，可以考虑选择合适的市场和分销渠道，开发生产适销对路、富有竞争力的产品，确定恰当的产品价格，以及采取强有力的推销、促销策略；在生产方面，可以考虑选择合适的厂址，变更投入物的来源地，从软通货国家进口更多的原材料和零部件，降低生产成本等；在财务方面，可以利用多种保值方法，还可以通过外币债务构成的调整来实现对汇率风险的控制。

不论是在行销、生产或是在财务管理上，都要对预期的或实际发生的汇率和相对价格的变动作出正确的反应，在很大程度上取决于对真实汇率和相对价格变动持续时间的估计，即是指汇率、利率和价格相对购买力平价和国际费雪效应所构建的平衡状态发生偏离所持续的时间。偏离过程包括从开始偏离到返回一个适应这些关系的新状态。

2. 管理经济风险

外汇风险中数种类型的风险既有区别，又有联系。同时，经营风险管理不仅仅涉及财务领域，还涉及市场、生产的各个方面。除了与折算风险和交易风险管理措施相类似的几种具体方法外，还包括两个层次的战略性措施，即分散化战略措施和调整性战略措施。

（1）分散化战略。分散化战略除了能够被动地抵御风险之外，还可以通过各地子公司的经营信息判断国际市场的不均衡性，从而采取主动措施，在汇率发生变化后能够使公司处于更有利的地位。实际上，分散化远非仅仅起到分散外汇风险的目的而是能够起到分散多种风险的目的。例如能够规避由于各国经济周期变化所引起的经济风险、能够规避政权更换所引起的政治风险等。

（2）调整性战略。调整性战略是指跨国公司根据对汇率的变化、市场走势的判断在经营的各个方面进行调整，以适应变化的趋势，提高全球竞争地位。一般情况下，这种调整以全球分散化为基础和条件。因此，这种战略也称为第二层次战略。当然，分散化战略和调整性战略也不一定严格地存在着依赖性。

9.5.4 交易风险管理

交易风险的管理方法主要有契约保值和经营策略两类。主要的契约保值手段包括在远期市场/货币市场、期货市场和期权市场上的保值，还包括互换协议，如背对背贷款、货币互换和信用互换等。跨国公司的经营策略常常要考虑外汇交易风险，其中许多用于控制交易风险，这些策略往往和跨国公司财务系统的运作分不开，如定价政策、提前与延期结汇、建立再开票中心等。

1. 契约性套期保值

由于在远期市场/货币市场、期货市场和期权市场上的套期保值，以及互换协议等，都是契约式的交易，故称这一类保值方法为契约性套期保值，也称合约保值。为了说明契约性保值如何被用于交易风险的控制，我们以美国一制造企业奥特兰公司为例。

假设奥特兰公司3月向英国亚当斯公司出售一批价值1 000 000英镑的数控机床，约定3个月后即6月付款。奥特兰公司的资本成本为12%，各种套期保值交易相应的报价如下：

即期汇率为：$1.5640/£1；

3个月的远期汇率：$1.5540/£1（英镑年贴水2.558%）；

英国3个月期借款利率：年10.0%（季2.5%）；

英国3个月期投资利率：年8.0%（季2.0%）；

美国3个月期借款利率：年8.0%（季2.0%）；

美国3个月期投资利率：年6.0%（季1.5%）；

费城股票交易所6月看跌期权：合同金额为31 250英镑，协定汇率为$1.5500/£1，每英镑保险费为2.5美分，每份合同交易费为50美元；

柜台交易市场6月看跌期权：合同金额为1 000 000英镑，协定汇率为$1.5500/£1，1.5%的保险费；

据奥特兰公司外汇咨询机构预测，3个月后即期汇率将为$1.5600/£1。这样，奥特兰公司有四种可供选择的方案：

（1）不采取抵补措施；
（2）在远期市场套期保值；
（3）在货币市场套期保值；
（4）在期权市场套期保值。

首先，我们来考察第一种方案：假如奥特兰公司愿意承担外汇风险，将不采取任何抵补措施。依据其外汇咨询机构的预测，奥特兰公司期望3个月后收到1 560 000美元（1 000 000×1.56）。但这一数目是有风险的。如果英镑将来跌到$1.4500/£1，奥特兰公司就只能收回1 450 000美元。但是，外汇变化是双向的，如果3个月后英镑比预计的还要高，奥特兰公司就将获得超过 1 560 000 美元的收入。

接下来，我们将讨论其他的几种方案。

(1) 远期市场套期保值。远期市场套期保值就是利用远期外汇市场，通过签订抵消性的远期合同来消除外汇风险，以达到保值的目的。在西方，远期外汇市场不仅能用作抛补外币应收或应付账款和净资产暴露，还可以用来进行外汇投机。它对结算日明确的外币收付可以进行套期保值，也可在收付日期不确切的情况下使用。

远期市场套期保值涉及一个合同和履行合同的资金来源问题。从合同方面讲，远期外汇合同从本质上说反映的是这样一种契约关系，即在达成协议或签订合同的时候，就规定一方当事人在将来某个特定日期向另一方当事人交割一定数额的某种货币，以换取特定数额的另一种货币。这种合同的基本特征是现在就敲定外汇交易的价格和数量，尽管其具体交割要在将来某个时日进行。在达成协议或签订合同时，不存在现金流动，除非一方当事人的资信程度尚不被对方了解，需要以一定的现金作担保。

履行合同的资金一般有两个来源：现存的或由于经营业务的约定将在交割日之前收到。在奥特兰公司的例子中，它向英国亚当斯公司的销售所形成的一项应收账款将在 3 个月之后收到，到了 6 月，当亚当斯公司付给它 1 000 000 英镑后，奥特兰公司就有了履行远期合同的资金。当履约的资金已在手中时或已由生意约定时，这种套期保值被认为是"抵补的"、"完全的"或"轧平的"。此时，套期保值手中已没有余留的外汇风险，手中持有的或将要收到的资金正好与将要支付的资金相配对。这种性质的套期保值最适合于交易风险。

在另一些情况下，履行外汇远期合同的资金尚无着落，而是要等到未来某日到即期外汇市场上去购买，由于未来的即期汇率在目前是不确定的，与现存的远期汇率可能存在差异，因此，它的远期头寸是"开放的"或"未经抵补的"。这种性质的套期保值常常在对折算风险进行抛补时使用。只有当购买日的即期汇率与当初签订合同时的远期汇率一致时，折算风险的抵补才能算得上是全部的或完整的。

如果奥特兰公司选择远期市场来抵补，它就应该在今天（3 月）按 3 个月远期汇率 \$1.5540/£1 卖出 1 000 000 英镑远期。这是一种抵补的交易，公司不再有汇率风险。3 个月后，公司收到英国进口商的 1 000 000 英镑，根据远期合同，按该数目到银行去办理交割，将收到 1 554 000 美元，与不采取任何抵补措施方案下不确定的 1 560 000 美元收入相比，该方案使公司少了 6 000 美元，然而，这却是一种不带风险的收入。导致这一差异的原因是公司对 3 个月后的汇率预测值与远期市场的标价不同。

如果奥特兰公司预测的未来即期汇率等于\$1.5540/£1，那么进行远期套期保值与不进行抵补情况是一样的。然而，这并不意味着它们是等效的，因为不进行抵补的结果是一个不确定的值。远期汇率作为未来即期汇率的无偏预测量，并不意味着现在的远期汇率正好等于未来的即期汇率，而是指出前者高于后者与后者高于前者的概率是一样的。一个市场即使是有效率的，也可能由于政治风险或政府干预等原因而偏离均衡。然而，这并不妨碍远期套期保值被用于减少未来即期汇率变动的风险。

但是，对每一笔涉及外币的交易都进行远期套期保值也是不必要的，因为这里还有一个交易成本的问题,如买入汇率与卖出汇率之间的差价及远期贴水等。对于跨国公司来说,它经常有不同币种的外汇风险。因此,在考虑利用远期外汇市场来进行套期保值时,往往要分析套期保值的利益与成本的关系,以及时判断这些防范措施是否值得采用。

(2)货币市场套期保值。货币市场套期保值,又称"融资套期保值",或"即期套期保值",指的是通过在货币市场上的短期借贷以建立配比性质或抵消性质的债权、债务,从而达到抵补外币应收、应付账款所涉及的汇率风险的目的。

为了在货币市场上进行套期保值,奥特兰公司应该立即从英国借入英镑,并将借入的英镑马上兑换成美元,3个月后用收到的英镑货款偿还这笔英镑债务。那么今天应借入多少英镑呢?奥特兰公司借入的英镑在3个月后偿还时,连本带利应恰好等于1 000 000英镑,即与将要收到的货款相等。假定应借入的英镑为x,那么:

$$1.025x = £1\,000\,000 \quad x = £975\,610$$

奥特兰公司现在应该借入975 610英镑,3个月到期偿还时,还包括24 390英镑的利息,合计为1 000 000英镑。借到英镑后,奥特兰公司应将它在即期市场按\$1.5640/£1的汇率进行兑换,收到1 525 854美元。

为了将远期套期保值和货币市场套期保值进行比较,有必要对奥特兰公司在接下来的3个月中如何运用这笔借款进行分析。因为借款所得资金是在当天就收到,而远期市场抵补情况下的则是在3个月后收到。为便于比较,需要将这两项资金统一到一个时点上,将借款所得资金换算为3个月后的未来值,或将远期合同资金换算为现值。在这里,我们使用的是未来值,这与用现值进行分析得出的结论是一样的。

由于这两种合同本身涉及的金额一样,因此,对这两种方案进行比较、关键在于看哪种方案能带来更多的美元收益,也即对借款所得资金多种可能的投资收益率进行考察和比较。

对奥特兰公司来说,在接下来的3个月中,借款所得资金至少有三种可能的投资收益率:第一种是奥特兰公司资金比较充裕,借款所得资金投放于美国的美元货币市场,年利率为6%;第二种是将借来的英镑资金替代另一笔美元贷款,年利率为8%;第三种是投资于奥特兰公司自己的一般性经营,其收益率按年资本成本12%计算。3个月后这笔借款所得资金的未来价值将有以下三种可能:

与远期市场套期保值结果1 554 000美元相比较,如果奥特兰公司将借来的资金用于代替另一笔美元贷款(8%)或将它投入企业的商业经营活动(12%),货币市场的套期保值结果将好于远期市场的保值结果;然而,如果奥特兰公司将借来的资金投放于美元货币市场(6%),结果则刚好相反,远期市场保值效果更好。应该说,形成这种差别的原因在于英美两国的利率差(年利率差2.0%)与3个月的英镑远期贴水(年贴水2.558%)不等,当这种利率平价关系不能维持时,两种套期保值的成本就会有所不同。

对奥特兰公司来说,存在一个边界投资收益率,在该收益率下,远期套期保值与货币市场保值的效果将一样。设r为3个月的投资收益率,当r满足以下等式时即为临界投资收益率:

$$借款所得资金 \times (1+利率) = 远期保值所得$$

$1525854×(1十r)=\$1554000$

$r=0.01845$

将 3 个月的投资收益率换算为 1 年的投资收益率则为 7.38%。也就是说，当投资年收益率高于 7.38% 时，货币市场套期保值有利；当年收益率低于 7.38% 时，远期市场套期保值有利。

与远期市场套期保值比较，货币市场的保值有较大的灵活性，它可以使公司较早就能得到本币资金，并有可能在较高的收益水平上加以运用。正是因为货币市场保值能将公司的外汇风险管理与资金的筹措和运用有机地结合起来，因此更受跨国公司的喜爱和重视。但是，在使用这一方法时，还需注意到资金借贷渠道是否畅通，以及政府对这种性质的金融交易是否采取了管制措施等。

（3）期权市场的套期保值。期权市场套期保值指的是通过购买外汇看跌期权或看涨期权来达到规避汇率风险的目的。因为期权的市场风险和信贷风险在买卖双方之间是不对称的，期权出售者面临的市场风险没有下限，但其收益却至多等于所得的期权费。然而，购买者的风险有下限，最多损失其期权交易成本，但同时其收益是无上限的。

奥特兰公司可以通过购买看跌期权来抵补 1 000 000 英镑上的汇率风险。这样奥特兰公司就可以把风险损失控制在一个已知的水平上，同时，保留对英镑升值带来潜在增益进行投机的机会。

根据前面的报价，合同金额为 31 250 英镑，协定汇率为 \$1.55/£1，每英镑期权价格为 2.5 美分，每份合同交易费为 50 美元。奥特兰公司在费城股票交易所购买 6 月到期的看跌期权，其成本为：

每份合同的价格（0.025×31 250）	$781.25
每份合同交易费	50.00
每份合同总计成本	$831.25
所需合同数目（1 000 000/31 250）	32
期权合同总成本（32×831.25）	$26 600

奥特兰公司也可以按协定价格 \$1.5500/£1 和 1.50% 保险费从银行购买 3 个月看跌期权 100 万英镑，期权成本由奥特兰公司和银行协商为：

期权成本 = 合同金额×保险费×即期汇率

= £1 000 000×0.015×\$1.5640/£1

= \$23460

比较两种结果，奥特兰公司显然应从场外交易购买看跌期权，它比费城股票交易所的购买成本低。

这里，我们仍用未来值来比较各种套期保值方法，先计算 3 个月后的期权成本。同样地，投资收益率会有多种可能，这里采用的是奥特兰公司的资本成本 12%（每季为 3%），3 个月后期权成本为 24 164 美元[23460×(1+3%)]，即每英镑期权成本为 0.0242 美元（24164/1 000 000）。

6 月收到 1 000 000 英镑，此时美元价格取决于即期汇率的高低。如果此时汇率高于 \$1.551/£1，则依期权合同，奥特兰公司可以不履约，而将英镑在即期市场上兑换成美元。也就是说，奥特兰公司的潜在增益是不存在上限的，这一点与不采取任何抵补措施时一样。

比如，此时即期汇率为$1.56/£1，那么，奥特兰公司将得到 1 560 000 美元，扣除交易成本 24 164 美元，净收入 1 535 836 美元。

但是，当即期汇率低于$1.55/£1 时，利用期权保值和不采取抵补措施两者的结果是不同的。这时，奥特兰公司可以履行期权合同，按$1.55/£1 卖出 1000000 英镑。收到 1 550 000 美元，再扣除成本 24 164 美元，获得美元净收入 1 525 836 美元。也就是说，不管汇率跌至多低，期权合同总能保证奥特兰公司能收到 1 525 836 美元，风险损失有一个下限。但是，在不采取任何抵补措施的情况下，风险损失是没有下限的。

我们可以在期权抵补和其他几种套期保值方法之间找到等值的临界线，这些界线把汇率的变化划分为几个区间。依据区间的划分，公司可以为自己找到最佳的保值方案。区间的上界通过期权市场保值和远期市场保值的比较来决定，其等值条件是远期汇率与单位英镑的期权成本之和，即$1.554 0 + $0.024 2 = $1.578 2。如果即期英镑汇率高于$1.578 2/£1，则适合采用期权方案；如果低于该界限，则适合采用远期方案。

区间的下界则通过期权市场保值与不抵补方案相比较来决定，其等值条件是协定价格与单位期权成本之差，即$1.55 − $0.024 2 = $1.525 8。如果即期汇率高于这个值，则不抵补方案效果更好，承担一定的风险有可能获得更多的收益；如果低于这个值，则应采用期权市场的套期保值，因为它存在风险损失的下限。当然，方案的选择最终还是取决于跨国公司对风险和收益的权衡考虑。

如果公司不能确定将来外汇风险形成的时间，或不能肯定它是否发生，如在投标竞争中尚不能肯定是否中标，那么，期权合同将是最好的选择。因为远期市场或期货市场在外汇风险没有实现（如未中标）的情况下，本身就会给公司带来新的外汇风险，而期权合同则可以避免这样。在外汇风险没有实现的情况下，期权合同可以不履行，而最多只是损失一笔保险费。

现在，我们将这四种套期保值方法用图 9-3 来概括。

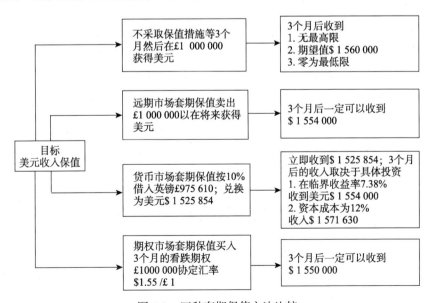

图 9-3 四种套期保值方法比较

（4）互换协议。外汇互换有多种类型，外汇市场的掉期交易是其中之一，而背对背贷款、货币互换和信用互换又属于另一种类型，这是两种性质不同的交易。

①背对背贷款。由于两笔贷款等值且期限一样，无须通过外汇市场做币种的转换，即完全避开了外汇市场的介入，因而也就不涉及任何外汇风险，尽管它们有可能以即期利率计算期初的贷款，且按照相应的远期汇率确定利息的支付以及本金的偿还。这里，远期汇率的运用主要是考虑到两国之间存在的利率差。

②货币互换。货币互换作为背对背贷款的自然演变，避免了后者存在的一些问题。货币互换作为资产负债表的表外项目，通常不增加资产负债表上的资产或负债。而背对背贷款将进入公司的资产负债表，两笔贷款都将出现在表的两边，在货币互换中，一方未履约，另一方的部分义务也就自动解除，从而限制了信用风险。但在背对背贷款中，由于这是两笔单独的协定，如果一方违约，另一方通常仍有义务继续履约，而且在背对背贷款中，借款人通常涉及退税问题，但在货币互换中却避免了这方面的问题。

③信用互换。信用互换是在企业和外国银行（通常是中央银行）之间进行的货币调换，在将来到期时再调换回原来的货币。信用互换的运用主要是出于跨国公司要为其设在弱币国家的子公司进行融资的需要，因为它可以减少从强币来源筹集资金以开展弱币业务的需要，从而大大减少外汇风险。

例如，美国一家跨国公司希望为其在哥伦比亚的子公司融资，首先要将一定数量的美元存放在哥伦比亚银行纽约代理行，再由哥伦比亚银行将一笔等值比索贷给该子公司，到了约定期限，该子公司又要将这笔比索贷款按原数偿还给银行，而银行则将那笔美元存款原数还给美国母公司。这样，美国公司可以收回它预付的本金，而不用管在这段时间内比索和美元汇率是怎么变化的；而对哥伦比亚银行来说，它得到的是在纽约代理行的一笔无息贷款。

不管是用美元换取外币，还是将外币换回美元，都要按照互换比率来进行。这一比率可能与签订互换合约时的即期汇率相等，也可能不相等。一般来说，与即期汇率相比较，互换比率对企业是不利的。同样的投资，外汇市场兑换所需的美元可能比信用互换所需的美元数目要少。而且，外国银行贷款一般还有利息要求。此外，信用互换只能保护投资本金不受汇率影响，但对应汇回母公司的投资收益却不起什么保护作用。

2. 经营策略

外汇交易风险管理除了运用契约保值方法外，还常常要用到许多经营方面的策略，如定价政策、生产场地的选择、借款货币的选择、款项的提前或延迟、内部资金转移、"福费廷"的使用、建立再开票中心、制定保值条款以及参加汇率保险等。这些策略中，有很大一部分与跨国公司财务系统的运作有关。例如，再开票中心、提前与延迟、定价政策、"福费廷"、制定保值条款与参加汇率保险等。

复习思考题

1. 跨国公司财务管理有何特点？

2. 跨国公司融资渠道有哪些？

3. 倘若你作为一家美国公司的 CFO（财务总监），该公司全资拥有为美国母公司装配线制造零部件的墨西哥子公司。子公司一直得到在美国融资的银行的资助。你的一位分析师告诉你，墨西哥比索预计明年在外汇市场上会相对于美元贬值 30%，如果可能的话，你会采取什么行动？

4. 跨国公司存货管理与国内企业的存货管理有何不同？

参 考 文 献

[1] 毛付根. 跨国公司财务管理[M]. 沈阳：东北财经大学出版社，2002.
[2] 黄庆波，李焱. 跨国公司经营与管理[M]. 北京：对外经济贸易大学出版社，2016.
[3] 王涛生，许南. 跨国经营理论与实务[M]. 长沙：国防科技大学出版社，2005.
[4] 王林生. 跨国经营理论与实务[M]. 北京：对外贸易教育出版社，1994.
[5] 陈建安. 国际直接投资与跨国公司的全球经营[M]. 复旦大学出版社，2016.

即测即练

自学自测　扫描此码

第 10 章

跨国公司人力资源管理

【学习目标】

1. 了解跨国公司人力资源管理的概念与特征;
2. 熟悉跨国公司员工分类及如何配置;
3. 掌握跨国公司外派人员管理方法。

宝洁公司的人才本土化战略

宝洁公司创建于 1837 年,是世界上最大的日用消费品公司之一,总部位于美国俄亥俄州辛辛那提市。宝洁公司在全球大约 70 个国家和地区开展业务,在全球 80 多个国家设有工厂或分公司,所经营的 65 多个品牌的产品畅销 180 多个国家和地区,其中包括美发、健康和美容、织物和家居护理、婴儿、女性和家庭护理。

宝洁通过旗下品牌服务全球大约 50 亿人。1988 年,宝洁落户广州,并成立了宝洁在中国的第一家合资企业——广州宝洁有限公司,从此开始了其中国业务发展的历程。

进驻中国之初,宝洁的员工主要有三个来源:一个来源是宝洁原有的在全球各地的员工,他们被派驻香港,往返于香港和广州之间;另一个来源是宝洁的中方合作伙伴,如从广州肥皂厂、浪奇等企业抽调的技术骨干;还有一个来源是向社会招聘。但是,对于一个有着深厚的企业文化积淀并且打算在中国做大生意的公司,这显然只是权宜之计。人才战略永远是宝洁的重中之重,宝洁究竟要怎样确定在中国的人力资源战略和人才格局呢?

宝洁前任首席执行官白波先生在他的中国战略中详细清楚地阐明了这一点:宝洁要专心致力于发展出最强势的当地组织,而这必须从当前的管理团队、从年轻人才开始抓起。

然而,20 世纪 90 年代初,中国的人才流动制度尚未健全,中国大部分毕业生也习惯于国家分配工作的模式。因此,宝洁面临的问题是如何从政府机关和企事业单位这些在中国传统理念中就业岗位最好的地方吸引最优秀的人才,从而真正开始发展宝洁中国的事业;同时,如何吸引那些符合企业理念、有极佳的商业感觉和市场敏感性的青年。

宝洁作出了选择,在当年那个还是毕业分配占主导地位的时代,宝洁成为第一个走进校园直接向毕业生们介绍自己的合资企业。

第一年,宝洁在广东省内的华南理工大学和中山大学招收了 12 名大学生。12 名管理培训生分别在市场研究、品牌发展、质量管理、客户服务和财务管理等多个部门开始了在宝洁的工作生涯。

第二年，宝洁开始在清华大学和北京大学的校园里召开宣讲会，这次进驻中国最著名高校"吃螃蟹"的成果是在当年录取了60名大学毕业生。值得一提的是，那时广州普通单位大学生的工资是每月120~180元，而宝洁提供至少每月400元的待遇。

后来，宝洁慢慢建立起中国的人才队伍，并且在人才团队组成战略上逐步作出调整，从刚进入中国时不可避免地以外派员工为主逐渐转变成为将本地雇员作为主要招聘对象。经过三十多年的努力，宝洁在华员工总数已达9 000多人，其中98%以上的岗位由中方员工担任。

扩展阅读10.1 宝洁公司发展历程

宝洁的人才本土化战略成为它日后在中国市场获得成功不可或缺的一步。

资料来源：北京大学汇丰商学院跨国公司研究项目组. 与中国一起成长：宝洁公司在华20年[M]. 北京：北京大学出版社，2009：197-199.

10.1 概念与特征

10.1.1 跨国公司人力资源管理的概念

一般来说，人力资源管理是指组织为有效利用其人力资源所进行的各项活动，这些活动包括人力资源规划、员工招募、绩效管理、培训与开发、薪酬、计划与福利、劳资关系等。

跨国公司人力资源管理是一种国际人力资源管理。摩根将国际人力资源管理定义为：处在人力资源活动、员工类型和企业经营所在国这三个维度之中的互动组合。其中"人力资源活动"包括获取、分配、利用这三大类活动；"员工类型"包括母国员工、东道国员工和其他国员工。

从广义上我们可以说，国际人力资源管理就是在跨越国境的范围内从事与国内人力资源管理相同的活动。但是，跨国公司的人力资源管理与国内人力资源管理还是有重要区别的。跨国公司对国外进行投资，其中国际人力资源管理部门在若干不同国家招募不同国籍的员工，比国内的人力资源管理具有更大的复杂性。它将受到文化环境、跨国公司主要涉及的产业（或产业群）、跨国公司对其母国国内市场的依赖程度，以及高层管理者的态度等重要因素的影响。

10.1.2 跨国公司人力资源管理的特征

1. 不同的劳动力市场

每个国家都有不同的劳工结构和劳工成本构成，这既给跨国公司提供了机会，也提出了挑战。例如，通用汽车公司在墨西哥的装潢业务就利用当地的廉价劳工，国际商用机器公司在瑞士的研究与开发机构雇用能干的物理学家。不论企业是在国外寻求资源还是市场，它们都可能在不同国家和用不同方法生产同样的产品，如由于劳工市场多样化，可用手工操作代替机器。但是，如果企业在从事业务活动的国家不能聘用到合格的人员，企业的经营目标与战略就会受到影响。

2. 国际流动问题

国际人力资源流动在法律、经济、自然以及文化等方面存在障碍。就迁移者而言，人往高处走，可以获得经济利益和实现人生价值的机会，甚至政治自由与人身自由，但却要承受移入国文化的冲击，承受远走他乡所带来的感情痛苦，也不清楚是否就能获得特定的就业机会，况且同发展中国家的工资相比，路费和其他费用太贵，人员负担不起，这就影响了迁移的积极性和可能性。就移入国而言，国内的种族偏见、普遍的仇外心理以及经济上的直接利害关系，都使人力资源流入问题变得格外敏感。当地人往往认为这些外来人员抢了自己的饭碗，争了自己的福利，这种情绪在经济繁荣时期尚没有多大问题，而一旦经济衰退，就会强烈表现出来，甚至带来过火的行动。因此，移入国普遍通过政治手段和法律手段设置迁移壁垒，限制外国人的流入，特别是半熟练工人的流入。对于移出国而言，让一些人流出有损民族自尊心，而且会给留在国内的一些人带来种种经济损失，因而即使是从人力资源流出中能获得明显总体经济利益的国家，也会在某种程度上限制人力资源流出。

跨国公司能从国际人力资源流动中获得利益，特别是在各国劳动力市场差异带来所需要的熟练工人缺乏的情况下。这时，跨国公司必须利用特殊的招募、培训、报酬和转移方法来进行跨国招募人才。

3. 管理风格与实践

各国对不同管理风格的态度互不一致，各国管理实践和劳资关系的不同证明了这一点。这种差异会使总部与子公司人事关系紧张，或者使派出的管理者在当地的管理效率低于国内。曾有一部电影描述一家日本汽车制造企业在美国设立汽车制造厂的趣事。日本母公司严格选派给美国这家制造厂的年轻经理曾在国内经过多方面训练，包括在东京大街上长时间不停狂喊乱叫以锻炼自信心。到当地后，他照搬日本的那一套，要求工人上班提前，以便在他的指挥下集体做操，工间休息时集体锻炼，强调工人工作投入、行动划一、恪守纪律。美国工人则对此茫然不理，做操时懒得上场比画，而工作时又将录音机带进车间，边听摇滚乐，边扭边做。结果造成日本经理与美国工人关系紧张，生产上不去。后经过一段时间的相互调适后才使不快局面得到改变。可见，如何遵从各国的管理实践又保持整个跨国公司体系的协调运作，确实是跨国公司人事管理中的一道难题。当然，获得了与不同管理实践相交往的经验后，跨国公司也就获得了将成功的管理实践从一国转移到另一国的机会。简而言之，跨国公司各子公司的人事管理策略与方法需因国别而异。

4. 民族倾向

虽然跨国公司的目标可能包括获得全球效率和竞争力，但其职工（包括工人和管理人员）可能倾向于民族性而非全球利益。经济发达国家的人员往往认为本国的一切都优于别的国家，而某些组织结构，如全球产品结构也会助长这种倾向，因为每一产品分部既负责国内业务，也负责该产品的国外业务，因而容易将国内的设计、工艺、生产组织方法、营销方法套用于国外。而区域中心结构一类的组织形式又会助长有关管理人员用本区域眼光去看待跨国公司的全球业务。在跨国公司管理中，某些人事管理方法有助于克服这种民族倾向问题，而当民族倾向过盛时，则需要进一步采取某些手段加以调节。

5. 控制

子公司距离遥远且分散等因素使得跨国公司对外国业务的控制难于对国内业务的控制，这时，通过某些人力资源管理政策加强对外国业务的控制就显得十分必要。同时，子公司分散遥远又可能有碍于跨国公司执行其制定的人力资源管理政策的能力，使得跨国公司必须根据不同国家采取不同的管理方法。

总而言之，跨国公司通常在技术水平较高、专业性较强的行业从事经营活动，需要更高的人员素质；跨国公司规模大、企业分布地域广、距离远、组织结构十分复杂，人力资源管理中的特殊情况多，难度大。管理得当，人员精干，则能大大降低管理费用，保证企业战略的实施与目标的实现。因此，跨国公司加强人力资源管理具有突出的重要性与经济意义。

10.2 跨国公司员工配置

10.2.1 跨国公司员工类型

跨国公司人力资源的重要特征之一就是其员工来自不同的国家或地区，或者说拥有不同的国籍，这也是跨国公司全球竞争力的一个重要基础。从跨国公司的角度来划分，我们通常将跨国公司员工分为三类：母国员工、东道国员工与第三国员工。

1. 母国员工

母公司所在国员工指的是跨国公司子公司中来自母公司所在国并拥有母国国籍的员工。母国员工也构成跨国公司外派人员的主体，他们通常受母公司指派经营和管理公司的国外子公司，母国外派人员一般是管理者和技术专家。

母国外派人员在跨国公司全球经营中具有重要的战略地位。他们实际上执行的是一种平衡与控制职能，跨国公司通过向海外公司派遣母国人员来确保下属公司经营平衡并且符合母公司高层的战略意图；特别是在海外子公司面临较大的经营风险时，母公司通过外派母国管理人员作为下属公司的高层，使他们为母公司提供丰富的东道国信息和经营建议，使母公司能够把握子公司的经营方向，进而在经营中降低风险，提高盈利水平；外派员工可以迅速了解所在国消费者和中间商对本公司产品或服务的反应，由此增加母公司对外国消费者和外国市场的了解，有助于母公司产品的推广；当外派人员回到母公司后，他们在海外下属公司的经验将被母公司吸纳和推广。总之，母国外派人员通常会被派到与母公司具有不同文化背景和价值标准的经营体系中，以确保公司整体经营的平稳运行。

母国外派人员对于国外子公司的经营也具有重要的作用。他们在母公司中有着丰富的工作经验，能将母公司的战略意图、先进技术、管理方式与经验带入国外子公司，传授给东道国员工。

国外任职日益成为管理人员职业发展过程中的必经阶段和晋升前提，国外的工作和生活经历还可以使母国的管理人员积累国际经验，加深对全球经济一体化的理解，获取跨文化管理技能。

当然，母国外派管理人员对公司经营也存在一些不利的方面。首先，也是最重要的，就是较东道国员工而言，外派管理人员成本较高。除了提高外派人员工资以外，公司还必须提供高额的人员安置费、生活津贴以及其他福利（外派员工住房、子女入学等费用）、员工保险等一些费用。据不完全估计，一个外派管理人员的花费是三倍于东道国管理人员。其次，外派管理人员还必须有一个相当长的对异国文化的学习适应过程，必须了解他国的法律及复杂的政治经济关系，以东道国的文化为标准来规范企业经营。外派的管理人员也必须花费大量的精力与财力用以协调公司与当地政府、社区和消费者的关系才能使企业正常地运转。

2. 东道国员工

东道国员工指的是那些在跨国公司海外子公司工作的具有东道国国籍的员工。

跨国公司在海外子公司中使用东道国员工的主要优势在于其熟悉当地的经济和人文环境，精通当地的语言或方言，具有在当地工作的经验，能够更为有效地与当地员工进行沟通和管理，更为重要的一点是雇佣东道国员工的成本较使用母国外派员工要低得多。据安捷伦科技公司（Agilent Technologies）估计，维持一位员工在海外工作一年所需要支出的费用相当于外派人员年薪的3倍。但是当安捷伦科技公司把它的外派项目外包时，却发现费用更高了。于是，该公司大幅削减了外派人员的数量，从每年的1 000人减少到300人。

利用东道国员工也有一些不利之处。首先，由于东道国员工工作往往局限于本国，他们对跨国公司母公司的经营策略很难完全理解，这就可能导致子公司在经营上偏重于局部利益而忽视跨国公司的全球战略部署和全球利益。其次，文化和观念上的差异也会导致东道国员工与母公司之间沟通上的障碍，在企业经营与发展方向上难以保持一致。

一般来讲，跨国公司出于成本、文化差异以及当地形象等方面的考虑，倾向于更多地使用东道国合格的员工。如果一家跨国公司使用当地的管理人才，那么在当地人眼中还会被视为一个"好公民"，有些政府甚至向跨国公司施加压力，促使其实现当地管理的"本土化"。

3. 第三国员工

第三国员工是指来自子公司所在国和母公司所在国之外的第三国或者拥有母国与东道国之外的第三国国籍的公司员工。比如，被一家美国跨国银行派到上海分行工作的一位法国高级管理人员。这位管理人员就是典型的第三国员工。此外，目前在跨国公司内部人员国际流动也越来越大，不再仅仅是母国员工向国外子公司单向流动，而是将其子公司所在国的优秀的东道国员工派往其设在其他国家的子公司工作，从而增加了跨国公司人员配备中第三国员工的数量。在欧洲我们会看到很多专业人员（例如软件设计师和工程师），有着让许多大公司垂青的技能和工作经验，为了得到更好的待遇，他们总是追随着自己满意的公司从一个国家到另一个国家，在欧洲这些人员常常被称为"欧洲经理"。他们的工作地点是整个欧洲，这部分管理人员同样也属于第三国员工。

许多跨国公司尤其是北美的跨国公司在最近十年来注重使用第三国员工来代替母国人员。这首先是因为第三国员工通常熟悉多种语言，能够用多种语言交流。其次，与语言能力相一致，第三国员工具有更强的文化敏感性，能在东道国比母国人员建立更有效的人际关系。再次，第三国管理者被派往东道国通常是由于他们在公司已有良好的绩效记录，第三国员工外派目的在于工作而不是接受培训。最后，在雇用成本上，第三国员工通常低于母国员工，甚至东道国员工。

跨国公司在某些国家或地区使用第三国员工也会受到当地政策的限制。有些东道国政府倾向于将第三国员工等同于母国员工并认为其占据了本国员工潜在的工作岗位，因此当地政府的政策会限制在本地公司中工作的第三国人员的数量。现实中，第三国管理人员在跨国公司中所占的比重也少于母国和东道国的管理人员。表10-1对母国员工、东道国员工与第三国员工在人员配备方面的优势与劣势进行了比较和简单的归纳。

表10-1 母国员工、东道国员工与第三国员工在人员配备方面的比较

母国员工	优势	△母国员工具备东道国员工或第三国员工所不具备的技术或管理技能。 △母国员工熟悉公司的政策、目标，程序和企业文化，从而能够保证国外分支机构与母公司的一致性。 △有利于母公司与国外分支机构管理人员之间的沟通。 △使用母国人员可以保持公司的外国形象。 △在东道国当地存在民族、宗教等不同团体之间的紧张关系时，母国员工可能是最优的选择。 △可以开发母国管理人员的全球性思维，积累国际经验，增强其跨文化的适应能力与跨文化管理能力，既有利于其个人的职业发展，也有利于公司的组织发展。
	劣势	△母国员工的国际派遣费用高昂，如果派遣失败，会给公司造成巨大的损失。 △母国员工与当地雇员、当地群体（如供应商、顾客等）之间在交流方面存在着障碍。 △限制了东道国员工的职业发展，东道国员工在职业发展会面临"天花板"，由此打击东道国雇员的积极性，甚至导致东道国优秀人才的流失。 △由于使用母国人员而保持的外国形象可能会在东道国招致不良的社会反应，而且，大量使用母国员工可能引起东道国组织（政府、工会等）的不满。
东道国员工	优势	△东道国人员熟悉当地的语言、文化、商业环境，从而能与当地雇员、政府、工会、当地供应商、客户等进行有效的沟通。 △与外派人员相比，使用东道国人员的成本要低得多。 △雇用东道国员工可以塑造公司的当地形象。 △使用东道国人员会受到东道国的欢迎，有助于与当地政府、工会等组织建立良好的关系，树立良好的公司形象。

续表

东道国员工	劣势	△合格而有经验的当地人员少，而培训当地人员的成本很高。 △由于东道国人员与母国人员在语言、文化背景等方面的差异，可能造成母公司与子公司之间沟通上的困难。 △东道国人员如果不熟悉或不赞同母公司的目标、计划、文化等，就会在母公司与子公司的协调与控制方面产生冲突。 △可能出现东道国人员对祖国和公司的忠诚性的潜在冲突。
第三国员工	优势	△使用第三国人员的成本通常比使用母国人员低，而且第三国人员常常具备有关东道国的丰富知识，因而比母国外派人员能更好地适应环境，进行有效的管理。 △第三国人员可视为母国人员和东道国人员之间的一种媒介。 △有助于公司塑造真正的国际形象。
	劣势	△由于来自与母国和东道国不同的文化背景，可能会存在与东道国人员和母国人员交流的双重困难。 △使用成本依然比使用东道国人员高。 △仍然可能会被东道国视为"外国人"，从而受到东道国的抵制。

值得注意的是，目前世界许多跨国公司都越来越多地考虑雇用、开发和保持具有国际经验和全球观念的管理人员，而不太考虑他们的出生国、国籍或居民身份。

10.3　跨国公司外派管理

10.3.1　跨国公司使用外派人员的动机

外派人员在跨国公司全球经营管理中具有十分重要的作用。艾兹特洛姆和加尔布雷斯（Edstrom and Galbraith）将跨国公司派遣其母公司员工到海外任职的目的归纳为填充国外空缺岗位、管理开发和组织开发三种。

1. 填补国外空缺岗位

首先是在合格的东道国人员无法获得或难以培训时填充国外经营中的空缺岗位。因此，这是出于向国外经营转移技术与管理知识的目的而向国外指派管理人员的过程。根据艾兹特洛姆和加尔布雷斯的观点，这种调动主要涉及较低层次的技术性岗位。被派往国外填充这类岗位的雇员在返回母公司之前可能在国外要完成一项或两项任职。

公司还有时出于将其管理体制延伸到国外经营的目的来填充空缺的岗位，也就是通过制定相关的纪律与规定来实施对国外经营的控制。在跨国公司中，这种控制通常是通过行政或财务控制体系来实施的。这种管理体制中的工作人员必须接受组织权威的合法性并了解相关的规则与规定，此外，还必须具备其岗位所要求的技术能力。从理论上讲，选派的母国人员可以迅速满足这些要求，同时还要履行传播公司专有技术、技能与行政体系等职能。对东道国人员的培训也可以视为一种控制与协调机制，因为这有助于保证公司内部经营管理方式的一致性。所以，公司可以利用管理人员的国际调动来保证公司管理体制更为有效地运转和有效地实施跨国公司计划的变革。

跨国公司在发展中国家任职的外派人员有许多是出于填补职位空缺的考虑，因为在这些国家,技术工程师和优秀的管理者较少。但是,随着这些国家教育与工业化水平的提高,填补职位空缺型的外派人员数量相应地逐步减少。

2. 管理开发

基于管理开发的国际任职主要是使管理人员积累国际经验,为其将来在国外子公司或母公司担任重要岗位的工作奠定基础。这类外派不受国外经营所在地是否存在可供利用的合格人才状况的影响,主要是基于这种国际任职能否使外派人员获取特殊技能的考虑,并根据这种需要来确定外派人员的任职地点。这种调动通常仅限于技术和行政职能部门的母公司人员和少数东道国人员。管理开发性外派人员一般数量不大,但国际任职的次数较多。

管理开发主要是为了培训管理人员,使其能够适应需要国际经验的母公司或国外子公司的岗位要求,特别是培训那些可能在母公司或国外子公司晋升到更高职位的管理人员。因为事前很难选择成功的国际管理人员,所以,在外派的管理人员中,最终只有成功者会得到晋升的机会,而其他人员则被调回国内或被辞掉。

国际任职或外派也成为跨国公司开发全球管理者和全球思维的一种重要途径。例如,爱立信公司经常有计划地每隔一两年就将30~100人的工程师或管理人员从一国的经营单位调到另一国的经营单位任职。大众公司在新雇员的"社会化"阶段,就将他们外派到国外子公司任职,目的在于开发他们的全球性思维。国际任职是管理人员获得国际经验的途径,也一直是欧洲跨国公司开发高效的全球领导者的重要方式。

3. 组织开发

跨国公司使用外派人员的第三种动机是出于组织开发的考虑。这种动机背后的思想,是管理人员接触多种文化时应淡化民族中心观念。它假定不同国籍的管理人员,在国外子公司之间以及母公司与其子公司之间的大规模调动有助于管理人员的社会化,并建立一种国际沟通与人际网络。社会化控制手段比传统的管理制度战略具有更大程度的分散化,意味着管理人员将通过社会化过程了解内部化组织要求的职能行为以及决定这些行为的规则,从而降低制定相关程序、实施监督等的必要性。基于组织开发员工的国际调动应该是经常性的、范围广泛的。

组织开发是在跨国公司建立另一种控制方式的手段,这种控制是通过文化移情、社会化和来自跨国公司各经营所在地不同国籍的管理人员之间的相互影响而实现的,基于填补岗位与组织开发目的的外派或国际调动,都直接与组织控制相联系,而管理开发则不同,更多的是与管理者个人相联系。

因此,外派人员对跨国公司具有重要的意义,不仅仅是决定跨国公司国际经营成败的主要因素,也是跨国公司获取和保持竞争优势的主要手段,是重要的战略性资源,是公司最大的资产。跨国公司已越来越意识到这种资源的重要性,因此十分重视对这种资源的积累和利用。

10.3.2 外派人员的类型及职能

1. 外派人员的类型

一般情况下,外派人员划分为以下四种类型:

（1）被同化的管理人员：在任职期间或之后继续留在国外任职或离开公司的人员。这种类型的人员占这些管理人员的 25%。

（2）当地导向的管理人员：大约占 38%，在第一次国外任职后就回国，并返回出国前的地方。

（3）不确定的管理人员：是最简单的类型，大约占 15%，他们是完成两项或多项海外任职后回国的管理人员。其中绝大多数具有当地导向性，只有少数人再次出国。

（4）世界导向的管理人员：大约占 22%，是指那些从事多项国外任职并最终留在国外"四海为家"的管理人员。

这四种类型的外派人员在忠诚的倾向性、归属方向、流动性以及离职率方面存在着明显的差异（图 10-1 和图 10-2）。

图 10-1　不同类型外派人员的忠诚倾向

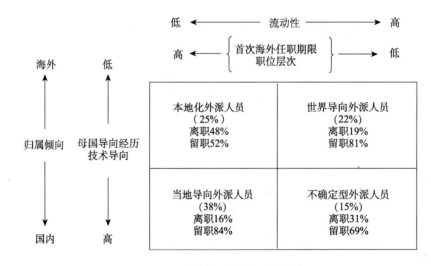

图 10-2　不同类型外派人员的特征

2. 外派人员的职能作用

表 10-2 综合了四种不同类型的外派人员在履行填补岗位空缺、管理开发和组织开发三种组织职能方面的贡献。

被同化的管理人员是那些在调查期间仅承担一项国外任职的管理人员。他们未来不可能再被调到国外任职，因此流动性低。某些被同化的管理人员仍留在国外子公司，从而继续填补一个职位空缺。但是在 3—5 年后,外派人员很可能完成其使命。在填补空缺职位的情况下,其履行的职能可能包括转移技术与管理知识。而且,子公司的东道国人员也由此获取外派管理人员的技术与管理知识。经过这样一段时期后,外派人员可能会丧失某些技术与管理能力,因为在国外很难与母公司的进步保持同步。因此正如表 10-2 所表明的,被同化的管理人员在填补空缺职位职能方面对公司的贡献较低。由于其较低的流动性,故而管理开发似乎不适用于被同化的管理人员,尽管其在第一次国外任职期间获得了经验,但是这些管理人员不能用于填补母公司或其他子公司的其他重要岗位。在组织开发方面,社会化的影响会很小。因为管理人员失去了与母公司的联系并几乎没有机会与所在公司新的高管人员保持联系。当然,管理人员仍比东道国人员理解来自总部的高管人员,但是这只表明其忠诚的对象的转变,因此,相比之下,这一类型的外派人员对组织开发的贡献只能说是适中的。

表 10-2 外派人员的类型与组织职能作用

外派人员类型	组织职能		
	填补岗位空缺	管理开发	组织开发
被同化的管理人员	低	低	适中
当地导向的管理人员	低	适中	低
不确定的管理人员	高	适中	适中
世界导向的管理人员	高	高	高

相对于被同化的管理人员,当地导向的管理人员只接受一项国外任职,其中很少有人愿意接受其他的国外任职。他们返回母国很少是因为母公司需要自己填补总部的空缺岗位。因此,当地导向管理人员在第一次国外任职后在填充岗位方面的作用十分有限。在管理开发方面,调回并不意味着直接就升迁,但是这类外派管理人员在国外获得的经验可能对管理开发作出适中的贡献,特别是在人事部门领域更是如此。当地导向管理人员对组织开发职能的贡献较低,因为被重新纳入母公司组织后很少与子公司保持任何联系。但是,不可否认,这类人员在其第一次国外任职期间,在组织开发方面可能是最有效的群体,因为他们似乎与母公司保持的联系最密切。

不确定的管理人员在调查期间已经从事两项或三项任职,绝大多数人在返回母公司前接受两项连续的任职。如果他们后续的任职是出于公司填补空缺岗位的考虑,那么这类人员就可以再一次利用其技术或管理知识。由于这一类管理人员流动性高,也许是这四类人员中流动性最高的,所以,他们在岗位填充职能方面的贡献可能较大。在管理开发方面,管理人员在国外的后续任职是因为自己事前的外派任职经历,这些管理人员在国外停留的时间过长,超出了管理开发所需的时间范围,而且其中许多人面临着严重的归国再调整问题。因此,他们在管理开发职能方面的贡献只能是适中的。不确定的管理人员对组织开发的贡献也是适中的,高流动意味着他们在此方面的潜在贡献很大,但是这类管理人员中有很多人在回国后离开了原公司。

世界导向的管理人员也有极高的流动性,他们在调查期间至少承担过两项任职并预期会留在国外。他们对岗位填充的贡献很大，可以利用其在上一家任职子公司得到的经验。管理开发职能方面的潜在贡献也很大，世界导向的管理人员在个人方面和管理职能专业领域都得到了开发，因此可以在国外担负更重要的管理岗位。但是，他们也许并不像当地导向的管理人员那样忠诚于母公司。这类管理人员对于跨国公司具有很高的价值，因为他们不仅在公司内部具有广泛的联系，而且可能还与世界范围的其他国际管理人员保持联系，因此，他们在组织开发方面的潜在贡献很大。

通过上述分析可以发现，管理人员的外派任职或国际调动的作用主要体现在两个方面：首先使指派母公司确信他们是会尽其可能与母公司保持一致的管理人员，这将直接增强公司总部与子公司之间的沟通。因此，在其第一次任职时，所有的管理人员外派都是基于填充岗位和组织开发的考虑。当地导向的管理人员在组织开发方面可能是最有效的，因为这类管理人员似乎与母公司的联系最密切。其次，国际调动也是一个确认职业外派人员的过程，这些人员具备经常流动的倾向与愿望，并能够成功地处理母公司与子公司之间的关系、子公司与环境之间的关系和管理国外子公司。通过外派或国际调动实施组织控制的有效性，有赖于组建一支首次派出的管理人员和经过选拔或开发的甚至员工自荐的流动性极强的职业外派人员骨干队伍。

10.3.3 外派人员的招聘与甄选

1. 外派人员的招聘

人员的招聘是指在保障数量和质量的基础上，招聘符合企业岗位所需的人员。招聘是一种组织行为，是企业的招聘目标与申请职位人员素质的统一。跨国公司人员招聘通常采用内部途径和外部途径两种方法进行。在公司内部进行选拔的好处是成本较低，其不足之处在于选择的范围相对较窄，未被提拔的人员士气受挫，影响内部团结，还会造成近亲繁殖而使组织缺乏活力。从外部招聘的好处是挑选的空间大，外部人员可以带来新的思维和工作方式，其不足之处在于新来的人员需要有一段时间的了解和适应企业的工作环境。

近年来，跨国公司人员招聘策略有两种发展趋势，一种是以母国人员为重的策略；另一种是淡化人员国籍的策略。

1）以母国人员为重的招聘策略

母国人员为重的策略是指企业的一些重要岗位多选用母国人员。这种策略的优点如下：

（1）有利于贯彻母公司的全球战略，使各地子公司和母公司保持良好的沟通、协调和控制。

（2）有利于公司了解人员的可控性和忠诚度，防止生产技术和管理的外泄风险，可减少转移成本和风险。

（3）有利于母国人员熟悉母公司的战略目标、企业文化和经营理念，便于公司有效控制和管理。

（4）母公司人员安排在不同国家、不同环境中工作，有利于母国人员扩大视野、提高综合素质，为母国建立跨国经营人才库创造条件。

（5）使用母国人员可避免卷入所在国的种族、阶级、宗教等活动的矛盾和冲突之中，使跨国公司在东道国成为一个"好公民"。

同时，这种策略也存在一定缺点：

（1）不利于东道国优秀人才的升迁，一旦这种怀才不遇情绪积累过多，就会降低当地人员的士气，甚至军心不稳，频频跳槽，另谋高就。

（2）母国外派人员要有相当长的时间适应和熟悉当地的经营环境，在此期间可能会对企业的经营产生一些不利的影响。

（3）母国外派人员往往占据所在国子公司的重职高位，他们对当地社会文化、经营理念、宗教信仰和语言习俗的了解有一定的局限，从而会影响企业的经营效益。

（4）母国外派人员的成本远远高于当地聘用人员的成本。据有关调查材料，外派人员平均费用是正常水平的3～4倍，有的甚至高出4倍。

（5）母国外派人员可能会因远离生活条件优越的本国环境，长期在艰苦环境下工作，远离亲人而产生文化冲击和孤独感，会降低工作的积极性。

2）淡化人员国籍的招聘策略

淡化人员国籍的策略是指征选综合素质符合工作岗位需要的人员，可在全球范围内挑选而淡化人员的国籍。这种策略的优点如下：

（1）公司总部和子公司所需人员统一从公司人才库中择优挑选高素质的员工，论才用人，按需派岗。

（2）公司对重要职位实行定期轮岗制度，保持各部位"机体"的开放思维和活力。

（3）人力资源部每年采用纵向和横向的方法考评人员，储存信息，主动向有关部门选送具有国际业务经验和业绩好的人才。

淡化人员国籍策略的不足之处：

（1）任务艰巨、成本费用高。建立公司人才库，在全球范围内挑选人才是一件费时费力的长期工作，还要加强日常培训和培养人才的工作，其费用成本较高。同时要按照国际薪酬标准实行公司内部真正的同工同酬制度。

（2）这种由母公司集中统筹的人力资源管理策略，强调人才集权，降低子公司的独立性。

上述两种策略的选择与跨国公司国际化经营的发展密切相关。在跨国公司初期，可能考虑组织控制因素，而采用以母国人员为主的策略；但随着跨国公司国际化的深入和跨国经营的成熟，公司会逐步实施淡化人员国籍的策略。

2. 跨国公司外派人员的选聘标准

当代跨国公司在选聘海外高层经理时，越来越重视海外工作经验和跨国经营管理的才能。许多跨国公司往往把有前途的年轻经理人员派遣到国外工作，使他们及时获得跨文化的管理经验，以便在年富力强时能担任需要这种经验的高级管理职务。

（1）专业技术技能。包括技术技能、行政技能和领导技能。外派人员必须有必备的专业知识、管理能力和行政技能。外派人员在远离母国的地区工作，没有国内工作时的咨询和顾问环境，这些技能就显得尤为重要。

（2）交际能力。主要包括文化移情、情感稳定性、处事灵活性、跨文化交流的技能、对外国语言的掌握及非民族中心主义。

（3）海外工作的动力。外派人员接受海外工作的动力越大，就会在调整过程中情愿付出更大的努力，从而有利于跨文化调整。包括外派职位与原职位的对比程度、对派遣区位的兴趣、对国际任务的责任感、与职业发展阶段的吻合程度等。Anne Wil 研究了外派人员接受外派的动力（表10-3），对接受外派动力的研究有利于外派人员的选拔。

表10-3 接受海外工作的动力

动　　力	%	排序
对新经历的渴望	96	1
海外工作具有更好的生活条件	85	2
有海外工作背景有利于未来升职	82	3
海外工作的职位意味着升职	70	4
海外工作提供了个人领域发展的机会	48	5
逃避国内的个人问题	21	6
对目前国内的条件不满意	19	7
在母公司职业发展机会有限	15	8
其他	25	—

资料来源：Anne-Wil harzing and Joris Van Ruysseveldt(1995): International Human Resource Management: an Integrated Approach, SAGE publications Ltd., P.191, Table 9.3.

（4）家庭状况。它包括配偶愿意到国外生活的程度、配偶的交际能力、配偶的职业目标、子女的教育要求等。表10-4表明了成功的外派人员家庭的系列特征。

（5）语言技能。它包括口头和非口头的语言交流技能。使用东道国语言说、读、写的能力是另一个关键的成功因素。有良好的语言技能的管理者，会更好地运用自己的技术和管理技能，在与当地同事、下属和顾客打交道的过程中获得更大的成功。懂得当地语言也会增进对当地文化的了解，减轻适应一种新的文化环境的压力。

（6）生理与心理健康。外派人员必须有良好的身体条件和心理状态，才能经受住新的生活环境和文化的冲击。

（7）独立性。因为外派人员在远离母国的新环境生活、工作，在工作和生活上具备较强的独立性和自理能力就显得特别重要。

对所有的外派任职而言，外派选聘的标准并非同等重要，每个成功因素的重要性取决

表10-4 成功的外派人员家庭的系列特征

家庭的系列特征
小型家庭
孩子年纪小
能适应不同的生活方式
没有需要照顾的亲属
健康状况良好
留在母国的父母身体健康
孩子在学校表现正常
不要求目前的医疗保险
对变化有兴趣
家庭支持该任职
家庭对此风险工作持积极的态度
配偶愿意在任职期内陪伴雇员

于外派任职时间的长短、文化的相似性、需要与东道国雇员沟通的程度、工作复杂度和工作责任的大小。例如，相对于法国与沙特阿拉伯之间的文化相似性，日本与韩国之间的文化相似性更高。因此，在选派前往中东或亚洲的法国或美国外派人员时，更需要强调家庭因素、交际能力和语言技能。

扩展阅读 10.2　派遣女性管理人员到国外赴任

此外，还有许多学者提出了选拔标准的不同分类。如某学者提出了四类选拔标准，包括工作的技术能力、个性或实际能力、应付环境变量的能力和家庭状况。门登霍尔和奥多（Mark Mendenhall & Gary Oddou）批评了用国内选拔标准来选拔外派人员的做法，提出了三类选拔因素：自我导向（包括文化替代、缓释紧张和技术能力）、其他导向（包括交际能力和交际意愿）和文化移情。

10.3.4　外派人员的培训

对一家跨国公司来说，人力资源是个人所拥有的知识、技能和能力的积累，是公司经过一段时间之后所建立起来的可辨认的专门技能。为了保持和增厚企业所拥有的人力资源，企业应该使其员工接受适当的培训，成为国际型的人才，从而随时可以支持企业战略的实施，并能为企业核心竞争力的培育作出贡献。

在驻外人员派往海外子公司之前，为其提供文化意识的课程培训，有助于顺利通过国外任职的初始阶段。接受跨文化培训是防止和解决跨文化冲突的有效途径。接受文化冲突的知识培训，学习子公司所在国的语言，熟悉子公司所在国的风俗习惯和人们的行为；与子公司内的本地雇员交朋友；和祖国的至爱亲朋保持密切的联系；经常与侨居国外的同胞和自己的家庭成员交流文化冲突的经历，从实践中学习文化冲突的知识等，均能帮助驻外人员在日常生活和工作中防止和减轻文化冲突。

出发前培训有五种类型：环境和文化介绍、文化吸收、语言培训、敏感性训练、实地经验。如果驻外人员与子公司人员之间预期的相互作用、相互影响较小，驻外人员的本国文化与子公司所在国文化之间的差异程度较小，那么培训重点应放在与任务和工作相关的问题上，而不是放在与文化相关的问题上，有效培训所需要的严密程度相应较低。如果驻外人员与子公司人员之间期望的相互作用较高，不同文化之间存在的差异性较大，那么培训应着重于跨文化技能的开发，而且培训的严密性应适当地提高。

指导驻外人员适应当地文化的一个有效方法是将他们派往海外子公司做初步的访问。计划周全的海外旅行不仅可以给候选人及其配偶一个亲身体验的机会，而且还有助于向驻外候选人介绍子公司的企业环境，并帮助他们在出发前做好充分准备。

出发前培训的另一项任务是向驻外人员提供更多海外子公司的信息，以帮助驻外人员及其家庭更好地适应新环境。目前，许多跨国公司利用专家来提供实际帮助，向驻外人员及其家庭提供进一步的语言培训。有些企业还利用外派归来的管理人员作为资源，帮助那些即将赴任的人培养全球性思维。例如，博世公司（Bosch）就定期举办研讨会，使那些刚刚从国外回来的外派人员将自己的知识和经验传授给即将出国的员工和他们的家属。

10.3.5 外派人员绩效考核和薪酬管理

1. 绩效考核

文化背景对员工绩效考核的内容和方法都有重要影响。目前，许多员工绩效考核方法都强调对员工个体的工作绩效进行评价。在东方文化中，员工的身份感来自自己是集体中的一员，强调个体的绩效考核方法则试图将员工与集体分离开来，无论是对员工个人进行奖励还是批评都隐藏着深层次的危险。这里，员工集体的绩效评价比员工个人的绩效评价更为重要。在东方社会中，对主管人员的评价也存在着与欧美国家不同的问题。一般来说，那些能够与员工维系良好的人际关系的主管人员要比那些单纯具有较高的工作绩效的主管人员更容易被员工所认同。

在考核外国子公司外派管理人员绩效时，往往会遇到这样的问题，即由谁来客观公正地考核和评价外派员工。如果由东道国当地的管理层负责评价，那么东道国的管理者可能会因文化差异而作出不恰当的评价结果。例如，一名美国员工在中国工作，他或她的中方上司可能不满意其美国下属自认为很好的员工参与式决策方式。如果由跨国公司总部的管理者对外派员工进行考核，那么很显然这些管理者将因为距离遥远引起的信息不对称和不充分而难以作出正确的评价。如果母公司采用利润或市场占有率等客观的定量指标来评价外派员工，那么将会由于对外派员工所面临的工作环境的不稳定性缺乏了解而导致评价失误。

要正确地评价外派员工，跨国公司在员工绩效考核的政策上要考虑以下几个方面：

（1）在评价中要以东道国当地的评价意见为主，以公司总部的评价意见为辅。

（2）要客观估计外派员工工作环境困难程度。例如，对于美国的跨国公司，它派到中国工作的员工的工作难度显然要比它派到英国的大。因此，在绩效考核中对这两个国家的外派员工的评价尺度就应该有所差别。

（3）如果公司总部负责确定最终的正式评价效果，最好征求一下被评价对象曾经工作的国家或地区一起工作过的员工的意见，这样会减少评价偏差。

（4）根据外派员工工作地点的文化特征，对公司的考核标准进行适当的修改，以增强考核体系的适应性。

2. 薪酬待遇与福利

跨国公司在人力资源管理中，薪酬和福利的管理是直接关系到员工经济利益的大事，通常包括基本薪酬和奖励性薪酬。

基本工资是整个薪酬项目的基础，又是各种报酬和津贴的依据，员工的生活补助、住房补贴、出国服务津贴、在职期间的福利以及退休金、养老金等都直接与基本工资挂钩。基本工资与生活支出成本密切相关，跨国公司员工的基本工资通常都高于其所在国企业具有同等学力员工的基本工资水平。

奖励性薪酬如津贴是对外派人员的生活补贴。津贴包括生活费津贴、住房津贴、子女教育津贴和搬迁调动津贴等。跨国公司对员工提供的福利通常包括医疗保险、社会保险和养老保险等。由于各国的福利管理有很大的差异，各国的跨国公司提供的福利计划也有所不同。

跨国公司的薪酬与福利管理往往与有关国家的税收政策、法律法规、生活支出成本、风俗习惯、生活环境等有关。薪酬与福利政策还要与所在国的汇率、通货膨胀率等情况相联系，这也是跨国公司人力资源管理的重要内容。

（1）跨国公司外派员工的薪酬管理原则。跨国公司在各国子公司的薪酬政策除了要与母公司的整体经营战略保持一致以外，还要考虑到当地市场、政策与法规的影响，即考虑当地劳动力市场的工资状况和有关劳动报酬方面的法规、制度。各个子公司的人力资源经理要为东道国的员工、母公司派出的员工和第三国的员工分别开出不同的薪酬。在这个问题上，一个常见的现象是，即使东道国当地的员工与母公司派来的员工承担在责任、复杂程度和重要性方面都相同的工作，母公司派来的员工也经常会得到比较高的报酬，这就容易使东道国当地的员工产生一种没有被公平对待的感觉。

由于不同国家的社会保障与其他各种福利制度存在差别，跨国公司在各国子公司的人力资源经理会面临许多困难。在有些国家，公司在传统上要为员工提供住房、上下班的交通条件和年终奖金，而在另一些国家却不是这样。在文化特征与薪酬体系之间的配合关系上，如果是在权力距离比较大的社会中，薪酬体系应该与公司中的等级观念相互一致，最高收入员工与最低收入员工之间的报酬水平的差异程度应该大一些，要能够反映员工在公司中地位上的差距。而在权力距离比较小的社会中，应该采取比较平等化的薪酬体系，最高收入员工与最低收入员工之间的报酬水平的差距就应该相对小一些。在个人主义倾向比较严重的社会中，薪酬体系应该强调奖励个人的工作成就；而在集体主义倾向比较明显的社会中，薪酬体系的建立就应该以员工集体或者以员工的资历为基础。

在薪酬激励和外部弹性方面，由于不同国家物价水平和生活费用的不同，跨国公司统一的工资政策会与不同国家的实际情况存在矛盾。解决这种矛盾的主要方法是，在整个公司范围内执行统一的与工作性质相适应的基本工资，然后根据员工所在国家或地区的具体情况，用各种专项补贴来实现薪酬的公平性。与本国国内的公司相比，跨国公司派到海外的员工的薪酬公平性在实现上会涉及特殊的国别差异问题。解决这一问题的方法是国际经济中的购买力平等化方法，即派出员工的薪酬水平至少应该能够使他们在东道国保持与在本国时相同的住房条件、商品和服务消费水平以及储蓄水平，如果出现缺口则由公司来弥补。而且，多数跨国公司对外派员工还实行海外服务奖金或津贴制度。

总之，跨国公司薪酬制度设计的指导原则是：全球化的构思和地区化的操作。具体来说，工资政策的制定应考虑以下几点：

①能够吸引优秀人才到跨国公司的海外子公司努力工作；

②有利于跨国公司人员在母公司与子公司之间或者子公司与子公司之间调动；

③各子公司的工资制度之间有一个相对稳定的关系；

④与主要竞争对手的工资制度相比，本跨国公司的工资制度应有较强的竞争力。

（2）跨国公司确定工资制度的方法。世界各国的跨国公司都有不同的工资待遇制度。很多发达国家的跨国公司一般采用两种方法来制定其世界范围内的工资制度。

①本国标准法。所有的驻外人员，无论在哪一国分公司工作，均按其本国的工资标准拿工资。这使得驻外人员能用本国的标准去衡量自己工资收入的高低，使其在回国时不至

于感到差别太大。这种方法对于高工资国家企业人员比较适用，而对低工资国家的跨国公司人员就很难做到，因为按照本国的工资水平到国外根本无法生活。因此，跨国公司必须根据所派人员要去的国家的工资福利水平考虑工资福利制度。

②系数法。这种方法也是发达国家跨国公司所采用的一种方法，它将跨国人员的工资分解为一些"工资因素"，然后根据本国和所在国的有关法律条文对工资因素进行调整，使驻外人员的工资水平保持一致。最后用"工资系数"的数值来对整个工资进行综合平衡调整。采用系数法的目的，是使驻外人员在国内的购买、消费能力不变。

（3）奖励性薪酬。公司会向员工支付各种奖励性薪酬来鼓励员工到国外任职。例如，国外服务补贴是在正常的基本薪酬基础之上额外增加的一部分经济补偿，其金额一般在基本薪酬的10%～30%这一范围之内，以每周或者每月的薪资补贴的方式表现出来。艰苦补贴是针对员工被派驻国外某地后，由于不得不在一种比较艰苦的生活和工作条件下开展工作而提供的一种补偿。例如，被派往伊拉克的美国外交官除了能够得到其他一些奖励性薪酬之外，还能额外得到相当于基本薪酬70%的一笔补助。迁移补贴则是一种典型的一次性报酬，其目的是奖励那些从一个工作地点迁移到另一个工作地点的员工。

10.3.6　外派人员归国与提前回国

外派人员归国是指外派人员结束在海外的工作，返回母国、母公司工作、生活的过程。外派人员因多种原因而归国。其中最为常见的原因是预定任期已满。第二个比较普遍的原因是外派人员希望子女归国受教育。外派人员（或其家庭）可能不满意海外的工作、生活，公司也可能认为将外派人员调回国内比动员其继续在海外任职更为有利。最后，无论在何种职位上，如果外派人员绩效不佳，跨国公司也可决定派他人取而代之。

归国作为外派人员及其家庭"回家"的过程，是许多外派人员尤为关注的问题。Gomez-Mejia 和 Balkin 对美国外派人员的一项调查发现，外派人员对外派的主要担心并不是外派任务本身，而是返回美国的过程。

外派人员及其家庭的归国过程是外派的逆过程，与外派人员经历的文化冲击相对应，适应了国外生活和工作的外派人员回到母文化环境也会经历一种逆文化冲击。因此，与外派过程一样，归国人员也会面临调整问题。但是，这一点经常会被忽视，许多人想当然地认为，母国外派人员归国过程是一个自然和谐的过程，不存在什么调整问题，然而情况并非如此，在某些时候，归国的调整过程比外派的国际调整面临更大的问题。

1. 外派人员归国失败

如果外派人员及其家庭重新适应母国的工作和生活，对归国感到满意，愿意继续留在母公司工作，这表明外派人员归国调整的成功，反之，则是归国失败。归国失败主要包括以下几种情形：

（1）外派人员及其家庭不能适应母国的工作、生活环境，从而导致工作效率的持续低下。

（2）外派人员取得的国际经验和技能得不到重视和应用。

（3）由于多种原因，外派人员在归国后较短的一段时间内（通常为一年）跳槽离开公司。归国是外派全过程的一个有机环节，归国的失败对公司而言是人力资源上的一大损失，公司不仅不能有效地利用这些人力资源，而且这些人力资源还有可能被竞争对手获得。归国的失败给外派人员造成的负面影响也会对公司内其他的外派人员和潜在的外派人员造成不良影响。因此，很有必要对外派人员的归国问题加以关注和研究，并采取相应有效的措施来保证外派人员的成功归国。

2. 外派人员归国调整

与外派调整相似，外派人员归国调整过程同样包括以下三个方面：

（1）工作调整。归国人员在外派时的工作可能会比归国后的工作有更大的权力、责任性和自主权，因此，归国人员要适应从"小池塘中的大鱼"到"大池塘中的小鱼"这一状态的转变；要重新适应已经变化发展了的组织环境，包括组织文化、组织结构以及工作和人事关系；要重新适应和学习公司总部中的变化，即使这些变化可能已使归国人员现有的技能和知识陈旧过时。此外，影响归国人员工作调整的因素还有：

①归国人员在归国前是否在母公司找到合适的职位并对该职位有一定的了解。一些研究显示，有半数的归国人员不知道归国后会干什么工作。

②归国后是否得到预期的提升。外派人员通常预期归国后将得到提升，当预期的提升未能实现时，将会增加归国调整过程的痛苦，也常常会引起外派归国人员的跳槽。一项对北美406名刚刚结束外派任命的归国人员的调查显示，几乎所有的人都预期外派任命对他们的职业发展有利，但半数以上的人认为海外任职对其职业发展是不重要或有害的。还有的研究也发现，有77%的美国外派人员在归国后非但得不到提升，反而被降职。

③国际经验是否得到重视并得到应用。当外派人员在国外取得的国际经验和技能在归国后得不到应用时，便会产生失望、沮丧情绪，可能会跳槽到得以应用其经验、技能的公司，造成归国调整的失败。研究发现，只有大约40%的美国归国人员认为自己的国际经验得到了应用。大量的案例表明，在海外有着成功业绩的外派人员归国后被安置到与其国际经验无关的职位。

（2）交流调整。由于外派人员在国外的过程中，母国环境都在发生变化，语言、时尚、亲友等都会有所变化，因此当外派人员归国时，在交流方式、交流内容、交流对象等方面都可能遇到问题。但这种交流问题会在外派人员归国一段时间后逐步消失。

（3）一般调整。主要是指外派人员对母国生活环境、生活条件和生活方式的重新适应与调整。它主要包括：

①生活条件和生活方式。外派人员在海外可以享受到丰厚的生活补贴和福利，而国内待遇是无法与之相比的。实际上，所有的外派人员归国后都会经历生活标准的下降，适应这种生活标准下降的调整不仅发生在北美归国人员中，同样也发生在日本和欧洲归国人员中。归国人员在生活方面面临的最大问题就是住房问题。当外派人员归国后，他们要对自己的住房进行修缮，这笔费用对美国人员来讲会高达1万～2万美元，而公司很少给予资助。对于那些在国外任职前将住房出售的归国人员而言，要在很短的时间内为自己重新购置新的住房，由于时间紧迫，通常决定都很仓促，因此要承担较高的价格负担。母国住房价格在外派人员外派期间可能会大幅上涨，外派人员希望公司能够在这一点上资助他们一定的住房补贴，然而60%的人发现自己的公司根本不愿意提供资助。日本外派人员尤

其会经历这种住房条件的显著变化，70%的日本外派人员归国后反映由于住房条件的原因，生活质量遭受了重大损失。与生活条件相伴出现的是生活方式的改变，外派人员归国后经常会发现已经变化或已经适应与东道国生活方式相异的母国生活方式。

②社会地位。外派人员在海外是"小池塘中的大鱼"，通常有很大的权力、较高的社会地位，受到当地人的尊敬，由此，外派人员及其家庭可能会产生优越感。归国后，他们被视为社会普通一员，因此自尊心也会受到影响。一项研究表明，54%的美国归国人员和47%的日本归国人员都经历了社会地位的显著变化，在国外任职期间优越的社会地位的丧失对归国人员的工作调整和一般调整都有负面影响。

3. 外派人员归国帮助政策

尽管外派人员在归国过程中面临许多问题，但并未引起跨国公司的普遍关注。一项调查显示，只有4.3%的北美公司在外派人员归国的六个月前对其加以关注，30%的公司在三个月前对外派人员加以关注，而64%的公司只是偶尔才注意到即将归国的外派人员。在对归国满意度的一份调查中，尽管82%的美国归国人员对外派工作很满意，但只有35%的人对归国过程感到满意，很显然，跨国公司必须重视并采取相应的政策来支持外派归国人员的归国调整。

为保证外派人员成功归国，跨国公司采取了一些帮助归国人员实现从国外到母国平稳过渡的政策与措施，主要包括：

（1）签订归国协议。该协议明确外派人员的出国任期和外派人员归国后将担任的工作类型。这种协议一般不具体规定归国后所担任的职务及相应的工资，但至少保证其职权和待遇不低于国外任职时的水准。这种协议在一定程度上消除了外派人员的很多顾虑，因为它表明跨国公司并没有忘记外派人员，并且在这些人员归国后将为其安排恰当的位置。

（2）向即将归国的外派人员及其家庭提供归国前培训。在外派人员在国外任职期间，母国的工作与生活环境都在变化，外派人员在归国时依据过去经验所形成的预期与母国实际情况可能会形成较大的反差，归国前培训有助于外派人员及其家庭以更客观的方式调整自己的归国预期。调查发现，大多数的外派人员认为归国前培训对自己有很大帮助。

（3）外派人员在海外工作期间，公司为其支付母国住房的房租或进行房屋维护。联合碳化物公司和美国铝公司都有这种协议，这种做法有助于减少外派人员归国后在住房方面的财务负担。

（4）指定公司高级领导作为外派人员的监护人。通过这种方式，监护人可以掌握外派人员的工作绩效，并对他们的待遇和职业发展情况给予关注。外派人员在归国前6—12个月，监护人会为外派人员寻找并安排合适的工作岗位。IBM和联合碳化物等公司采取了这种方法并被证明十分有效。

（5）保持与外派人员的持续沟通，以使他们了解国内总部所发生的情况。此外，公司会利用外派人员归国休假的时机，安排他们参加总部的某个工作项目，以此方式可以保持外派人员对国内情况的了解，并使他们更像是公司的常规人员，而不是外来者。

上述策略有助于跨国公司解决外派人员的归国问题，因而日益被更多的公司所采用。但是，这些措施在很大程度上仍是一种"头痛医头，脚痛医脚"的权宜之计。外派人员归国问题的解决还需要采取更为系统的方法，针对归国问题加强外派不同阶段的管理。

复习思考题

1. 跨国人力资源管理有何特征？
2. 跨国公司员工类型有哪些？各类型员工的优势和劣势分别是什么？
3. 简述跨国公司使用外派员工的动机。
4. 跨国公司外派人员应该具有哪些素质？如何提高外派员工的素质？
5. 设计外派人员的薪酬和福利可能会面临哪些问题？
6. 为避免外派失败，可以采取的措施有哪些？

参 考 文 献

[1] 原毅军. 跨国公司管理[M]. 大连：大连理工大学出版社，1999.
[2] 王涛生，许南. 跨国经营理论与实务[M]. 长沙：国防科技大学出版社，2005.
[3] 邱立成，等. 跨国公司人力资源管理[M]. 天津：天津教育出版社，2006.
[4] 林新奇. 跨国公司人力资源管理[M]. 北京：首都经济贸易大学出版社，2008.
[5] 李尔华，崔建格. 跨国公司经营与管理[M]. 北京：北京交通大学出版社，2011.
[6] 黄庆波，李焱. 跨国公司经营与管理[M]. 北京：对外经济贸易大学出版社，2016.

即测即练

自学自测　扫描此码

第 11 章

跨国公司生产与贸易管理

【学习目标】

1. 掌握跨国生产管理的优势与面临的挑战；
2. 掌握跨国生产标准化与当地化的区别及联系；
3. 掌握跨国生产战略与产品战略的依存关系；
4. 了解跨国生产体系设计的指导思想；
5. 了解跨国公司的营销管理体系；
6. 清楚跨国公司内部贸易的概念、动因和特征；
7. 掌握跨国公司间的转移价格的定义、特点和动因。

海尔集团的逆袭之路

1985年，亏损达47万元、濒临倒闭的青岛电冰箱厂与原西德利渤海尔工程有限公司签订了合作经营合同，生产琴岛——利渤海尔电冰箱。从此之后，从引进套件开始，注重质量控制和管理效率的海尔人在总经理张瑞敏的带领下，走上了集团化、多元化、国际化的道路。到2000年，海尔集团的营业额已达406亿元人民币，产品跨越白色、黑色和米色家电，成为国内家电行业规模最大的企业。通过出口代理、出口子公司、特许经营，海尔开始了其国际化的过程。在外贸基础上，海尔逐步把生产扩大到海外，在东南亚与美洲地区建立合资企业和独资企业，开办工厂。迄今，海尔已经从家电行业的"跟随者"转变为行业的"领跑者"，并成功跻身全球家电行业的领军行列，海尔的各项家电产品出口世界160多个国家与地区，并在国内家电市场占有率高达33%。2022年海尔智家实现收入2435.14亿元，同比增长7.2%，成为国际知名企业。

资料来源：https://smart-home.haier.com/cn/?spm=net.31671_pc.hg2020_ralationship_c1_20211018.4

11.1 跨国公司生产管理

11.1.1 跨国生产管理的优势与挑战

跨国生产管理的核心在于提高跨国公司的整体生产效率，即在生产市场所需要的产品中实现企业可获资源的最有效利用。而生产效率是资本、技术、管理组织技能、劳动力以及其他投入的函数。各国生产要素可供状况的差异,给跨国公司扬长避短、跨国组合利用各有关国家的优势资源要素并充分挖掘自身优势的产出能力创造了条件。但是,正因为跨国公司将其资源配置在不同国家,以多国甚至全球作为其运作的舞台,也同时给其生产管理带来了许多挑战。

1. 跨国生产管理的优势

(1)充分挖掘其所有权优势。各企业特别是大型企业在其形成与发展中,都在某些方面获得了一技之长。有些企业资本雄厚,研究与开发新产品的能力很强;有些建立了强有力的销售网络;有些则具备了经济规模。通过海外投资,开展国际生产活动,使这些优势的效应得以充分挖掘。例如,马来西亚的一些企业在森林的开采和加工方面积累了宝贵的经验和技术,它们用这些经验和技术在国外设立子公司,开展生产与经营,就充分利用了其知识资产优势,这使它们在与对手的竞争中处于有利地位。

(2)获得区位优势。区位优势是东道国所具有的各种绝对或相对有利条件,如丰富的资源禀赋、低廉的材料与人工成本、接近市场、政府鼓励外商投资政策等。组织国际生产活动,就有可能将这些有利条件纳入企业的资源转化流程中,获得普通国内企业无法获得的优势资源组合效应。

(3)实现内部化优势。企业将所有权优势和区位优势纳入企业内部的国际生产体系中,可节约交易成本,提高生产流程的稳定性,获得规模经济效应。

2. 跨国生产管理面临的挑战

跨国生产管理有可能从总体上提高跨国公司的生产效率,增强跨国公司胜过国内企业以及其他竞争对手的竞争优势。但是,跨国生产管理优势的实际取得是建立在对跨国生产活动的有效组织和调度之上的。在现实中,这种管理有很大的复杂性与难度。跨国生产管理面临的挑战有:

(1)生产管理难度大。跨国生产能否满足营销提出的产品需求,营销能否适时发出正确指令,减轻或消除市场变化对生产的震荡,依赖于跨国公司是否有良好的后勤网络。如果后勤网络残缺,运转不畅,则工厂并不十分清楚产品的最终用途和市场信息,受市场变化冲击的可能性加大,生产和营销这两大企业服务于市场的职能活动,就不能很好地发挥作用。而跨国生产点多线长面广,后勤管理难度大,也就相应加大了生产管理难度。

所谓后勤管理是在以合理的成本为顾客提供充分服务的基础上,处理所有有利于企业的产品从原材料采购点流向最终消费者的搬运、储存活动和对产品移动的信息流进行处理的活动,包括运输、库存、订单处理、仓储、物料处理、保护性包装、采购、产品进度计划,信息储存等一系列活动过程。显然,要提高国际企业的后勤管理效率进而支持生产管理并非易事。

(2)生产管理复杂度高。跨国公司生产活动分布在环境各异的不同国家中,各国生产要素的利用状况、价值观念、工作习惯等方面的文化差异,以及工资水平、技能水平都会增加管理的复杂性。各种融资途径和财务管理诸问题影响项目的选择以及研究与开发支出。所使用技术的类型影响到工厂设施的区位与规模以及租赁或购买决策。

此外，东道国政府的政策与规定是跨国公司必须面对的一类因素。东道国政府可能要求利用当地的研究与开发投资、要求利用某一类型的技术、要求遵循一定的劳工关系，利用当地的机器设备与投入物，利用本地工人，培训当地人士担任管理职务。诸如此类的因素，都增加了国际生产管理的难度。

11.1.2 跨国生产管理特征

1. 品质

商品的品质（除商品的售前、售中及售后服务之外）主要取决于生产的各个环节。如果在生产过程中，由于管理的原因，致使生产出来的产品在品质上存在着这样那样的缺点，那么，在国际经营的其他环节将无法弥补产品质量上存在的缺陷。因此，商品的品质是生产管理的主要目的。跨国公司在组织国际生产时所面对的是各个国家的市场，消费者对商品的品质要求也不尽相同，生产管理就要适应这些需求。

2. 数量

数量指的是如何使得生产的产品满足国际市场的容量。跨国公司在组织国际生产时，有的是就近生产地就近销售；有的是甲地生产乙地销售；还有的是一个产品由世界上许多国家生产零部件在一个地方总装然后销售。因此，在大多数情况下，生产数量的确定必须通过对各国市场需求进行准确的预测，对生产进行周密的计划。不仅如此，还要充分估计到原材料、零部件的供应，市场需求的变化，以及各国的贸易壁垒使得市场效率降低。

3. 时间

时间指生产一定量的商品所需的时间。它反映跨国公司在组织国际生产时的效率问题；而国际生产的数量则反映国际生产的存量。所以，国际生产只有通过数量及生产这一数量所花的时间两个方面，才能完整准确地反映国际生产对市场的贡献。跨国公司在组织国际生产时，特别是组织一体化国际生产，必须协调好前后各个环节的生产时间，使得零部件的生产既能满足总体生产的需求，又不能让某一部分的零部件生产过量造成积压。除了生产各环节的配合之外，还要考虑总体生产的节奏问题，即国际生产与市场营销的配合问题。大多数商品的销售数量都会随着销售季节而上下波动，国际生产的速度就应该与之同步。但是，在较短的时间内国际生产具有较强的刚性，当市场需求有较大提高时，国际生产的效率不可能在短期内有较大的提高，它受到生产规模、设备等条件的制约。

4. 费用

费用指国际生产的成本。这是跨国公司在组织国际生产时的约束条件，也就是说，商品的品质、数量和生产所花费的时间，主要受到生产成本的限制。首先，提高商品的品质意味着增加更多的质量控制手段，扩大生产成本开支。在提高产品质量时，常常用价值工程的方法来调整产品质量与生产成本的关系。其次，在确定国际生产的数量时，也要考虑资本投入的大小与生产数量的关系，以及产品数量与市场容量的关系。投入资本货物较大，生产时不能完全利用其生产的能力，会因为资源闲置而造成浪费；如果生产的数量超过市场需求，也会因产品积压、资本周转过慢而降低经济效益。最后，在处理国际生产的时间问题时,也直接受到成本因素的影响。在某一产品的各个零部件生产的时间配合不协调,或者产品生产的节奏与市场营销的节奏不同步时,往往会提高生产成本。

11.1.3 跨国生产的标准化与当地化

跨国公司的生产系统是由其在海内外各地的工厂和相应的辅助系统所构成的。为实现全球范围内的产品生产、运销的综合成本最小化及利润最大化,跨国公司在海外建立新的工厂或对已有工厂进行改造调整时都面临着生产工艺和程序的选择问题,不同的选择反映了不同的跨国生产体系设计指导思想,其核心是选择标准化还是差异化。

1. 跨国生产的标准化

在跨国公司运营系统的设计中,很重要的一点就是其生产的标准化程度。因为在实行全球战略的企业中,产品及其生产过程的标准化是实现规模经济、提高全球生产效率的最基本条件,标准化是指同一种产品、服务或流程下的不同个体之间是没有差异的,同一项目下的标准化产品是大批量生产的,比如电脑、计算器就是标准化产品。生产标准化是指在产品制造的各个环节中推行统一标准的活动,包括产品设计、生产工艺、生产流程和产品质量检验方法的标准化,以及产品的包装、维护、储运规范化等内容。

(1)跨国公司生产标准化的好处,其主要有以下几个方面。

①降低设计费用,缩短建设时间。当跨国公司决定建设一个新工厂时,由于生产系统采用标准化设计,只需按原有的图纸和工厂模式进行重建,订购与以前相同的设备,根据以往经验制订建设计划。这样不仅能加快工程进度,节约大量成本,还能够有效解决新建工厂过程中碰到的各种难题。

②加强生产的专门化,促进生产资源的合理配置。采用标准产品和零部件,可以使生产过程高度专门化。每个子公司只生产有限的几种零部件,从而可以通过大批量生产获得规模经济效益。公司总部可以从全局角度,利用不同国家的比较优势,在世界范围内合理安排不同零部件或产品的生产。例如,劳动密集型零部件或产品的生产安排在劳动力成本低的发展中国家进行;技术密集型零部件或产品则在技术能力较为充裕的发达国家生产。

③降低技术复杂性,从而减少技术培训的需求,方便技术的调整和更新。由于实行标准化生产,生产过程的自动化程度大大提高,对工人技术的需求会降低,减少相应的技术培训费用。而且,采用标准化的生产方法和生产过程,有助于跨国公司在各子公司更新生产水平和规格。

④便于公司总部的统一控制与协调。首先是便于国外子公司产品生产的质量控制。所有工厂按同一标准生产产品,按同一标准进行质量控制,出现偏离质量标准的行为可以及时纠正。其次是便于生产进度和计划的安排,统一的生产计划编制方法和考核体系可用于实行标准化生产的各个工厂中。最后是便于总部的统一协调。标准化生产建立在专业化分工的基础上,产品生产的专业化分工又促进了国外各子公司之间的联系。一个子公司生产的产品可以作为另一个子公司生产所需的投入要素。子公司之间相互依存程度的提高更加需要公司总部的统一协调和控制。

(2)跨国公司生产标准化的缺点。由于不同文化背景、消费习惯、经济收入的差异,各国消费者的偏好往往不尽相同，从而对产品的需求也会千差万别。而企业在全球范围内生产和销售标准化产品，实际上是迫使消费者适应企业的经营要求。这样一来形成的供求关系基本是不牢固的，可能会因为竞争对手推出一种更好或更多样的产品而在竞争上处于劣势。另外的一个不利之处在于企业可能在产品设计不成熟的时候就将其标准化，而一旦这样的标准化形成之后，就会有种种强制因素使设计难以修改。例如，有研究表明，另外一种电脑键盘的按键排列顺序会更有效，但是更换所有现存设备和再培训打字员及字码程序员的成本远大于它所带来的效益。正因为如此，使生产标准化的推行面临重重困难。

（3）标准化与母公司生产系统。跨国生产中的标准化，往往从母公司的生产系统开始。母公司生产系统的标准化可以为国外子公司的标准化提供模式或样板。母公司生产系统标准化对跨国经营的影响主要表现在三个方面：

①产品的标准化。母公司针对全球市场需求设计并生产的标准化产品，可以不加改动地在不同国家的市场上销售。以标准化产品为基础开展的跨国经营，可以实现生产资源的合理配置，提高全球性经营效率。

②生产过程和方法的标准化。国外子公司采用与母公司相同的生产过程，母公司的生产方法、操作技巧和生产经验可以直接转移到国外子公司中，生产技术人员也能够更好地适应跨国流动的环境。

③生产系统设计和机器设备的标准化。国外子公司建立生产工厂时，采用母公司生产系统的设计图纸和文件，订购与母公司生产系统相同的机器设备，不仅可以节省设计费用，还为各工厂零部件互换和设备维修创造了有利条件。

（4）跨国生产标准化的障碍。在跨国生产中实行标准化，其主要目的是通过大批量生产获得规模经济效益。然而，跨国经营环境的复杂性又使生产标准化的推行面临重重困难。

①因文化背景、消费习惯、经济收入的差异，各国消费者的偏好往往并不相同。对某些产品的需求会因国、因地甚至因人而异。企业在世界范围内生产和销售标准化产品，实际上是迫使消费者适应企业的经营要求。在此基础上建立的供求关系是脆弱的。各国消费者对体现他们个性的非标准化产品的需求，是跨国公司推行生产标准化的一个重要障碍。

②政治因素尤其是东道国政府实施的当地化政策，不利于生产标准化的推行。当地化政策通常要求产品适应当地市场需求，生产系统的设备及其配件尽可能从当地采购，甚至生产管理也要体现出当地特色。如果东道国政府鼓励外方合资经营，限制独资经营，跨国公司在合资企业中也较难推行母公司采用的标准。

③推行产品生产的标准化通常需要采用资本密集型的自动化生产线。因此，企业的资金实力是决定能否推行标准化生产的一个重要因素。

2. 跨国生产的当地化

跨国公司生产系统的差异化是指由于种种障碍使得标准化难以实施之时，公司在不同地区采用不同的生产系统以达到跨国生产经营的目的。在已实行多国战略为主的企业中，战略重点是强调各国的差异性和对各国当地市场的适应能力。推行生产的差异化，降低产品的标准化程度，是有效实施这种战略的前提。科学

扩展阅读 11.1 河钢集团塞尔维亚公司的海外"当地化"策略

技术的进步及其在生产中的应用,尤其是计算机的广泛应用,为差异化生产提供了降低成本的条件。因此消费者差异化意识的觉醒及新技术的使用将成为推动差异化生产的巨大力量。跨国生产的当地化表现在以下三方面。

首先,在产品的设计和生产上,由母公司提供的产品技术要根据当地市场需求的特点进行适应性调整。因此,同一品牌、规格的产品在不同国家可能具有不同的性能或特征。为了在当地市场中获得尽可能多的份额,新产品的设计和开发、品牌的建立都要体现当地特色,由此产生的结果是生产中使用的机器设备都可能是非标准化的。

其次,强调技术的适用性。世界上没有普遍适用的生产技术,适用于某一国家文化、经济和政治环境的技术并不一定适用于另一地区。这意味着,即使生产相同产品,在不同国家也可能需要采用不同的技术。例如,在教育水平高、经济较发达的国家采用资本密集型技术,在经济较落后的发展中国家则采用劳动密集型技术。

最后,生产系统相对独立。由于强调根据东道国当地的经营环境自主发展,子公司的生产系统往往自成体系,追求小而全,结果往往是组织机构尤其是职能部门设置与母公司重叠,导致效率低下。

3. 跨国生产标准化与当地化的策略选择

影响跨国生产标准化或当地化的因素很多,要作出一项正确的决策,至少必须考虑这样一些方面:成本与利润的比较、产品的性质、市场需求特点、东道国的强制因素等。通常在文化差异较小的国家采取标准化战略,而在文化差异较大的国家更多采取当地化战略。此外,对于比较成熟、发展水平较高、与本国环境比较相似的地区,通常采用标准化战略;而对于新兴市场、发展水平较低、与本国环境差别比较大的地区,企业需要作出比较多的调整,适合采取当地化战略。

11.1.4 跨国生产战略管理

1. 跨国生产战略管理的主要内容

跨国生产战略管理是指公司对其用于生产的资源进行自主的设计和配置活动。这种以全球市场作为运作舞台的资源配置,需要扬长避短,充分利用各国的优势资源要素,进行有效的组织和协调。跨国生产管理的特点是具有高度的复杂性和艰巨性。其生产活动分布在环境各异的不同国家中;生产分布点多、线长、面广;生产管理和物流管理头绪多,难度大。在生产管理的决策中,管理目标的分解、传递和转化,应具有一致性和可操作性,以减轻和消除市场要求变化和生产体系的震荡和冲击。

跨国生产战略管理的主要内容有:

(1)优先目标的选择。现代企业的生产目标通常由六个要素组成:质量保证、应变能力、价格合理、技术创新、交货及时和服务周到。由于企业技术工艺水平、资源保障的能力、客户对产品和服务的要求存在差异以及产品的特性不同和不同的市场定位等原因,使得企业不可能对以上六个要素同时达到最优状态。因此,就需要企业在生产战略管理中,对六个要素进行优先目标的选择,作出最佳的组合,生产出难以匹敌的产品和进行优质的服务,以充分满足客户的需求。此项抉择的过程就是生产战略管理的内容之一。

(2)业绩目标的兑现。根据目标的选择,企业制定一套相应的生产指标体系,以达到企业的业绩目标。此项兑现过程,就是要使客户合同的要求与企业完成业绩目标相一致。

(3)行动方案的制订。行动方案的制订是指为实现业绩目标而制定具体的管理方法和技巧。在战略管理中,具体行动措施包含资源供应计划、精益生产安排、全面质量管理、产品技术保证和零库存设计等。

跨国公司的国际生产战略管理,要在公司全球战略目标指导下,对业务领域、产品生产等诸多方面进行科学管理和规划,使得生产的布局、工厂的数目、规模的大小、技术的水平、资源的保证、设备的配备、资金的保证等管理细目,做到相互衔接,尽善尽美。

2. 跨国生产战略选择

跨国公司的生产活动以全球市场作为其活动的舞台,不同的经济活动对其生产方式会产生差异性的影响,使其作出不同的抉择。影响跨国生产战略选择的因素主要有经营战略、环境风险和经济效益。

(1)经营战略因素。由于公司实力、规模和特色各不相同,要求有不同的生产经营控制水平,从而会有不同的国际生产方式的选择。通常会采取两种不同的经营战略:一种是实施全球经营战略,将生产、制造、采购、储运等一切生产物流以全球市场为出发点和落脚点,企业生产经营国际标准化的商品和服务,同时,适当照顾当地市场个性化的要求。这是一种全球规模的集中式生产方式。另一种是采取差异化的国别经营战略,按照不同国家的经济、社会和市场结构以及不同的消费习惯和偏好,采取一种分散型的生产方式。

(2)环境风险因素。企业的投资经营活动必然伴随着各种风险,这是一种魔鬼与其影子的关系。由于国别和市场的不同,风险的种类、规模和表现也各异。一种情况是所在国的政治风险、经济风险、价格控制风险、国有化风险比较低,跨国公司偏向于利用集中式生产方式,或者混合式生产方式,使所在国的子公司形成较大的经济规模;另一种情况是所在国的相关风险比较高,子公司宜采取分散型生产方式,以提高规避风险的应变能力,减少可能遭受风险的损失。

扩展阅读 11.2 苹果公司的国际生产战略

(3)经济效益因素。国际化经营企业对生产方式的选择,会直接影响到企业的经济效益,甚至经营的成败。选择理想的生产方式应有利于降低生产经营成本,提高产品和服务的竞争力。所在国所选择的生产方式应与生产规模、产品质量、运输费用、进口关税、贸易保护程度和金融自由化等因素相关联。

3. 跨国生产的主要方式

跨国公司的经营活动在诸多国家展开生产的投入与产出,在国际范围内进行国际化生产的作业流程,按其物流方向可分为集中生产方式、分散型生产方式和混合型生产方式。

(1)集中生产方式。集中生产方式是指公司的产品生产和提供的服务以某一个中心工厂为轴心,建立一个生产投入与产出的供应网络,各地子公司向中心生产基地供应原材料、零部件和半成品,经过逐级加工组装成最终产品,销往世界各地市场。集中生产方式如图11-1 所示。

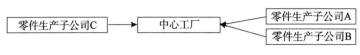

图 11-1　集中生产方式

集中生产方式的优势在于：
①充分利用各子公司的生产要素和技术特长；
②有利于产品生产的各个生产环节的质量保证；
③做到统一集中的控制管理；
保证达到规模经济效益，使产品和服务质量高标准、低成本，有竞争力。
集中生产方式的不足之处是：
①易受所在国经济、贸易等政策变动的影响；
②国际运输状况的变化会影响到整个生产链；
③生产一旦形成流程，其生产的变动性、灵活性较差；
④汇率的变动会影响到销售成本。

（2）分散型生产方式。分散型生产方式是指在各个分市场所在国设立地区性中心工厂，分别进行关键部件的生产和产品组装，其余部件由周围的子公司提供，产品最终成型后由中心所在地的分市场统一进行销售。分散型生产方式如图 11-2 所示。

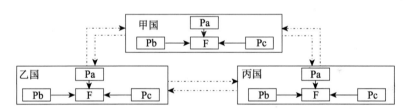

图 11-2　分散型生产方式

（注：图中箭虚线为信息流向，箭实线为物流方向，
　　　F 为中心工厂，P 为零部件生产子公司）

分散型生产方式的优势在于：
①以各分市场为轴心而设立的地区中心工厂与各供货子公司组成价值链，产品就地生产，就地销售，运输成本较低；
②由于生产链处于同一地区，不易受东道国经济、贸易政策差异性的影响；
③产品的成本和销售均按统一货币计价，不受汇率变动的影响；
④生产和销售的流程处于同一地区，便于信息交流。
分散型生产方式的不足之处在于：
①难以取得较大的规模经济效益；
②不利于公司更大范围的国际分工，因而难以提高生产效率，增强竞争力；
③公司要加强对各分散型生产方式的指导和管理，以保证生产环节和质量的统一性。

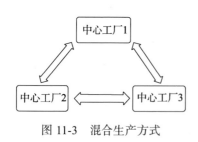

图 11-3 混合生产方式

（3）混合型生产方式。混合型生产方式是指由若干个相邻市场所在国设立的中心工厂对一系列产品进行协作生产的方式，也就是采用上述两种生产方式的组合形式。这是一种生产一体化程度更高的国际生产方式。混合型生产方式如图 11-3 所示。

混合生产方式既吸收了上述两种生产方式的优势，又避免了可能产生的不足。混合型生产方式体现了规模经济降低生产成本、扩大销售市场和增加销售额的优势；可以在很大程度上避免调整产品结构、市场分布、中心工厂选址等不足。因此，这种生产方式使价值链中的几个关键点集中，使中心生产方式的集中加工装配优势发挥到极致，又兼容分散生产方式的分散加工装配的特点，但同时也不可避免地保留了以上两种生产方式中的某些不足之处。

11.1.5 国际采购管理

1. 国际采购的含义和方式

1）含义

国际采购是指企业充分利用全球资源，在世界范围内寻找最佳的供应商，以保证提供质量好、价格合理的对路产品和服务。

跨国公司在全球市场上进行国际采购，而国际采购状况对企业的国际生产方式的成败至关重要。良好的投入直接影响企业的利润水平。通常地，企业的采购都在战略和技术两个层面上进行国际采购管理。

（1）战略层面。企业从国际生产方式出发，对采购商和供应商实施严格的管理，这是企业生产成败的关键。

①组建集成化的供应链，对原材料和零部件的加工制造进行前端管理，保证生产投入的质和量万无一失。

②在广泛的外部市场选择最佳的上游供应链，从而提升企业的竞争力。

③加强与供应商的合作，促进新产品的开发，以适应市场求变、消费者求新的需求。

（2）技术层面。实施国际采购和供应商管理，对企业控制经营成本至关重要。这种重要性表现为：

①有利于降低生产成本。在制造业，原材料的采购成本约占产品单位成本的 40%～60%，只有当制造商和供应商共同努力才能实现降低产品成本的目标。因此，在采购和供应商的管理中，选择具有独特技术和成本优势的供应商，关系到竞争的成败。

②有利于提高产品质量。通过对制造业产品质量的考察，1/3 的产品质量问题与供应商有关，因此，保证原材料和零配件的质量，直接关系到最终产品的质量。

③有利于减少库存。现代企业为降低成本，实施零库存目标，这就要求加强与供应商的磋商和合作。

2）方式

跨国公司国际采购体系主要有集中采购方式、分散采购方式和混合方式。

①集中采购方式。以总公司为主导，将公司内部各个部门所需要的产品和服务项目进行集中采购和统一管理，形成采购规模经济，增强了与供应商讨价还价的能力。由于公司体系庞大，订单繁杂，采购项目种类繁多，要求采购体系有较高的购买技能与调配技巧。通常，采购物资总量越大，采购规模经济效果就越好。

②分散采购方式。总公司下属的各个分支机构按照各自的传统习惯，分别发出进货报价、进行谈判以争取最佳的订货条件。这种自主采购方式的好处在于能发挥各自的自主能动性和灵活性。适合采购货物种类多而供应商分散的情况。其不足之处是在采购中，各个分支机构容易形成争抢客户的局面。

③混合方式。这是兼容中心采购和自主采购的混合采购体制。在混合采购方式下，某些物资采用集中采购，发挥采购规模经济效益，其他物资则分散自主采购，发挥自主经营的积极性和传统性。

目前，跨国公司国际采购普遍采用电子商务采购系统，使市场信息、询价、报价、签约等采购系统、电子银行结算与支付系统形成一套科学、迅速和可靠的网络模式、将国际采购的四个基本要素——物资流、资金流、服务流和信息流融为一体。

2. 国际采购对生产整合程度的影响

（1）国际采购与生产整合程度的关系。企业生产整合程度是指企业生产某种产品的自制部分与外部采购部分之比。自制与采购在两个波段中游移。①生产整合程度越高，企业依靠采购的投入就越低，其极端情形是自主满足。②生产整合程度越低，企业依靠采购投入就越高，其极端情形是百分之百的采购。通常，采购又分为内部采购和外部采购。内部采购是指从相关的子公司采购，这是企业的内部交易。外部采购是指从非关联的企业进行采购，是企业的外部市场交易。

企业在国际生产方式中，某些特定的环节是真正创造价值的活动，即企业价值链上的战略环节，这是企业能够保持优势的关键点，是企业保持竞争优势的真正依托。在实际业务中，任何企业可供支配的资源是有限的，不可能在所有环节都保持优势，只能通过采购来充分利用外部最优资源，实现企业内部自有的优势资源与外部的最优资源的整合，使其产生"1+1>2"的整合效应。实践证明，企业保持产品竞争力的关键，就是要最大限度地利用自有的优势资源，同时又要充分利用外部的最优资源，从而使其产生最佳的整合效应。

（2）国际采购应注意的问题。在采购与自制的决策管理中应注意的问题是：

①成本因素。由于跨国经营会涉及不同的价格体系，多变的汇率、要素成本的变化以及与采购有关的费用都应计入采购与自制的成本比较之中。

②供应的可靠性。原材料和零部件供应的质量、供应线的长度和环节，都会影响供应的稳定性和持续性。

③管理的偏好。不同的管理者，在采购与自制的决策上有不同的偏好和习惯，欧美公司偏好于选择自制方式，日本公司则习惯使用采购方式。

④生产一体化程度。在生产一体化程度较高的公司，各个子公司分工与协作关系密切，各价值链的环节配合和协调较好，自然倾向于内部采购。

⑤政治与政策因素。在那些贸易政策、本地化政策、民族感情较开放的东道国，则可较多地使用自制或当地采购。

11.2　跨国公司营销管理

跨国公司的营销管理，是在跨国营销战略指导下，分析和发掘跨国市场营销机会，研究及选择国外目标市场，确定产品、价格、渠道和促销方式，组织、计划和控制跨国营销活动的管理过程。

11.2.1　跨国市场营销调研

开展跨国营销活动，必须及时掌握国际市场动态，系统收集跨国营销环境变化、国外市场需求、产品、价格、分销渠道、促销方式和竞争对手等方面的信息。组织系统、规范的跨国市场营销调研活动，是获得这些信息的一个重要途径。

1. 跨国市场营销调研的主要内容

跨国市场营销调研的内容涉及企业跨国市场营销活动的各个领域，主要内容包括营销环境、顾客、市场需求、产品、价格、分销渠道、促销、竞争状况八个方面。

（1）跨国市场营销环境调研。这类调研侧重于影响跨国市场营销的主要环境因素，诸如政治风险、法律制度、经济波动、收入水平、人口数量与质量、文化差异、语言、风俗习惯、社会组织等。对企业来说，跨国市场营销环境是不可控制的，只能通过调研，掌握主要环境因素的变化规律，以便制定相应对策，减少因环境因素的变化造成的损失。

（2）国外消费者调研。这类调研侧重于国外顾客或消费者的需求特征、经济状况、购买动机、购买地点、购买方式和习惯，他们的数量、构成和地区分布，对特定产品品牌或特定商店产生偏好的因素、条件和原因，对本企业产品或服务的满意程度。

（3）国外市场需求调研。这类调研的内容包括产品的需求总量和需求增长潜力、需求变动情况及其原因、产品在国外市场的占有率、在哪些细分市场上占有优势、不同国家的市场需求情况及增长潜力等。

（4）产品调研。这类调研的主要内容有产品设计、功能、用途、使用及维修，产品品牌设计与使用、产品外观与包装、不同国家消费者对产品的要求和偏好存在的差异，产品的生命周期、本企业在国外市场的知名度、本企业的产品质量和性能是否符合国外消费者的要求。

（5）价格调研。在国际市场上，产品定价比国内复杂，价格调研的内容也较多，其中主要内容有影响价格变化的主要因素，不同国家市场上商品供求弹性大小，产品的现行价格、提价或降价方法及产生的反应，各类顾客对本企业产品价格的反应，以及产品不同分销渠道的价格加成情况。

（6）分销渠道调研。这类调研包括企业跨国经营可供选择的国际分销渠道类型、各种类型中间商的职能和作用、主要经销商的规模、经营范围、推销能力、服务、储运条件和资信情况，以及跨国分销渠道的变动情况。

（7）促销调研。这类调研主要包括进入目标市场可选择的不同促销方案、国外广告代理商情况、目标市场所在地的广告媒介情况、国外中间商在广告宣传上能起多大协助作用、企业的人员推销及达到预期促销效果所需的费用。

（8）竞争状况调研。这是针对竞争对手和竞争条件组织的调研。主要内容有国外市场上的主要竞争对手及其优势和劣势、竞争对手占有的市场份额和采用的跨国经营战略、国外市场是否存在间接竞争。

2. 跨国市场营销调研的主要方法

跨国市场营销调研难度大，不确定因素多，必须借助一些特殊方法来保证调研质量。

（1）案头调研。这种方法是利用在国内收集的有关目标国市场的资料进行汇总、分析和预测。它可以作为到国外实地考察和调研的前期准备工作。案头调研由于在国内进行，所需信息资料只能从国内收集。信息资料的主要来源包括本国政府及其驻外使馆、目标国驻本国使馆或各种商业机构、计算机信息网络（如国际互联网）等。这类信息资料可以帮助企业了解国外目标市场的概念，进一步调查可以雇用专门营销调研机构完成。这种专门营销调研机构可以是国内从事国际市场调研和咨询的专业化公司，也可以是国外这类公司在国内开设的分支机构。案头调研不仅仅局限于新产品或新的国外市场。即使产品已在国外市场打开销路，这项工作还需继续坚持，以便掌握国外市场动态，及时作出反应。

（2）类比分析。这种方法是通过对调研对象的类比分析，推测其特征和变化规律。运用这种方法，首先要对在本质特征上具有相似性的调研对象进行归类，如发达国家、发展中国家、新兴工业化国家、不同人均收入水平的国家等。通常把同一类国家称作"国家群体"。借助对该群体中某一国家的调查结果可以推测其他国家的情况。

（3）个人访谈。这种方法是通过与访谈对象面对面的交谈，获取营销调研资料。在有深度和准确度要求的调研中，这种方法十分有效。在面对面的访谈过程中，调研人员可以与访谈对象沟通感情，建立联系，获得用其他调研方式难以得到的信息资料。而且，这种方法比较灵活，调研人员可以根据访谈对象的面部表情和反应动作，随时改变提问方式和内容，并可在答案不完整、不明确时，当场要求补充。个人访谈的有效性取决于调研人员的访谈技能和访谈对象选择。访谈对象最好是对目标市场十分熟悉的专家。通过对少数几个专家的深度访谈，往往可以对有关目标市场情况有较深入、全面的了解。

（4）邮寄问卷调查。这种调查是将设计好的问卷调查表寄给被调查者，由他们填写后寄回。这种方法不受时间和空间限制，调查范围广，被调查者有充裕的时间回答问题。但问卷回收率较低，时间长，短期内得不到反馈。

3. 市场预测

在营销调研的基础上，对收集到的各种数据资料进行系统分析，运用科学方法对目标市场的未来发展趋势作出预测，作为跨国营销决策的依据。

市场预测的主要内容包括目标国家的宏观经济预测、市场供求预测、产品生命周期预测、投资收益预测及汇率变动预测。

（1）宏观经济预测。宏观经济预测是指对目标国家宏观经济波动和增长趋势的预测。在一国经济中，单个产品的市场行情和供求关系总是受整个国家的宏观经济形势变化的影响。一般地说，经济增长较快、处于扩张阶段时，单个产品市场的需求增长也较快，是外国企业进入市场的较好时期。因此，对目标国家宏观经济形势变化的准确预测，是确定跨国营销时机的重要依据。

（2）市场供求预测。在供给方面包括对现有生产企业产量、生产能力、产品定价以及潜在企业进入的预测，在需求方面包括对需求量增长、消费者收入水平的增长、主要替代产品价格和需求量变化情况的预测。对本企业在目标市场销售前景的预测必须考虑到市场中供求关系和竞争条件的变化。

（3）产品生命周期预测。产品生命周期预测主要是一种技术进步趋势的预测。准确预测出产品在生命周期不同阶段持续的时间，必须考虑技术进步和产品更新换代的速度，以及新技术、新产品跨国扩散的速度。这类预测由于缺少历史数据作为依据，主要依靠定性判断。

（4）投资收益预测。投资收益预测必须与跨国经营方式和跨国经营战略结合在一起。不同跨国经营方式，遇到的经营风险大小不同，获得的收益也不相同。以直接投资方式进行的跨国经营收益通常高于以国际贸易形式进行的跨国经营。有些大型跨国公司为了达到垄断目标市场的目的，在投资初期不把盈利作为主要目标，而是投入大量资金树立企业形象，建立品牌优势，发展营销网络。在这种情况下，对投资收益的预测必须着眼于长期。

（5）汇率变动预测。汇率变动预测必须与对国际外汇市场和目标国家经济形势的分析结合在一起，预测的重点是汇率变动的趋势和可能出现的汇率危机。在汇率变化极不稳定的时期，制定跨国营销决策必须格外慎重。

11.2.2 国际市场细分及定位

市场细分是根据顾客或消费者在需求上的差异，把一类产品的市场整体分成若干个子市场或分市场的过程。

1. 国际市场细分的作用

对国际市场进行细分，目的是有效开展跨国营销活动，顺利进入并占领目标市场。国际市场细分的作用主要表现在：

（1）便于产品的市场定位。国际市场需求差异很大。这种差异不仅表现为收入水平、购买动机和地理位置的不同，而且主要源自各国文化传统的消费偏好和购买行为的差异。没有哪一种产品能够满足各国所有顾客或消费者的需求。企业只能选择最有吸引力的细分市场作为产品的目标市场。因此，对市场细分后，就可以有针对性地设计和生产产品，满足目标市场的顾客要求。

（2）有利于企业捕捉市场营销良机。在不同的细分市场中，竞争条件和进入障碍不尽相同。有的细分市场被竞争对手忽略，对竞争实力较弱的企业则是开展跨国营销的机会。选择进入障碍较低的细分市场，可以使企业在广告、促销、贸易壁垒等方面降低跨国营销成本。

（3）为制定正确的营销战略和策略提供依据。营销战略的目的是在市场上建立竞争优势，扩大市场份额。市场细分可以使企业明确应该把有限资源集中使用于哪个细分的目标市场上，才能更快地占据市场支配地位，获取最佳经济效益。

2. 国际市场细分的标准

国际市场细分主要有四种标准：

（1）地理标准细分。处于同一区域或相邻国家的环境往往较为接近，需求差异不大。区域经济一体化趋势也强化了地理上的差异。按这个标准，可以把整个国际市场划分为亚洲、非洲、欧洲、南美洲、北美洲、大洋洲等市场。如果企业产品的跨国销售范围较广，地理细分通常是国际市场细分的第一步。

（2）经济标准细分。这种标准是按收入水平或经济发展的不同阶段对不同国家的市场进行细分。例如，按发达国家或发展中国家划分，或按工业化国家、中等收入国家和低收入国家划分，还可以按所从事的职业把消费者划分为律师、技术人员、管理人员、政府官员、商人、工人等不同群体。

（3）文化标准细分。文化是个含义很广的概念。文化标准包括教育水平、民族、宗教信仰、家庭规模、消费者生活方式、心理、个性、态度、价值观念等不同方面。消费者的偏好、购买行为和需求特点在很大程度上是由文化因素决定的。

（4）组合法细分。这种方法按国家潜力、竞争力和风险三个方面对各国市场进行细分。国家潜力是指企业的产品或服务在一国市场上的销售潜力。竞争力是指影响企业竞争实力的各种内外部因素。风险是指企业面临的各种政府风险和经营风险。

细分国际市场的标准不是一成不变的，而是经常随客观条件的变化而发生变化。企业应当根据变化情况不断进行调整。国际市场并不是分得越细越好。市场分得过细，就会增加企业产品种类，从而增加营销费用，降低营销绩效，也不利于跨国营销活动的控制与协调。因此，国际市场细分应该根据企业的能力和条件，适度为佳。

3. 国际市场的定位

企业选择合适的国际目标市场进行营销活动，需要考虑很多因素。其中主要因素包括：

（1）目标市场是否有较大发展潜力，消费需求和购买力是否有较强的增长势头；

（2）企业在目标市场上是否能充分发挥自己的优势，在激烈的市场竞争中占据主动地位，企业的产品是否能满足目标市场上消费者的需求；

（3）目标市场风险大小，投资收益率的高低；

（4）目标市场的结构和进入障碍，企业在目标市场中可能面临的竞争压力。

国际市场定位是一个分析、筛选、评估和确定定位策略的过程。在这个过程中，主要步骤包括针对企业的特定产品对国际细分市场进行初步筛选，确定有较大发展潜力的少数几个国家市场；对筛选出的市场潜力作出较细致、深入的评估，包括特定产品在这些市场中的销售量、顾客群和特点等，以确定目标市场；评估企业进入目标市场的能力，包括具备的竞争优势、财力资源、生产能力、营销能力等。制定市场定位策略，包括市场进入方式、时机和规模、价格定位、促销定位、分销渠道定位等。

11.2.3 跨国公司的市场营销组合管理

市场营销组合包括产品、价格、分销和促销四个方面。市场营销组合管理,重点是制定产品决策、价格决策、分销决策和促销决策,作为具体营销行动的方案。跨国公司制定营销组合决策需以基本跨国经营战略为基础。实行典型全球战略的公司,倾向于世界范围内营销组合的标准化。实行典型多国战略的公司,则倾向于根据各东道国市场的具体情况有针对性地制定营销组合决策。多数跨国公司的营销组合管理处于这两种模式之间。下面我们分别讨论营销组合决策的不同内容。

1. 产品决策

产品决策首先考虑的问题是产品组合。产品组合是指企业营销产品整体构成要素及产品之间的有机结合方式。它包括产品整体组合和产品线组合。产品整体组合分为全优商品整体组合、侧重实质品的商品整体组合、侧重形式品的商品整体组合和侧重附加品的商品整体组合。产品线是指具有相同功能但规格不同的一组类似产品。产品线组合分为产品组合宽度,即企业营销的全部产品线数量;产品组合深度,即每条生产线中具体产品规格的平均数量;产品组合密度,即企业营销各条产品线在最终用途、生产条件、分销渠道及其他方面的关联程度。

扩展阅读 11.3　优衣库在中国的本土化营销策略

产品的生命周期是影响产品决策的另一重要因素。在正常情况下,产品生命周期可分为投入期、成长期、成熟期和衰退期四个阶段。在跨国经营环境中,由于各国的经济、技术和市场条件差别较大,产品生命周期的表现也不尽相同。一种产品在一国市场已进入衰退期,在另一国市场则可能呈迅速增长趋势。因此,企业可以通过跨国经营活动,延长产品在国际市场中的生命周期。例如,对美国一些跨国公司的研究表明,国际产品生命周期大体分为四个阶段:

①出口垄断阶段,即美国创新企业在其产品的国内市场接近饱和之后,以产品垄断者的姿态开始向国外市场渗透。由于此时其他国家的企业尚未或刚刚生产该种产品,创新企业能够以技术优势将产品打入国外市场。其他发达国家市场通常是首选目标。

②局部市场抵触阶段。在这一阶段,经济和技术实力较高的发达国家中,当地生产的产品在质量和成本方面与美国创新企业的差距不断缩小。加上当地政府的贸易保护,创新企业的产品出口受到一定程度抑制。开拓发展中国家市场,是延长产品生命周期的重要策略。

③对外直接投资阶段。在这一阶段,较早接受创新产品的国家随着生产规模的扩大,开始向发展中国家出口,发展中国家也开始生产该产品。美国创新企业的产品出口因激烈竞争而不断下降。为了保住市场份额,美国创新企业的主要对策是增加对外直接投资,实行当地化生产。

④向美国返销阶段。当其他国家的产品通过出口打入美国市场,美国的当地生产不再有竞争优势时,美国企业会逐步停止在本国的生产。

在跨国经营活动中,企业可以根据产品所处生命周期的不同阶段,制定不同的产品决策。

当企业以垄断者姿态向国外出口产品时，通常采用产品直接延伸策略，即把国内生产的产品不作任何改动直接推向其他国家市场。这时，企业实际上是为该产品在其他国家开拓新市场。如果这种策略成功了，企业可以推行标准化生产，扩大规模。如果该产品在各国市场不能普遍被消费者接受，企业就必须采用产品适应策略，通过有针对性地改变产品的特征或性能以适应不同国家市场的需求特征。

2. 价格决策

在跨国营销活动中，产品价格的确定不仅直接关系企业的盈利水平，还会影响到产品在国外市场的需求和竞争对手的反应。因此，企业成功开展跨国营销活动，必须很好地处理产品定价问题。

（1）产品定价因素。跨国营销中的产品定价不仅要考虑国内因素，还要考虑国外因素，其中主要因素包括：成本因素、市场供求因素、竞争因素和政策因素。

①成本因素。跨国营销产品的成本由两大部分组成：一是国内各种生产经营活动发生的成本；二是在跨国营销环节上发生的成本。包括关税、中间商毛利、汇率和财务风险成本。

②市场供求因素。跨国营销中的供求因素主要指各进口国对企业出口产品的供给情况和需求情况。对供给情况的了解包括进口国当地的生产能力和生产量；进口产品占总供给量的百分比，进口产品来源；替代产品的供给情况。对需求情况的了解包括进口国的收入水平，或有支付能力的需求量；消费者对进口产品的偏好和消费心理；对当地产品需求与对进口产品需求的增长。

③竞争因素。包括了解企业所处行业结构是垄断性竞争还是寡头垄断；主要竞争对手的竞争范围、竞争优势和营销战略；潜在竞争威胁；供货商和顾客的集中程度和讨价还价能力；行业中企业的跨国购并行为和跨国纵向一体化程度等。

④政策因素。各国政府通常会制定有关政策，对进口产品的价格进行限制或管制，包括最高限价、最低限价、反倾销措施等。企业对出口产品定价时，必须考虑这些政策因素。

（2）产品定价目标。产品定价是实施跨国营销战略的一个重要环节。因此，定价目标必须与跨国营销战略目标一致。一般地，企业的产品定价目标有以下几类：

①利润最大化目标。追求这种定价目标的企业往往实行差别定价政策，即根据各国市场不同的供求关系对同一种产品确定不同价格，以扩大销售收入。

②以获得市场支配地位为目标。追求这种定价目标的企业在进入国外市场时，产品价格定得较低，以便尽快扩大市场占有率。当获得市场支配地位后，逐步提高产品价格，转为以盈利为目标。

③以击败竞争对手为目标。在激烈竞争的市场中，每个企业对市场价格都很敏感。围绕价格的竞争是最残酷的，总是以与竞争对手的直接较量为目标。短时期低价销售，既可以扩大市场份额，又能有效阻止潜在竞争者的进入。在寡头垄断市场上，几家大型企业势均力敌，为了避免因价格竞争导致的几败俱伤，企业之间倾向于小心维持着已有的价格关系。

（3）产品定价策略。根据确定的定价目标，企业在跨国经营中可以制定不同定价策略。

①撇油定价策略，即新产品投入国际市场初期，把价格定得很高，在竞争者未进入市场前获得超额垄断利润。形象地说，企业依靠对新产品的垄断优势，犹如在鲜奶中撇取奶油一样在短期内获取尽可能多的利润，待竞争对手进入市场后再把价格降下来。

②渗透定价策略，即在新产品投入国际市场初期，把价格定得较低，以吸引大量消费者，迅速占领市场，实现规模经济效益，在取得市场支配地位后，再逐步提价。

③差别定价策略，即企业的同一种产品在不同国家或同一国家卖给不同顾客群体时，制定不同的价格。差别价格也可以根据季节波动来确定。

④折扣定价策略，即企业在国际市场销售产品时，对原有价格打一定折扣或让出一部分利益，以鼓励买主大量购买、淡季购买和尽早付清货款。折扣定价的主要形式有数量折扣、现金折扣、季节折扣、交易折扣、促销折扣等。

3. 分销决策

产品的跨国营销是通过一定渠道进行的。跨国分销渠道通常是指一国企业生产的产品流向他国最终消费者或用户所经历的流通过程和相应的实物与物权转移。任何一个分销渠道都包含生产企业、中间商、最终消费者或用户三部分，在多数情况下中间商起着基本作用。

中间商的种类和数目取决于跨国营销形式。从出口角度看，间接出口的产品主要由出口国代理商和经销商分销；直接出口的产品主要由进口国的代理商和经销商分销，或企业在国外建立自己的经销系统。出口国与进口国不同类型中间商之间，以及他们与企业和消费者之间建立的各种业务联系，构成了不同的跨国分销渠道。例如，典型的跨国分销渠道包括出口国生产企业→出口国批发商→出口国出口商→进口国进口商→进口国代理商或批发商→进口国零售商→进口国消费者；出口国生产企业→进口国进口商→进口国代理商或批发商→进口国零售商→进口国消费者；出口国生产企业→进口国零售商→进口国消费者等。企业可以根据营销目标和自己具备的条件对不同渠道进行比较、分析和选择。这就是分销决策问题。

制定正确的分销决策必须考虑多种因素，其中主要因素包括成本、资本、控制、覆盖、特征和连续性。

（1）成本。包括开发渠道的投资成本和维持渠道的成本。维持渠道的成本，是指支付给中间商的佣金、运输、仓储和装卸费用等，是主要的分销渠道成本。分销决策的原则是用最低分销成本达到预期销售目标。

（2）资本。指建立或开发渠道的资本需求。如果生产企业建立自己的跨国分销渠道，资本需求量就大；而利用中间商，资本需求量就小得多，主要是存货形式的资本投资。

（3）控制。企业对分销渠道的控制程度取决于中间商愿意接受控制的程度，以及分销环节的数量。一般地说，随着分销渠道的延长、分销环节的增加，企业对产品价格、销量、促销方式等方面控制会逐渐减弱。

（4）覆盖。企业的跨国营销，重点放在主要市场的覆盖面上，力争把产品打入并逐步占领国外所有重点市场。市场覆盖范围与雇用的中间商有直接关系。大中间商虽可以利用其国际分销渠道系统，达到较大覆盖面，但收取的佣金往往较高。小中间商虽收取佣金低，但覆盖面窄。

（5）特征。包括企业特征、产品特征、行业特征和跨国营销环境特征。不同特征因素，要求企业采用不同分销渠道。例如，若产品是具有不易保存特征的鲜活产品，就应尽量采用较短渠道，尽快把产品送到消费者或用户手中。

（6）连续性。分销渠道寿命有长有短，企业要想始终保持渠道的畅通，必须使之具有连续性。这就要求企业与主要中间商需建立长期稳定的业务关系，或在与原有中间商中断业务关系时能够及时安排好接替者。

4. 促销决策

跨国促销，是指以人员或非人员的方式通过跨国传递有关商品或劳务信息，说服国外消费者购买该项商品或劳务。跨国促销的手段有四种：人员推销、广告、公共关系和营业推广。

（1）人员推销。它是由企业派出推销人员到国外目标市场直接向顾客推销产品的方式。人员推销的特点是方式灵活，便于建立企业与顾客之间的良好关系，能够及时掌握国外顾客对产品或企业营销的看法和建议。开展人员推销要抓好以下三项工作：

①确定推销目标。具体来说，推销人员的目标包括：推销产品，开发新市场；沟通信息，获取情报；提供全面优质服务。

②确定推销人员。推销人员大体分三种类型：一是企业派到目标国家从事推销组织和管理工作的人员；二是在目标国家当地招聘并经过培训的人员；三是从企业所在国移居目标国家的移民。每种类型的人员都有各自特点。随着推销规模扩大，第二类人员会成为推销的主体。

③推销人员的管理。推销人员的招聘、选拔和培训是管理的主要内容。这项工作通常要与公司的整体跨国经营战略结合起来进行。

（2）广告。它是企业借助有关媒介传播商品、劳务、观念等信息，以达到一定目的的促销手段。利用广告进行跨国促销，需要考虑下列因素：

①国际市场广告环境。例如，各国政府对广告内容和媒介的限制、对广告支出进行征税、语言文字的限制、不同国民对广告的看法。

②广告预算。广告预算可以有多种方法。例如，以主要竞争对手的广告预算作为参照对象，按照目标国家销售额的一个固定百分比制定预算，按事先确定的广告目标确定预算额度。

③广告媒介的选择。企业在选择广告媒介时需要考虑媒介的覆盖面和收费标准、产品性质和特点、目标顾客的媒介习惯等因素。原则是选择能够以最低广告费用达到有效目的的广告媒介。

（3）公共关系。它是指企业动用各种宣传方式，向公众传播有关信息，扩大社会影响，树立企业良好形象的一种促销手段。公共宣传可以使国外顾客了解企业的经营宗旨、服务方针和经济实力，帮助企业与国外顾客之间建立良好关系，从而起到促销企业产品的作用。

（4）营业推广。它是指企业采用一系列特殊促销措施刺激顾客购买并提高交易效率的一种手段。营业推广按刺激、鼓励的对象不同分三种类型：一是针对顾客促销，形式有发送样品、有奖销售、分期付款、特别服务和附赠纪念品等;二是针对中间商促销,形式有购买折让、联合广告、免费赠品、推销奖金和商品推广津贴等;三是针对推销人员促销,形式有红利、竞赛、奖励等。企业运用营业推广促销,必须做好以下三项工作:

① 明确营业推广目标。对于不同激励对象,目标是不同的。例如,对顾客来说,目标是鼓励他们更多地购买企业产品;对中间商,目标是鼓励他们吸引零售商、增加存货量,保持与企业的业务关系;对推销人员,目标是鼓励他们多推销产品。

② 选择合适的营业推广促销工具,原则是以尽可能少的费用达到促销目的。

制订营业推广方案,内容包括确定刺激强度、刺激对象、推广途径、时间安排、期限及费用预算等。

11.3 跨国公司内部贸易管理

11.3.1 跨国公司内部贸易

跨国公司是世界贸易的主要载体,它们控制着60%以上的国际货物和服务贸易、70%以上的国际技术贸易。而且,全球贸易的1/3为跨国公司的公司内贸易。跨国公司凭借其庞大的国际生产体系,开展公司内贸易;通过分包等非股权安排,构造全球供应链;通过建立贸易公司、海外销售机构和资本服务公司(如日本的综合商社),形成全球贸易网络。

1. 跨国公司内部贸易的概念

公司内部贸易是指在母公司控制下的关联公司之间的跨国界的贸易。公司内部贸易一般包括在母公司控制下子公司之间的贸易或是母公司与子公司之间的贸易以及母公司与母公司之间的贸易。跨国公司内部贸易,是跨国经营企业的母公司与其海外子公司或子公司之间,在全球范围内分工的基础上而形成并建立的彼此协作关系,其中包含有各种对象或形式的交换和转移。其交易的对象既包括最终产品、技术、设备、原材料、零部件,也包括经营过程中所发生的会计、律师、宣传、管理等活动。

跨国公司内部交易在交易方式和交易动机上,与正常的国际贸易交换大相径庭。公司内部交易的利益原则(即获利动机)并不一定以一次性交易为基础,而往往以综合交易为基础。交易价格不是由国际市场供需关系所决定的,而是由公司内部自定。从这个意义上讲,跨国公司内部交易是公司内部经营管理的一种形式,是把世界市场通过企业跨国化的组织机构内部化了,可以说公司内部市场是一种理想的、真正的国际一体化市场。

2. 跨国公司内部贸易的动因

跨国公司之所以以内部贸易作为其在流通领域里的重要活动方式,直接动因主要包括以下五个方面。

(1)建立跨国公司所必须的健全有效的市场网络。世界市场是跨国公司赖以发展的基础,跨国公司只有依靠健全有效的市场网络才能顺利地完成其在内部国际分工基础上的生产与运营。而现实中的世界市场具有不完全性:一方面存在市场结构性缺陷,即少数大公司的市场垄断和政府干预所造成的贸易障碍;另一方面存在市场交易性缺陷,即市场交易的额外成本及其引起的利润损失。正是世界市场的不完全性迫使跨国公司采取对策，逐步使再生产过程中的各环节内部化，以内部市场的发展来营造跨国公司赖以生存的健全有效的市场网络。通过内部贸易不仅可以稳定地维持并扩大自己的市场份额，而且可以加强公司的对外扩张能力，有效地应付各种垄断和政府干预产生的贸易障碍，降低成本，增加收益。

（2）满足跨国公司生产体系对中间产品的特定需求。跨国公司追求全球资源的优化配置，以扩大国际分工的利益，这是跨国公司的重要经营特征。在跨国公司的国际生产过程中，一些中间产品的投入是高档次的，即在质量、性能或规格上都有特殊的要求。因此，要从外部市场获得这类中间产品是非常困难的。为保证中间产品投入的供给在质量、规格、性能上符合要求并保持稳定，就必须把这部分的产品生产纳入跨国公司的生产体系。这样，既可以消除价格不规则波动、供求量难以均衡等外部市场交易会产生的风险，又可以直接利用跨国公司内部在生产技术和销售技术上的优势，确保产品质量的稳定和生产过程的连续。

（3）跨国公司维持技术型垄断的需要。跨国公司通常垄断着特有的先进技术知识。如果跨国公司将技术产品和中间投入置于外部交易中，那么它拥有的技术优势就会被竞争者所仿制。为了使跨国公司内部再生产过程的各个环节的技术水平彼此协调，增强公司的整体竞争力，母公司必须向国外子公司传授特有技术或先进技术。通过内部贸易，跨国公司既可以维持技术垄断，又可以满足整个国际生产体系技术装备不断更新换代的要求。

（4）解决跨国公司内部相对独立的利益中心之间交换的矛盾。跨国公司的母公司与子公司之间一般有四个层次的经济关系：①母公司与完全控股子公司的关系；②母公司与大份额控股子公司的关系；③母公司与对等控股子公司的关系；④母公司与小份额控股子公司的关系。由于母公司对子公司的控股程度有所不同，经济利益的统一程度往往就不一致。因此，在跨国公司的内部交换过程中，就不能以利益的完全一致性为基础进行无偿调拨，而必须采取贸易的形式，通过内部市场机制满足各方的经济利益，以解决内部经济利益的矛盾。当然，母公司对子公司控股程度的不同，使得跨国公司通过内部贸易实现其全球经营战略目标的难易程度也就不尽相同。当母公司拥有子公司的全部或大部分股权时，在彼此进行内部贸易的过程中，跨国公司通过转移价格实现其全球经营战略目标就会比较顺利。反之，如果母公司只拥有子公司的对等或小部分股权，跨国公司要通过转移价格达到全球经营的战略目标就可能会遇到子公司经营管理人员的抵制或反对。

（5）利用转移价格达到特定目标。跨国公司利用转移价格可以起到回避价格管制、逃避征税和外汇管制、占领市场、利用币值变动而从中牟取利润的作用，从而为其全球利益最大化服务。当跨国公司子公司所在国的外汇管制和利润汇出限制严、营业利润税负高时，母公司就抬高供应给子公司的机器设备、原材料和劳务的价格，使子公司的生产成本增加，盈利减少，从而少纳税、少汇出利润。当子公司产品面临与当地产品竞争时，母公司可以大幅度降低转移价格，从而降低子公司产品的生产成本，加强其竞争能力，以掠夺性价格打垮竞争对手，操纵和垄断当地市场，然后再抬高价格。当子公司所在国货币将要贬值时，母公司可利用转移价格将子公司的利润和现金尽快转移出去。当子公司所在国货币坚挺时，母公司就利用转移价格使子公司扩大资本，从汇率中牟利。

3. 跨国公司内部贸易的特征

基于上述特殊的动因，跨国公司的内部贸易一般具有以下四个特征。

（1）跨国公司内部贸易不转移所有权或不完全转移所有权。由于跨国公司内部贸易是跨国公司的母公司与子公司或子公司与子公司之间的贸易，而母公司对诸子公司分别是完全拥有股权或控股、部分拥有股权并发生其他形式的经济关系，因此，从理论上说，在跨国公司内部贸易中，虽然有的所有权并不转移或不完全转移，但由于母公司与诸子公司各自有不同的经济利益，并有各自的独立核算，彼此间仍然需要通过交换的形式来互通产品，即所谓跨国公司的内部贸易。

（2）内部贸易采取转移价格的定价策略。所谓转移价格，是指跨国公司根据全球战略目标，在母公司与子公司、子公司与子公司之间交换商品和劳务的交易价格。这种价格不是按照生产成本和正常的营业利润或国际市场价格水平来定价，而是按照子公司所在国的具体情况和母公司全球性经营战略，人为地加以确定。因此，它是一种大大高于或远远低于生产成本的价格。转移价格反映了内部贸易在价格上的全部特征，具体做法有：通过调整半成品或零部件的进出口价格来影响子公司产品的成本；通过调整对子公司出售的机器设备的价格和折旧期限来影响子公司的产品成本费用；通过向子公司收取技术转让、专利授权、管理咨询、商标使用等的劳务费来调整子公司的成本和利润；通过内部借贷关系及其利率高低来调节子公司的产品成本和利润；母公司通过支付或索取较高或较低的佣金和折扣来影响子公司的销售收入；在母公司与子公司之间人为地制造台账、损失赔偿等来增加子公司的费用支出等。

（3）内部贸易受跨国公司全球战略的统筹规划。随着跨国公司生产的进一步集中和公司规模的不断扩大，以及跨国公司内部国际分工的日益深化，跨国公司更需要在公司范围内进行全面的计划管理，以保证内部再生产各个环节能彼此协调发展。所以，按跨国公司全球战略而确立和深化的内部分工就具有计划性。内部分工的计划性决定了内部贸易的计划性，主要表现在内部贸易的数量、商品结构以及地理流向等要受跨国公司长期发展战略规划、市场销售计划、生产投资计划及资金和利润分配计划等的控制和调节。

（4）内部贸易与行业的技术水平相关。在通常的情况下，跨国公司所处行业的技术水平越高，其内部贸易的比重也就越大。例如，1987年有人对全世界32个国家不同行业的跨国公司内部贸易进行调查的结果表明母公司内部出口贸易在其总出口中的比重，计算机行业为91.3%，汽车为62.4%，机械为52.6%，石油为51%，电子为36.5%，医药化工为35%，纺织为12.8%，食品为9.8%，造船仅为8.79%。除造船业外，可以看出技术密集程度与跨国公司内部贸易规模呈正相关关系。

11.3.2 跨国公司转移价格

1. 转移价格的定义

转移价格是指跨国公司以其全球战略为依据，以跨国公司整体价值最大化为目标，在母公司与子公司或者子公司之间进行商品劳务等交易时所采用的内部价格，其中包括租金、技术转让费和管理费等。转移价格是跨国公司经营中的一种很常见的现象。例如本田在中国的子公司生产汽车整车，但发动机却由其在日本的子公司生产提供，这样日本跨国公司在中国的子公司和在日本的子公司之间就存在着商品交易。跨国公司总部为两个子公司之间商品交易所确定的交易价格就是内部转移价格。

当然，转移价格并不仅限于商品交易中出现的交易价格。跨国公司母公司以及各个子公司之间也经常存在着互派技术人员或者其他劳务，在这种情况下支付劳务工资补贴等也是一种转移。如果子公司A向子公司B派出技术，而人员的工资全部由子公司A承担，相当于子公司A向子公司B转移资金。如果派出技术人员的工资由双方共同承担就相当于子公司A向子公司B部分转移资金。除技术人员的工资全部由子公司B承担之外，子公司B还向子公司A提供技术转让费，而当技术转让费偏离公允水平时也会出现资金转移。单纯的技术转让也存在着资金转移的现象。另外，跨国公司母公司也常向子公司收取管理费，在管理费水平的确定中也存在着资金转移现象。

2. 转移价格的动因

国际转移定价最初是被跨国公司用作考核下属企业经营业绩的内部管理工具。当跨国公司规模不断发展壮大，下属公司被赋予越来越多的自主经营权时，为了保证企业的资源获得最佳配置，跨国公司又将国际转让定价作为调节内部资源配置的有效工具，以促进下属企业有效经营，实现集团整体利益最大化。随着生产和资本国际化进程的加快，特别是近年来经济全球化的迅猛发展，国际竞争日趋激烈，国际转移定价已成为跨国公司用来应对各种复杂的非市场环境因素（如国家的税收、法律制度等）、实施其全球战略的重要策略和有效工具，而内部结算功能反而退居其次。跨国公司制定转移价格的目的主要有以下四方面。

（1）转移配置资金。随着跨国公司的规模不断扩大和实施多元化经营战略，出现了与公司所拥有的有限资本资源之间的矛盾。跨国公司的最高决策者必须从最经济的角度思考资金在全球的优化配置，以期提高跨国公司的资金应对能力。国际转移定价是跨国公司实现内部各大子公司间统筹调度资金的途径之一。

母公司或其子公司为实现从某个子公司吸收或转移资金的目标，除了加大或减少产品转移数量外，还可以提高或降低产品的转移价格。由于价格的变化，资金流动的数量和方向也会发生变化。可见，国际转移定价的标价政策不同，资金转移的方向也随之改变，从而为跨国公司内部资金的统筹调度提供了一种有效的手段。

①当东道国对子公司的资本抽回实施种种限制时，跨国公司可通过国际转移定价，提前抽回国外直接投资及利润或减少直接投资额，利用高息贷款方式向子公司提供资金，收取高额的利息，以期在短期内将资本调回本国。母公司所收取的高利息，实质上是分享了海外子公司的利润，这样便可规避东道国对资金调出的限制。因为一般来说，各国的外汇管制都不限制贷款和利息的汇出。当生产科研及管理产生的费用需集中开支时，跨国公司也可以采用国际转移定价的办法调拨公司内部各子公司的资本进行摊派。跨国公司的生产科研技术和管理集中于母公司，母公司因总支出数额大而要求各子公司分担一定数额的费用，但东道国对此有不接受的倾向，所以跨国公司采取国际转移定价便于有效地把各子公司的费用调拨出来。国际转移定价还可以帮助跨国公司通过抬高标价，把资金由低利国家

转向高利国家，或者当某国外币市场出现投资良机时，将资金调往最有利可图的市场，实现转移资金以求厚利的目的。

②便于就地融资。为扶持国外子公司的建立和发展，对新建的子公司，母公司除了向其融通资金外，还可利用转移定价以低价出售给子公司商品及劳务，以高价从子公司买进商品，使该子公司显示出光明的前途和较高的利润率，有助于树立子公司的良好形象，提高资信水平，推高股票价格，从而易于在当地市场发行股票、债券或争取到信贷支持。

③有益于转产或停产子公司的处置。跨国公司在国外的投资方向一般取决于该行业或产业的利润率。当子公司生产经营的利润水平不高而且缺乏发展潜力时，母公司可以采取国际转移定价抽调资金，一方面加速失去发展潜力的子公司的转产或破产，另一方面重新选择利润较高且发展潜力较大的行业和地区进行投资。

（2）规避税收。跨国公司运用转移价格的一个最重要目标是使其全球税负最低。减轻各种税负，主要包括减轻所得税、减轻关税、获取税收补贴或退税以及避免预提税四种。

①降低或规避所得税。跨国公司的子公司遍布世界各地，各子公司要向东道国上缴所得税。各国和各地区的税法和税率不同，同样的利润总额在不同的所得税条件下所缴纳的税额不等。在其他因素不变的情况下，跨国公司可以选择税率较低的国家和地区上缴所得税，从而降低公司的全球所得税负。公司可以制定较低的国际转移价格（如降低售价和收费标准等），将高税率国家的子公司的产品销售到低税率国的子公司，把一部分应该在高税率国家实现并缴纳的利润转移到低税率国家。这样，就使得高税率国家子公司的利润较低，而低税率国家子公司的利润较高，从而降低了跨国公司的全球所得税负。

②减轻或消除关税负担。关税是流转税种的特殊形式，关税征收会提高商品销售价格。但因为关税多数采用从价计征的比例税率，即以进口价值额为基础，这就使国际转移定价在避税功能上得以大显身手。由于从价关税的征收依据是进口货物的价格，所以跨国公司在确定国际转移定价时要充分考虑各国关税税率以及关税政策之间的差异，力争减少公司整体支付的关税。

③获取税收补贴或退税。通过国际转移定价也可多得退税，减少公司的纳税总额。许多国家为鼓励出口，增强本国产品在国际市场上的竞争能力，减弱别国的经济优势，一般都会减轻本国产品的国内税负担。另外，为了避免双重课税，各国往往还对出口产品进行补贴和退税。补贴一般要受到制约，但出口退税是常规做法。退税额以出口货物的价值为基础，抬高出口商品的价值可以获得较多的退税。

④降低或躲避预提税。按照国际惯例，世界各国对跨国公司在本国境内取得的诸如股息、利息、租金、无形资产特许权使用费等要征收预提税。一般对毛所得征税是不作任何扣付的，预提税率为10%~30%。对这些所得，跨国公司可以利用国际转移定价加以转化来回避预提税。采取子公司以低价提供产品的办法将利润转移到母公司，代替利息、租金、股息或特许权使用费的支付或调整子公司分摊的总的管理成本费用支付，从而达到躲避预提税的目的。

（3）调节利润。跨国公司通过调整国际转移定价可以取得以下的财务效果。

①控制子公司的财务状况，创造子公司生存条件。跨国公司为了扶植在国外创建的（尤

其是新设）子公司，使其在东道国站稳脚跟，也可以利用较低的转移定价向子公司提供各种资源、劳务和技术，变相注入资金，以增强其竞争能力。高作价从该子公司购买产品或低作价向其销售产品，必然使子公司的收入上升、成本下降，为其采取低价渗透式的营销策略提供较大的空间，有助于该子公司参与国际竞争。当然，这种类似补贴性质的低价可以随子公司在国外具有一定竞争能力后逐步提高，乃至恢复到正常的转移定价。

②减轻薪酬压力。海外子公司的过高利润会引起东道国员工的不满，进而要求跨国公司增加工资和福利待遇。在民族倾向较重的情况下，还会影响职工的工作效率，甚至使他们产生分享企业盈利的要求，如墨西哥规定合资企业应从盈余中拨出10%用以改善职工生活，而运用国际转移定价降低该子公司的账面利润就可避免这些纠纷。

3. 转移价格的制定方法

虽然转移定价的理论研究还处于不断的探索之中，但迄今仍没有一个定型的政策指导原则。从各国的实践看，转移价格变化多样，纷繁复杂，但是都不外乎两种类型：成本导向的转移定价和市场导向的转移定价。应当如何确定转移价格，是以成本为标准还是以市场价格为标准？是否还应当考虑文化因素？

对有形资产的定价方法主要有以下两种。

一是以内部成本为基础的定价方法。它具体可分为三种方法：①全部成本法，即以产品或劳务的全部成本作为转移价格，全部成本既可以是实际成本，也可以是标准成本。②成本加成法，即在产品或劳务的成本之上再加上一定比例的利润。该法有两种形式，即实际成本加成和标准成本加成。③边际成本法，即在变动成本的基础之上加上一定比例的数额。

二是以外部市场价格为基础的定价方法。以外部市场价格为基准定价就是以转让产品时的外部市场价格作为公司内部转让价格的基准，其转移价格基本上接近正常的市场交易价格，排除人为调节的因素。它具体有两种方法：①市场价法，即以产品或劳务的市场价格作为转移价格。②协商价格，即根据产品或劳务的市场价格，由交易双方协商确定转移价格。

以成本为基础的定价方法的优点表现为：①使用简单，能克服以市场价格为导向制定转移价格的各种限制；②数据现成，有现成的成本资料作为基础，税务当局能予以判断，跨国企业也可以有正当理由申辩；③容易形成日常惯例；④有利于实现公司纵向一体化战略。其缺点有：①容易使让出商品或劳务的子公司将由于生产效率不高而形成的过高实际成本转嫁给让入企业，这样有失公平；②很难刺激让出单位有效地控制成本；③各国经济实体对成本的各种概念不统一；④可能导致母公司与子公司在价格上目标不一致。两种定价方法，在实际应用上各有优缺点。

以市场价格为基础的定价方法的优点是：①它表现为两个实体间转移的机会成本，而不是满足外部其他要求。因此采用这种价格能有效地促进利用公司有限的资源，有利于实现公司分权化管理，也有助于母公司对子公司的业绩评价。②市场价格有利于捍卫"正常交易"的价格，因此比较公平合理，受到一定的偏爱。其缺点有：①由于市场上常常缺乏产品或劳务的中间市场价格，特别是半成品或专用部件的市场价格，从而找不到定价的基础。②有了市场价格往往就会忽视收集重要的成本资料。③使用市场价格往往不会给公司留有为开展竞争或为达到某种战略目的而运用转让定价的余地。

总之，两种基本定价方法各有优缺点，尚难得出哪种方法最佳的结论。从实际情况看，在一家跨国经营企业里，对关联企业之间的内部交易视不同业务有时还需要同时采用这两种定价方法。美国全国工业发展局的调查表明，有 2/3 的跨国企业采用以成本为基础的转移定价，而这 2/3 的公司中又有一半以上的公司同时使用以市场价格为基础的转移价格。美国学者调查发现，美国、法国、英国和日本的跨国企业一般优先采用以成本为基础的转移定价，加拿大、意大利和斯堪的纳维亚国家的跨国企业一般优先采用以市场价格为基础的定价，德国、比利时、瑞士和丹麦等国家的跨国企业则对这两种定价基础没有特别的偏爱。

复习思考题

1. 简述跨国生产标准化的优越性是什么？
2. 简述跨国公司该如何在产品标准化和当地化之间进行选择？
3. 分析跨国生产战略与采购战略之间的关系。
4. 简述跨国公司国际生产的主要方式及其优缺点。
5. 简述跨国市场营销调研的主要内容和方法。
6. 简述市场细分的主要标准及其应用。
7. 跨国公司如何进行价格决策？
8. 跨国公司转移价格的作用是什么？

参 考 文 献

[1] 陈宪. 跨国公司教程[M]. 上海：立信会计出版社，1996.
[2] 秦辉. 跨国经营与跨国公司[M]. 杭州：浙江人民出版社，2005.
[3] 林康. 跨国公司经营与管理[M]. 北京：对外经济贸易大学出版社，2008.
[4] 原毅军. 跨国公司管理[M]. 大连：大连理工大学出版社，1999.

即测即练

自学自测　扫描此码

第 12 章

跨国酒店运营

【学习目标】

1. 掌握酒店国际化扩张的动因，了解酒店国际化扩张历程；
2. 掌握酒店国际化的主要形式及其优缺点；
3. 熟悉跨国酒店的主要等级划分及其标准；
4. 掌握新时期跨国酒店运营的特别要素，明确不同要素的含义和作用；
5. 了解跨国酒店面临的困境以及跨国酒店的战略趋势。

雅高酒店集团的国际化

雅高酒店集团是欧洲排名第一的酒店集团，总部位于法国巴黎。在 2017 年全球酒店集团 300 强中排名第 6，拥有或管理酒店 4 283 家，客房 616 181 间，业务遍及全球 140 个国家（地区）。

1967 年，雅高酒店集团成立。此后，雅高酒店集团以诺富特品牌为基础，开发连锁品牌，并在欧洲和非洲的前法国殖民地经营。1971 年，雅高有 6 家酒店；1973 年，雅高创立美居品牌，同年创立宜必思品牌，并在波兰华沙建立第一家诺富特酒店。随后，雅高酒店集团在英国、荷兰、西班牙、瑞士等国家建立酒店。1973 年底，雅高已在欧洲建立了 35 家诺富特酒店。1980 年，雅高酒店集团通过与杰克-槐斯-玻勒尔国际公司（JBI）兼并，引进索菲特品牌，并在巴黎股票交易中心上市融资；1985 年，雅高的一级方程式汽车旅馆开业，经过 15 年时间在全球开设了 1 000 家分店。1990 年，雅高酒店集团收购美国连锁酒店品牌六号汽车旅馆。1999 年，收购美国红屋顶旅馆。2001 年，雅高酒店集团成为澳大利亚悉尼奥运会官方合作伙伴。2005 年，雅高酒店集团第 4 000 家酒店在西班牙马德里开业。2016 年，雅高酒店集团成功收购费尔蒙莱佛士酒店国际集团（Fairmont Raffles Hotels International，FRHI）及其 3 个久负盛名的奢华酒店品牌。

雅高酒店集团于 1985 年进入中国市场。2002 年初，雅高与首旅集团合作开发三星级美居品牌。2002 年 3 月 8 日，雅高酒店集团与锦江国际酒店集团正式签署成立销售及分销合资公司合同。2002 年 4 月，雅高并购在东南亚颇具实力的国际连锁酒店集团——世纪和顶峰，使其在中国的酒店数量翻倍。2002 年 11 月，雅高投资 2 000 万元与锦江集团成立销售及分销合资公司挂牌运营。2004 年，雅高在中国的第一家宜必思酒店在天津开业，首月入住率达 90% 以上。随后，雅高酒店集团开始在中国快速发展，分别在上海、北京、深圳、香港、广东、福建等地发展，其中以沿海开放城市为主，并逐步向中部、西部城市以及二三线城市拓展。

雅高酒店集团在中国酒店数量最多的城市是上海，其次是北京和香港。2010年12月，拥有405间客房的三亚湾海居铂尔曼度假酒店开业迎客，标志着雅高在大中华地区的酒店数量达到100家，客房总数达到26 641间。雅高麾下七大品牌：索菲特、铂尔曼、美爵、诺富特、美居、宜必思和美憬阁全部进入中国市场。这些品牌覆盖奢华型、高端、中端和经济型酒店，专门针对高端商务旅行者的铂尔曼已成为雅高大中华区高端酒店发展速度最快的品牌。

（资料来源：陈雪钧，李莉. 酒店集团经营管理[M]. 重庆：重庆大学出版社，2019）

12.1　酒店国际化的动因与历程

12.1.1　酒店国际化的动因

与制造业跨国公司扩张动机类似，跨国酒店海外扩张的总体动机在于寻求市场。跨国酒店以世界市场为舞台，通过发展多品牌满足不同细分市场，同时通过特许经营、管理合同等方式转让酒店管理技术，获得较好的经济利益。更重要的是，在向国外发展过程中，跨国酒店能把自己的品牌拓展到国外，在国际市场竞争中占据有利地位。具体来讲，跨国酒店海外扩张的原因主要有以下几个方面。

（1）拓展新市场。随着世界经济和经济全球化的深入开展，跨国商务旅行更加频繁，国际旅游市场不断扩大。由于酒店服务的特殊性，使得酒店集团欲扩大经营规模，就必须走"多国多点"的扩张模式，推动跨国酒店的国际化发展。

（2）寻找利润增长点。由于世界不同地区旅游业和经济发展情况不同，跨国酒店在世界不同地区经营就有不同的收益水平。因而，在有高回报前景的地区扩张就可扩大利润来源。如中国改革开放后经济和旅游业发展态势良好，跨国酒店纷纷加大在华扩张步伐。

（3）平滑商业周期。由于世界各地区的商业周期并不完全一致，跨国酒店于是希望通过在全球不同地区布局其成员酒店网络，利用世界不同地区的不同商业周期来分散风险。这样，即使其布局酒店的某个地区进入商业周期的低谷，在其他地区的酒店却可能是商业周期的高峰。可见，跨国酒店通过在全球各个地区的合理布局，就可以实现商业周期的平滑和互补，从总体上保证其经济收益。

（4）提升品牌价值。酒店服务的特性使得跨国酒店只有在全球布局和实现商业存在，通过提高品牌的全球覆盖率，才能提升其品牌的国际价值，赢取全球品牌的声誉和利益。

（5）积累市场知识。通过在全球不同地区的市场开展经营活动，跨国酒店可以获得不同区位酒店市场的运营知识，同时可将这些市场知识在全球市场转移和共享，提升酒店竞争力。

12.1.2　酒店国际化的历程

1. 酒店的产生

酒店业发展经历了一段漫长的道路，其历史可追溯到几个世纪前的原始小酒店。当时，可供短暂住宿的设施不过是一个平板架当床的设备简陋的房间。

酒店业最初的兴旺是在罗马帝国时期。罗马帝国最繁荣时期拥有 8.2 万公里的道路，道路两边每 50 公里就有一家酒店。每座主要城市都有特定规模的酒店，这些酒店通常由市政府拥有和管理。由于帝国提供了保护，这段时期的旅游活动多于以往任何时期。随着罗马帝国的衰败，长距离旅游大大减少，并且只在绝对必要时人们才出门远行。宗教朝圣成为主要的旅游动机，沿途接待服务主要由慈善组织和宗教机构提供。

扩展阅读 12.1　酒店国际化

15 世纪前后，酒店在英国获得了令人瞩目的地位。酒店通常建立在有权势的家族土地之上，并以家族命名。当时的英国酒店主要是酒馆，有时也提供简陋的过夜住处。随着第一个公共交通系统（城市间的公共马车系统）的建立和延伸，旅游者的数量迅速增长，为旅游者提供服务的酒店的数量也迅速增长。

19 世纪初期，铁路的出现促成了在火车站附近建立崭新而且规模较大的酒店，从此开始了酒店业的新纪元。建在沿海城市码头附近的酒店非常受游客欢迎。1829 年垂蒙特大厦（Tremont House）在波士顿开业，美国酒店业赢得了全世界的关注。建筑师伊沙赫·罗杰斯（Isaiah Rogers）因其为垂蒙特酒店所做的精彩设计而闻名于世，该设计也被欧洲和世界其他地区纷纷效仿。

20 世纪初期，酒店的卧室仍旧狭窄和不舒适，就算豪华酒店也是如此。客人绝大部分时间都只能在宽敞的大厅、图书馆或类似的公共房间内进行放松休息或社交活动。美国的斯塔特勒（Ellsworth Milton Statler）最早意识到并非所有客人都想进行社交活动，很多人则更喜欢待在可以保护个人隐私的房间，因此，他建立了第一批提供私人浴室、更大客房、室内无线电、预订服务的酒店。今天酒店业的基本客用设施和运作控制系统，包括自来水、电话、电灯的开关标准均属斯塔特勒的创举。美国酒店业引进的室内给水排水系统、污水处理系统、中央供暖系统、空调、客用电梯、电气照明和现代通信系统等先进技术很快在国际酒店业盛行起来。

20 世纪后期，酒店业进一步根据顾客不断变化的生活方式和需求调整设施、设计和服务，实现产品定制化。受市场驱动，酒店业创新不断：酒店水疗中心、商业中心、自助入住台、基于设计的精品酒店、无烟酒店、创新的浴室及卧室装置先后产生，并在世界范围内被逐步采用。

2. 连锁酒店的产生及其国际化发展

1）连锁酒店的产生

酒店业产生后的很长时期一直被当作家庭手工业。第一个有名的特例是里兹（Rite）集团。里兹通常雇用可靠的人员以任命和监督所属独立酒店的经理，同时，也允许别的酒店作为里兹所属酒店进行广告宣传（酒店管理合同的先驱）。19 世纪末期，里兹（连锁）因在欧洲及欧洲外的开罗、约翰内斯堡和纽约等城市建立豪华酒店而达到鼎盛时期。

斯塔特勒第一个提出了一个企业同时管理多个酒店可以带来经济和财务优势的观点，即通过集中性的购买、成本控制和市场营销，可以增加企业的营业利润。此外，康拉德·希尔顿（Conrad Hilton）、恩尼斯特·亨德森（Ernest Henderson）和罗伯特·莫尔（Robert Moore）也是连锁酒店的先驱，他们在发展连锁概念中发挥了重要的作用。尤其是康拉德·希尔顿作为酒店管理合同的创始人而广受赞誉。管理合同则孕育了酒店管理公司的形成。假日酒店的创始人凯蒙·威尔逊和华莱士·约翰（Camon Wilson & Wallace Johnson）逊于20世纪五六十年代通过特许假日酒店的名称使用权，建立了全国性的酒店预订网络系统。特许经营使连锁酒店得以更快速地扩张。从此，特许经营方式成为酒店的标准运作模式。

2）连锁酒店的国际化

在海外进行酒店投资有很大的风险。其原因在于，酒店经营者在国外城市和郊区选择最佳地点会遇到更大的困难；融资通常会更加复杂并且难以获得，特别是在建筑物、人员配备、当地习俗、交易方式等诸多方面都可能有根本性的不同。由于没有一家银行愿意承担支付所有贷款的风险，筹措资金通常需要寻求多种资金来源。同时，在政坛巨变时期也曾出现过酒店国有化或客人大幅度减少的现象。像其他国际性企业一样，经营海外酒店在汇率涨跌以及利润汇回国内的限制方面都存在一定的问题。另外，外国连锁酒店经常会面临东道国国内酒店的竞争，有时竞争还来自政府所拥有或资助的酒店。

美国酒店业早期向海外的扩张，开始于美国对经济欠发达国家的经济扩张。作为"友好睦邻"政策的一部分，美国总统罗斯福鼓励美国公司到拉丁美洲修建酒店，罗斯福认为通过增加旅游和从美国获得的外汇收入，可以改善拉丁美洲和加勒比地区国家的经济状况。泛美航空公司（Pan Am）作为当时全美最卓越的国际交通企业，对发展国际酒店业的号召反应极为迅速。然而，泛美在国外修建酒店的努力直到1946年才获得成功。它建成了自己拥有全部产权的子公司——洲际酒店公司（IHC）。洲际酒店产生了双重作用：一是为国际游客，特别是泛美的乘客服务；二是为航空公司的机组成员提供住宿。希尔顿集团1948年在波多黎各的第一个酒店工程，在某种程度上也是对总统号召的响应。

第二次世界大战后，美国外交政策的重点转变为帮助欧洲大陆重构其饱受战争磨难的经济，并且鼓励美国酒店公司也加入其中。另外，为了更好地满足美国旅游者的需求，欧洲组织考察团访问美国以便学习和采用美国酒店管理的先进经验。这些努力均促进了酒店业国际化的进程。在市场全球化的推动下，连锁酒店开始寻求各种各样的机会，以服务于不断增长的国际顾客。同时，许多大型酒店也意识到，加强海外扩张，不仅有助于酒店获取一定的海外旅游市场份额，而且可以获得比较优势，特别是在发展中国家，即使生产资料和资本难以与发达国家相媲美，但土地和劳动力却便宜很多。国内环境对酒店业的海外发展同样产生了重要的影响。由于国内市场饱和，许多酒店只好到海外去寻求新的发展机会。

1946年成立的"希尔顿酒店公司"（Hilton Hotels Corporation）在美国收购了多家酒店集团（包括斯塔特勒的所有酒店集团）后开始向国外扩张。在此后的二三十年里，喜来登酒店公司（Sheraton Hotels Corporation）、假日集团（Holiday Inn）、万豪（Marriott Hotels）等美国其他新崛起的酒店集团也先后加入了国际化行列。欧洲的酒店集团在美国酒店集团的压力下，也从20世纪50年代开始逐步加入了国际竞争的行列。20世纪50年代初，总部设在巴黎的地中海俱乐部集团（Club Mediterranean）就开始在地中海沿岸建造度假胜地和酒店,而后又扩张到加勒比海地区。

20世纪六七十年代的国际旅游市场主要集中在欧洲和美洲,同时国际酒店集团在进军国际市场初期往往也选择伦敦、巴黎、罗马等重要的历史文化名城,作为打开欧洲市场的立足点,这些城市大量稳定的旅游者为酒店提供了充足的客源。而后,随着竞争激烈,国际酒店集团开始把维也纳、塞维利亚、巴塞罗那、里斯本、米兰、布鲁塞尔等新兴的旅游城市和商业城市作为目标市场。石油美元的流入使中东地区在六七十年代成为增长极为迅速的地区,也吸引了国际酒店集团的投资。但由于中东地区的政治局势动荡,地区冲突不断发生,以及国际石油价格的下跌,使国际酒店集团在该地区的投资和经营遇到了挫折。不过,国际酒店集团却在东亚和环太平洋地区看到了酒店业发展的新契机。

20世纪80年代以后,国际酒店业发生了戏剧化的变化。随着欧洲经济共同体(EEC)朝着单一市场迈进步伐的加快,欧洲酒店集团也加快了联合与扩张的步伐,以抗衡美国酒店集团对欧洲市场的渗透,并在全球范围内与美国的酒店集团展开了竞争。英国的大都会集团于1981年接管了洲际酒店,雅高(Accor)集团通过良好的市场定位、国际化的战略成为欧洲规模最大的酒店集团,希尔顿酒店集团于1987年被拉得布鲁克集团(Lad PLC)收购更意味着欧洲酒店集团全球化战略的决心。到90年代,欧洲酒店集团已迅速成为国际酒店业一支重要的力量。

经济迅速增长的亚太地区及该地区欣欣向荣的旅游业为国际酒店业提供了良好的投资场所以及来自世界各地源源不断的客源。不但西方的酒店集团纷纷投资该地区,而且以日本、中国香港和新加坡为首的亚洲本土酒店集团也迅速崛起。它们不但在亚洲市场上与欧美的酒店集团相抗衡,而且还制定了更加雄心勃勃的全球化战略。这些亚洲酒店集团在发展的初期得益于亚洲相对廉价的劳动力,但很快它们就将竞争重点转移到酒店声誉和服务质量的提高。如以中国香港为基地的亚洲四个主要的酒店集团——文华东方(Mandarin Oriental)、半岛(Peninsula)、丽晶(Regent)和香格里拉(Shangri-La),当之无愧地出现于世界第一流酒店集团的名单,并且均试图向亚洲以外的地区扩张。日本酒店集团的先锋东京集团(Tokyo Group)则致力于泛太平洋酒店网络的建立,日航集团(Nikon)和新大谷(New Otani)酒店则将自己的市场扩展到了美国和欧洲。1988年12月,大都会集团将洲际酒店公司卖给了总部设在东京的从事零售业、酒店和房地产业的赛松(Saison)集团,从而使Saison集团控制了洲际酒店100%的股份。这在国际酒店业掀起了轩然大波。亚洲财团的巨资注入改变了国际酒店的"游戏规则",这标志着国际酒店业已不再是欧美人的一统天下。至90年代末,亚洲酒店集团已在一些地区市场上能够与欧美相抗衡。

随着酒店集团,尤其是跨国酒店集团的发展,酒店业集中度不断提高。2015年,在全球排名前10位的酒店集团中,有6个集团的总部设在美国,在排名前20位的酒店集团中,有13个集团的总部设在美国,其余的也都在英、法、德等国。从各国上榜(全球200大)公司数量来看,近年来中国酒店快速崛起,2015年上榜32家(包括香港地区),位居第二。虽然近年来美国酒店上榜数量有所下降,但仍压倒性地位居第一,共有123家上榜。不过,中国酒店集团发展非常快。

扩展阅读12.2 跨国酒店在发展中国家的发展

2020 年度全球酒店集团 200 强榜单中，中国有 3 家进十强，其中，锦江国际集团位居第二，华住和首旅如家则分别位列第八、第十位；中国共有 18 家进入百强行列，有 33 家进入 200 强行列。目前，全球 200 家最大的酒店集团公司已经基本上垄断了国际酒店市场。

12.2　酒店国际化方式

国际化方式是跨国酒店集团根据其经营宗旨，为实现跨国酒店集团的战略目标而在经营活动中采取的方式和方法。由于外部环境和跨国酒店集团自身的实际情况不同，跨国酒店集团所采用的国际化方式有所不同。

12.2.1　直接经营

1. 直接经营的概念

直接经营指酒店集团通过投资建造、购买、兼并等途径获得酒店的所有权，并对其进行直接经营管理的国际化方式。直接经营的内涵主要体现在两个方面：一是集团成员的酒店所有权归集团，酒店集团以全资或控股投资方式获得成员酒店所有权；二是直接经营，酒店集团直接经营管理成员酒店，酒店集团总部采取垂直纵向方式管理所有成员酒店，成员酒店必须服从集团总部的命令与指挥。

直接经营是酒店集团发展初期普遍采用的国际化方式。希尔顿、假日、凯悦和万豪等酒店集团等在集团发展初期均采用直接经营方式扩大了集团的规模实力，提升了集团品牌知名度，扩展了市场网络，为集团的快速发展奠定了基础。1919 年希尔顿国际集团创始人康拉德·希尔顿用 5 000 美元在美国得克萨斯州买下他的第一家旅馆莫布雷（Mobley）旅馆；1925 年，希尔顿在达拉斯建立第一家以"希尔顿"命名的酒店；从 1925 年开始，希尔顿逐渐以自建的方式拓展高档酒店市场。20 世纪二三十年代在美国经济不景气、美国大部分旅馆破产倒闭的背景下，希尔顿以其精准的投资眼光和良好的管理制度使酒店渡过难关。希尔顿通过购买、兼并等方式扩大其集团规模。1939 年希尔顿在加利福尼亚州、纽约、伊利诺伊州及其他各地兴建、租赁和购买了一批旅馆；1943 年在加利福尼亚、纽约、芝加哥以及华盛顿买下几家酒店，从而使希尔顿成为第一家沿海岸线城市的酒店联号；1945 年购入位于芝加哥的世界最大旅馆——史提芬斯大旅馆；1946 年建立希尔顿国际集团。

2. 直接经营的优缺点

（1）直接经营的优点：①成员酒店的所有权和经营权统一。直接经营使得成员酒店的所有权和经营权归酒店集团总部，业主方与管理方合二为一，管理者受酒店集团总部委派经营、管理酒店，执行酒店集团总部的战略方针，便于经营管理决策的执行，有利于提高成员酒店的经营效率。②节省管理费用。直接经营方式由酒店集团总部调配管理团队对成员酒店进行管理，酒店集团只需要支付管理团队的工资福利费用，而不用支付高额的管理费、特许经营费等，有利于节省管理费用。③对成员酒店的控制力强。直接经营采取垂直纵向方式管理所有成员酒店，成员酒店必须完全听从集团总部的命令与指挥。酒店集团能够按照集团的战略计划统一调配成员酒店的人力资源、资金资源、物质资源等，协同成员酒店采取一致的经营行为以实现酒店集团的战略目标，抱团经营以抵御竞争对手。

（2）直接经营的缺点：①资金投入大。由于直接经营的核心是控制成员酒店的所有权，因此酒店集团无论是自己投资建设酒店，还是购买、兼并酒店，都需要投入大量的资金以取得成员酒店的所有权，对酒店集团的资金要求高。②投资风险大。酒店集团将大量资金用于建设、购买、兼并酒店，一旦酒店市场低迷，酒店集团的资金收入需弥补银行借贷时，酒店集团就会面临资金链断裂的风险。因此，直接经营方式存在着较大的市场风险。③发展速度慢。直接经营方式需要酒店集团拥有足够的资金投资酒店不动产，因而酒店集团或需要缓慢积累，或依靠自身力量筹集大量资金，导致酒店集团发展速度较慢。例如希尔顿国际集团在 1919 年开设了第一家酒店并采用直接经营方式，在此后十多年的时间里希尔顿国际集团的酒店数量只达到了 8 家；而在 1938 年以前，希尔顿国际集团的市场范围仅局限于美国得克萨斯州。

3. 直接经营的形式

酒店集团直接经营的具体方式主要有独立投资、收购兼并、合资经营。

（1）独立投资。独立投资指酒店集团在目标市场全资投资建设酒店，并对其自主经营。如美国德鲁里酒店集团从 1973 年第一家酒店开业至今发展到 100 多家成员酒店，该公司奉行的就是"保守性"政策，旗下所有酒店均由集团自己建造、自己拥有、自己管理。独立投资方式的优点是：酒店集团对成员酒店的控制权最强，同时对目标市场的渗透最完全。其缺点是：资金资源要求高，使得集团发展的灵活性降低，面临的市场风险加大；酒店集团发展的速度很慢，酒店集团难以取得快速的规模增长和效益提升。

（2）收购兼并。指酒店集团通过兼并、控股等方式收购被并购酒店的所有权。收购兼并的具体实现渠道有三种：一是用现金购买其他酒店的资产；二是购买其他酒店的股份或股票；三是对其他酒店发行新股票以换取所有的股权，从而取得该酒店的资产和负债。收购兼并的优点是：酒店集团可以在短时间内迅速进入目标市场，提高目标市场占有率，迅速扩大成员酒店的规模；可以在目标市场迅速获得营销渠道、销售网络、人力资源、忠诚顾客等经营资源。其缺点是：酒店集团与被并购酒店整合困难，导致管理低效；收购兼并对酒店集团的资金实力、资本运作能力等要求十分高，适合实力雄厚的大型酒店集团。

（3）合资经营。合资经营是指两个或两个以上具有法人资格的组织或个人，按照一定股权比例共同出资组建具有法人地位的酒店。合资经营的优点有：合资者可以增强各自的资金实力；合资者分担成本和风险而使酒店可以获得更大的市场渠道网络，提升营销能力；对于一些设置贸易壁垒的国家来说，采用合资的方式是酒店集团唯一可行的市场进入方式，也可享受该国的优惠政策。其缺点是：酒店集团可能会失去对合资酒店的控制权；合资者之间的矛盾可能对酒店经营造成困扰。

12.2.2 特许经营

1. 特许经营的概念

凯撒·里兹（Cesar Rite）最早在酒店业使用了特许经营方式。1907 年，里兹使用特许经营方式向纽约、波士顿、里斯本和巴塞罗那等地的酒店特许使用里兹酒店品牌。20世纪50年代，国际酒店业迅猛发展，其原因在于假日、喜来登、希尔顿、万豪、精品等一大批国际酒店集团使用特许经营方式迅速扩大了酒店集团的规模和市场网络。

特许经营是指拥有商标、商号、产品、专利和专有技术、经营模式等经营资源的酒店集团（特许人），以合同形式将其拥有的经营资源许可其他经营者（被特许人）使用，被特许人按照合同约定在统一的经营模式下开展经营并向特许人支付特许经营费用的经营活动。

在特许经营方式中，酒店集团为被特许者提供技术、市场营销、人员培训、物资采购、经营管理等方面的帮助；加盟酒店在酒店集团的指导下开展经营活动，可以共享酒店集团的资源，如营销系统、市场网络、人事培训等，同时加盟酒店在产权和财务上保持独立。特许经营的重点是特许经营权转让，特许经营出让者与受让者之间是契约关系，而不是上下级关系。采用特许经营模式要求拥有特许经营权的酒店集团必须具备较高知名度的品牌、市场声誉、完善的管理支持和市场网络支持。

2. 特许经营的特点

（1）特许经营的特点。一是以合同形式约束特许经营的权利和义务。特许人将根据合约规定，将自身拥有所有权的品牌、商标、技术、培训、管理系统等按照合同契约规定提供给被特许方，并收取特许经营费；被特许人按照合同约定在统一的经营模式下开展经营，使用特许人的品牌名称、标志、营销预订网络等。二是被特许人需按照合同契约向特许人支付特许经营费用。特许经营费用一般包括：①特许加盟费。这是指特许人向被特许人转让特许经营权而获得的一次性费用，在一个加盟期限内，被特许人仅需要向特许人交纳一次加盟金。②特许品牌使用费。这是指被特许方使用特许方的商标与品牌所需支付的费用，一般为营业收入的1%~2%。③特许经营管理费。这是指受许方接受特许方提供的日常业务指导而支付的费用，一般为营业收入的3%~5%。④其他费用。主要是被特许方根据合同约定享受特许方提供支持所需要支付的费用，如预订系统、广告推销、工程支持等。三是被特许方保持产权和财务的独立。在特许经营方式中，被特许经营业务的产权是归被特许人所有，其拥有自主的财务管理权，并自负盈亏；而酒店集团作为特许人不需要投入资金，也不拥有产权。四是特许经营一般是长期的合作关系。特许经营的时间由双方通过合同的形式约定，一般来说酒店特许经营合同普遍在5年以上，有的特许经营时间甚至达到10~20年；合同到期后如果双方愿意继续合作，合同期限仍可延长。

（2）特许经营的优点：①有利于酒店集团迅速扩大经营规模，实现规模经济效应。酒店集团采用特许经营方式可以在较少投资、较短时间内迅速增加旗下成员酒店数量，可以快速扩张市场网络和提升酒店集团的品牌价值，迅速渗透目标市场，形成规模效应。②有利于酒店集团获取稳定的收入。酒店集团采用特许经营方式可以获取被特许酒店支付的特许经营费，而特许经营费包括特许加盟费、特许品牌使用费、特许经营管理费和其他费用等，这是一笔稳定而可观的收入，特别是当酒店集团旗下的特许经营酒店数量较多时，特许经营费收入占酒店集团经营收入的比例就会较大。③有利于被特许酒店利用酒店集团的资源。被特许酒店通过特许经营方式根据合同约定使用酒店集团的资源，包括品牌、预订系统、销售网络、管理团队、服务程序等，得到酒店集团提供的管理、人才、预订、营销等多方面的支持，减少了被特许酒店单独创业所需要的品牌培育期及市场风险，提高了投资成功机会。根据美国商务部的统计,特许经营成功率在第 1 年为 97%,前 5 年为 92%,前 10 年为 90%。

（3）特许经营的缺点：①酒店集团与酒店业主冲突的风险。在特许经营模式中,酒店集团与酒店业主在战略决策、管理权限、利益分成、质量保证等方面可能存在冲突的风险。特别是在被特许酒店经营业绩不好时,不仅承受着业绩不佳的压力,而且还要支付高昂的特许经营费用,这会加剧酒店集团与酒店业主冲突的风险。②酒店集团对受特许酒店的约束力弱。酒店集团与受特许酒店之间是合同契约关系,酒店集团对受特许酒店只能建议和指导而不能直接控制和指挥。受特许酒店拥有自主经营权,酒店集团难以保证受特许酒店的服务质量和管理水平,而受特许酒店如果经营管理不善则会直接损害酒店集团的品牌声誉。③制约被特许酒店的经营灵活性。被特许酒店因特许经营合同的约束,在酒店装修、管理方式、服务标准等方面均要严格执行酒店集团的规范要求；而酒店集团过于严格或固定的规范要求又缺乏灵活性,可能不适应被特许酒店的实际情况。

3. 特许经营的形式

根据特许人对被特许人的控制程度分类,酒店集团特许经营的形式分为产品特许经营权转让、商标特许经营权转让和经营模式特许权转让。

①产品特许经营权转让。产品特许经营权转让是指酒店集团在某一地区特许转让生产和销售特定产品,例如酒店的设施设备、酒店床上用品、客房"六小件"等。

②商标特许经营权转让。商标特许经营权转让是指酒店集团出让酒店的品牌名称、标志的商标使用权。商标权是经过合法注册的商标在法律上拥有的权利,包括商标使用权、商标转让权、商标专用权、继承权和法律诉讼权等。被特许人通过商标特许经营权转让获得在特定区域合法使用特许人商标的权利,并依据合同支付费用给特许人。

③经营模式特许权转让。经营模式特许权转让是指酒店集团向被特许酒店输出管理模式、服务程序和标准,通过共享营销系统、预订系统、供应链系统等帮助被特许酒店获取经营资源,降低经营成本。而被特许酒店在酒店集团的帮助下复制其管理模式和服务标准,能够迅速提升酒店的管理水平和服务水平,迅速拓展市场,提高市场业绩。

12.2.3 委托经营

1. 委托经营的概念

委托经营又称合同经营,指酒店集团与酒店业主签订管理合同,约定双方的权利、义务和责任,酒店集团接受业主委托,按照集团的管理风格和标准管理酒店,并向被管理酒店收取管理酬金的经营方式。委托经营的特点有：

（1）酒店所有权和经营权分离。酒店集团与酒店业主签订管理合同约定双方的权利、义务。酒店业主方负责投资并拥有产权,承担筹集营运资本、营业费用及偿还贷款的责任。酒店集团作为管理方不参与投资并拥酒店运营的决策权；酒店集团能以自己的管理风格、服务规范、质量标准和运营方式管理酒店,并向被管理酒店收取管理酬金；被管理酒店拥有酒店的所有权和经营收益权。

（2）委托经营的合同年限一般为5年，国际酒店委托合同期限一般为10年，然后再视业绩情况决定是否续签。

表12-1 亚洲酒店委托经营的合同年限比例

合同年限（年）	占被管理酒店总数的百分比
0—4	6%
5—9	28%
10—14	40%
15—19	12%
20—29	8%
30—49	4%
50年以上	2%

（3）委托经营的费用构成包括：开业前管理费，即业主支付的一次性酬金，用于支付管理公司在开业筹划、制订开业预算、进行开业活动督导方面的费用。基本管理费，是管理公司的固定收益，采取的是固定比率，通常占酒店营业收入的1%～3%。奖励管理费，一般收取营业毛利的3%～10%。市场推广费，主要用于业主方使用管理公司的全球预订系统进行宣传推广，一般为营业收入的1%～3%。

（4）管理人员工资由酒店业主发放，计入酒店经营成本。根据委托合同的约定，酒店管理方会向被委托管理酒店派遣总经理、副总经理、总监和部门经理等各层管理人员，而以上派遣管理人员的工资、奖金等一般由被委托管理酒店的业主发放，合同中有专门约定的除外。

2. 委托经营的优缺点

（1）委托经营的优点有：①酒店管理方可以迅速扩大集团管辖的酒店数量。委托经营可以使酒店管理方能够在短时间内迅速增加管辖酒店数量，从而扩大酒店集团的规模，实现规模经济效应。②酒店业主方可以借用酒店管理方的专业管理和品牌。由于酒店业主方缺乏酒店经营管理能力、经验、品牌、市场网络、营销预订系统、管理人才等，酒店业主可通过委托经营方式与酒店集团或酒店管理公司签订管理合同，借用酒店管理方的品牌、管理、市场、人才等，获得更好的经营业绩。

（2）委托经营的缺点有：①酒店业主和酒店管理方容易产生矛盾。在委托经营中，由于酒店业主需要支付高额的管理费用并承担市场经营风险，而酒店管理方对酒店业主又没有实质性的业绩承诺，容易导致酒店业主和酒店管理方产生分歧和矛盾，特别是在酒店经营业绩不佳时双方的矛盾会更加严重。而一旦矛盾升级到不可调和的程度时，酒店业主会提前终止委托合同，导致酒店管理方的品牌和名誉受到损失。②酒店管理方在合同终止后失去对酒店的经营管理权。酒店管理方在合同期限内享有管理酒店的权利，并将受托酒店作为集团旗下的成员酒店之一。而一旦合同到期酒店业主方不再续签合同，或者酒店业主方提前终止合同，酒店管理方会立即失去对酒店的经营管理权。因此，委托合同续签的权利主要掌握在酒店业主方，这给酒店管理方的经营带来了一定的风险。

12.2.4 租赁经营

1. 租赁经营的概念

租赁经营是酒店集团通过签订租约，缴纳一定租金的形式在一定时间内租赁业主的酒店建筑、家具、设施设备等，由酒店集团作为法人对酒店进行直接经营管理的方式。租赁经营的主要特点有：

（1）酒店集团作为法人直接经营。在租赁经营方式中，酒店集团是酒店的法人，酒店集团在酒店经营过程中独立承担法人的权利和责任，拥有酒店的经营权利和经营收益权，同时酒店集团也负责所有经营成本和费用，如酒店运营费用、员工工资福利、营业税、房地产税、保险费及其他费用等。因此，酒店集团承担着所有的经营风险，而酒店业主则每年收取稳定的租赁费。

（2）酒店的所有权与经营权分开。在租赁经营方式中，被租赁酒店的所有权归酒店业主，酒店的大多数固定资产属于业主。被租赁酒店的经营权归酒店集团，酒店集团只承担经营风险，因此在一定程度上减少了酒店集团的市场风险。因此，租赁经营受到万豪、希尔顿、雅高、如家等众多国际酒店集团的青睐。

（3）租赁经营的租金由双方合同约定。租赁经营的租金由酒店业主和酒店集团在租赁合同中约定，租金一般包括固定租金和一定比例的年营业收入，或双方约定固定租金数额。

（4）租赁经营的合同期限较长。在租赁经营中，酒店集团需要向业主作出长期租赁承诺，租赁经营的合同期限一般有30年、40年、50年或60年等。因此，酒店集团在选择租赁酒店时需要综合考虑被租赁酒店的长远发展战略，只有在综合权衡酒店的选址、市场规模与潜力、盈利水平、地区稳定的条件下才能作出正确的租赁决策。

租赁经营与委托经营的异同见表12-2。

表12-2　租赁经营与委托经营的异同

运营形式	租赁经营	委托经营
相同	酒店的所有权和经营权分开；支付一定的费用	
不同	酒店集团为企业法人	酒店业主为企业法人
	酒店集团获得了经营利润	酒店业主获得经营利润
	酒店集团向业主支付租金	酒店业主向酒店集团支付管理费
	员工工资由酒店集团支付	员工工资由酒店业主支付

2. 租赁经营的优缺点

（1）租赁经营的优点有：①有利于酒店集团节省巨额的固定资产投资。在租赁经营中，酒店集团不需要投入巨额资金用于建设酒店，从而节省了巨额的固定资产投资。酒店集团能够以相对较少的资金投入取得酒店的完全经营权，有利于其在短时间内增加成员酒店数量，扩大酒店集团的经营规模和市场网络。②有利于酒店业主获取稳定的租金。一些酒店业主不具备经营酒店的经验、能力，通过租赁经营方式能够长期获取稳定的租金，从而保障了酒店业主的投资回报，也有利于盘活酒店资产，促进酒店行业健康发展。

（2）租赁经营的缺点有：①酒店集团要承担较大的经营风险。在租赁经营中，酒店集团承担所有经营风险，负责所有经营成本和费用，如酒店运营费用、员工工资福利、房地产税、保险费及其他费用等，而不管酒店集团经营是否盈利，都需要向酒店业主支付租金。因此，酒店集团承担着较大的经营风险。从酒店集团的经营风险来看，租赁经营的风险比委托经营的风险要大得多。因此，酒店集团更倾向选择委托经营。②酒店业主的收入有限。

在租赁经营中，酒店业主不需要投入经营资金，不承担经营风险，只收取稳定的租金，虽然收入稳定、保险，但是收入有限，投资回报率相对较低。因此一些酒店业主宁愿将酒店物业出售，将资金用于更高回报率的投资。

12.2.5 联盟经营

1. 联盟经营的概念

联盟经营是指由两个或两个以上的酒店通过契约的形式自愿联合起来组建松散型酒店联合体，基于利益共享、风险共担原则开展多种形式的合作经营方式。

酒店集团的直接经营、特许经营、委托经营、租赁经营尽管有如此多的优势，但是高进入壁垒令众多中小型酒店望而却步，而联盟经营的进入条件则更为灵活。世界酒店联合体发展已经具有一定的规模实力，国际知名的酒店联合体有世界一流酒店组织、世界小型豪华酒店组织以及尤特（UTELL）等。

联盟经营的主要特点：

（1）联盟经营是一种松散型的合作契约关系。联盟经营成员基于利益共享、风险共担原则自愿组建酒店联合体，采用同一预订系统，进行统一的广告宣传，执行统一的质量标准，履行相互合作、风险共担、利益共享的合作关系。酒店联合体是一种动态的开放式体系，成员之间签订的契约是一种非约束性协议，成员之间的合作依靠联合体成员之间的协商。成员酒店可自由、自愿加入或退出酒店联合体。

扩展阅读 12.3 世界一流酒店组织

（2）成员酒店的所有权与经营权独立。在联盟经营中，各成员酒店的所有权与经营权独立。一些酒店业主既想保留酒店的所有权和经营权，又想使用酒店集团的预订系统、市场网络、品牌等经营资源，这就使得联盟经营方式比特许经营、委托经营、租赁经营更具有优势。

（3）联盟经营的形式灵活多样。酒店联合体的联盟经营形式包括联合营销、共同研发、共享预订系统、联合培养人才、品牌经营、联合采购、资源共享、经验交流等，通过合作经营实现所有成员酒店的共同发展，取得共赢的结果。

2. 联盟经营的优缺点

（1）联盟经营的优点有：①进入门槛低。联盟经营保证酒店所有权与经营权的独立，加盟成员酒店不需要交出经营权，不需要缴纳高额的特许经营费用、委托管理费用等，因此进入门槛较低，适用于广大中小型酒店，加盟酒店的成员对象范围广泛。②成本低收益高。加盟酒店能以较低的成本获得品牌共享、CRS（计算机中央预订系统）服务、联合营销、集中采购、人才培养等多种服务，在管理技术、技能、营销、品牌等方面优势互补、资源共享，实现规模经济效应。通过联盟经营，众多小型酒店能够聚集资源降低经营成本，联合起来抵御酒店集团的竞争。

（2）联盟经营的缺点有：①组织较为松散。由于联盟经营是一种松散型的合作契约关系、成员之间的合作依靠联合体成员之间协商，联合体对成员酒店并没有强制约束力。一般是由区域某一酒店倡议，众多酒店响应成立酒店联合体，成员酒店之间通过协商一致的方式开展联合经营活动，并没有资产或组织的隶属关系。因此，酒店联合体的组织较松散。②对成员酒店的协调难度较大。酒店联合体依靠成员酒店之间的合作契约关系开展联合经营活动。如果成员酒店不愿意配合酒店联合体统一的经营活动，酒店联合体也不能强制要求成员酒店，导致酒店联合体统一经营活动的效果大打折扣。同时，成员酒店可以自愿、自由加入或退出酒店联合体，使酒店联合体对成员酒店的协调难度增大。

12.3　跨国酒店等级划分与标准

酒店等级是指一家酒店按建筑、设施设备、清洁卫生、服务质量等标准所达到的水准和级别。

12.3.1　酒店业实施等级制度的目的和作用

（1）利于维护顾客权益。酒店的等级标志本身是对酒店设施与服务质量的一种鉴定与保证。对酒店进行分级，可以让顾客在预订或消费之前，对酒店有一定的了解，并根据自身的需求和消费能力进行选择。同时，也可以有效地指导顾客选择酒店，获得物有所值的服务，保障顾客的合法权益。

（2）便于行业监督管理。酒店企业的服务水平和管理水平，对消费者及所在国家和地区的形象和利益均有重要影响。许多国家的政府机构或行业组织，都将颁布和实施酒店等级制度作为行业管理与行业规范的一种手段，利用酒店的定级对酒店的经营和管理进行监督，使酒店与公众利益和社会利益结合在一起。

（3）利于促进酒店业务发展。酒店的等级从经营的角度看，也是一种促销手段，有利于明确酒店的市场定位，并针对目标市场更好地展示酒店的产品和形象，同时也有利于同行业间平等、公平竞争，还可以促进不同等级的酒店不断完善设施和服务，提高管理水平，维护酒店的信誉。对接待国际旅游者的酒店来说，也便于进行国际比较，促进酒店业务的不断发展。

（4）利于增强员工责任感、荣誉感和自豪感。对酒店进行分级定级，可以提高酒店全体员工的参与性，增强员工争级、保级、升级的责任感，激发员工的工作热情。定级或升级的成功可增强员工的荣誉感和自豪感，从而可提高酒店的凝聚力和竞争力，有利于酒店获得持续发展的内在动力。

12.3.2　酒店等级的划分

酒店业的等级制度在世界应用较为广泛，尤其在欧洲更是被普遍采用。每个国家酒店业的情况不同，采用的等级制度各不相同，用以表示级别的标志与名称也不一致。迄今为止，国际上对酒店等级尚未有统一的标准，因而也就不存在所谓的"国际标准"。尽管如此，各国酒店分级定级的依据和内容却十分相似，通常都从酒店的地理位置、环境条件、建筑设计布局、内部装潢、设备设施配置、维修保养状况、服务项目、清洁卫生、管理水平、服务水平等方面进行评定。目前，跨国酒店等级制度与表示方法大概有以下几种：

（1）星级制。星级制是把酒店根据一定的标准分成等级，分别用星号（★）来表示，以区别其他等级的制度。比较盛行的是五星制级别，星越多表示等级越高。这种星级制在欧洲应用十分普遍，如法国采用一星级至五星级，摩纳哥采用四星豪华、四星、三星、二星、一星的制度。我国也采用五星级制。

（2）字母表示法。许多国家将酒店的等级用英文字母表示，即A、B、C、D、E五级，A为最高级，E为最低级，如希腊就采用这种表示方法。有的国家虽然分为五级，却用A、B、C、D四个字母表示，最高级用Al或特别豪华级来表示，如奥地利采用Al、A、B、C、D五级，阿根廷为特别豪华、A、B、C、D五级。

（3）数字表示法。数字表示法是用数字表示酒店的等级，一般最高级用豪华表示，继豪华之后由高到低依次为一、二、三、四，数字越大，档次越低，如意大利的酒店等级标志为豪华、第一、第二、第三、第四。

此外，还有一些等级划分法，如价格表示法或类别表示法等，即用酒店的价格或类别代替等级，并用文字表示出来。例如，瑞士酒店的价格分为一级至六级。

12.3.3 各国酒店等级的分级标准

分级标准是实施酒店分级的依据，是等级体系中最重要的技术文件。每个国家的分级标准不尽相同，对各国的分级标准进行比较，可以了解各国标准的共性和个性。

（1）中国星级标准。1988年，国家旅游局开始实施酒店星级评定制度。1993年，星级标准经国家技术监督局批准《旅游涉外酒店星级的划分与评定》为国家标准，经过1997年、2003年、2010年三次修订。目前实施的标准是《旅游酒店星级的划分与评定》（GB/T 14308—2010），该标准是推荐性国家标准，将酒店等级分为一星至五星5个等级，目前全国范围内经该标准评定的星级酒店有1.4万余家。

（2）美国钻石标准。美国汽车协会于1977年开始进行酒店的钻石评级。1987年首次发布《美国汽车协会酒店钻石评级指南》。钻石标准分为一钻至五钻5个等级，在钻石评级体系下，美国、加拿大、墨西哥、加勒比海沿岸各国已评选出3.2万家酒店、2.8万家餐馆和1.1万处露营地。

（3）英国星级标准。英格兰旅游局、苏格兰旅游局、威尔士旅游局和英国汽车协会均参与酒店的等级评定。虽然评价主体不同，但应用同一套星级标准，将酒店分为一星至五星5个等级。英国建立了一套全国性的住宿业质量评鉴体系，一共有11个分级体系，住宿业的每一种业态都有专属的标准对其进行分级。在英国，每年有2.3万家住宿设施参与质量评鉴。

（4）德国星级标准。德国酒店的星级标准由德国酒店旅馆业协会（DEHOGA）制定实施，分为一星至五星5个等级。每一等级超过一定分值的酒店可以获得附加的"优秀"标记。目前，德国约有7000家酒店参与了星级评定。该标准在欧洲地区也有广泛的影响力。

（5）法国星级标准。米其林红色指南体系是由法国民间团体自行制定和执行的酒店等级体系。该体系由法国米其林集团于 1900 年在其创始人安德里·米其林（Andre Michelin）的倡导下出版的《米其林红色指南》开始，该评定体系以独立、公正、积极著称。米其林的评鉴法则一直得到公众的认可和支持，并被公认为是酒店业质量评鉴的基准。

12.4 跨国酒店业务

12.4.1 酒店业务分类

酒店业务有两种分类方法：

一种方法是将业务划分为收入和辅助收入业务。从财务及酒店记录保存与信息系统方面来考虑，此方法效果显著。收入业务将商品或服务出售给宾客，从而为酒店创造收益；前厅业务与餐饮业务是典型的酒店收入业务。辅助收入业务并不直接创造收益，但对酒店的收入业务起到辅助的作用。客房业务是主要的辅助业务；其他辅助业务包括财务、工程与维修及人力资源等业务。

另一种方法是将业务划分为"前台"和"后台"。"前台"业务指雇员与宾客接触的业务，如前厅、餐饮场所。"后台"业务则指雇员与宾客接触较少的业务，诸如财务、工程与维修及人力资源业务。虽然客房业务与宾客有一些接触，但一般仍认为它是后台业务。

12.4.2 酒店具体业务

（1）住宿业务。酒店的客房类型繁多，较常见的有标准间、大床房、单人间、套房等。客房一般都有地毯，配有沙发、书桌、床头柜、凳子、茶几等家具，以及彩电、空调、电话、灯具等设备，还包括浴缸、淋浴、梳妆台、洗脸盆、抽水马桶等在内的整套洁具。客房通常还配有电吹风、迷你冰箱、小酒吧、保险箱等。现代旅游酒店通过干净、舒适的环境和热情、细致的服务，可使宾客在旅途中感到愉快，并以"宾至如归"为服务宗旨。

（2）餐饮业务。酒店一般设有不同种类的餐厅，以良好的环境、精美的菜肴、严格的卫生条件和优质的服务向宾客提供自助餐、点菜、小吃、糕点、饮料以及酒席、宴会等多种形式的餐饮服务。通常来说，酒店根据自身的等级不同设有不同档次的酒吧和咖啡厅，甚至在顶层设旋转餐厅等。

（3）商务业务。随着商务客人所占比重的增大，酒店的商务业务越来越重要。商务中心除提供复印、打字、票务、特快专递等项目外，通常还设有大小会议室、洽谈室，配有同声传译、翻译、秘书、音响、投影等服务设施和项目，保证宾客的商务活动能够正常进行。此外，根据商务客人的需要，配置大型办公桌、电脑、Internet 接口、传真机等商务设施的商务客房也应运而生。

（4）康乐业务。酒店配备了基本的康乐设施供客人使用。现代酒店的康乐设施越来越趋向多样化、实用化，歌舞厅、棋牌室、台球室是比较常见的娱乐设施。中高档酒店还配有游泳池、桑拿室、按摩室和健身房等设施，保龄球、高尔夫球、网球、壁球和电子游戏等项目。

（5）会展业务。酒店可为各种从事商业、贸易展览、科学讲座和会议的客人提供住宿、膳食和其他相关的设施与服务。旅游酒店一般设有规格大小不等的会议室、谈判室、演讲厅、展览厅和多功能业务厅等。专门的会议酒店还配有各种召开大型会议和国际会议所必须的音响设备和同声传译设备，可供召开远程电视、电话会议以及多国语言同声传译的国际会议、各类企业的新产品推介会、业务洽谈会和新闻发布会等使用。

（6）度假业务。酒店通常提供家庭式环境，客房能适应家庭度假和单身度假的需求。有些酒店还建在闻名世界的旅游度假胜地、风景区内或附近，娱乐设施齐全，如夏威夷和加勒比海地区以及中国海南三亚的绝大多数旅游酒店均属于这类酒店。

（7）购物业务。大型酒店一般都设有商场，最常见的设置在大厅旁边。商场内以精品、工艺品、当地旅游特色商品和土特产品为主，也有为满足住店客人需要的一般生活用品。

（8）交通通信业务。通常情况下，酒店设有商务中心，为客人提供通信、邮政等服务。客房内设有电话装置，中高档酒店的卫生间一般设有电话副机，客房内还有电脑等设备。有些酒店有自己的车队或与汽车租赁公司合作，有些酒店还有定点定时的穿梭车。此外，不少酒店配有来往于旅游酒店与机场或车站的班车，可为客人提供便捷的服务。

12.4.3　跨国酒店业务的特殊性

1. 服务多元化

跨国酒店的客户来源广泛，酒店员工必须了解客人有关接待的价值观和信念才能提供令客人满意的服务。如果员工在提供服务时不了解客人的文化背景，就像一个建筑设计师不了解住户的生活习惯一样，所提供的服务可能落入千篇一律、没有个性的服务范式。

提供干净、安全、礼貌的服务是全球所有酒店服务的基本要求。但跨国酒店必须基于客人特征而提供差异化的服务。这是因为客人文化背景、偏好及旅行经历不同，其评估酒店质量的标准亦有差异。欧洲客人的评价依据是酒店是否 24 小时提供客房送餐服务；德国客人对客房清扫十分挑剔；而美国客人倾向于快速入住登记、自动离店结账以及快捷的简易午餐。

在选择酒店时，来自不同文化区域的客人亦有不同的优先考虑。如日本客人将个性化服务和员工态度作为关键因素；美国客人则偏爱大而舒适的床和高级的卫生间；澳大利亚人喜欢优质服务，对价格十分敏感，期望付出能物有所值，但不愿意被关怀过度；英国人愿意得到免费的咖啡服务。英国、澳大利亚和新西兰客人都喜欢在房间自制茶和咖啡，若下榻的酒店不能提供这些服务，则可能成为争端的主要原因。

2. 沟通复杂化

酒店服务始于人际沟通。沟通可定义为语言和非语言的信息在社会系统的发送和接收。从客人如何被迎接，到酒店提供哪些服务，需要面对跨越文化障碍传递信息的特殊挑战。

客人初次到异地旅游，经常面临如何才能入乡随俗的尴尬。在某些敏感地区，首先要对客人进行培训，使其了解当地的文化传统，尽量避免文化失礼。如果外国游客对当地人的生活方式一无所知，那么无论他们来自何处，都不可能对当地文化具有敏感性。酒店可以举办关于当地文化传统、风土人情的讲座，以便客人在与当地居民接触之前掌握更多的信息。

一些酒店为了与当地社会保持良好的沟通关系，则建立了社区智囊团。通过这些组织，酒店的行政人员与当地社会代表协商，就酒店同当地社会共同关心的问题达成共识，诸如供水、公共交通，为当地提供就业机会、社会赞助活动等。智囊团为酒店经理人员提供了一条与社区沟通的有效途径。在一些以度假酒店为就业渠道的小型乡村社区，利用这种沟通途径不仅能够在公众中建立良好形象，而且可以减少酒店在发展中与当地社会之间的矛盾。

对于竞争激烈的全球酒店业而言，员工掌握多种语言是必备条件。虽然有些外国客人可能会说一些本地话，但他们经常由于害怕被误解而不敢开口。掌握多种语言的员工应该被安排在大堂及其他可视的主要服务区域，如一些酒店在主大堂设立礼宾部，或者在问询处安排由掌握多种语言的员工为客人提供信息服务，同时帮助他们拨打商业电话、收取邮件、安排交通及其他服务。除了口语之外，在为外国客人服务时，良好的书面翻译能力也必不可少。

3. 餐饮高档化

膳食和餐厅质量是衡量一个酒店档次的重要标准，餐厅和酒吧还可以为酒店带来可观的收入，有时甚至超过了客房的收入。基于此，许多跨国酒店根据文化差异对菜单进行调整，以更好地适应客人对食物不同的偏好。并且大多数接待国际客人的国际酒店都提供24小时餐饮，因为国际客人入店时往往因为时差的缘故而饥肠辘辘。

酒店客人来到发展中国家主要考虑餐饮方面的健康和卫生水平。由于食物和水是传染病的主要来源和传播载体，酒店应该积极主动地和客人沟通，在房间内为客人提供一些预防由食物携带的疾病的信息和建议。发展中国家也可以通过酒店提供的饮用水过滤过程以及饮品中冰块的安全信息、客房中配备的瓶装水，以及不要食用未煮过的食物等建议来保证客人的安全和健康。此外，跨国酒店还为客人提供定制化的餐饮。尤其随着中国公民海外旅游的快速增长，理解中国旅行者的偏好也变得越来越重要。跨国酒店可调整服务和便利设施供给，以更好地把握中国市场。

4. 职位数字化

人力资源管理是一个吸引、培训并且保持一支稳定的、受到激励的员工队伍的过程。这一管理职能不仅包括招聘工作所需要的最佳人选，还包括为员工提供适当的激励手段和方式，以充分发挥其能力。人力资源问题对于每家酒店和每位酒店管理者而言往往非常复杂的，需要耗费大量的时间、精力乃至金钱。

近年来，数字化对跨国酒店造成了巨大的冲击，无论是线上融合平台的客户数据捕获，还是点对点协作托管，均面临来自数字经济的威胁，已经迫使大型集团开发严格的数字转型计划，因此，从高层管理人员到后台管理人员，需要更多的与数字技术相关且能够实现数字化的能力。

为了实现管理的转型，跨国酒店企业需要增设一些新的职位：其中最突出的就是首席信息官——即信息系统总监。首席信息官是一个新职业，其目标是打破信息孤岛，以便将所需要的目标信息重新分配给各个部门。这一职位需要加入其所属集团的执行委员会，以便制定战略决策并管理纯技术部分（包括基础设施、架构、维护计算机网络的安全性，例如数据存储仓或大数据管理），同时确保信息服务和组织目标一致。信息系统总监与职能部门合作，由于其专业性特点，需要和其团队一起支持职能部门的工作。

由于互联网已经成为酒店必不可少的销售渠道，因而，围绕网络营销和数字通信领域还提供了新的和备受推崇的工作岗位——咨询经理、社区经理等。服务的质量和客户满意度也因为数字工具的使用而发生变化，传统的通过使用客户问卷衡量质量的方法已经过时，在线收集客户反馈成为一种更加便利和精确的方式。

12.5 跨国酒店战略趋势

12.5.1 跨国酒店面临的挑战

酒店业正在发生剧烈变化。传统国际酒店集团遭受了在线平台等新的颠覆性参与者的冲击。当前，跨国酒店的增长面临四个方面的挑战。

（1）安全挑战。安全正在成为跨国酒店和跨国酒店利益相关者关心的主要问题。实际或想象中的不安全不仅仅涉及恐怖主义，还涉及政治不稳定、内政及军事动乱、流行病以及自然灾害。安全问题增加了跨国酒店的商业风险，因为安全问题不仅影响了旅行者的行为，特别是目的地的选择，而且还增加了运营基础设施和保险的成本。可见，安全已经成为跨国酒店行业的绝对优先事项。酒店经营者致力于了解客户的恐惧和焦虑，实施风险管理程序，并根据主管当局的要求开发救援、监控、地理定位和通信服务。

（2）技术挑战。大多数的旅客配备了智能手机，并且越来越多的专门用于旅游的应用程序被开发和应用。尽管使用频率并不高，超过15亿的旅行者仍使用Facebook进行交通和酒店的预定。无论是销售还是与客户互动，应用程序或社交网络进行在线展示的风险均很高。为此，大型酒店集团也投入巨资开发支持工具以实现个性化服务。

（3）即时挑战。在数字技术的帮助下，消费者的行为发生了变化。即时性产生了快速的流动性、即时的服务需求和快速的决策。消费者通过在线方式登记或退房、通过预订以避免在柜台排队；同时，酒店还被期望帮助他们安排路线并得到他们需要的服务（通信、ATM、外汇、餐饮、汽车租赁等）。

（4）商务休闲挑战。由于重视员工福利以保障员工福祉需要，商务休闲应运而生。商务休闲旅客有特殊的需求，如果酒店想吸引和留住这些旅客，酒店经营者必须考虑到这类消费者的特殊需求。传统酒店集团增加了节日活动和娱乐活动为商务休闲客户创造价值。在万豪，万丽酒店的座右铭是"商业不凡"。为了吸引商务休闲客户，该酒店提供各种郊游和品尝活动。

12.5.2 跨国酒店战略趋势

随着全球化、消费者行为变化、平台竞争和新的企业进入市场，酒店行业正在发生巨大变化。中国作为酒店行业的关键参与者是跨国酒店业出现的重要变化之一。总部位于上海的锦江国际控股有限公司于2015年收购了法国卢浮宫集团及其子公司卢浮宫酒店集团，从而成为中国最大的酒店和旅游集团，在亚洲排名第一；首旅集团（北京旅游集团）2015年收购中国连锁酒店如家后，进入酒店行业前十；成立于 2005 年的华住酒店集团有限公司于 2017 年收购桔子水晶酒店集团后成为全球第十大旅游企业。

面对新的国际参与者，历史上一直作为酒店业先驱的美国和欧洲正在努力保持世界领先地位。在 2016 年收购喜达屋酒店及度假村全球集团后，美国万豪国际成为领先于其同胞希尔顿全球的全球领导者，紧随其后的是英国 IHG。行业地位及其发展变化是跨国酒店战略选择的结果，这些选择使得跨国酒店集团能够在酒店行业领域确定自己的地位，并整合所必须的战略行动。

1. 明确定位

高端细分市场因为高利润率吸引了酒店行业的所有参与者。所以，跨国酒店业的竞争主要集中在中高端细分市场。但为确保营业额的稳定增长，跨国酒店必须在中高端细分市场服务的基础上，重视其他细分市场，并增加房间数量。2016 年雅高收购了费尔蒙莱佛士国际酒店集团（FRHI），其中包括莱佛士酒店和瑞士酒店。集团旗下拥有从豪华品牌（Fairmont, Onefinestay, Raffles 等）到入门级别和国内市场（Ibis, Ibis Styles, Ibis Budgpt, F1 hotel 等），以及中等细分市场（Adagio, Mercure, Mama Shelter, Novotel 等）和高端细分市场（Grand Mercure, MGallery by Sofitel, Pullman, The Sebel 等）多类型酒店。

该行业的主要参与者或多或少都存在于四个细分市场中。这些针对各种酒店范围的定位策略使公司能够满足所有的住宿需求，包括所有级别的预算和舒适度。事实上，客户必须能够轻松识别类别，在选择时以品牌形象作为参考。广泛的定位可能会导致品牌重塑战略：在经济领域，雅高正在改变 Ibis, Etap Hotel 和 All Seasons 品牌的品牌名称，以创建 Ibis "元品牌"，这将成为集团的细分市场参考。除此之外，还有一种将来自不同但互补领域的两个品牌结合起来以进入更大市场的营销战略——联合品牌战略，这种方法在奢侈品领域尤为常见。例如迪拜阿玛尼酒店、范思哲宫殿酒店和凡尔赛宫华尔道夫酒店的娇兰水疗中心。

2. 多元化战略

酒店行业的更新基于两个维度。第一个维度涉及分销，以应对 Airbnb 和 OTA 实践的挑战；第二个维度是在酒店市场出现"双极结晶"的趋势，即廉价酒店与个性化服务酒店共存。为此，跨国酒店在扩大其品牌范围，提供从低成本到高端和豪华的酒店范围，并通过收购或开发具有非常具体概念的品牌来提供传统产品。酒店经营者的多样化一方面增加了国际影响力，另一方面不仅能对国际旅游需求的增长作出反应，而且能对该行业新进入的竞争者市场份额的急剧增长作出反应。

为了实现多元化目标，跨国酒店可以选择三种方式。一是和旅行者进行更深层次的接触，以满足旅行者在个人接触方面的期望，包括接触当地人口和独特文化；二是合理规划城市内酒店位置，将不同的住宿区域与不同的旅行方式相匹配，如与家人一起旅行或冒险；三是以最真实的方式满足那些寻求真正了解城市旅行者的期望。因此，收集尽可能多的客户数据显得非常重要。

最后，行业领导者都不同程度地实施了释放资本以实现多元化的轻资产战略。该战略包括通过管理合同和特许经营促进酒店存量的增长，从而免除物业费用。轻资产带来了灵活性：当市场变化和客户需求发生变化时，允许酒店集团轻松地重新部署业务，包括酒店和目的地。在提高投资回报率的同时，酒店集团可以从新兴国家对旅游业的开放中更快地、风险更小地受益。这种竞争反映在公司的高度集中和"支持"技能的倍增，尤其是在数字领域。

3. 数字化战略

在提供多样化服务的同时，跨国酒店正在实施数字化战略。当前面临的挑战是控制来自大数据和搜索引擎的信息并改善客户关系，掌握大规模定制以开发价值。旅游者的全渠道行为构建了特定的客户体验和社交网络，加剧了服务生产的即时性。因此，对服务的访问受到数字技术的制约。然而，个人体验的强大个性化和建立关系能力的新机会有助于提高客户满意度。酒店通过广泛实施客户关系政策、新社区管理活动的功能定位，响应个性化体验的需求，导致与数字相关的新业务以及信息系统的新连接也随着消费者数据的出现而产生。最后，为了满足新的"游牧"游客的智能手机也已成为真正的旅行伴侣的需求，跨国酒店投资开发了各种应用程序，其中主要是允许直接移动预订的应用程序。

4. 创造价值战略

旅游住宿市场的激烈竞争，包括新客户需求的多样性以及过度多样化的报价，正在推动跨国酒店开发涵盖游客旅程所有阶段的报价。酒店集团正在引入创造价值的新概念，尝试"去标准化"。在这个过程中，一些酒店标准得以保留（舒适度、餐饮等），而另一些标准则被放弃（如客房服务、通过代理或者旅行社销售等）。传统连锁酒店业务正在消失，取而代之的是（第三方）插入其环境、生活及会面空间的业务类型，其目标是为消费者提供"体验"。

复习思考题

1. 简述跨国酒店扩张的动因及国际化历程。
2. 简述中国跨国酒店进入海外市场的方式。
3. 简述跨国酒店等级划分的标准。
4. 跨国酒店面临哪些挑战？影响跨国酒店发展的因素还有哪些？

参 考 文 献

[1] 胡建伟. 跨国酒店世界扩张理论研究[M]. 北京：中国旅游出版社，2009.
[2] 陈雪钧，李莉. 酒店集团经营管理[M]. 重庆：重庆大学出版社，2018.
[3] 刘筱筱. 酒店业概论[M]. 北京：北京理工大学出版社，2017.
[4] 方法林，顾至欣. 江苏旅游企业品牌建设战略发展研究[M]. 北京：旅游教育出版社，2018.
[5] 邓峻枫. 国际酒店集团管理[M]. 广州：广东旅游出版社，2006.

[6] 陈海明. 酒店投资与筹建战略[M]. 武汉：华中科技大学出版社，2019.
[7] 胡建伟. 跨国酒店世界扩张理论研究[M]. 北京：中国旅游出版社，2009.
[8] Chunk Yim Gee, A. J. Singh. 国际酒店——发展与管理[M]. 王俞，谷惠敏，译. 北京：中国旅游出版社，2017.

即测即练

自学自测　扫描此码

第 13 章

跨国银行运营

【学习目标】

1. 了解跨国银行的基本概念和发展过程；
2. 掌握跨国银行的进入方式和组织形式；
3. 熟练掌握跨国银行跨国零售、跨国支付、跨国融资和跨国贸易业务。

中国银行构建跨境合作"朋友圈"

作为以国际化和多元化为特色的中国国有大行，中国银行发挥外汇外贸领域专业经验，积极为共建"一带一路"提供跨境人民币产品服务。2023 年 1-8 月，中行境内机构办理跨境人民币结算 8.29 万亿元，同比增长 22%。其中，境内机构与共建"一带一路"国家跨境人民币结算业务 9194.85 亿元，同比增长 27.16%。

伴随中国金融市场持续开放，人民币资产对全球投资者吸引力持续提升，人民币"朋友圈"也不断扩大。为满足市场需要，中行不断丰富面向海外投资者的产品，为客户提供相关服务。2022 年，中行内罗毕代表处促成肯尼亚央行购买人民币计价债券，将人民币资产纳入该国外汇储备。目前，中行在境外 64 个国家和地区设有机构，80%以上开办了人民币业务。据观察，以往人民币主要用来支付结算，但如今越来越多境外企业开始关注其投资、储备功能，将人民币作为一条重要融资渠道补充。

中国银行提供的数据显示，2013 年至 2023 年，该行境外机构新增覆盖 26 个国家，其中 22 个为共建"一带一路"国家。截至 2023 年 6 月末，中国银行在共建国家累计跟进公司授信项目超过 1000 个，累计提供授信支持逾 2900 亿美元。

资料来源：https://www.chinanews.com.cn/cj/2023/10-12/10092705.shtml

13.1 跨国银行进入方式与组织形式

13.1.1 跨国银行的定义与特点

1. 跨国银行的定义

在世界经济一体化的进程中，金融业也不断地实现着从国内向国外的扩张。近一个世纪以来，随着各国金融业的发展，跨国金融机构已经成为重要的国际投资主体，其中占主导地位的是跨国银行。

跨国银行也称多国银行，即在许多国家设有分支机构和附属机构，跨国经营金融业务的银行。目前对于跨国银行的界定尚存在着不同的看法。从通行的标准来看，一家银行能否被称为跨国银行，不仅要看其国外分支机构的形式和数量，还要看其设立分支机构的所在国家数量。1973 年，美国联储理事布里默（Andrew Brimmer）对跨国银行的定义是：在 5 个以上国家开展国际金融业务的银行。此后，这一定义被世界银行等国际金融机构所认可。世界银行在 1981 年关于跨国银行的报告中，将其定义为在 5 个以上的国家设立分支行或独资子银行并从事存款业务的金融机构。英国《银行家》杂志在界定跨国银行时，采用更为严格的标准：一是资本实力要求。一级资本（或实缴普通股本）与未公开的储备两部分之和必须在 10 亿美元以上；二是境外业务要求。境外业务占其全部业务较大比重，而且必须在伦敦、东京、纽约等主要国际金融中心设有分支机构，开展国际融资业务，并派出一定比例的人员。可见，跨国银行的定义也经过了一个不断演进的过程，跨国银行就是以国内银行为基础，同时在海外拥有或控制分支机构，并通过这些分支机构从事多种多样的国际业务，实现其全球性经营战略目标的超级银行。

2. 跨国银行的特点

跨国银行与一般国内银行相比，具有以下 3 个特点：

（1）机构设置分散化。跨国银行分支机构设置已遍布世界各个角落，除设在纽约、伦敦、卢森堡，苏黎世等著名的国际金融中心外，同时还延伸到发展中国家的经济发展较快的地区，如拉美和亚太地区，已形成一个全球性的金融网络，通过现代化电子系统，可以在 24 小时内连续经营业务。

（2）业务经营多样化。传统跨国银行业务与本国进出口贸易及扶持本国跨国公司有关，因受国内法令的限制，与国内银行业务类似，现代跨国银行经营活动日趋广泛，除国际信贷业务外，还兼营信托业务，即代理客户管理资金和提供投资的途径；投资业务，从一般的咨询到发行债券，并在国际市场上承购包销各种证券；外汇业务，为客户兑换、买卖各种外汇和进行套汇等业务，以及其他各种非银行业务，如保险、租赁、买卖或租借黄金[①]等。通过以上活动，与客户建立了广泛的联系，并以优良的服务赢得了信誉。

（3）内部组织专业化。跨国银行为了促使其资产迅速增长，规模日益扩大，增强与同业之间的竞争能力，尽量避免各种风险，获取高额利润，需要不断调整内部组织与经营方式。除了在国外设立传统的集中型分支机构外，跨国银行也在少数国家设立扩散型的分支机构，把部分贷款权授予国外所属机构的业务负责人，或组成管理委员会集体决定重大事项，更便于发挥集体智慧，加强基层人员的责任心，提高工作效率。组织机构也根据不同情况灵活设置，如根据业务性质和种类设置相应的职能部门，使分工明确、业务专业化；根据地理、区域成立业务部门，有针对性地研究某一地区的经济情况和客户的特殊需求；或根据不同对象设置专门机构，提供专业服务，以便开展业务，加速实现全球化经营的

---

① 因为商业银行中不同银行黄金头寸不同，会出现将黄金租借给同业或者客户的情况，且业务量较大。

目的。

13.1.2　跨国银行的产生与发展

跨国银行的产生与发展过程大致可分为以下四个阶段。

1. 萌芽阶段（19世纪末至20世纪初）

早在14世纪后期，欧洲便已经出现了为国际贸易服务的国际银行业。当时，最为典型的如意大利的麦迪西银行（Medici Bank）。它以佛罗伦萨为总部，在西欧18大城市均设有分行。但其主要业务是向当时的贵族和神职人员办理抵押贷款，为封建领主筹措军费，还不是真正意义上的跨国银行。

扩展阅读 13.1　银行国际化的原因

跨国银行真正形成时期是19世纪末20世纪初。从外部环境来看，当时的国际贸易进一步发展，在国际范围内形成大量的流动资金，需要存入具有国际经营范围的银行以获取利润。同时，跨国公司的对外扩张客观上也需要跨国银行提供跨国资金管理服务，促使跨国银行的国际业务量明显上升。从内部环境来看，跨国银行实力的增强促使其内部业务范围不断扩大，已经突破了以往的商业融资、外汇交易等传统业务范畴，开始开展批发业务以及投资银行业务。至此，真正意义上的现代跨国银行开始形成。这一时期具有代表性的跨国银行有英国海外银行（Overseas Bank）、英国的巴克莱银行集团（Barclays Bank Group）、渣打银行（Standard Charted Bank）、法国的印度支那银行（Banque de Indochine）等。此外，美国、日本等新兴资本主义国家的跨国银行也开始起步，比如美国第一国民银行等8家银行的海外分行从1914年的26家增加到1920年的181家。

2. 迅速发展阶段（20世纪60—80年代）

20世纪60—80年代是跨国银行迅速发展的时期，欧洲货币市场和债券市场的发展对跨国银行起到促进作用，跨国公司的迅速发展也是促进跨国银行发展的一个动因，跨国公司倾向于选择母国的银行提供金融服务。同时，金融管制放松，行业管制消除也推动了跨国银行的迅速发展。20世纪80年代，许多国家开放了零售银行业务，取消了对跨国银行开设分支机构数量的限制。这样，各国银行大量在海外建立分行、代理行和代表处，以满足本国跨国公司的需要。1960年美国银行在海外仅有124个分支机构，到1973年猛增至573个。1966年，在英国开设分支机构的外国银行从1950年的53家增加到100家，到1975年已经达到335家。

在20多年的时间里，各主要国家的跨国银行构建了密布全球的海外分支机构网络。而且，这些分支机构的业务量及业务范围迅速扩张。如美国跨国银行的海外资产在1965年时为89亿美元，1980年则为397.5亿美元，其占美国银行总资产的比重也由2.4%提高到23.3%；业务范围也转向以批发业务、欧洲货币业务及投资银行业务为主导。

这一阶段主要特征是美国银行的对外扩张及日本银行的后来居上。1960年，美国的跨国银行数目为8家，到1970年已发展到79家，1980年增至139家，1986年为158家。在日本，跨国银行从20世纪70年代末期大举向海外扩张。1979年底，共有23家日本跨国银行在海外设立分行 127 家；到 1987 年底，已有 70 多家日本跨国银行及其海外分行 441 家。20 世纪 80 年代后期，日本跨国银行的实力甚至一度超过了美国。

3. 调整重组阶段（20 世纪 90 年代初至 90 年代中期）

20 世纪 90 年代初，欧美各国相继进入经济衰退期，日本泡沫经济破裂，使西方银行陷入经营效益滑坡的困境；而金融自由化的发展及非银行金融机构的竞争，又使银行所面临的风险与日俱增。在这样的背景下，主要资本主义国家的跨国银行进入大规模的调整和重组阶段。这次重组呈现出两大趋势：一是通过银行间兼并向全能银行发展；二是着力于银行内部机制调整及业务创新。

4. 创新发展阶段（20 世纪 90 年代中期至今）

金融自由化浪潮和信息技术的迅猛发展使国际银行业的竞争更趋激烈。为了应对日益加剧的竞争压力，跨国银行一方面延续了 20 世纪 90 年代初以来的并购风潮，通过规模效应、资源整合和优势互补来巩固和增强竞争优势；另一方面则加强了业务创新和技术创新，以创新来寻求新的竞争优势，可以说，国际银行业未来发展的主基调将始终是创新。总的来说，跨国银行的最新发展呈现出重组化、全能化和电子化三大趋势。

（1）重组化。追求规模扩张、强强联合是这次购并浪潮的最大特点。如美国花旗与旅行者的合并，涉及金额高达 820 亿美元，新成立的花旗集团总资产达 7000 亿美元，位居美国第二位。这次购并潮中，还出现了银行兼并证券机构、保险公司等非银行金融机构的新形势，体现了国际银行业趋向全能型方向发展的趋势。

（2）全能化。随着金融创新的不断发展，传统的银行业务受到了来自证券、保险、基金等非银行金融机构的强烈冲击，为应对新的挑战，跨国银行纷纷拓展业务范围，向全能化方向发展。而各国放松金融管制的金融自由化风潮为银行全能化消除了制度壁垒。其拓展的新业务有：信托业务、投资银行业务、现金管理业务、保险业务、房地产业务、共同基金的经营和管理业务、金融咨询业务、信用担保业务。全能化的模式主要有德国全能银行模式、英国金融集团模式和美国控股公司模式这三种。

（3）电子化。计算机及电子信息技术在银行业的应用取得的巨大发展引发了银行的业务创新和技术创新。在批发银行方面，银行借助电子技术向公司客户有效地提供现金管理方面的服务，如支付账户的控制、电子资金转账等；在零售银行业务方面，电子技术创造了新的付款方式，如 ATMs、销售点借记卡、家庭银行等。电子技术不仅促使传统银行积极发展网络业务，还激发了一批新兴的纯粹网络银行的迅速发展，如美国的维尔斯银行就是典型代表。

13.1.3　跨国银行的组织形式

跨国银行的组织形式包括跨国银行组织结构、跨国银行母行与其海外分支机构的组织形式以及海外分支机构的具体形式。

1. 跨国银行组织结构的选择

跨国银行根据其全球经营目标和经营战略，组织结构的具体形式一般有三种选择：

（1）根据业务性质和种类设置相应的职能部门。根据银行提供的特定业务项目，如货币交易、出口信贷、贸易融资、一般贷款、资本市场业务、往来行业务、合并和收购咨询业务等，设置相应的业务机构。银行内部的一些业务，如计划、数据处理和广告等，基本上也按其业务性质，分别设立专门机构。这种面向业务的组织结构，有助于跨国银行各个独立单位之间分工明确，便于进行财务监督和促使各部门关心本部门的利润状况。

（2）根据业务活动的地理区域设置相应的职能部门。跨国银行职能部门的设立以地区为对象，如设立北美、欧洲、亚太、拉美等业务部门。这是跨国银行传统的组织结构形式。它有助于跨国银行根据某一地区共同的经济情况和商业环境调节其经营活动，同时还能满足该地区客户的特殊要求，从而能有效地在这些地区进行业务扩张。

（3）根据业务对象所在的产业设置相应的职能部门。这是跨国银行组织结构新发展。随着跨国公司国际金融活动的日益扩大，其金融需求也日趋复杂，于是一些跨国银行开始根据各个产业集团或部门的特定需要，确立自己的组织结构。例如设立能源、船舶、化工、精密仪器、电器设备、林业等专门的信贷部门，分别为这些产业提供专业的服务。

当然，在实际进行部门配置时，各国跨国银行一般都是兼顾上述三方面情况，构筑其组织结构，只是各个银行的侧重面有所不同。最流行与最传统的结构，是以业务活动的地理区域为基础，设立一些负责地区性业务的部门。

2. 跨国银行海外分支机构的具体形式

（1）办事处。它是跨国银行在国外设立的最低层次的分支机构。其工作人员可以从母行派出，也可以是当地居民。它通常由一个经理和两三个助手及秘书组成。事实上，它不是"银行"，也不直接从事银行业务。设立办事处的目的是帮助其客户在所在国从事投资和经营活动。主要工作是为母银行的客户提供信息咨询，招揽业务，监督母国银行与所在国银行的代理业务。优点在于管理成本低、易于控制；可以及时提供母行所需要的信息。缺点是业务范围十分有限，而且还需要一定的开支。

（2）代理行或代理处。这是介于办事处和分行之间的组织形式。同办事处相比，代理处的经营范围相对广泛，可以从母行调入资金或在东道国向银行同业拆入资金向东道国客户放贷，主要从事从国际市场上的工商业贷款和贸易融资，但不能接受东道国的居民存款业务和信托业务，它的客户主要是其他银行或工商企业，特别是设在东道国的分支机构。可见，代理处实质是跨国银行与其他国家的有关银行通过签订协议，双方都在所在的国家（或地区）为对方代理业务，代理支付、托收、票据结算、信用证业务等。代理处关系的实质是不同国家银行间建立的清算关系。其优点在于能完成代表处所能做的一切业务，而且费用较少，因为它无须投资，也不需要给员工发工资以及其他有关的费用。但缺点也很明显：在贷款方面，大多数代理处优先考虑当地客户需要，业务范围小，业务受限等。

（3）分行。分行是跨国银行根据东道国法律规定设立并经营的境外机构，是母行的一个组成部分，但不具备独立的法人地位，它受委托代表母行在海外经营各种国际银行业务；其资产负债表列入母行，而且其信贷政策和经营战略也同母行保持一致，母行则需为其承担无限责任。

代表处、代理处、分行三种形式均不是与母行分离的法人实体，本身没有独立法人地位。母行对其负债承担全部责任。

（4）子银行，即附属行或联属行。子银行作为独立法人在当地注册的经营实体，是由跨国银行与东道国有关机构共同出资设立被或被当地银行兼并、收购而设立的，跨国银行因持股关系而承担有限责任。附属行的大部分股权为跨国银行所有，而联属行的大部分股权由东道国机构掌握，两者一般以50%为界线进行区分。它们往往可以经营许多分行所不允许经营的业务，在较大限度内进入东道国市场。

（5）参股行。它是由两家或两家以上的不同国家的银行共同拥有的合资银行。参股行通常在某一范围内经营，并执行某一特定职能，例如从事投资、安排巨额贷款、承包股票和债券等。此外，它还参股投资，从事兼并和合并业务，参与欧洲货币市场。但是参股行不吸收存款。一家典型的参股银行由多国银行共同拥有，任何一家银行不能拥有绝对多数的股份。

13.1.4 跨国银行在国际投资中的作用

作为金融类跨国企业，跨国银行在国际投资中一方面通过设立海外分支机构直接参与国际直接投资；另一方面，通过对跨国公司的股权参与，间接地介入国际直接投资。同时，作为金融服务性部门，跨国银行在国际直接投资中发挥着中介的作用，这种作用主要体现在跨国融资、跨国支付和跨国信息咨询三个方面。

1. 跨国银行是跨国融资的中介

跨国公司在进行国际直接投资时，往往会产生巨大的资金需求。同时，国际上又存在众多的间接投资者或短期信贷提供者，产生了巨大的资金供应。但资金需求与资金供应往往存在数额、期限、币种等方面的差异，这就需要跨国银行发挥信用中介作用。跨国银行可以通过汇集小额、短期的资金向资金需求者提供大额、长期的信贷，并且通过商业及银行票据的承兑、贴现等为其创造出流动性。随着经济的发展，这种传统的信贷业务出现了证券化的趋势。如跨国银行在负债业务方面，凭借自身的声誉和资信优势，通过发行自己的债务凭证——银行债券等，能够以较低的成本聚集起大量资金。在资产业务方面通过把对借款人的债权转化为股权或债券，增强了流动性，从而能够更好地发挥中介功能。值得一提的是，随着跨国银行开始介入投资银行的传统业务——证券的发行和包销，其中介作用已扩展到直接融资领域。

2. 跨国银行是跨国支付的中介

跨国银行由于拥有分布广泛的海外分支机构和代理网络，因而能为投资者在世界范围内办理转账结算和现金收付业务，充当其国际支付的中介。国内银行在执行国际支付中介时是通过与外国银行之间的代理行关系间接地进入对方的国内支付系统。而跨国银行则更多是通过海外分支机构直接进入东道国支付清算系统，然后通过母行与分支机构及分支机构相互间的支付清算形成一个国际支付清算网络，如美国的银行间同业支付清算系统CHIPS；或由多家跨国银行及其分支机构直接组成完全用于国际间资金调拨的支付清算系统，如环球银行间金融电讯协会SWIFT、伦敦外汇清算ECHO等。

3. 跨国银行是跨国信息咨询与服务的中介

由于跨国银行拥有覆盖全球范围的机构网络和广泛的客户及同业关系，因而掌握有大量信息。跨国银行的跨国融资中介行为，实际上就是在掌握众多的资金供求信息的基础上进行的。此外，跨国银行汇集了许多财务管理、投资分析方面的专家人才，因而可以向投资者提供多方面的咨询、顾问服务，帮助公司规避风险，更有效地拓展海外业务。这些服务在对跨国公司产生裨益的同时，也为跨国银行扩大了利润来源。据美国纽约市第一曼哈顿咨询集团的一项调查报告，美国银行对大公司贷款的资本收益率仅为 5%～7%，而收费服务的资本收益率却达到 40%～80%。在传统贷款业务收益不断降低的情况下，银行的收费性服务能够在无风险的基础上为银行创造较高的收益。

13.2 跨国银行业务 I——跨国零售与跨国支付

13.2.1 跨国零售业务

扩展阅读 13.2 零售银行国际化：跨国程度与绩效

零售业务是向个人、家庭及小企业提供的综合性、一体化金融服务业务。零售银行业务不是某一项业务的简称，而是许多业务的总称，它有着广泛的业务领域，既可以是传统的银行业务，也可以是新型业务；既可以是资产业务，也可以是负债业务或者中间业务。可见，零售银行业务几乎包括银行业务的各个方面，只是服务的对象是个人或者家庭，业务的规模相对比较小。随着经济发展和个人财富的不断增加，产生了一个拥有相当金融财富的人群，针对此类高净值人群而提供的私人财富管理服务，就形成了国际私人银行业务。这类业务包括资产的结构性配置、财富的动态管理以及投融资的咨询服务等，涵盖了财富保障、投资、养老、税务安排以及其他高附加值服务等。当零售业务不再局限于为国内客户提供服务而跨越了国界时，就形成了跨国零售业务。

零售业务最早出现于商业领域，根据科特勒教授对零售业务的定义，"零售业务是指将商品或服务直接销售给最终消费者，包括供最终消费者个人在非商业性使用过程中所涉及的一切活动"。商业银行零售银行业务范围已经由最初以个人信贷为主逐渐拓展到包括银行卡、个人消费信贷、投资理财、教育等多个领域。随着各国的金融市场和国际金融市场的快速发展，以及计算机和互联网技术为中心的科技产业的迅猛发展和广泛应用，发达国家的跨国银行纷纷从以公司业务为主，转向公司业务与私人业务并重发展，零售银行业务逐渐成为跨国银行实现盈利的重要渠道。根据欧洲中央银行的报告，2000—2003 年欧盟银行业在普遍的经济衰退、股票市场价格大幅度下跌、公司财务丑闻频传，以及美国"9·11 恐怖袭击事件"等众多冲击下，仍然能够保持比较稳定的收入增长与盈利水平，很大程度上得益于抵押贷款、消费者贷款等零售银行业务的稳步增长。美国银行业的突出业绩使其在《银行家》杂志每年公布的全球 1 000 家大银行中保持强劲的优势，而美国银行业的收入和利润增长主要来源于零售银行业务。2002 年，美国花旗集团、JP 摩根大通、美洲银行、第一银行、威尔斯法格、华盛顿互助等大型银行集团零售业务收入对总收入的贡献率都在60%以上,华盛顿互助更是高达90%。零售银行业务对收入和盈利的重要性日益被商业银行重视,大力发展零售银行业务已经成为国际银行业发展的一股潮流。

1. 零售资产业务

零售资产业务主要是针对个人和家庭的各类信贷业务。根据贷款的用途,可以把零售资产业务划分为生产贷款和消费贷款。其中,生产贷款是个人、家庭为了生产经营目的而从银行取得的贷款。根据是否有抵押,可以把零售资产业务划分为信用贷款和抵押贷款。信用贷款是指无抵押物作保证,也无担保人担保的贷款,是商业银行完全根据消费者资信程度的高低发放的贷款。个人信用贷款主要是用于满足个人的一些应急性的财务需要,包括旅游支出、医疗支出、纳税支出和教育支出等。由于银行是在没有抵押的情况下向个人提供贷款,银行在审核贷款申请时会综合考虑个人信用记录、个人负债记录、个人就业记录等各种因素。抵押贷款是银行以有形的资产作为贷款偿还保证而发放的贷款。抵押资产是指通过抵押行为从抵押者转移到承押者的财产,若贷款人不能如期偿还本金和利息,商业银行作为债权人有权处理抵押品,并优先受偿。抵押贷款按照抵押品的不同,可划分为不动产抵押贷款和担保贷款。

消费贷款,是指个人或家庭出于个人消费目的从银行取得的贷款。消费贷款大多采用分期付款的方式,按照用途可以划分为住房贷款、汽车贷款、耐用消费品贷款、教育贷款等。消费贷款根据发放对象的不同可以采取两种放款方式:一是直接发放贷款给消费者;二是购买商业企业的分期付款合同。前者为直接消费信贷,后者为间接消费信贷。按照贷款期限的不同,消费信贷可以划分为短期贷款、中期贷款和长期贷款。在分期付款性质的消费信贷中有一种特别的形式,就是循环信贷,其中,信用卡和透支贷款是循环信贷的两种主要形式。

2. 零售负债业务

零售负债业务主要由存款和非存款业务构成,其中存款占零售负债业务的绝大部分。主要的零售负债业务有两类。

(1)支票存款。支票存款也称为活期存款,是指不预先通知就可以随时提取或支付的存款。以美国的银行为例,支票存款主要有特种的或使用方付费的支票存款、可转让支付命令账户、超级可转让支付命令账户、货币市场存款账户、电话转账和自动转账账户。

(2)定期存款。定期存款是存款人事先约定期限的存款,定期存款的期限一般为3个月、6个月、1年、3年、5年或更长。在美国,定期存款主要包括定期存单式定期存款、货币市场存单、其他浮动利率存款、个人退休账户、91天存单、10万美元以上的存单。

3. 零售中间业务

商业银行中间业务也称为表外业务,是指不构成商业银行表内资产、表内负债,形成银行非利息收入的业务,包括结算类、代理类、担保类、承诺类、交易类中间业务和其他中间业务。由于商业银行在办理这些业务过程中,不直接作为信用活动的一方出现,不涉及自己的资产与负债的运用,业务的发生一般不在资产负债表中反映,商业银行的资产、负债总额也不受影响,所以称为中间业务。中间业务既游离于资产和负债业务之外,又与其有一定的联系。

(1)结算类业务。结算类中间业务是由银行为客户办理因债权、债务关系引起的与货币收付有关的业务。结算业务包括汇兑业务、支票业务、汇票业务、信用卡业务、银证转账业务等。

(2)代理类业务。代理业务是指银行接受客户委托利用自身的经营职能、设备和经营网络,为客户提供与各种金融服务有关的业务,包括信托业务、代理证券业务、代理保险业务、代收代付、保管箱业务等。

(3)担保类与承诺类业务。担保类中间业务是指商业银行接受客户的委托对第三方承担责任的业务,是由银行向客户出售信用或为客户承担风险引起的有关业务,如担保(保函)、承兑等。承诺类业务是银行承诺在未来某一日期按照事先约定的条件向客户提供约定的信用业务,包括贷款承诺等。

(4)交易类中间业务。交易类中间业务是指银行为满足客户保值或避险管理等需要而进行的货币和利率的远期、掉期、互换、期权等交易业务。

(5)其他中间业务。其他中间业务是指除上述业务以外的各种中间业务,如咨询、评估、财务顾问、理财顾问等服务业务。

4. 私人银行业务

私人银行可以定义为向高净值人群提供信用及投资管理服务的银行业务。私人银行业务也可以说是一种个性化的银行服务,为高净值者管理财产、提出金融建议及提供投资服务。

私人银行业务具有以下特征:

(1)私人银行业务是以收费产品和服务为基础的业务体系。一方面,通过完善服务功能,组合金融资源,提供高级金融服务,满足富有客户复杂且标准极高的金融需求;另一方面,通过银行的表外业务,确立了非利息收入在银行利润率提升中的主导作用,其中涉及的资产管理业务和私人银行业务可以为银行带来多个渠道的盈利收入,现已成为利润率最高、成长最快且最有前途的业务。

(2)私人银行业务存在较高的准入门槛。由于私人银行业务本身需要理财产品的复杂组合与个性化服务,决定了这些产品需要专家经营管理,强调达到一定的规模效益,因此在产品和服务方面必须设置门槛要求,对象集中于高层次的目标客户。跨国银行在评估个人是否可以成为私人银行客户时,一般使用财富和收入两种类型的财务标准。但是一般不会用固定的标准衡量客户的条件,而是强调客户的动态收入,包括潜在的收入。

麦肯锡公司在20世纪90年代曾做过一项调查,如果以传统的100万美元以上的净现值资产作为私人银行业务的准入财务要求,只有1%的美国成年人符合,其中75%的资产在100万—300万美元之间,3%的人的财富超过了1200万美元。但是,只要私人银行业务将客户的财富标准每降低10万美元,潜在客户的数量就会大幅度增加。

(3)私人银行业务是一系列综合解决方案。为了满足客户复杂多样的金融需求,延长客户关系价值链,私人银行业务形成了多元化的产品与服务结构,在满足客户的需求过程中扮演多种角色，主要提供六大类别的产品和服务：账户服务（现金管理/资本账户、投资账户）、资产管理（客户理财规划、固定收益、共同基金等投资管理活动）、企业和投资贷款、风险管理、外汇管理以及关联关系（通过信托、保险等形成客户关系）。这种多元化的私人银行业务在为客户提供综合服务的同时，也扩大了收费业务基础，业务越复杂可收费的项目就越多，银行的利润率也会由此升高。

（4）私人银行业务是一种顶级的专业化服务。跨国银行需要集中银行、财务、税收和不动产策划、投资法律以及会计等领域的一大批专家，为客户提供最高级别的专业服务，从而建立对不同层次客户的分层服务体系。同时，跨国银行还按照产品线和客户线实行相对独立的管理模式，着力培养各领域的专家，创造一流的销售、服务、营运和科技水平。

（5）私人银行业务高度强调服务质量和客户关系。私人银行的业务面向富有客户群体，因此私人银行业务必须做到根据单个客户的需求提供定制化、个性化的服务，以长期关系为导向，建立起与客户密切的交流、协商和沟通，并能够对客户的需求转变或风险承担能力变化作出迅速的反应。

当代国际银行业中，国际私人银行业务领先的银行主要有瑞士联合银行、瑞士信贷银行、德意志银行、花旗银行、汇丰银行以及 JP 摩根大通银行等国际银行业巨头。客户在选择私人银行业务时，需要多种产品的组合管理，一般会由投资顾问、客户经理与客户协商组合产品，再由各产品部门分别管理操作。组合经理负责为客户提供投资建议，使理财方案适合客户的投资理念、风险偏好等，尽量满足客户的预期投资收益。而后关系经理在全面了解银行各类产品和服务的基础上，要负责维护和客户之间的关系，做好客户与产品团队的协调工作，共同为客户提供更加个性化的服务。

13.2.2 跨国支付业务

跨国业务要求一个国家的个人或企业有能力向另一个国家的居民或企业进行支付，商业银行便可以提供这种能力。随着经济向高层次发展，银行账户逐渐普及，出现了支票这种支付手段，而更为流行的信用卡与借记卡，通过向计算机系统电子入账，为跨国支付带来了更大的便利。每日数十万笔的资金划拨交易都要依靠商业银行系统进行，这些交易是客户国际业务的核心内容。

一笔跨国支付可以分为两部分内容：
- 信息——支付的额度、时间、对象、币种。
- 结算——采用何种方式将资金从付款人划拨给收款人。

信息内容通过在线网络快速发送，然而，只有当支付的结算部分完成之后，才能转移资金。这既可能是在信息发送之后几分钟进行，也可能是在一个营业日结束时或者在其后数日内进行。

1. 往来行业务

不同国家的银行相互成为对方活跃的客户是各国支付系统之间联系的基础。各银行在立足于为本国市场或者当地市场服务而建立往来行的同时，愿意为其他银行提供协助，以使双方各自的客户均能成为双方共同的客户。即便是如今发展规模庞大，实力雄厚的大型跨国银行，也无法承受在客户业务所及的各国均建立分行的成本，因此大型跨国银行仍然需要建立活跃的往来行网络。跨国银行之间的往来，包括票据交换及清算、异地跨系统汇划款项相互转汇、同业拆借等。

大型银行作为相互的国际往来行，在对方的市场上为自己的客户提供服务。小型银行作为大型国际银行的往来行，可以在主要市场上获得服务以及专业化的协助，包括支持其经营的信贷额度。大型银行与小型银行结成往来行关系，就是为了进入地区性市场。外国小型银行特别需要大型银行在金融方面提供帮助，以使其能够为外贸提供银行服务与融资，并且获得周转资本，借到发展业务所需的贷款。活跃的国际银行在为其往来行提供服务与资金时，是在将某发达国家的盈余资金转移至另一个国家，作为短期开发资金使用。国内的往来行关系使得只是偶尔才有国际业务的地区性银行能够像建立了活跃的国际部的银行一样，为客户提供一整套服务。因此，建立往来行关系的两家银行均会受益。

2. 结算

结算就是真正将付款人的资金转移给收款人，以完成资金划拨的过程，这一过程要通过转移银行账户上的余额实现。数目较大的交易，例如外汇交易或者与欧洲美元结算有关的货币市场交易，可能会涉及多家银行。银行将按照通知的指示进行支付，然后这笔款项要由下达指令的银行予以偿付。

国际最通用的清算系统SWIFT（环球银行间金融电信协会），是国际银行业同业间的信息、数据、交易和清算的枢纽中心。简而言之，全球拥有众多金融机构，但国家间的标准又存在差异，所以当国内金融机构与国外金融机构打交道时，SWIFT就是国际金融机构间传递金融信息的一个主要渠道。SWIFT的使用，为银行的结算提供了安全、可靠、快捷、标准化、自动化的通讯业务，从而大大提高了银行的结算速度。SWIFT的报文传送平台、产品和服务对接了全球超过11 000家银行、证券机构、市场基础设施和企业用户，覆盖200多个国家和地区。SWIFT的总部位于比利时，分支机构分布全球，业务几乎覆盖了所有的金融中心，因而成为世界金融通信行业的中流砥柱。

目前SWIFT已经打造出全球最安全、最便捷和最重要的跨境支付系统，全世界几乎所有的重要金融机构都是该系统的成员。一般来说，不同国家的银行之间进行跨境转账都需要通过SWIFT支付系统，因此该系统也在实质上控制了大多数的国际贸易。如果被移除出这一系统，就无法用美元进行结算，只能用本国货币，或者是和其他签订了货币互换协议的国家进行贸易。

但是，SWIFT只是约定了转账的代码和规则，仅仅涉及信息的传递，并不涉及真正的清算和资金流向，而真正的资金清算，还要与主要经济体清算系统对接。例如，美元的真正清算还是依赖于美国纽约清算所的银行同业支付系统CHIPS，这也是全球最大的美元清算支付系统。CHIPS是私营机构，相当于美国银行间约定的清算机构，而美国另外还有一个官方清算机构——联储电信，主要用于处理大额资金转账以及官方机构的转账清算。

目前中国国内的跨境支付清算，则主要采用CIPS（人民币跨境支付系统）的架构。CIPS系统实现实时支付清算，旨在进一步整合现有人民币跨境支付结算渠道和资源，提高跨境清算效率，满足各主要时区的人民币业务发展需要，提高交易的安全性，构建公平的市场竞争环境。

CIPS 和 SWIFT 本质是不相同的,SWIFT 是纯报文系统,CIPS 则以清算系统为主,境内部分报文自建既和美国纽约清算所的银行同业支付系统 CNAPS 兼容,也和 SWIFT 深度合作。也就是说,CIPS 不仅提供了真正的清算服务,而且开发了属于自己的一套报文系统。例如,国内进口企业如果支付一笔人民币给英国企业在伦敦银行开立的账户,清算路径当然有很多种选择(例如我国 2002 年建成投产的 CNAPS 大额支付系统和境内代理银行通过人民币跨境收付信息管理系统 RCPMIS 等,但目前的跨境清算基本还是以 CIPS 为主),无论哪种路径,境外部分的报文都是 SWIFT 来处理(也即信息交换)。

3. 大额结算

银行一般只在其账户中保持周转余额——足以保证日常交易的资金。

境外部分的报文都是 SWIFT 来处理(也即信息交换)。境内部分的报文可以通过自建的交易系统来处理,不过要确保安全以及交易公平性。但真正清算还是依赖于业务覆盖了几乎所有的金融中心的 CHIPS 系统。也就是说,联储电信处理的主要是国内的支付交易;与"国外交易"有关的美元支付(例如兑换美元以及欧洲美元的募集)主要通过 CHIPS 进行处理。

联储电信是联邦储备系统为了在美国国内进行划拨而建立的一个信息与支付系统。包括外国银行分行在内的、美国境内的所有银行,均要对其账簿上的存款保留一定比例的储备金。大型跨国银行要将储备金(联邦资金)存放入其在一家联邦储备银行开设的账户以保证基本的资金需要和防止流动性风险,这些账户也可以用于结算支付。作为一个信用支付系统,联储电信是一个实时总额结算系统。

CHIPS(纽约票据交换所银行同业支付系统)是由纽约票据交换所协会经营的、用以进行美元资金划拨的、私营、在线式、实时、大额美元支付网络。该网络约有一百家会员单位,其中约有十二家以上的机构进行日末结算。这些机构被称为"结算银行"。通过 CHIPS 划拨资金的支付主要是带有国际性质的银行同业交易,其中包括由外汇交易(包括现汇以及货币互换合同)产生的美元支付、欧洲美元的募集与返还以及结清其他支付或者清算系统的债务,调整往来行的余额,支付与商业交易、银行贷款以及证券交易有关的款项。

13.3 跨国银行业务Ⅱ——跨国融资与跨国贸易

13.3.1 跨国融资业务

跨国融资既是跨国公司在国际金融市场上融通资金的活动,也是跨国银行在国际金融市场提供的主要业务。按照融资的来源不同,跨国融资可以分为直接融资和间接融资。直接融资主要通过发行国际证券进行融资,跨国投资银行在其中扮演了重要角色;间接融资主要通过国际信贷来获得,间接融资是跨国企业融资的最重要的来源。

1. 国际信贷业务

接受存款并发放贷款,既是跨国银行最主要的业务,也是跨国银行最基本的业务。跨国银行的国际贷款主要有两种方式：一是银行的海外机构向东道国当地的企业客户提供贷款，二是银行向所在国以外的借款人跨境发放贷款。

在海外市场上，跨国银行可以通过自己的海外分行或子行向当地客户提供当地货币的贷款或提供外币贷款。例如，德意志银行在美国的分行利用在当地吸收的美元存款，向当地一家电气制造企业提供美元贷款。这一过程中，德意志银行的竞争对手是所在国——美国的本土银行或其他外资银行在当地的分行和子行。

跨国银行在东道国发放许多不同类型的企业贷款。按期限将跨国银行的贷款可分为短期企业贷款和长期企业贷款。短期的企业贷款主要包括自偿性贷款、流动资金贷款、临时建设贷款、资产担保贷款等形式，而长期的企业贷款主要包括定期贷款、循环信贷额度以及商用房地产抵押贷款等。发放贷款的客户包括母国及其他国家跨国公司客户、东道国本国企业客户，贷款货币可以是外币也可以是东道国货币。

跨国银行还可以跨国界贷款，即银行向所在国以外的企业借款人发放贷款，而且所贷货币经常是所在国本币之外的货币。例如，德意志银行的伦敦分行可以向墨西哥城的同一家电器制造商提供美元贷款。这笔贷款的资金来源于德意志银行在全球范围内的美元业务。跨国界贷款经常采取银团贷款和项目融资贷款的形式。

（1）银团贷款，又称辛迪加贷款，是由一家或几家银行牵头，多家分属于不同国家或地区的银行参加，联合组成一个银行集团，各自按一定比例，在一项贷款协议中按同一条件向同一借款人发放的贷款。银团贷款的核心思想是为了分散风险，即原本对银行来说过高的信贷风险可以由多个银行来承担。跨国银行广泛采用这种方式来满足客户大额高风险的信贷要求。银团贷款的参与者主要包括借款人、牵头行、参加行、代理行和担保人。

（2）项目贷款是用于某一特定工程项目的贷款，一般在偿还本息时使用该工程所取得的收益，其资金来源有国际金融市场、国际金融机构、各国政府等。

2. 跨国投行业务

跨国投行业务是以证券承销、经纪业务为主体，以兼并与收购策划、咨询顾问、基金管理等为补充的金融服务业务。

当前国际投资银行业务主要包括国际证券承销业务、全球财务顾问服务以及全球市场交易与风险管理服务等。其中跨国投资银行业务中最基本、最主要的是国际证券的承销业务。

证券承销是跨国银行的投资银行部门为公司、机构发行证券进行策划，并将公开发行的证券出售给投资者以筹集所需资本的业务活动。跨国银行既可以为本国的公司、政府机构和地方政府在境外承销证券，也可以为外国公司、政府机构和地方政府以及国际金融机构在本国或者第三国承销证券。

对于国际证券发行人来说，公开发行证券的主要目的就是减少筹资成本，及时获得所需的资金。证券承销业务具体包括以下三种：

（1）发行建议与咨询顾问。跨国投资银行首先要就证券发行的种类、发行条件和时间提出建议，进行一些发行前的准备和策划活动，为客户提供咨询服务。跨国银行要先对发行人的业务活动、财务状况以及筹集资金的用途进行尽职调查，估测发行证券的收益和风险，而后为发行人设计筹资方案，并对发行证券的可行性和筹资方案的利弊进行分析。

（2）证券承销。证券承销是跨国银行根据与证券发行人达成的协议，在规定时间或约定的时间内代为发售证券以筹集资金的业务活动。此时的跨国投资银行就在其中扮演承销商的角色。对于首次公开发行的证券，跨国投资银行在与发行人签订承销协议时采取三种不同的承诺方式：包销、代销以及余额包销。

包销也称全额包销，指跨国投资银行同意按照商定的价格（即协议价格）购买所发行的全部证券，并同时将证券款全额支付给发行人。这种方式意味着国际银行要承担所承销证券价格下降的全部风险。如果国际银行不能按证券发行价格出售证券或未能将全部证券售出，自己必须承担损失。例如，一家国际银行与它的承销团成员承诺了按协议价格购进全部证券之后，市场形势发生了变化，证券行情走势疲软，作为承销商的国际银行为了使全部证券脱手，不得不降价出售，从而可能出现支付给发行人的证券购买价格高于其向投资者出售证券时的价格（发行价格），国际银行面临承销差价降低甚至负差价而遭受损失。

代销是国际银行并不从发行人处购买全部证券，只同意尽力代发行人推销证券，在承销期结束后，可将未能售出的证券退还给证券发行人，并将出售证券的所获款项按约定日期支付给发行人。这种方式下，国际银行在证券承销中不承担风险，证券定价与筹集资金总额方面的不确定因素都由证券发行人承担。

余额包销是国际银行在承诺期内向社会推销证券，并在规定的承销期结束后，将可能未售出的证券全部购入，按约定时间向发行人支付全部证券款项。这种方式意味着国际银行可能承担证券发行的部分风险。

（3）向投资者分销。分销即跨国投资银行将所承购的证券向市场上的不同的投资者出售。

另外，在二级市场上，为了适应不同的客户需求，跨国投行的角色有以下三种。

（1）经纪人。经纪人是指受客户的委托代理，按照客户的指令帮助客户买卖证券的中间商，并应当在这个过程中保证客户指令的充分执行。经纪人角色也是跨国投资银行的利润来源之一，通过收取委托人的佣金但自己不持有所交易的证券来获利。

（2）交易商。交易商是指跨国投资银行以买方和卖方的身份出现在交易市场上，用自己的资金和账户从事证券交易自营活动以期从市场价格变动中获利。

（3）做市商。做市商是指跨国投资银行通过参与证券交易，为其所承销的证券建立一个流动性较高的二级市场，并维持市场价格的平稳。对于跨国投资银行来说，如果证券缺乏流动性或者价格波动较大，既会影响未来的证券承销业务，也会使自身的账户蒙受损失。所以跨国投资银行充当做市商，通过在二级市场上进行活跃的证券交易使新上市的证券具有更大的流动性，并稳定其价格。

13.3.2 跨国贸易业务

贸易即商品或服务从一个地理区域转移至另一个地理区域，是跨国银行业产生的源头。贸易经过奴隶社会、封建社会、资本主义社会的发展后,已经逐渐成熟和多样化,而贸易演变的历史成为我们考察并理解跨国贸易以及商业银行的概念、作用以及程序的基础。为保证商品和服务在国家之间自由流动,保证贸易商的规模不会影响支付,银行的支持有着至关重要的作用。由于交易双方处在不同的国家,且一旦违约之后很难追责,所以通常贸易双方彼此互不信任。而解决这一问题的方法就是通过双方都信任的第三方,通常是信誉良好的跨国银行来解决。可见,贸易各方都需要银行给予不同程度的支持。银行的支持主要体现为贸易融资。而贸易融资的核心重要性在近十几年爆发的每一次债务危机中均得到了突出的体现。陷入危机的国家在危机过后往往要经历一个漫长的过程才能全面恢复信誉度,这些国家面临的首要任务就是立即恢复银行的信用额度以维持正常的进出口贸易活动。

作为跨国公司贸易最重要的一个环节,贸易融资是指商业银行对跨国公司进出口贸易的资金融通。贸易融资既是跨国银行的日常业务,又是跨国银行的重要利润来源。国际贸易融资业务包括两种形式:一种是由银行向客户直接提供资金融通;另一种则是银行为客户提供信用保证,以使客户能从贸易对方或第三方获得融资的方便。

1. 短期贸易融资

在跨国银行的贸易融资业务中,短期贸易融资主要包括国际信用证、福费廷、国际保理等。

(1)国际信用证(letter of credit,L/C)。国际信用证在国际贸易中居于中心地位。它是在进口商的请求下由跨国银行开立的,在出口商提交特定的符合条件的单据后,跨国银行将向受益人——通常是出口商支付一定数额的资金。信用证的最大优点是克服了进口商和出口商因为分布于不同国家难以互信存在的交易困难,即由于交易双方信任具有良好信誉的跨国银行,促进了交易的顺利进行。出口商看到信用证,就相信贷款可以得到保证,于是开始装运货物。同时,信用证方式有利于出口商获得出口前的融资。对于进口商而言,信用证支付最大的优点是当所有票据齐全且符合信用证条款时,进口商才支付货款;其缺点是进口商开立信用证时,必须向所在国银行支付一笔费用;同时,信用证是进口商的一笔金融负债,这会削弱进口商向其他项目借款的能力,信用证的运行机制如图13-1所示。

(2)福费廷(forfaiting)。又称买断,是指一个票据持有者(通常是出口商)将其未来应收债券转让给第三方(福费廷融资商)以换取资金①。转让完成后,若此票据期满不能兑现,福费廷融资商无权向出口商追索。福费廷业务的贴现率一般按市场利率确定,除了贴现利率外,还收取一定比率的管理费,在提供信贷之初由出口商一次性支付,跨国银行还收取承诺费,从银行承诺做福费廷业务之日起到出口商实际贴现票据之日按一定费率收取。福费廷的期限一般为 3~7 年,最长可达 12 年②。所提供的信贷金额一般高于卖方信贷,少的几十万美元,多的可达几千万美元。信贷对象货物多为资本品。

---

① 从银行端来看,福费廷(forfaiting),是指基于真实的交易背景,在债务人银行(如开证行/保兑行/承兑行/承付行/保付行等)对基础交易项下未到期债权作出付款承诺(如保兑/承兑/承付/保付等)后,银行无追索权地买入或卖出该未到期债权的行为。

② 福费廷在实务中多体现在货物贸易项下,融资期限多在 3 个月至 1 年。

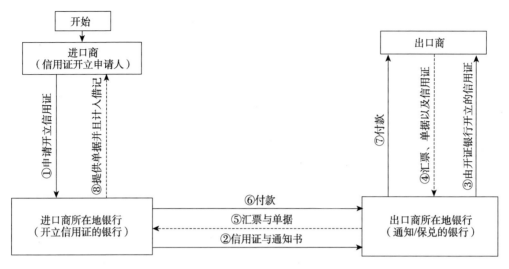

图 13-1 信用证的运作机制

（3）国际保理业务。国际保理全称保付代理，又称托收保付，是指卖方在非信用证结算方式下赊销商品或服务后，将其合法拥有的应收账款债权转让给跨国银行，跨国银行向其提供集应收账款催收、管理、坏账担保及融资于一体的综合型金融服务。

国际保理业务的分类标准有：一是按照保理商对卖方是否有追索权，可分为有追索权（回购型）和无追索权（买断型）保理；二是根据是否将应收账款转让的事实及时通知买方，可分为公开型保理和隐蔽型保理；三是按照保理对象的地域，分为国际保理和国内保理。国际保理是指出口商将其与进口商货物或服务贸易项下的应收账款转让给保理商或提供保理服务的金融机构，由其为卖方提供贸易融资、销售分户账管理、应收账款催收、信用风险控制与坏账担保服务中的至少两项内容的业务。与国际保理不同的是，国内保理的保理商、保理申请人和商务合同买方均为境内企业；四是根据其运作机制，是否涉及进出口两地的保理商，分为单保理和双保理。单保理是指仅涉及一方保理商的保理方式。如在直接进口保理方式中，出口商与进口保理商进行业务往来；而在直接出口保理方式中出口商与出口保理商进行业务往来。涉及买卖双方保理商的保理方式则叫作双保理。国际保理业务中一般采用双保理方式，即出口商委托本国出口保理商，本国出口保理商再从进口国的保理商中选择进口保理商。进出口国两个保理商之间签订代理协议，整个业务过程中，进出口双方只需与各自的保理商进行往来。

贸易融资服务是指跨国银行可以根据卖方的资金需求，在收到转让的应收账款后，立刻对卖方提供融资，协助卖方解决流动资金短缺问题。销售分户账管理服务是跨国银行根据卖方的要求，定期或不定期向卖方提供应收账款的回收情况、逾期账款情况、账龄分析等，发送各类对账单，协助卖方进行销售管理。应收账款催收服务是指跨国银行设有专业人士从事账款追收，根据应收账款逾期的时间采取相应手段，协助卖方安全回收账款。信用风险控制与坏账担保服务是指保理商可以根据卖方的需求为买方核定信用额度，对于卖方在信用额度内发货所产生的应收账款，跨国银行提供100%的坏账担保。

2. 中长期出口信贷

中长期出口信贷是一国为扶持扩大本国出口、增强出口商品国际竞争力、占领海外市场，以利息补贴和信贷担保的方法，鼓励本国银行或跨国银行向本国出口商或外国进口商（银行）提供的中长期贸易信贷。大型成套设备的出口和大型工程项目投资采用此种信贷方式。基本形式有买方信贷和卖方信贷以及福费廷。

（1）卖方信贷。卖方信贷是对出口商提供的中长期信贷，其目的是增强出口商为进口商提供延期付款等商业信用的能力，促进出口商的出口。这种信贷方式手续简便，但是可以借贷的金额有限，如果把借贷的成本计入货物价格则对进口商不利，同时也增加了出口商承担债务的相应风险。因此，卖方信贷在贸易融资中使用比较少，主要用于交易小额制成品。

（2）买方信贷。买方信贷是银行直接向进口商提供的中长期贷款。买方信贷可以采取两种不同的方式：一是由出口商的往来银行直接贷款给进口商，二是由出口商往来银行先贷款给进口商往来银行，再由进口商往来银行贷款给进口商。由于买方信贷往往有政府的支持，所以一般具有优惠的条件，为了限制出口信贷领域的过度竞争，国际社会对买方信贷的利率水平、偿还期限以及偿还方式等都有明确的规定，而且随着国际贸易自由化的发展，这种限制变得日益严格。

复习思考题

1. 简述跨国银行在国际投资中的作用和扮演的角色。
2. 请分析国际私人银行业务和普通跨国零售业务的区别和联系？
3. 跨国投行的主要业务是什么？
4. 请简述一场典型的跨国贸易是如何发生的。

参考文献

[1] 王志军. 国际银行学[M].北京：科学出版社，2007.

[2] 彼得·K. 奥本海姆. 跨国银行业务[M]. 官青，等，译. 北京：中国计划出版社，2001.

[3] 刘安学. 跨国银行经营管理[M].西安：西安交通大学出版社，2013.

[4] 王国刚，王橞. 商业银行国际化中的法律风险及应对[J]. 中国金融，2022(15)：28-30.

[5] 柴爽. 中资银行国际业务发展对策研究[J]. 产业创新研究，2022(13)：133-135.

[6] 邵科，杜阳. 2021年我国四大行国际化发展及国际比较[J]. 中国银行业，2022(05)：54-57+53.

[7] 王澈，彭俊. 探索投资银行国际化之路[J]. 中国金融，2022(01)：81-82.

[8] 勾东宁，刘业萌. 人民币国际化背景下的我国商业银行国际化发展研究[J]. 经济研究导刊，2020(35)：106-110.

[9] 杜奇华. 国际投资[M]. 北京：对外经济贸易大学出版社，2019.

即测即练

自学自测  扫描此码

第 14 章

跨国保险公司运营

【学习目标】

1. 了解保险公司国际化的动机和途径；
2. 掌握保险、跨国保险公司的业务内容；
3. 熟悉跨国保险公司运营的业务流程；
4. 知悉跨国保险公司运营特点；
5. 了解跨国保险公司运营趋势。

世界 500 强中的保险企业

2022 年世界 500 强榜单的一个重要特点是上榜企业的行业越来越集中：保险（55 家）、银行（44 家）、车辆与零部件制造（33 家）、炼油（30 家）、金属（27 家）行业拥有最多的上榜企业，行业集中度显著提升。上榜的保险企业名单如表 14-1 所示。

表 14-1　2022 年世界 500 强保险企业名录

序号	公司名称	排名	国籍	序号	公司名称	排名	国籍
1	联合健康集团	11	美国	17	第一生命控股有限公司	167	日本
2	巴克希尔·哈撒韦公司	14	美国	18	大都会人寿	173	美国
3	中国平安保险	25	中国	19	保德信金融集团	175	美国
4	中国人寿保险	40	中国	20	苏黎世保险集团	179	瑞士
5	安联保险集团	47	德国	21	中国太平洋保险集团股份有限公司	182	中国
6	安盛	48	法国	22	英杰华集团	198	英国
7	健康福利公司	50	美国	23	荷兰全球保险公司	200	荷兰
8	centence	66	美国	24	英国法通保险公司	203	英国
9	忠利保险公司	72	意大利	25	加拿大鲍尔集团	232	加拿大
10	日本邮政控股公司	94	日本	26	塔兰克斯	244	德国
11	印度人寿保险公司	98	印度	27	好事达	246	美国
12	中国人民保险集团股份有限公司	110	中国	28	东京海上日动火灾保险公司	253	日本
13	哈门那公司	132	美国	29	美国国际集团	255	美国
14	慕尼黑再保险集团	133	德国	30	美国纽约人寿保险公司	263	美国
15	州立农业保险公司	135	美国	31	宏利金融	277	加拿大
16	日本生命保险公司	164	日本	32	美国利宝互助保险集团	285	美国

续表

序号	公司名称	排名	国籍	序号	公司名称	排名	国籍
33	前进保险公司	286	美国	45	意大利邮政集团	378	意大利
34	友邦保险控股有限公司	288	中国	46	联合服务汽车协会	379	美国
35	美国全国保险公司	289	美国	47	损保控股有限公司	383	日本
36	瑞士再保险股份有限公司	296	瑞士	48	西北互助人寿保险公司	387	美国
37	韩华集团	306	韩国	49	万通互惠理财公司	395	美国
38	MS&AD保险集团控股有限公司	309	日本	50	旅行者保险公司	410	美国
39	中国太平保险集团有限责任公司	334	中国	51	新华人寿保险股份有限公司	416	中国
40	安达保险公司	338	瑞士	52	菲尼克斯集团控股公司	426	英国
41	泰康保险集团股份有限公司	346	中国	53	富邦金融控股股份有限公司	440	中国
42	美国教师退休基金会	347	美国	54	住友生命保险公司	442	日本
43	国泰金融控股股份有限公司	376	中国	55	三星人寿保险	464	韩国
44	日本明治安田生命保险公司	377	日本				

事实上,保险业近年来一直是世界500强企业集中的主要行业。2019年500强中有55家保险企业,2020年有60家,2021年有58家。可见,保险业跨国运营非常有必要。
(资料来源:http://www.fortunechina.com/)

14.1 保险概念与类型

14.1.1 保险与保险相关方

1. 保险

"保险"一词,国际通行用"Insurance"和"Assurance",实践中,有些国家的"人寿保险"用"Life Assurance"表示,美国的"人寿险再保险"是以"Reassurance"冠名的,但整体而言,"Insurance"用得更为普遍。《牛津现代高级英汉双解辞典》对保险(Insurance)的解释是:支付一定的保险费,以获取损失、疾病或死亡等方面的保障。当然,这只是概要地表述了保险的最基本内容。其实,保险已被世界公认为"精致的稳定器",是对付人类社会可能遭遇的财产损失风险、人身伤害风险、责任赔偿风险和信用违约风险的有效保障机制,是实施责任分摊,履行经济补偿或给付的一种科学制度。该机制的运行通过订立合法契约,以商业的原则确定保险双方各自权利与义务关系,并以众人聚余的形式和科学的数理技术为基础,实行损失的合理分担来实现。

2. 保险相关方

保险市场包括正在寻找产品的买方、正在提供产品的卖方,以及连接买方和卖方的中间人(图14-1)。

扩展阅读 14.1 保险市场的变迁

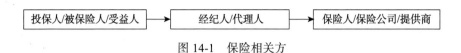

图 14-1　保险相关方

（1）被保险人。被保险人是享受保险合同保障的人，即有权根据保险合同向保险人取得赔款或满期给付的人。当被保险人与投保人不是同一人时，被保险人只享受赔款或给付请求权而无任何义务；当被保险人与投保人为同一人时，被保险人在享受赔款或给付请求权时还应履行合同或法律规定的、应由投保人承担的义务，如交纳保险费、危险发生时通知保险人，以及发生保险事故时对保险财产进行抢救等。享受赔偿或给付请求权是被保险人投保的目的。被保险人的此项权利受到法律的保护。

（2）经纪人。经纪又称居间，可分为"报告居间"和"媒介居间"，前者仅报告订约机会，后者则促使双方订约。根据我国《经纪人管理办法》规定，经纪人是指在经济活动中，以收取佣金为目的，为促进他人交易而从事居间和代理等经纪业务的公民、法人和其他经济组织。经纪人在各种交易活动中为市场交易双方沟通信息、撮合成交而提供各种相关服务。一般来说，经纪人接受委托而代表他人从事购买或销售行为，可以以自己的名义或以委托人的名义进行经纪活动。保险经纪人又称保险代理人，是基于投保人的利益，为投保人与保险人订立保险合同提供中介服务，并依法收取佣金的公民、法人和其他经济组织。

（3）保险人。保险的卖方称为承保人、承保公司、保险人或保险提供者。保险人专门从事某一特定类别的保险，例如航空、汽车、责任或财产保险等。保险人的工作是决定是否承担潜在风险，如果是，以什么样的比例承担风险，通过承保或出售保险，保险公司同意接受相应的风险。

14.1.2　保险类型

依据保险标的的不同，保险可以分为人身保险和财产保险。

1. 人身保险

人身保险是以人的寿命和身体作为保险标的的保险。保险人对被保险人因意外灾害、疾病、衰老以致丧失工作能力、伤残、死亡或年老退休时给付约定的保险金。其主要目的是为生、老、病、死、残等人身风险提供保障，解决因此所造成的财务困难。

按照保障责任的范围，人身保险又可以进一步细分为人寿保险、意外伤害保险和健康保险。

（1）人寿保险。人寿保险又称寿险或生命保险，以被保险人的寿命为保险标的，并以被保险人在保险期满时仍生存或保险期间内死亡为条件，给付约定的保险金。人寿保险包括定期寿险、终身寿险、两全保险、年金保险、养老保险等。

（2）意外伤害保险。意外伤害保险是以人的身体和寿命作为保险标的，当被保险人在保险期间因遭遇意外事故致使身体遭受伤害而残废或死亡时，由保险人按约定给付保险金的一类保险。

（3）健康保险。健康保险是指保险公司通过疾病保险、医疗保险、失能收入损失保险和护理保险等方式对因健康原因导致的损失给付保险金的保险。

2. 财产保险

财产保险是以财产及其相关利益作为保险标的的保险,是在保险期间保险人对于因保险合同约定的保险事故发生所造成的保险标的的损失承担经济赔偿责任的一类保险。财产保险有狭义和广义之分。

(1) 狭义的财产保险是以各类物质财产(有形财产)作为保险标的;而广义的财产保险除了承保有形财产,还承保与有形财产有关的利益、费用、责任、信用等无形财产。也就是说,狭义的财产保险仅指财产损失保险。

(2) 广义的财产保险除财产损失保险外,还包括责任保险、信用保险和保证保险。

①财产损失保险。财产损失保险以各类有形物质财产作为保险标的,在保险期间,因保险事故发生致使保险标的遭受的损失,由保险人承担经济赔偿责任,包括企业财产保险、家庭财产保险、运输工具保险、货物运输保险、建筑工程保险等。

②责任保险。责任保险是以被保险人的民事损害赔偿责任作为保险标的的保险。由于被保险人的过失、疏忽等行为,给他人造成了经济损失,根据法律或者契约的规定应由被保险人对受害人承担的经济赔偿责任,由保险人负责赔偿,包括公众责任保险、雇主责任保险、产品责任保险、职业责任保险、污染责任保险等。

③信用保险。信用保险是以信用行为作为保险标的的保险,是以债权人因债务人不能偿付或拒绝偿付债务而遭受的经济损失为保险标的的保险,包括商业信用保险、出口信用保险、信用卡保险等。

④保证保险。保证保险是由被保险人(债务人)要求保险人对本人的信用提供担保。如果由于被保险人不履行合同义务致使权利人受到经济损失,应由保险人承担赔偿责任。

信用保险与保证保险的区别:一是保险合同涉及的当事人不同。信用保险合同的当事人是保险人和权利人,权利人既是投保人又是被保险人;而保证保险合同的当事人为保险人与被保证人、权利人三方,被保证人为投保人,权利人为被保险人。二是保险性质不同。保证保险属于担保行为,保险人出借的仅是保险公司的信用,而不承担实质性风险;而信用保险中,保险人承担的是实质性风险,保险合同规定的是保险事故发生后,保险人在向被保险人履行赔偿责任后,只是获得向被保证人追偿的权利。

3. 人寿保险和财产意外险的差异

财产意外险倾向于短期的合同和频繁的更新合同;财产意外险的保费仅仅基于持续损失的可能性,没有储蓄要素。

14.2 保险公司国际化的动因与途径

14.2.1 保险公司(机构)国际化的动因

分散风险、获得竞争优势与规模报酬、跟随客户、应对竞争以及产品生命周期的推动

扩展阅读 14.2 美国保险公司国际化

是保险公司国际化的主要动因。具体到寿险、非寿险和再保险业务国际化的动因又稍有差异。

1. 分散并控制风险

保险业是经营风险的行业,最大限度地分散和控制风险是保险经营的目的。根据大数定律,保险人承保的风险单位数越多,期望结果与实际结果越接近;承保风险越分散,经营越稳定。在经济全球化趋势下,保险公司拓展经营领域、延伸经营范围,开拓海外市场,尤其是新兴市场业务,才可以不断扩大业务规模,并使其风险得到更大范围的分散,实现永续经营。

通常,由于存在遭遇巨灾损失的风险,非寿险公司国际扩张的需求比寿险公司要大。非寿险公司通过国际扩张,将风险在一个较大的地域内分散,可以减少风险在某一特定地点的波动性。加之通货膨胀和汇率变动的影响,保险公司在某一保险市场获得的实际收益率可能会大幅度波动,促使保险公司国际化,以使其收入来源多样化,保持利润率稳定。

2. 获取规模报酬

规模报酬是企业的生产规模与生产投入之间的关系。当产量增加的比例大于各种生产要素增加的比例,称为规模报酬递增。规模报酬随寿险、非寿险、再保险种类的不同及其业务环节的不同,影响程度也有所不同。一般来讲,非寿险业务的投资和索赔业务中存在规模经济,营销、承保、索赔公估,尤其是个人险方面,规模经济作用相对较小;寿险业务的规模报酬不变;而再保险行业则普遍存在规模经济。再保险主要是通过保险经纪人和原保险人办理再保险业务,无须在保险营销和损失勘定上花费大量的费用,因而其平均成本比较低;同时,直接再保险人一般对技术性较强的业务,如对风险的评估和索赔处理收取较高的费用,提供此类服务需要保险人在该市场上有广泛的商业存在和相当的专业技巧,而这些条件只有大规模公司才能满足,故对再保险人来说,最小且能发挥其功能的经济规模也是非常庞大的,因此再保险人可以在审慎原则允许的范围内,或在保险监管允许的范围内,尽可能多地提供风险保障。

3. 获取竞争优势

国际化经营的企业可以获得来自各国的储蓄率、人口受教育程度、企业利润率等国别特征,也可以获得各国特有的技术和人力资本,从而产生新的竞争优势。更为重要的是,通过国际化可以使跨国保险企业的技术、营销等优势内部化。由于企业国际化还需要处理并解决新的环境因素,在与来自东道国以及与国外的同行业公司保险产品的生产和销售的竞争中获得竞争优势。

4. 客户跨国经营的保险需求

随着制造企业经营活动的国际化,银行、法律、财会等服务业也随之进行国际化,保险企业也不例外。作为被保险人,进入国际化经营的企业,通常有自己的风险管理专业人员,更愿意同能理解他们意愿和习惯的母国保险公司或人员开展保险业务,因此,有大量驻外员工的跨国公司更愿意在其母国保险公司的驻外机构办理保险。因此,为满足在世界各地经营业务或忙于国际间事务的被保险人的保险需求，保险公司必须进行国际扩张，否则就会失去原来的老主顾或漏保，最终被能提供这些业务的保险人所淘汰。因此，被保险人的国际化是保险公司国际化的重要理由。

5. 国内市场激烈竞争的推动

当一国的保险深度和密度均已很高，保险市场已相对较成熟时，保险市场的竞争异常激烈。此时，无论占有垄断地位的保险公司，还是普通的保险公司要获得自己所期望的利润率都已非易事；除去几个特定的利基市场外，保险人也很难再获得更多的保费收入。此外，在国内市场饱和的情况下，进一步在国内市场上扩大经营容易招致其他寡头竞争者的报复或触犯反垄断法。所以，该保险市场的保险公司，经常会通过国际化寻找在国内市场上无法获得的增长速度和利润率。

6. 产品生命周期的要求

保险产品的生命周期包括了市场进入、增长、成熟和衰退4个阶段，各个阶段所对应的保费收入和利润情况存在较大差异。在市场进入阶段，由于消费者对产品缺乏了解，难以接受新的保单，加上保单的推出要花费大量前期费用，故保费收入较低，利润可能为负值，但很少存在竞争；在增长阶段，保费收入和利润明显增长，逐渐出现竞争者；在成熟阶段，由于该产品的市场开始饱和，保费增长速度减慢，利润总额开始下降；在衰退期，保费额和利润继续下降，开始有竞争者退出市场，或者降低自己的市场份额以保持一定的边际利润。一般地，产品到了成熟阶段，有实力的保险公司为保持竞争能力，就开始寻求海外投资，以降低生产成本。

7. 巨额保险标的出现

随着生产技术的日新月异，尖端科学的不断运用，保险从过去主要针对货物、船舶、汽车、飞机、房屋、人身、家庭财产等为对象的险种，发展到海洋石油开发，人造卫星发射，核能源污染等保险，导致保险业承保的财产价值越来越大，投保金额也越来越高。一艘万吨油轮、一架大型波音客机、一颗人造卫星、一座核电站，它们的价值少则几千万美元，多则上亿乃至十几亿、几十亿美元。一旦发生保险责任范围内的事故，索赔金额十分巨大。特别是财产损毁后造成的责任赔偿，更使保险人望而生畏。面对如此巨额的保险标的，保险人只能借助于再保险市场来保证自己业务经营的稳定。再保险业务，已经不是一个国家内部交换保险业务的关系。已超越国界，成为国际性的保险业务，发展也越来越快。

8. 风险的国际化

作为经济全球化和金融全球化的结果，风险国际化是指保险标的风险超越一国的国界而跨越两国或两国以上国界。风险的客观性和广泛性决定了风险是无国界的。一场环太平洋台风，可以引起几个国家的财产损失；一起海洋污染事故，可以使沿岸几个国家的人民遭受损害；某国货币币值的跌落，可以使所有采用这种货币结算而未加防范的各国贸易商都蒙受风险损失。随着科学技术的进步和经济全球化进程的加快，许多风险因素迅速地在国际范围内出现。

此外,保险企业为了获得国际市场的信息和新技能,为了规避保险资金在国内的运用限制均可能推动保险公司国际化的发展。尤其是随着单位风险规模的增大,一个国家保险市场对承保巨额风险越来越感到吃力,出于分散风险、稳定经营的需要,将其承保的风险通过共保或再保向其他国家保险市场上转移,把世界保险市场连为一个整体,极大地推动了保险的国际化进程,近年来出现的全球保单就是例证。

14.2.2 保险公司(机构)国际化途径

1. 保险公司国际化的内容

当企业意识到国际交易的重要性时,会逐渐与他国建立跨国交易关系,不断提高国际参与度,进入国外市场。因此,保险公司国际化可视为国内保险公司逐步发展成国际保险公司的过程。这一过程不仅仅指本土保险公司在境外设立分支机构或者在境外从事保险业务,伴随着企业保险业务、服务及技术的境外发展,还需要企业资本和人才国际化的同步实现。

(1)保险业务国际化。保险业务国际化指保险业务向国外延伸,从传统的本国或者本地区的区域性业务发展为开展跨地区的综合和创新保险业务,最终实现经营理念、管理方式、险种开发、费率水平、资金运用、会计处理以及法律监管等全面与国际接轨,其中,跨国再保险业务的比重较跨国寿险或非寿险业务大得多。

(2)保险服务国际化。保险服务国际化指保险产品的销售、购买、理赔、分红及其他相关服务等实现跨越地理区域的限制,在国际范围内形成一体化网络。不同国家或者经济体之间的保险公司相互渗透、融合,形成良性、平等的竞争体系,最终实现行业整体的优化和服务水准的不断提高。

(3)保险技术国际化。保险公司在实现国际化经营的过程中,为获得竞争优势,趋向于使用各种最新的技术和方法,而这些新的技术和方法可以为东道国企业所学习、借鉴,并最终实现新技术和方法的本土化应用,从而真正实现保险技术的国际化。例如,我国许多保险公司的管理、查勘、企业组织构建等都借鉴了国外优秀保险公司的经验,而事实也证明,这些新技术和方法的本土化应用都取得了良好的效果。

(4)保险资本国际化。保险资本国际化一方面指吸引国外资本进入本国保险公司,另一方面则是将国内保险公司的资本向国外输出。其中,前者或涉及外资股东的选择,同时带动保险人才国际化;或通过境外上市,通过资本市场募集资金,壮大企业资本实力,并以更为严格的国际眼光评判公司治理的水平,带动保险经营管理国际化,继而推动企业资本结构的国际化。资本结构的国际化既可以拓宽筹资渠道,壮大资本实力,也可以完善公司治理结构,建立现代企业制度,从而便于应对国际竞争与协作,融入经济全球化潮流。

(5)保险人才国际化。人才是决定任何企业最终发展和壮大程度最为核心的因素。保险公司的国际化竞争归根结底取决于人才竞争。保险人才的国际化可以按照程度不同分为两个层次,第一个层次是在企业开展跨地区业务的初期,引进外国人才和外派本国人才。这是因为保险公司在国际化经营过程中,为更好地适应所在国的实际情况,通常需要雇用大量熟悉东道国国情的当地人才，才能避免因信息不对称可能导致的不良后果甚至损失；为更好地落实企业的经营策略以及保证企业管理方式的连贯性和有效性，企业也需要将有能力的本土员工外派至目标地区或者国家。随着保险公司国际化程度的加深，这样的人才双向流动将会越来越频繁，而随着保险公司逐渐适应当地经济、法律以及人文环境，保险人才国际化的第二个层次随即到来。第二个层次的人才国际化，既有第一层次的国内和国际人才之间的流动，又有大部分人才的本土化培训和循环。

2. 保险公司国际化方式

保险公司国际化经营的途径多种多样，包括开展跨国保险业务、建立子公司或开办分公司、收购或参股当地保险公司、海外上市等多种形式。

开展跨国保险业务是指一国保险公司向位于另一个国家的被保险人、保险人或再保险人提供投保服务。跨国保险的常见形式：①由外国保险人承保并签订相应的合同，形成纯粹的跨国保险业务，展业可通过直销方式（如电话、邮件、报纸、因特网）或经纪人。许多再保险采用这种方式。②被保险人与保险人联系，产生投保人的跨国保险业务。股份公司经常在国外保险，因为这样可得到比在国内保险更优惠的保险条款和保险价格。③国外消费跨国保险。指被保险人在国外短期居住或旅行而在当地保险公司投保。④跨国企业投保的差异条件保险，也称差异限额保险，这是跨国公司全球风险管理的一部分。该跨国保险通常在跨国公司母国投保，也可能涉及外国或其他当地保险人的共保。该保险人承保的是母公司和子公司的风险，通常做法是由子公司在当地投保基本险，再由母公司的主保险合同提供超额保险或附加保险。

建立分公司或子公司是保险公司国际化的常用手段。但由于世界各国保险市场开放程度不同，开放方式各异，因此，设立分公司或子公司的难易程度也不尽相同。分公司是总公司的分支机构，它利用总公司的名称和章程，在公司的直接控制下进行经营活动，财产所有权属于总公司，资产负债直接反映在公司的资产负债表上，而且通常不是法律上独立的法人组织，受到双重监管。由于分公司在东道国被视为外国公司，因此在创办手续上较为简单。分公司或子公司将不可避免地受到集团总部的影响和控制，自主能力不足。不过，该种方式更受西方保险公司的青睐。根据 LOMA 的统计显示，36%的美国和加拿大保险公司都通过采用分公司的形式进入其他国家的保险市场（表14-2）。

表 14-2　西方保险公司国际化经营途径

国际化途径	美国、加拿大保险公司	其他国家保险公司
子公司	13%	30%
收购	16%	25%
合资公司	—	—
与当地保险公司合资	3%	10%
与非保险公司的金融机构合作	6%	10%
与非金融机构合作	6%	5%
分公司	36%	5%
其他	20%	15%

购并或参股国外的保险公司。从新兴市场国家保险市场开放的角度来看，大部分国家都要求外资公司通过合资公司的形式进入本国市场，并将外资的持股比例控制在一定范围之内。比如，中国加入 WTO 有关保险开放的承诺中，允许外国寿险公司在华设立合资公司，外资股比不超过 50%，外方可以自由选择合作伙伴；外资保险经纪公司可设立合资保险经纪公司，外资股比也不可超过 50%；两年后逐步取消股比限制。此时，保险公司只能通过跨国并购或者股权投资等方式进行国际化。通过并购或参股等手段，保险公司能够更快捷高效地融入当地保险市场并充分利用被收购公司的市场影响力，有效减少初期由于信息不对称所导致的各种水土不服，这样也更能为东道国民众所接受。

海外上市。随着全球市场资本化程度进一步加深，投资资本市场，进行混业经营成为各国保险业发展趋势。投资国外资本市场，即将本公司的资金运用到国外资本市场，分散投资风险，寻求资本收益。这种方式一般受本国保险法关于保险公司资金运用规定的限制。在开放的充分竞争的保险市场环境中，国内保险公司境外上市具有较大的制度优势：一是可以提高上市保险公司的承保能力。上市保险公司多元化的资本供给机制，既可以在极短的时间内集中大规模国际资本，改变资本短缺的被动局面，又可以将保险市场的经营风险分散到资本市场、商品市场及整个市场体系中去，为保险业的稳健经营和可持续发展奠定基础；二是可以占领国际保险市场。国内保险公司境外上市可以吸引更多的国外投资者和潜在投资者的关注，增强国内保险公司的国际知名度和国际竞争力，便于其到境外市场拓展保险业务，占领一部分国际保险市场份额；三是可以提高上市保险公司的抗风险能力。利用上市方式筹资，可以使上市保险公司迅速增强资本实力，提高资本充足率，增强其竞争力和抗风险能力；四是可以提高上市保险公司经营活动的透明度，强化外部监管。保险公司到境外上市后，要受到来自各方面的监督，在广泛的监督下，公司必须加强管理，保持利润稳定增长，保持企业的稳健经营，在发展中壮大，在壮大中发展。

14.3 跨国保险公司界定

14.3.1 跨国保险公司界定

经济全球化、区域经济自由化、世界经济一体化的推进，形成了 WTO 贸易自由化发展格局，保险服务资源的跨国流动成为现实发展潮流，促成了保险全球化的发展局面。其结果是保险产品和服务跨出了国界，产生了专门保障国际风险的保险产品——国际保险产品和相应的跨国保险服务。经营保险产品的企业和提供保险服务的机构跨出了国界，产生了跨国保险公司和跨国保险经营活动。保险活动因此分为国内保险活动、涉外保险活动、跨国保险活动等多元类型。

扩展阅读 14.3　跨国保险公司的出现

跨国保险公司就是在全球市场从事保险业务活动，尤其是从事跨国风险的承保经营、跨国销售保险产品、跨国设立保险经营机构、跨国进行保险投资的保险机构。

14.3.2 跨国保险公司的业务范围

1. 跨国保险业务

经济全球化发展使各种生产要素实现了在全球范围内自由流动和配置，使各国经济的融合程度日益提高。西方发达国家的跨国公司，在资本逐利性的推动下，在全球范围内通过新建或并购的方式在东道国建立分支机构或附属机构，实现从原材料供应到生产再到产品销售的纵向国际分工的内部化，或实现跨行业多样化经营。其中人和物频繁的跨国流动引起了有风险的跨国流动，由此促使为跨国风险提供风险保障的产品——国际保险产品的出现。这是国际保险活动产生的基础。跨国公司的海外经营机构通常倾向于向母国的保险人投保。这是国际保险活动产生的外在动力。从母国保险人的角度讲，基于自身追求规模经济效益、分散非系统风险、提高获利能力的考虑——国际保险活动产生的内在动力，母国保险人或通过网络、电话等通信手段跨国向跨国公司的海外经营机构提供保险服务或通过在跨国公司海外经营机构的东道国设立营业机构（分支机构或附属机构）的方式向其提供保险服务。因此，可以说，随着国际贸易、国际投资、国际航运等跨国经济活动的保险活动逐步向境外扩张，由此产生了跨国的保险活动，保险人从事跨国的保险买卖活动，带动了跨国的保险中介服务和其他辅助性保险服务的跨国流动。而这种跨国的保险活动，才是真正意义上的国际保险活动。

跨国保险公司的保险业务包括国内保险和国际保险活动两部分内容。国际保险活动是指国家间的保险活动。国家之间的保险活动一般都是由保险活动主体、保险活动客体、保险活动内容、保险活动形式和保险活动场所等多种要素构成。其中国际保险活动中的主体主要是指参与国际保险活动的双方当事人；国际保险活动的客体主要是指保险商品和各种保险要素；国际保险活动的内容和形式主要是指国际保险商品和各种保险要素在国际间的买卖活动和流动行为及其方式；国际保险活动场所，是指国际保险活动的空间。

2. 国际保险业务

国际保险活动又包括广义和狭义两个方面。

广义的国际保险活动涵盖了涉外保险、国际再保险和跨国保险等活动（图14-2）。

涉外保险是为本国从事国际经济交往活动的商事主体提供商业或政治风险保障的活动，如为国际贸易交易的货物运输提供国际海上风险保障、为从事进出口贸易的出口商提供出口收汇面临的国外买方商业信用风险保障、为外商投资者提供境内投资风险、财产及人身风险保障等。这种国际风险保障活动始终都没有跨出国界，是一国国内保险公司在本国境内进行的涉外保险活动。一国实行经济对外开放政策，是促使涉外保险活动得以产生和发展的前提。这种涉外保险活动并非真正意义上的国际保险活动。

再保险，也称分保，是保险人将自己承担的风险和责任向其他保险人进行保险的行为，即保险的保险。可见，再保险即保险公司之间的责任分担，是分散风险、转移风险、提供有效保障的后盾。由于保险就是要实现风险最广泛的分散和责任的最有效控制，客观上不存在国界的限制。对于一些较大的保险项目，当其超过国内保险市场的承受能力时，通常要超越国界，在世界范围内进行分保。因此，再保险往往被称为国际再保险。国际再保就是本国保险商承保的风险进行的国际分包活动，这种责任分担可以是保险公司与专业再保险公司之间的风险转嫁，也可以是保险公司与保险公司之间的责任分担，甚至是专业再保险公司风险责任的再分散。

跨国保险是在国家间发生的跨国保险经营和服务提供活动，包括跨国销售保险产品活动、跨国提供中介或其他辅助性保险服务活动、跨国设立保险经营机构以及兼并和收购等活动、跨国投资及跨国再保险等跨国经营活动。

狭义的国际保险仅指跨国保险。

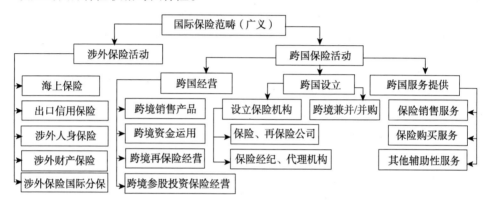

图 14-2　国际保险活动类型

14.4　跨国保险公司经营

14.4.1　跨国保险公司经营环节

1. 展业

保险展业就是开展保险业务，即保险人通过保险宣传，广泛组织和争取保险业务的过程，又称推销保险单或保险招揽。保险展业是保险经营活动的起点。保险展业包括保险宣传和销售保单两个基本环节。保险宣传是通过各种途径向公众介绍保险，使公众保险意识不断增强，进而参加保险。销售保单是通过保险宣传和引导使公众潜在保险需求转化为现实保险购买力的行为，即投保人和保险人通过订立保险合同建立保险关系。

2. 费率厘定

费率厘定作为保险公司运营的重要环节，是指保险的定价以及保险保费的计算。保险费率是保险人按单位保险金额向投保人收取保险费的标准，是保险费与保险金额的比率。保险费率通常以每百元或每千元保险金额的保险费来表示。保险费率一般由纯费率和附加费率组成。纯费率又称为净费率，是纯保费与保险金额的比率。附加费率由费用率、营业税率和利润率等部分构成。由纯费率和附加费率两部分组成的费率称为毛费率。

需要注意的是，保险定价与其他产品定价有明显不同。其他产品销售时，公司一般能预知生产成本，其价格标准就是成本与利润空间之和，而保险公司的成本只有在保险期结束后才能计算出实际成本和费用，但在销售时却不能预知其实际成本，因而，保险定价需要复杂的技术，一般通过精算师来完成。

精算师的职责是确定费率和保费。在人身保险行业，精算师根据出生、死亡、结婚、疾病、就业、退休和意外事故等所有重要的统计数据，计算人寿和健康保险的保费。在财产和意外保险中，精算师还要确定不同保险产品的费率。费率的确定基于公司既往的损失情况和行业统计数据。

财产和意外保险费率的厘定方法有判断费率法、分类费率法和增减费率法三种基本方法。

（1）判断费率法。判断费率法是指每一个风险单位单独评估，费率主要依靠核保人的判断来确定。在损失风险种类很多以至于无法计算分类费率的时候，或者无法得到可靠的损失统计数据的时候，经常使用这种方法。

（2）分类费率法。分类费率法是指具有类似特征的风险被放置于同一类别中，每一个都执行相同的费率。使用的分类反映了每一类风险的平均损失情况。分类费率法的依据是，假设被保险人未来发生的损失主要由相同的因素引起。例如，屋主保险的主要分类因素包括建筑材料、房屋使用时间、保障设施等。新建造的具有保障设施的砖石结构房屋不会和缺乏保障设施的木质房屋处于相同的承保类别中。分类费率法应用简便，可以迅速找到保费报价，因而广泛应用于个人保险市场。确定分类费率的方法有纯粹保费和损失率两种基本方法。

①纯粹保费方法。纯粹保费是毛费率中用于支付损失和损失调整费用的部分，其计算可以通过投保损失和损失调整费用与风险单位数量之比得到。发生的损失包括会计期间内支付的所有损失以及为了支付未来发生的损失而提取的准备金。投保损失包括所有发生在会计期间内的损失，而不论在期末是否支付。损失调整费用是同一会计期间内公司用于调整损失而发生的支出。假设在汽车碰撞保险中，500 000 辆属于同一承保类别的汽车在一年的时间中，发生的投保损失和损失调整费为 3 300 万元，则

$$纯粹保费 = \frac{发生损失和损失调整费}{风险单位数量} = \frac{33\,000\,000}{500\,000} = 66（元）$$

最后一步为费用、核保利润和意外事件追加费用。追加费用通常表现为毛费率的一定百分比，称为费用率。假设费用是毛费率的40%，则最终的毛费率是110元，可以表示为

$$毛费率 = \frac{纯粹保费}{1-费用率} = \frac{66}{1-0.40} = 110（元）$$

②损失率方法。该方法是对实际损失率与预期损失率进行比较，并对后者进行相应调整的方法。实际损失率是投保损失和损失调整费用与已赚保费的比率，预期损失率是保费中预期用于支付损失的一定百分比。其计算公式为

$$费率变化 = \frac{A-E}{E}，其中，A=实际损失率，E=预期损失率。$$

假设保险产品的投保损失和损失调整费是 800 000 元，已赚保费是 100 万元，预期损失率是 0.7，则费率变化 $= \frac{0.8-0.7}{0.7} = 0.143$，即费率必须提高14.3%。

（3）增减费率法。增减费率法是基于个别损失情况向上或向下调整分类费率（手册费

率）的一种费率厘定计划。增减费率法基于特定被保险人的损失情况与其他保险人的损失情况存在很大差异的假设，采用表定费率、经验费率和追溯费率三种方法进行向上或向下调整。

3. 承保

承保即保险合同的签订过程，是指保险公司承保人员对投保人的投保要约，依据有关法律、法规、条款和自身经验，进行研究和审核，并最终决定是否接受的过程。广义上来看，保险活动中的要约、承诺、审核、定费、最终签订保险合同都属于承保业务。

4. 再保险

再保险也叫分保，即保险人将自己承保的风险责任一部分或全部向其他保险人再进行投保的行为。简单来说，再保险就是对保险人的保险。其中，最初签订保险业务原保险公司被称为分保公司，分保公司留在自己账户上的保险数额称为自留限额或净自留额；从分保公司接受部分或全部保险的公司称为再保险公司，再保险公司接受的保险数额称为分保额；如果再保险公司接着将部分或全部风险向另一家保险公司投保，则被称为转保再保险，第二家再保险公司被称为转分保接受人。

5. 投资

投资功能在保险公司经营中非常重要。究其原因，一方面，保费预先支付，直到需要支付索赔或产生费用的时候，保费都可以用于投资；另一方面，投资收益对于抵消不良承保业务的负面效果极为重要，也就是说，投资产生的收益让保险公司在即使存在承保赤字的情况下也能够继续经营。当然，由于财产保险合同本质上一般属于短期合同，投资的流动性非常重要。

6. 理赔

理赔涉及保险双方权利义务的实现，是保险运营的一项重要内容。理赔指保险人在保险标的发生风险事故后，对被保险人提出的索赔要求，按照有关法律、法规的要求和保险合同规定，进行赔偿处理并支付保险金的行为。

由于风险存在的客观多样性和复杂性，被保险人发生的经济损失不一定都由承保风险引起，因此，即使承保标的发生了保险事故，由于多种原因的限制，被保险人所获得赔偿或给付额也不一定等于其损失额。

14.4.2 跨国保险公司经营特点

1. 跨国保险公司经营优势

（1）跨国保险公司拥有国际性的商业联系网络，其子公司、分公司和代表机构遍布世界各地。例如，作为世界上主要的建筑、安装工程承保公司之一，意大利忠利集团（Generali Group）于 1831 年 12 月在特里埃斯特成立，拥有 120 个当地营业网点（集团控股公司或银行）以及海外办事处，在全球各大洲 50 个市场上开展保险业务。忠利保险早在 1910 年就在上海成立了一家专门从事承保火险和水险的代理机构，从而进入中国。1924 年，忠利保险将承保业务逐渐扩展到上海以外的地区，在北京、天津、广东和河北成立了分公司。随着中国保险业开放，忠利集团再次进入中国，为中国长城工业公司的"长征"系列运载火箭的发射提供了系列再保险服务。

（2）跨国保险公司拥有巨额的保险总准备金和丰富的业务经验，有能力承保各种巨大、复杂的风险。因此，跨国保险公司为各行各业的跨国公司开展风险管理以及实施保险计划提供了基本保证。保险市场国际化对保险经营的影响主要体现为经营风险增加。保险经营风险主要分为两类：一类是承保风险，另一类是金融投资风险。在承保方面，保险市场的国际化使得保险经营国际化和惯例化；国际化使保险市场竞争加剧，再保险分出业务和转分保分出业务在更多的国家分散；任何一个国家金融形势的变化和保险市场的波动都会对再保险业务分出国的保险市场产生影响，都会导致业务分出国保险市场的波动，甚至导致业务分出国保险市场的不稳定。在金融投资方面，国际化会增加汇率风险、利率风险和信用风险。在国际化条件下，保险公司风险将出现多元化、国际化和复杂化，保险市场波动将呈现出连动化的新局面，跨国保险公司因为地点多元、业务多元、经验多元而长袖善舞，能承担巨额复杂风险并有效应对风险。

2. 跨国保险公司经营挑战

跨国保险公司海外经营面临的主要挑战是监管和税收差异、货币风险、变化、人力资源挑战等。

（1）监管和税收差异。在全球范围内，并不存在一个统一、协调的监管制度和税则体系。能够称得上相对统一的只有欧盟保险市场，但是，欧盟保险指令对成员国的约束也要通过成员国将其转化为国内法来实现；欧盟又允许各成员国运用一般良好原则来保护本国的消费者。这在事实上又为欧盟统一保险市场的建立设置了一道隐形障碍。因此，当今世界各国保险市场仍然依据自己的监管法规对本国保险市场的进入、退出进行监管。各国对外国保险机构进入市场的注册资本金要求、高级管理人员资格、股东持股比例和数量、注册程序、设立公司的形式（包含股份制、相互制、个人组织形式等）、保证金的缴纳等都各不相同。从税收规则看，各国对不同保险险种的征税比例、对准备金的提存规定等也不相同。

（2）会计记账和会计报表实践差异。各国的会计记账和会计报表的实务操作规则并不完全相同。会计记账和会计报表的实务不同，将导致保险人账面利润扭曲。比如，对一些初期费用较高的险种，某些国家不允许费用递延分摊，在遵守保守性原则和资产评估规定的情况下，通常这些险种初期在账面上会出现亏损，但在业务不断增长后，就会得到足够的保费收入来弥补高额的支出获得利润，所以，会计记账和会计报表实践的差异往往会影响到对保险人经营业绩的正确评价。

（3）货币风险。国际间一国本位货币币值的波动与该国的通货膨胀和经济增长密切相关，对从事国际经营的保险公司来说，还会产生其他方面的货币风险。其他方面的货币风险表现在保险公司负债币种与资产币种不同时产生的风险，以及与承保人的未到期责任和未决赔款有关的货币风险，股东资本与其他资产在币种上不相匹配的风险。

为了降低跨国保险公司的货币风险、使风险透明化，获得经营的稳定性，国际保险人必须设法降低由汇率波动带来的影响。为此，保险人可以用同一种货币计算其资产和负债，或者采用与保险公司负债同方向变动的篮子货币中的货币来计量其资产价值，以此来降低由货币币值波动给保险公司所带来的不利影响。另外，保险公司还可以利用资本市场上的衍生金融工具和证券对冲货币币值波动的风险。

（4）组织构成变化。随着各国金融领域之间的壁垒被逐渐打破，世界各地出现了大量的兼并与收购，在欧洲，银行和保险公司的合并更为突出。金融领域通过兼并、收购，设立专门的子公司进入对方的领域，经营银行业务和保险业务。因为寿险产品相比于财产保险业务，更容易在银行销售，所以，金融企业间的互相投资更多的是投向寿险公司，大量的银行——保险企业的产生就是证明。金融行业未来的发展趋势，应该是银行、保险、证券三个业务领域在一个组织框架下开展业务。

（5）人力资源挑战。跨国保险企业成功的关键之一是拥有适量的掌握国际市场运作技巧，能够办理国际保险业务的专业人员。因此，跨国保险公司需要注重各个市场的人力资源的培养。在制定人力资源培养战略时，跨国保险公司应该充分考虑员工的长期发展，进行合理的业绩评估，建立有效的报酬分配体系。在现实中，各个国家由于税法规定、习惯做法不同以及各个市场本身具有的特性，使得跨国保险公司很难做到在全球市场实现公平的目标尤其是报酬协调问题。比如，有的市场对保险公司高级管理人员的报酬按较低的税率征税，但是，另外一些国家同样的项目则会被按较高的税率征税，这会导致跨国公司同一层级的管理人员因市场不同而使其获得的收入存在较大差异，从而影响到管理人员的积极性。另外，跨国保险公司内部人员的调动也会产生当地员工和外来人员之间的差异和矛盾。为此，跨国保险公司应该慎重考虑和妥善解决人力资源在国际间的流动、分配和协调问题。

14.5　世界保险业发展趋势

1. 混业经营与技术创新势不可当

受高新技术的推动和发达国家经济增长的内在约束，世界保险业的发展也呈现出新的特征和趋势。

在发达国家，经济自由化在保险业的主要表现是放松保险管制，打破保险与金融、寿险与非寿险业务的界限，相关业务呈现出很强的融合与渗透的发展趋势。保险业和银行业日益明显地相互渗透、相互融合是西方国家经济、金融自由化的一个直接结果。由于全球养老保险基金规模的日趋庞大，其在金融市场投资的规模和影响力超过以往任何时代，进一步在广度和深度上强化着保险与银行乃至整个金融业的融合趋势。

兼并风潮源自保险公司云集的发达国家，表现为强强兼并、跨国兼并、跨业兼并，且并购风潮波及了保险市场和金融市场上的各个主体和经营环节，表现出不可阻挡的趋势。技术创新成为保险业兼并和国际化的重要推动力。保险业正经历着一场前所未有的技术创新——保险电子化、网络化、自动化以及新的保险需求的形成和新险种的开发利用，成为新世纪保险业技术创新的一个主要内容。迅速发展起来的电子信息技术和国际互联网正在引发保险业的一场新的革命。

技术创新无疑将对提高保险经营管理水平和服务质量、改进保险经营方式产生重大而深远的影响。近年来，在互联网上提供保险咨询和销售保单的网站在欧美大量涌现，网上保险业务激增。目前，保险业借助先进的电子信息技术、利用互联网平台开发的新的保险业电子商务模式包括：①保险公司网站。旨在宣传公司产品和服务，销售保险产品，提供咨询、索赔等保险服务。②网上保险超市。由独立的服务商为保险人和顾客提供的一个交易场所，为顾客和保险中介提供了广泛的选择和完成交易的渠道。③网上金融超市。在这类和网上保险超市类似的市场上，顾客可以享受到金融超市提供的集储蓄、信贷、结算、投资、保险等多功能于一体的"一条龙"服务。④网上风险交易市场。这是由充当经纪人的网络服务商开设的为保险公司、再保险公司和公司客户相互寻求风险交换的网上市场。⑤网上风险拍卖市场。客户通过这种 B2B 商务模式，利用互联网来处置自身的风险。这是一种真正体现了以顾客为中心的商务模式。毋庸置疑，随着信息技术和互联网的迅速发展和普及，保险业电子商务必将产生新的商业模式。

2. 个性化保险需求越来越强烈

传统保险市场产品同质化严重，难以满足客户精细化分群的需求。于是，一些第三方保险服务平台应运而生，通过发挥互联网的优势，解决用户和保险公司之间的痛点，提升保险产业链的信息化和效率、改善保险价值链上的某一环节。

随着互联网保险大潮渐起，新的市场主体不断涌现，不管是拿到保险牌照的互联网保险公司还是以科技公司身份出现的保险服务平台，都在探索互联网保险的发展模式。当前，随着场景越来越丰富，用户对于互联网保险产品的要求也更加个性化。相比传统保险，互联网保险可以"量身定做"，还可以让保险产品更加场景化和去中介化，而且互联网投保和理赔模式更便捷。

在互联网平台上，保险与消费正展现出一种互相促进的共生效应。保险切入消费场景，提升互联网消费活力，用户需求进一步释放；同时，蓬勃生长的互联网消费又反过来激发更多的保险需求，带来增量。在这种环境下，催生了更多场景，带来了更多的保险需求，用户个性化的保险需求也越来越多。

3. 保险业务走向数字化

在新冠疫情大流行之前，保险行业数字技术已经有所升温。但是，这些解决办法的范围仅限于传播资料和允许对不同的政策进行比较。大多数客户会查阅不同的保单，然后联系代理人敲定计划。然而，新冠疫情后的社交距离规范要求他们放弃上述行为。作为直接的结果，新一代的运营模式开始浮出水面。对于某些过于复杂而不能在网上销售的保险产品，保险代理人可以通过使用 Skype、Zoom Calls、eKYC 等新常态的日常应用程序，显著地整理并加快整个过程。

真正的突破是以人工智能为主导的自动化形式出现的。聊天机器人可以实时解决客户的询问，并提供快速销售。随着数字化销售渠道的主流化，客户开始远程浏览和评估不同的政策，并通过手机屏幕进行最终购买。

保险业务的数字化转型提供了更大的简单性、便利性和成本节约。聊天机器人可以复制类似人类的对话，它的出现提供了更快的客户支持，减少了对支持人员的投资，并允许客户服务代理专注于创造性或复杂问题的任务，而不是单调地回答相同的问题；它的出现优化了工作流程。由于数据是在不同的接触点捕获的，因此减少了手动数据输入的需要，消除了人为错误的范围。保险产品的数字化为科技引领的进一步颠覆扫清了道路，而机器学习、大数据分析和预测分析都可以用来吸引客户，促进大额购买。

采用数字渠道的保险公司不仅受益于减少支出和提高生产率，还可以使用人工智能主导的自动化分析风险，更好地理解客户行为，并针对不同的消费者群体开发细分产品。不断变化的时代需要一种全新的方法，整合整个价值链，实施真正的端到端数字解决方案，使保险公司、分销商、顾问，最重要的是客户等所有利益相关者受益。

复习思考题

1. 简述保险的类型。
2. 简述保险公司国际化的动因。
3. 简述跨国保险与国际保险的关系。
4. 简述跨国保险公司的经营环节。

参 考 文 献

[1] 陆爱勤. 国际保险新论[M]. 上海：华东理工大学出版社，2009.
[2] 江生忠，祝向军. 保险经营管理学[M]. 北京：中国金融出版社，2017.
[3] 乔治.E.瑞达，迈克尔. J. 麦克纳马拉，刘春江，译. 风险管理与保险原理[M]. 北京：中国人民大学出版社，2015.
[4] 万峰. 金融基础知识[M]. 北京：中国金融出版社，2018.

即测即练

自学自测 扫描此码

教师服务

感谢您选用清华大学出版社的教材！为了更好地服务教学，我们为授课教师提供本书的教学辅助资源，以及本学科重点教材信息。请您扫码获取。

▶ 教辅获取

本书教辅资源，授课教师扫码获取

▶ 样书赠送

国际经济与贸易类重点教材，教师扫码获取样书

清华大学出版社

E-mail：tupfuwu@163.com
电话：010-83470332 / 83470142
地址：北京市海淀区双清路学研大厦 B 座 509

网址：https://www.tup.com.cn/
传真：8610-83470107
邮编：100084